JN038317

改訂版 **この1冊で合格！**

教育系YouTuber **ルネスタよしおの**

運行管理者 貨物

管理者

テキスト&問題集

運行管理者貨物 講師
ルネスタよしお 著

本書には、「赤色チェックシート」がついています。　KADOKAWA

はじめに

　はじめまして！　YouTube「ルネスタよしお【運輸安全講師】」で「運行管理者 貨物」の講義動画などを配信しているルネスタよしおです。

　国家資格である「運行管理者」は、自動車運送事業者に選任され、法律に基づいて安全体制を確立し、事業リスクを回避するための中核を担う存在です。資格には「貨物」と「旅客」があり、本書は貨物資格を取得するためのテキスト＆問題集になります。

　物流業界におけるトラック運送のシェアは、国内貨物輸送量でみれば、9割以上を占めています。貨物自動車運送事業者数は6万社を超えており、運行管理者の需要が多いことも明らかです。

　ぜひとも、本書で貨物資格を取得し、運行を管理するプロフェッショナルとして活躍していただければと思います。

　本試験を受験される方々は、多忙な業務に追われながら学習することが容易に予想され、学習時間を長くとることは簡単ではないと思います。

　ただ、本試験の場合、100点満点をとる必要はありません。「上位何パーセントが合格」というしばりもありません。一定の点数を獲得すれば、誰もが合格できる試験です。

　そこで本書では、勉強時間があまりとれない受験者のために、過去に何度も出題された問題に重点をおき、合格に必要な知識だけを厳選して掲載。先に練習問題を「見る」→テキスト解説を「読む」という構成で、知識が定着しやすく、最短ルートで合格までたどり着ける内容にしています。

　また、再生回数約270万回以上の講義動画を通じて数多くの方を合格に導き、「わかりやすい」「覚えやすい」と好評を得てきた合格メソッドも本書に凝縮しています。

　初学者でも独学者でも、合格レベルの知識が楽しく着実に身につきます！本書で一緒に勉強し、合格をつかみましょう！

運行管理者 貨物　講師
ルネスタよしお

教育系人気YouTuberが最短合格をナビゲート！

独学での一発合格目指して一緒に頑張りましょう！

本書は、「運行管理者 貨物」の講義動画で、のべ270万回以上の再生回数を誇るルネスタよしお講師が執筆しています。これまで数多くの受講者を合格に導き、「わかりやすい」「覚えやすい」と好評を得てきた合格メソッドを1冊に凝縮。試験合格に必須の知識が、初学者でも独学者でも楽しく着実に身につきます！

運行管理者 貨物　講師
ルネスタよしお

 ## 本書の4大ポイント！

1 運行管理者の人気講師が必修ポイントを公開

「動画で合格できた」と受講者から好評を得ている運行管理者 貨物の試験対策動画で人気の教育系YouTuber ルネスタよしお講師が、合格のための必修ポイントをわかりやすく解説しています。

2 練習問題を「見て」からテキストを読む！

各章冒頭に「練習問題」（イントロ問題集）を掲載。試験で問われる内容を3分くらいで先に見てから解説に進みます。「厳選過去問を見る→解説を読む→問題を解く」で知識が確実に定着します。

3 カラー＋赤シート付き＋見開き完結

「練習問題」「テキスト」「一問一答」をカラーで掲載し、重要語句などを付属の赤シートで隠しながら覚えられます。必修テーマが見開き単位でまとまり、わかりやすい解説となっています。

4 講義感覚で学べる会話形式の解説

生徒の疑問に答える先生と生徒の「会話形式」で解説しているため「知りたいこと」が学べます。図やイラストも豊富に掲載しており、直感的に理解でき、暗記もスムーズに進みます。

練習問題・テキスト・一問一答・予想模擬試験で
運行管理者試験をラクラク突破！

練習問題

各セクションに即した問題を過去問（一部改変を含む）から厳選して掲載。まずはここを見てから、テキスト解説へと進もう。本試験で問われる内容を知ってから学ぶことで、知識が定着。その後に再度、練習問題を解いてさらに理解を深めていこう！

一問一答

各章の重要な内容を〇×形式の一問一答で掲載。各問題には、重要度の高い順に「★★＞★＞無印」を記載しているので、試験直前期の復習にも超お役立ち！ 解説の重要語句は、付属の赤シートで隠しながら覚えよう。

楽しく学びながら
必須の知識を身につけましょう！

テキスト

「豊富な図解」＋「先生と生徒の会話形式」で必修テーマを
わかりやすく解説！ 試験合格に向けて一直線！

① Point
各セクションで要チェックの条文
（一部略も含む）や用語を掲載

②重要語句
赤シートで隠し
ながら覚えよう

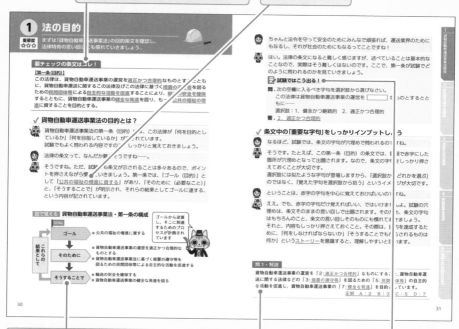

③図・表
重要な内容が図や表に
まとまっていてわかりやすい！

④練習問題・解説
練習問題を解いたら
ココをチェック！

⑤出題ポイント
試験で問われる内容や
引っかけ選択肢などを解説！

予想模擬試験

テキストなどで一通り学習したら時間
を計って予想模擬試験（2回）にチャレ
ンジ！ 問題は、過去問（一部改変含
む）から頻出かつ重要な問題を厳選して
掲載。解説は、赤シートで重要語句を隠
せるので、読むだけでも知識が定着！

過去問を「見るだけ」からスタート！
試験の雰囲気をつかんで、5週間で最短合格！

■ 合格に必要な知識にフォーカスして学習する

運行管理者試験は、**60％の正答率で合格**できます。しかも、問題数は 30 問。すべての問題が選択形式で、記述式は一切なし。そう聞くと、一見合格が容易そうに見えます。

でも、実はそうではありません。問われる内容はかなり専門的で、**条文**がそっくりそのまま出題されたり、**細かい字句や数字**を覚えていないと正答に至らなかったりなど、実際はかなり手強い試験なのです。

とはいえ、試験のツボを押さえた学習をすれば、決して一発合格も不可能ではありません。本書はまさにその実現をお手伝いするためのもの。各出題分野について、合格に必要な知識にのみフォーカスし、少ない時間で効率よく学習できる内容になっています。

本書の大きな特徴として、各章の最初に、その章の各テーマに即した**過去問（一部改変を含む）を厳選して掲載**しています。各章のテキスト解説に進む前に、まずはここを **3 分程度**でざっと見ましょう。しっかりと読まずに見るだけで **OK**。最初は**解けなくて大丈夫**です。過去問を見て本試験でどんな内容が問われるかを最初に知っておくことで、「何を覚えなければいけないか」が明確になり、テキスト解説がよりスムーズに理解できます。

過去問に目を通したらテキスト解説を読み進めて理解を深め、その後に練習問題や一問一答にトライ。**過去問を読む→テキスト解説を読んで理解→問題にトライ**と進めることで、知識が確実に定着します。

本書を上手に活用して学習を進めていけば、**最短 5 週間での合格**も決して夢ではなくなるはずです。

■ 本書の効果的な使い方とは？

では、最短 5 週間での合格を実現するために、本書を使ってどのように学習を進めていけばいいのでしょうか。

まず「ステージ」を次の3つに分けます。

ステージ① 準備【1日目】

まずは、本書をパラパラとめくり、ざっと内容を確認します。

ステージ② スタートダッシュ【1週目〜2週目】

練習問題→テキスト解説の順番で一通り読み、その後一通り、
練習問題などを解いていきます。

ステージ③ メイン学習【3週目〜5週目】

本書に掲載の「問題」を繰り返し解き、「問題を解く→わからない
ときはテキスト部分を読み返す」を繰り返します。

この3つのステージについて、具体的にどのような学習を進めていけばい
いのかをまとめたのが下の図です。

ぜひ、この図に書かれたスケジュールを参考に、学習を進めていってくだ
さい。

本書を使った勉強方法

ステージ1

準備

1日目

どんなことが書かれているのか、各章（各出題分野）のボリュームはどれくら
いなのかを、パラパラと確認する程度でOKです。

1 **本書を一通り見る**

本書の全体について、ざっと目を通します。読んだり、覚えたりする必要はなし！

ステージ2

**スタート
ダッシュ**

1週目〜2週目

この時点では完璧に覚える必要はありません。わからないところがあるからと
いってテキスト解説に戻る必要はなく、 をサクサク進めるイメージで
OKです。

1 **各章の冒頭にある「イントロ問題集」を見る**

問題を「解く」必要はありません。「見る」だけでOKです。どんな問題をこれから
解かなければならないかを、なんとなくイメージしましょう。問題を3分程度で先に
ざっと見ておくことで、テキスト解説部分の理解がぐっと深まります。

2 テキスト解説を読む

次の3つを意識して、テキスト解説を読みます。
（1）「要チェックの条文はコレ！」は、試験でそっくり出題されやすいです。
（2）「ご注意ください」と書かれているところは、試験では、字句や数字の入れ替え、
　　　余計な字句のまぎれ込みなどの誤った選択肢になりやすい箇所です。
（3）「試験ではこう出る！」では、実際の試験での出題例を紹介しています。

3 各章の冒頭にある「イントロ問題集」を解く

解答やテキストを見ながらでOKです。

先に練習問題を
見ることで、
テキスト解説の
理解がより深ま
ります！

4 各章の最後にある「一問一答」を解く

こちらも、解答やテキストを見ながらでOKです。

ステージ3

メイン学習

3週目～5週目

問題を解いていくステージです。「テキスト部分を読み込み、しっかり理解して
から問題を解く」のではなく、「どんどん問題を解いていき、わからないときに
テキスト部分で確認する」という形で進めましょう。

3週目

1 各章冒頭の「イントロ問題集」と、各章末の「一問一答」を解く
わからなかった箇所にはチェックをつけ、テキスト解説で復習します。

2 1 で間違えた「イントロ問題集」と「一問一答」のところだけを解く

3 「予想模擬試験」（第1回＆第2回）①
わからないときは、解答やテキストを見てもOK。

4週目

4 「予想模擬試験」（第1回＆第2回）②
解答や解説は見ないで解きます。わからなかった箇所にはチェックをつけ、
テキスト解説で復習します。

5 「予想模擬試験」（第1回＆第2回）の間違ったところだけを解く

5週目

6 「イントロ問題集」＆「一問一答」と、「予想模擬試験」（第1回＆第2回）を解く
わからなかった箇所にはチェックをつけ、テキスト解説で復習します。

7 6 の「イントロ問題集」＆「一問一答」と、
「予想模擬試験」（第1回＆第2回）の間違ったところだけを解く

「出題分野」「受験資格」「試験形式」などをしっかり押さえることが、合格への第一歩!

① 運行管理者とは?

自動車運送事業者は、輸送の安全を確保することが社会的義務といえます。たとえば、トラックが重大事故を発生させた場合、それがニュースなどで取り上げられ、顧客から預かった商品が道路に散乱する映像が多くの人の目に触れるようなことになれば、企業のブランドイメージの大きな低下につながります。

その重大事故の背景に、点呼の未実施、飲酒運転、法定教育の未実施、過重労働などの違法なことがあった場合には、社会的信用も失墜します。

そのため自動車運送事業者は、**法律に基づき、安全体制を確立し、事業リスクを回避するための中核を担うプロフェッショナルを選任する必要**があります。それが**運行管理者**です。

② 運行管理者になるには?

運行管理者になるには、**運行管理者資格者証**(「貨物」と「旅客」の2つがあります)の交付を受け、事業者に選任されることが必要です。

交付を受ける方法は2つあります。1つが「試験」によるもの、もう1つが「実務経験等」によるものです。本書が扱うのは、前者の「試験」による資格取得になります。

③ 運行管理者試験について

(1) 受験資格

受験するには、下記(A)(B)のいずれかを満たしている必要があります。

(A) **基礎講習**を修了、または修了予定(貨物以外の基礎講習は不可)

　　　　国土交通大臣が認定する講習実施機関において、平成7年4月1日以降の基礎講習を修了しているか、または指定の期日までに基礎講

習が修了予定であること。

(B) **実務経験 1 年以上**（実務経験に運転業務・営業・総務経理は含まない）

以下の運行管理に関して、試験前日までに実務経験 1 年以上を
有すること。

・自動車運送事業（貨物軽自動者運送事業を除く）の用に供する
事業用自動車

・特定第二種貨物利用運送事業者の事業用自動車
（緑色のナンバーの車）

(2) 出題範囲と配点

試験の出題分野とそれぞれの配点は、下記の通りです。
また、試験時間は 90 分になります。

出題分野	出題数	配点
1. 貨物自動車運送事業法関係	8問	配点は 1問1点
2. 道路運送車両法関係	4問	
3. 道路交通法関係	5問	
4. 労働基準法関係	6問	
5. その他運行管理者の業務に関し 　 必要な実務上の知識及び能力	7問	
合計	30問	30点

(3) 合格基準

合格するには、次の（A）と（B）を同時に満たす必要があります。

（A）原則として、**総得点が満点の 60%（30 問中 18 問）以上**であること。

（B）上の表の 1 〜 4 の出題分野において、それぞれ正解が **1 問以上**ある
こと、かつ 5 については、正解が **2 問以上**であること。

近々の合格率を見ると、だいたい 30%前後を推移しています。ご参考まで
に、令和 3 〜 5 年度の受験者数と合格率は右ページの表の通りです。

実施年度	令和3年度		令和4年度		令和5年度
	第1回	第2回	第1回	第2回	第1回
受験者数	34,164人	27,982人	28,804人	23,759人	26,293人
合格率	29.8%	32.3%	38.4%	34.6%	33.5%

(4) 試験形式

現在は、CBT※試験形式での実施となっています。CBT試験とは、問題用紙やマークシートを使用せず、パソコンの画面に表示される問題を見てマウスなどを使用して解答する試験のことです。

※ CBT = Computer Based Testing

(5) 試験実施時期と試験地

1年度につき2回、8月と3月を含む月にそれぞれ1ヵ月程度の期間で実施されます。CBT試験の導入により、試験日が各月の中で複数日設定されるようになりました。CBT試験専用サイトには、試験の日時と、全国47都道府県の試験会場が指定されており、受験の申込みに際しては、それらの中から選択することができます。

詳細については運行管理者試験センターのホームページ（https://www.unkan.or.jp）をご確認ください。

(6) 申請方法

受験申請サイトでインターネット申請をします。書面での申請はできませんのでご注意ください。なお、受験手数料は6,000円（非課税）で、ほかに各種手数料が必要です。

(7) 合格発表

試験実施後、概ね1ヵ月以内に発表されます。

Contents

第1章 貨物自動車運送事業法関係

第2章 道路運送車両法関係

第3章 道路交通法関係

第4章 労働基準法関係

第5章 実務上の知識及び能力

予想模擬試験

本書は原則として、2024年3月時点での情報を基に原稿の執筆・編集を行っております。試験に関する最新情報は、試験実施機関のウェブサイト等にてご確認ください。また、本書には問題の正解などの赤字部分を隠すための赤シートが付属されています。

本文DTP…エヴリ・シンク
イラスト…大塚たかみつ
校閲…運送社労士® 櫻井未来
校正…エデュ・プラニング
p.57、71、72 写真提供
　…東海電子株式会社（tokai-denshi.co.jp）

第1章

貨物自動車
運送事業法関係

本章では主に「貨物自動車運送事業法」について学習します。本試験でのメインでもあり、出題数も多く点数が稼げる分野です。「運行管理者」の業務に関する出題が多く、点呼や過労運転の防止、事故の報告などでの業務をしっかり押さえておきましょう。

0 第1章 イントロ問題集

本章で学ぶ内容が、試験で実際にどのように問われるかを
まずチェック。最初は解けなくて大丈夫です！

☐☐ **問1**

問題の解説は**p.31**へGO！

貨物自動車運送事業法の目的について、次のA、B、C、Dに入るべき字句を
【次の枠内の選択肢（1〜8）】から選びなさい。

> この法律は、貨物自動車運送事業の運営を　　A　　なものとするととも
> に、貨物自動車運送に関するこの法律及びこの法律に基づく　　B　　を図
> るための　　C　　による自主的な活動を促進することにより、輸送の安全
> を確保するとともに、貨物自動車運送事業の　　D　　を図り、もって公共
> の福祉の増進に資することを目的とする。
>
> | | | |
> |---|---|---|
> | 1．健全かつ効率的 | 2．適正かつ合理的 | 3．措置の遵守等 |
> | 4．秩序の確立 | 5．民間団体等 | 6．運送事業者 |
> | 7．健全な発達 | 8．総合的な発達 | |

☐☐ **問2**

問題の解説は**p.35**へGO！

貨物自動車運送事業に関する次の記述のうち、【正しいものを2つ】選びなさ
い。なお、解答にあたっては、各選択肢に記載されている事項以外は考慮しな
いものとする。

1．貨物自動車運送事業とは、一般貨物自動車運送事業、特定貨物自動車
運送事業及び貨物軽自動車運送事業をいう。

2．一般貨物自動車運送事業とは、特定の者の需要に応じ、有償で、自動
車（三輪以上の軽自動車及び二輪の自動車を除く。）を使用して貨物を
運送する事業であって、特定貨物自動車運送事業以外のものをいう。

3．貨物軽自動車運送事業とは、他人の需要に応じ、有償で、自動車（三輪
以上の軽自動車及び二輪の自動車に限る。）を使用して貨物を運送する
事業をいう。

4．特別積合せ貨物運送とは、特定の者の需要に応じ、有償で、自動車を使
用し、営業所その他の事業場（以下「事業場」という。）において、限
定された貨物の集貨を行い、集貨された貨物を積み合わせて他の事業場
に運送し、当該他の事業場において運送された貨物の配達に必要な仕分
を行うものであって、これらの事業場の間における当該積合せ貨物の運
送を定期的に行うものをいう。

□□ **問3**

問題の解説はp.37へGO！

一般貨物自動車運送事業に関する次の記述のうち、【誤っているものを1つ】選びなさい。

1．一般貨物自動車運送事業を経営しようとする者は、国土交通大臣の許可を受けなければならない。
2．国土交通大臣は、一般貨物自動車運送事業の許可を受けようとする者が、一般貨物自動車運送事業の許可の取消しを受け、その取消しの日から3年を経過しない者であるときは、その許可をしてはならない。
3．国土交通大臣は、一般貨物自動車運送事業の許可の申請において、その事業の計画が過労運転の防止、事業用自動車の安全性その他輸送の安全を確保するため適切なものであること等、法令で定める許可の基準に適合していると認めるときでなければ、その許可をしてはならない。
4．一般貨物自動車運送事業の許可を受けようとする者は、国土交通大臣に提出しなければならない申請書に事業用自動車の運行管理の体制その他の国土交通省令で定める事項を記載した書類を添付しなければならない。

□□ **問4**

問題の解説はp.41へGO！

一般貨物自動車運送事業者が定める事業計画の変更に関する次の記述のうち、あらかじめ国土交通大臣に届け出なければならないものとして【正しいものを1つ】選びなさい。

1．営業所又は荷扱所の位置の変更（貨物自動車利用運送のみに係るもの及び地方運輸局長が指定する区域内におけるものに限る。）
2．各営業所に配置する事業用自動車の種別ごとの数の変更（当該変更後の事業計画が法令に掲げる基準に適合しないおそれがある場合を除く。）
3．主たる事務所の名称及び位置の変更
4．営業所又は荷扱所の名称の変更

> どの問題も過去問から必修なものを厳選しています。最初は3分程度で「見る」だけでOK。どんな問題が出るのかを把握してからテキストを読むことで、確実に理解が深まります

問題の解説はp.43へGO！

貨物自動車運送事業法に定める一般貨物自動車運送事業者の輸送の安全についての次の文中、A、B、C、Dに入るべき字句としていずれか【正しいものを1つ】選びなさい。

1. 一般貨物自動車運送事業者は、事業用自動車の数、荷役その他の事業用自動車の運転に附帯する作業の状況等に応じて ☐ A ☐ 運転者及びその他の従業員の確保、事業用自動車の運転者がその休憩又は睡眠のために利用することができる施設の整備及び管理、事業用自動車の運転者の適切な勤務時間及び ☐ B ☐ の設定その他事業用自動車の運転者の過労運転を防止するために必要な措置を講じなければならない。

2. 一般貨物自動車運送事業者は、事業用自動車の運転者が疾病により安全な運転ができないおそれがある状態で事業用自動車を運転することを防止するために必要な ☐ C ☐ に基づく措置を講じなければならない。

3. 一般貨物自動車運送事業者は、事業用自動車の最大積載量を超える積載をすることとなる運送（以下「過積載による運送」という。）の引受け、過積載による運送を前提とする事業用自動車の運行計画の作成及び事業用自動車の運転者その他の従業員に対する過積載による ☐ D ☐ をしてはならない。

A 1. 必要となる員数の 2. 必要な資格を有する
B 1. 乗務時間 2. 休息期間
C 1. 運行管理規程 2. 医学的知見
D 1. 運送の指示 2. 輸送の阻害

問題の解説はp.45へGO！

一般貨物自動車運送事業者（以下「事業者」という。）の貨物の積載等に関する次の記述のうち、【誤っているものを1つ】選びなさい。

1. 事業者は、事業用自動車に貨物を積載するときは、偏荷重が生じないように積載するとともに、運搬中に荷崩れ等により事業用自動車から落下することを防止するため、貨物にロープ又はシートを掛けること等必要な措置を講じなければならないとされている。この措置を講じなければならないとされる事業用自動車は、車両総重量が8トン以上又は最大積載量が5トン以上のものに限られる。

2. 国土交通大臣は、事業者が過積載による運送を行ったことにより、貨物自動車運送事業法の規定による命令又は処分をする場合において、当該命

令又は処分に係る過積載による運送が荷主の指示に基づき行われたことが明らかであると認められ、かつ、当該事業者に対する命令又は処分のみによっては当該過積載による運送の再発を防止することが困難であると認められるときは、当該荷主に対しても、当該過積載による運送の再発の防止を図るため適当な措置を執るべきことを勧告することができる。

3．事業者は、運送条件が明確でない運送の引受け、運送の直前若しくは開始以降の運送条件の変更、荷主の都合による集貨地点等における待機又は運送契約によらない附帯業務の実施に起因する運転者の過労運転又は過積載による運送その他の輸送の安全を阻害する行為を防止するため、荷主と密接に連絡し、及び協力して、適正な取引の確保に努めなければならない。

4．貨物自動車運送事業者は、過積載による運送の防止について、運転者、特定自動運行保安員その他の従業員に対する適切な指導及び監督を怠ってはならない。

□□ 問7

問題の解説は**p.49**へGO！

一般貨物自動車運送事業者（以下「事業者」という。）の過労運転の防止等についての法令の定めに関する次の記述のうち、【誤っているものを１つ】選びなさい。

1．事業用自動車の運転者（以下「運転者」という。）は、酒気を帯びた状態にあるとき、又は疾病、疲労、睡眠不足その他の理由により安全な運転をすることができないおそれがあるときは、その旨を事業者に申し出なければならない。

2．事業者は、運転者が長距離運転又は夜間の運転に従事する場合であって、疲労等により安全な運転を継続することができないおそれがあるときは、あらかじめ、当該運転者と交替するための運転者を配置しておかなければならない。

3．事業者は、事業計画に従い業務を行うに必要な員数の運転者又は特定自動運行保安員を常時選任しておかなければならず、この場合、選任する運転者又は特定自動運行保安員は、日々雇い入れられる者、2ヵ月以内の期間を定めて使用される者又は試みの使用期間中の者（14日を超えて引き続き使用されるに至った者を除く。）であってはならない。

4．事業者は、休憩又は睡眠のための時間及び勤務が終了した後の休息のための時間が十分に確保されるように、国土交通大臣が告示で定める基準に従って、運転者の勤務日数及び乗務距離を定め、当該運転者にこれらを遵守させなければならない。

一般貨物自動車運送事業者（以下「事業者」という。）の安全管理規程等及び輸送の安全に係る情報の公表についての次の記述のうち、【誤っているものを1つ】選びなさい。なお、解答にあたっては、各選択肢に記載されている事項以外は考慮しないものとする。

1．貨物自動車運送事業法（以下「法」という。）第16条第1項の規定により安全管理規程を定めなければならない事業者は、安全統括管理者を選任したときは、国土交通省令で定めるところにより、遅滞なく、その旨を国土交通大臣に届け出なければならない。

2．事業用自動車（被けん引自動車を除く。）の保有車両数が100両以上の事業者は、安全管理規程を定めて国土交通大臣に届け出なければならない。これを変更しようとするときも、同様とする。

3．事業者は、毎事業年度の経過後100日以内に、輸送の安全に関する基本的な方針その他の輸送の安全に係る情報であって国土交通大臣が告示で定める①輸送の安全に関する基本的な方針、②輸送の安全に関する目標及びその達成状況、③自動車事故報告規則第2条に規定する事故に関する統計について、インターネットの利用その他の適切な方法により公表しなければならない。

4．事業者は、法第23条（輸送の安全確保の命令）、法第26条（事業改善の命令）又は法第33条（許可の取消し等）の規定による処分（輸送の安全に係るものに限る。）を受けたときは、遅滞なく、当該処分の内容並びに当該処分に基づき講じた措置及び講じようとする措置の内容をインターネットの利用その他の適切な方法により公表しなければならない。

問題は法律の条文がベースになっていることが多いので一見すると難しい印象ですが、テキスト解説を読んでポイントを押さえれば解答できます！

問9

問題の解説は p.61 へ GO！

貨物自動車運送事業の事業用自動車の運転者等に対する点呼についての法令等の定めに関する次の記述のうち、【誤っているものを1つ】選びなさい。なお、解答にあたっては、各選択肢に記載されている事項以外は考慮しないものとする。

1．次のいずれにも該当する一般貨物自動車運送事業者の営業所にあっては、当該営業所と当該営業所の車庫間で行う点呼に限り、当該営業所で管理するIT点呼機器を使用したIT点呼を行うことができる。
　① 開設されてから3年を経過していること。
　② 過去3年間所属する貨物自動車運送事業の用に供する事業用自動車の運転者が自らの責に帰する自動車事故報告規則第2条に規定する事故を発生させていないこと。
　③ 過去3年間点呼の違反に係る行政処分又は警告を受けていないこと。
　④ 貨物自動車運送適正化事業実施機関が行った直近の巡回指導において、総合評価が「D、E」以外であり、点呼の項目の判定が「適」であること。
2．同一事業者内の全国貨物自動車運送適正化事業実施機関が認定している安全性優良事業所（Gマーク営業所）間でIT点呼を実施した場合、点呼簿に記録する内容を、IT点呼を行う営業所及びIT点呼を受ける運転者が所属する営業所の双方で記録し、保存すること。
3．業務前の点呼は、対面により、又は対面による点呼と同等の効果を有するものとして国土交通大臣が定める方法（運行上やむを得ない場合は電話その他の方法。）により行わなければならない。
4．事業用自動車の運行の業務に従事しようとする運転者に対して対面により、又は対面による点呼と同等の効果を有するものとして国土交通大臣が定める方法（運行上やむを得ない場合は電話その他の方法。）により点呼を行い、①運転者に対しては酒気帯びの有無、②運転者に対しては疾病、疲労、睡眠不足その他の理由により安全な運転をすることができないおそれの有無、③道路運送車両法の規定による定期点検の実施について報告を求め、及び確認を行い、並びに事業用自動車の運行の安全を確保するために必要な指示をしなければならない。

貨物自動車運送事業の事業用自動車の運転者等に対する点呼に関する次の記述のうち、【正しいものを2つ】選びなさい。

1. 事業者は事業用自動車の運行の業務を終了した運転者等に対して対面により、又は対面による点呼と同等の効果を有するものとして国土交通大臣が定める方法により点呼を行い、当該業務に係る事業用自動車、道路及び運行の状況並びに他の運転者等と交替した場合にあっては、交替した運転者等に対して行った法令の規定による通告について報告を求め、かつ、運転者に対しては酒気帯びの有無について確認を行わなければならない。

2. 事業用自動車の運行の業務を終了した運転者等に行う点呼においては、「道路運送車両法第47条の2第1項及び第2項の規定による点検（日常点検）の実施又はその確認」について報告を求め、及び確認を行う。

3. 業務後の点呼における運転者の酒気帯びの有無については、当該運転者からの報告と目視等による確認で酒気を帯びていないと判断できる場合は、アルコール検知器を用いての確認は実施する必要はない。

4. 業務後自動点呼は、事業者の営業所又は当該営業所の車庫において当該営業所に所属する運転者等に対して、行うことができるものとする。

貨物自動車運送事業の事業用自動車の運転者等に対する点呼に関する次の記述のうち、【正しいものを1つ】選びなさい。

1. 業務前及び業務後の点呼のいずれも対面により、又は対面による点呼と同等の効果を有するものとして国土交通大臣が定める方法で行うことができない業務を行う運転者等に対しては、業務前及び業務後の点呼の他に、当該業務途中において少なくとも1回電話等により点呼（中間点呼）を行い、①運転者に対しては酒気帯びの有無、②運転者に対しては疾病、疲労、睡眠不足その他の理由により安全な運転をすることができないおそれの有無、③道路運送車両法の規定による点検（日常点検）の実施又はその確認についての報告を求めなくてはならない。

2. 2日間にわたる運行（1日目の業務が営業所以外の遠隔地で終了し、2日目の業務開始が1日目の業務を終了した地点となるもの。）については、1日目の業務後の点呼及び2日目の業務前の点呼のいずれも対面により、又は対面による点呼と同等の効果を有するものとして国土交通大臣が定める方法で行うことができないことから、2日目の業務については、業務前の点呼及び業務後の点呼（業務後の点呼は対面で行う。）のほかに、当該業務途中において少なくとも1回電話その他の方法により点呼（中間点呼）を行わなければならない。

3．業務前及び業務終了後の点呼のいずれも対面により、又は対面による点呼と同等の効果を有するものとして国土交通大臣が定める方法で行うことができない業務を行う運転者等に対しては、業務前及び業務後の点呼のほかに、当該業務の途中において少なくとも1回電話等により点呼（中間点呼）を行わなければならない。当該点呼においては、①運転者に対しては酒気帯びの有無、②運転者に対しては疾病、疲労、睡眠不足その他の理由により安全な運転をすることができないおそれの有無について報告を求め、及び確認を行い、並びに事業用自動車の運行の安全を確保するために必要な指示をしなければならない。

4．業務前又は業務後の点呼のいずれかが対面により、又は対面による点呼と同等の効果を有するものとして国土交通大臣が定める方法で行うことができない業務を行う運転者等に対しては、業務前及び業務後の点呼の他に、当該業務途中において少なくとも1回電話等により点呼（中間点呼）を行わなければならない。

□□ **問12**　　　　　　　　　　　　　　　問題の解説はp.73へGO！

貨物自動車運送事業の事業用自動車の運転者等に対する点呼に関する次の記述のうち、【誤っているものを2つ】選びなさい。なお、解答にあたっては、各選択肢に記載されている事項以外は考慮しないものとする。

1．業務前の点呼においては、営業所に備えるアルコール検知器（呼気に含まれるアルコールを検知する機器であって、国土交通大臣が告示で定めるもの。以下同じ。）を用いて酒気帯びの有無を確認できる場合であっても、運転者の状態を目視等で確認しなければならない。

2．運転者が所属する営業所において、アルコール検知器により酒気帯びの有無について確認を行う場合には、当該営業所に備えられたアルコール検知器を用いて行わなければならないが、当該アルコール検知器が故障等により使用できない場合は、当該アルコール検知器と同等の性能を有したものであれば、当該営業所に備えられたものでなくてもこれを使用して確認することができる。

3．業務終了後の点呼における運転者等の酒気帯びの有無については、当該運転者等からの報告と目視等による確認で酒気を帯びていないと判断できる場合は、アルコール検知器を用いての確認は実施する必要はない。

4．貨物自動車運送事業者は、点呼に用いるアルコール検知器を常時有効に保持しなければならない。このため、確実に酒気を帯びていない者が当該アルコール検知器を使用した場合に、アルコールを検知しないこと及び洗口液等アルコールを含有する液体又はこれを希釈したものをスプレー等により口内に噴霧した上で、当該アルコール検知器を使用した場合にアルコールを検知すること等により、定期的に故障の有無を確認しなければならない。

問題の解説はp.75へGO！

貨物自動車運送事業法に定める運行管理者等の義務についての次の文中Ａ、Ｂ、Ｃ、Ｄに入るべき字句を【下の枠内の選択肢（１〜８）】から選びなさい。

1．運行管理者は、＿＿＿Ａ＿＿＿にその業務を行わなければならない。
2．一般貨物自動車運送事業者は、運行管理者に対し、法令で定める業務を行うため必要な＿＿＿Ｂ＿＿＿を与えなければならない。
3．一般貨物自動車運送事業者は、運行管理者がその業務として行う助言を＿＿＿Ｃ＿＿＿しなければならず、事業用自動車の運転者その他の従業員は、運行管理者がその業務として行う＿＿＿Ｄ＿＿＿に従わなければならない。

１．指導	２．権限	３．考慮	４．公平
５．誠実	６．地位	７．勧告	８．尊重

問題の解説はp.77へGO！

一般貨物自動車運送事業者（以下「事業者」という。）の運行管理者の選任等に関する次の記述のうち、【誤っているものを２つ】選びなさい。なお、解答にあたっては、各選択肢に記載されている事項以外は考慮しないものとする。

1．事業者は、法令に規定する運行管理者資格者証を有する者、事業用自動車の運行の安全の確保に関する業務について５年以上の実務の経験を有する者又は国土交通大臣が告示で定める運行の管理に関する講習であって国土交通大臣の認定を受けたもの（基礎講習）を修了した者のうちから、運行管理者の業務を補助させるための者（補助者）を選任することができる。
2．事業者は、法令に規定する運行管理者資格者証を有する者又は国土交通大臣の認定を受けた基礎講習を修了した者のうちから、運行管理者の業務を補助させるための者（補助者）を選任することができる。
3．運行管理者の補助者が行う補助業務は、運行管理者の指導及び監督のもと行われるものであり、補助者が行う点呼において、疾病、疲労、睡眠不足等により安全な運転をすることができないおそれがあることが確認された場合には、直ちに運行管理者に報告を行い、運行の可否の決定等について指示を仰ぎ、その結果に基づき運転者に対し指示を行わなければならない。
4．運行管理者の業務を補助させるために選任された補助者に対し、点呼の一部を行わせる場合にあっても、当該営業所において選任されている運行管理者が行う点呼は、点呼を行うべき総回数の少なくとも２分の１以上でなければならない。

□□ **問15**

問題の解説は**p.81**へGO！

一般貨物自動車運送事業者（以下「事業者」という。）が、国土交通省令の定めにより、運行管理者に受けさせなければならない講習に関する次の記述のうち、【誤っているものを1つ】選びなさい。

1. 事業者は、新たに選任した運行管理者に、選任届出をした日の属する年度（やむを得ない理由がある場合にあっては、当該年度の翌年度）に基礎講習又は一般講習（基礎講習を受講していない当該運行管理者にあっては、基礎講習）を受講させなければならない。

2. 事業者は、次の（1）又は（2）の場合には、当該事故又は当該処分（当該事故に起因する処分を除く。以下「事故等」という。）に係る営業所に属する運行管理者に、事故等があった日の属する年度及び翌年度（やむを得ない理由がある場合にあっては、当該年度の翌年度及び翌々年度、国土交通省令の規定により既に当該年度に基礎講習又は一般講習を受講させた場合にあっては、翌年度）に基礎講習又は一般講習を受講させなければならない。

   （1）死者又は重傷者（法令に定める傷害を受けた者）を生じた事故（以下「事故」という。）を引き起こした場合

   （2）貨物自動車運送事業法第33条（許可の取消し等）の規定による処分（輸送の安全に係るものに限る。以下「処分」という。）の原因となった違反行為をした場合

3. 事業者は、運行管理者に、国土交通省令の規定（新たに選任した運行管理者、事故を引き起こした場合又は処分の原因となった違反行為をした場合には、事故等に係る営業所に属する運行管理者に、基礎講習又は一般講習を受講させなければならない。）により最後に基礎講習又は一般講習を受講させた日の属する年度の翌々年度以後2年ごとに基礎講習又は一般講習を受講させなければならない。

4. 事業者は、事故を引き起こした場合又は処分の原因となった違反行為をした場合には、事故等に係る営業所に属する運行管理者（当該営業所に複数の運行管理者が選任されている場合にあっては、統括運行管理者及び事故等について相当の責任を有する者として運輸管理部長又は運輸支局長（以下「運輸支局長等」という。）が指定した運行管理者）に、当該事故の報告書を運輸支局長等に提出した日又は当該処分のあった日（運輸支局長等の指定を受けた運行管理者にあっては、当該指定の日）から1年（やむを得ない理由がある場合にあっては、1年6ヵ月）以内においてできる限り速やかに特別講習を受講させなければならない。

一般貨物自動車運送事業者が運転者等に記録させる業務の記録についての次の記述のうち、【誤っているものを1つ】選びなさい。なお、解答にあたっては、各選択肢に記載されている事項以外は考慮しないものとする。

1. 事業用自動車に係る運転者等の業務について、休憩又は睡眠をした場合にあっては、その地点及び日時を、当該業務を行った運転者等ごとに「業務の記録」（法令に規定する運行記録計に記録する場合は除く。以下同じ。）に記録させなければならない。ただし、10分未満の休憩については、その記録を省略しても差しつかえない。

2. 事業用自動車に係る運転者等の業務について、道路交通法に規定する交通事故若しくは自動車事故報告規則に規定する事故又は著しい運行の遅延その他の異常な事態が発生した場合にあっては、その概要及び原因について、当該業務を行った運転者等ごとに「業務の記録」に記録をさせなければならない。

3. 事業用自動車に係る運転者等の業務について、車両総重量が8トン以上又は最大積載量が5トン以上の普通自動車である事業用自動車の運行の業務に従事した場合にあって、荷主の都合により集貨又は配達を行った地点（以下「集貨地点等」という。）で30分以上待機したときは、①集貨地点等、②集貨地点等に到着した日時、③集貨地点等における積込み又は取卸しの開始及び終了の日時、④集貨地点等から出発した日時等を、当該業務を行った運転者等ごとに「業務の記録」に記録させなければならない。

4. 事業用自動車に係る運転者等の業務について、車両総重量が8トン以上又は最大積載量が5トン以上の普通自動車である事業用自動車の運行の業務に従事した場合にあっては、「貨物の積載状況」を「業務の記録」に記録させなければならない。ただし、当該業務において、法令の規定に基づき作成された運行指示書に「貨物の積載状況」が記載されているときは、「業務の記録」への当該事項の記録を省略することができる。

最初から練習問題が解けなくても大丈夫！　問題の内容を理解することからはじめましょう！

□□ **問17** 問題の解説はp.93へGO！

一般貨物自動車運送事業者（以下「事業者」という。）の運行指示書による指示等に関する次の記述のうち、【正しいものを2つ】選びなさい。なお、解答にあたっては、各選択肢に記載されている事項以外は考慮しないものとする。

1. 事業者は、業務前及び業務後の点呼のいずれも対面により、又は対面による点呼と同等の効果を有するものとして国土交通大臣が定める方法で行うことができない業務を含む運行ごとに、「運行の開始及び終了の地点及び日時」等の所定の事項を記載した運行指示書を作成し、これにより事業用自動車の運転者等に対し適切な指示を行い、及びこれを当該運転者等に携行させなければならない。

2. 事業者は、運行指示書の作成を要する運行の途中において、「運行の経路並びに主な経過地における発車及び到着の日時」に変更が生じた場合には、運行指示書の写しに当該変更の内容を記載し、これにより運転者等に対し電話その他の方法により、当該変更の内容について適切な指示を行わなければならない。この場合、当該運転者等が携行している運行指示書への当該変更内容の記載を省略させることができる。

3. 事業者は、運行指示書の作成を要しない運行の途中において、事業用自動車の運転者等に業務前及び業務後の点呼のいずれも対面により、又は対面による点呼と同等の効果を有するものとして国土交通大臣が定める方法で行うことができない業務を行わせることとなった場合には、当該業務以後の運行について、所定の事項を記載した運行指示書を作成し、及びこれにより当該運転者等に対し電話その他の方法により適切な指示を行わなければならない。

4. 事業者は、法令の規定により運行指示書を作成した場合には、当該運行指示書を、運行を計画した日から１年間保存しなければならない。

選択肢には、条文などの字句や数字を入れ替えたものが出されます。それぞれの意味を理解するとともに入れ替えて出されやすいポイントも押さえましょう。そうすれば確実に得点できるようになります

一般貨物自動車運送事業者（以下「事業者」という。）の事業用自動車の運行の安全を確保するために、特定の運転者に対して行わなければならない国土交通省告示で定める特別な指導等に関する次の記述のうち、【誤っているものを1つ】選びなさい。

1．事業者は、法令に基づき事業用自動車の運転者として常時選任するために新たに雇い入れた場合には、当該運転者について、自動車安全運転センター法に規定する自動車安全運転センターが交付する無事故・無違反証明書又は運転記録証明書等により、雇い入れる前の事故歴を把握し、事故惹起運転者に該当するか否かを確認する。

2．事業者が行う事故惹起運転者に対する特別な指導については、やむを得ない事情がある場合及び外部の専門的機関における指導講習を受講する予定である場合を除き、当該交通事故を引き起こした後再度事業用自動車に乗務を開始した後1ヵ月以内に実施する。

3．事業者は、事業用自動車の運転者として常時選任するために新たに雇い入れた者であって、当該事業者において初めて事業用自動車に乗務する前3年間に他の一般貨物自動車運送事業者又は特定貨物自動車運送事業者によって運転者として常時選任されたことがない者には、初任運転者を対象とする特別な指導についてやむを得ない事情がある場合を除き、当該事業者において初めて事業用自動車に乗務する前に実施する。

4．事業者が行う初任運転者に対する特別な指導については、法令に基づき自動車の運転に関して遵守すべき事項等については合計15時間以上実施するとともに、安全運転の実技については20時間以上実施する。

次の記述のうち、貨物自動車運送事業の運行管理者が行わなければならない業務として【正しいものを2つ】選びなさい。なお、解答にあたっては、各選択肢に記載されている事項以外は考慮しないものとする。

1．運転者が長距離運転又は夜間の運転に従事する場合であって、疲労等により安全な運転を継続することができないおそれがあるときは、あらかじめ、当該運転者と交替するための運転者を配置すること。

2．車両総重量が7トン以上又は最大積載量が4トン以上の普通自動車である事業用自動車について、法令に規定する運行記録計により記録することのできないものを運行の用に供さないこと。

3．法令の規定により、運転者等に対して点呼を行い、報告を求め、確認を行い、及び指示を与え、並びに記録し、及びその記録を保存し、並びに運転者に対して使用するアルコール検知器を備え置くこと。

4．適齢診断（高齢運転者のための適性診断として国土交通大臣が認定したものをいう。）を運転者が 60 歳に達した日以後 1 年以内（60 歳以上の者を新たに運転者として選任した場合は、選任の日から 1 年以内）に 1 回受診させ、その後 3 年以内ごとに 1 回受診させること。

□□ 問20

問題の解説はp.109へGO！

次の自動車事故に関する記述のうち、一般貨物自動車運送事業者が自動車事故報告規則に基づく国土交通大臣への報告を【要するものを 2 つ】選びなさい。なお、解答にあたっては、各選択肢に記載されている事項以外は考慮しないものとする。

1．事業用自動車の運転者がハンドル操作を誤り、当該自動車が車道と歩道の区別がない道路を逸脱し、当該道路との落差が 0.3 メートルの畑に転落した。

2．事業用自動車の運転者が走行中に意識がもうろうとしてきたので直近の駐車場に駐車させ、その後の運行を中止した。後日、当該運転者は脳梗塞と診断された。

3．事業用自動車が走行中、アクセルを踏んでいるものの速度が徐々に落ち、しばらく走行したところでエンジンが停止して走行が不能となった。再度エンジンを始動させようとしたが、燃料装置の故障によりエンジンを再始動させることができず、運行ができなくなった。

4．事業用自動車が左折したところ、左後方から走行してきた自転車を巻き込む事故を起こした。この事故で、当該自転車に乗車していた者に通院による 40 日間の医師の治療を要する傷害を生じさせた。

次ページからは合格ポイントなどを詳しく解説していきますので、1つひとつ読み進めていきましょう

1 法の目的

重要度
☆☆☆

まずは「貨物自動車運送事業法」の目的条文を確認し、
法律特有の言い回しにも慣れていきましょう。

要チェックの条文はコレ！

【第一条（目的）】
この法律は、貨物自動車運送事業の運営を<u>適正かつ合理的</u>なものとするととも
に、貨物自動車運送に関するこの法律及びこの法律に基づく<u>措置の遵守等</u>を図る
ための<u>民間団体等</u>による<u>自主的な活動を促進</u>することにより、<u>輸送の安全を確保</u>
するとともに、貨物自動車運送事業の<u>健全な発達</u>を図り、もって<u>公共の福祉の増</u>
<u>進</u>に資することを目的とする。

✓ 貨物自動車運送事業法の目的とは？

貨物自動車運送事業法の第一条（目的）には、この法律が「何を目的とし
ているか」「何を目指しているか」が示されています。
試験でもよく問われる内容ですので、しっかりと覚えておきましょう。

法律の条文って、なんだか難しそうですね……。

そうですね。ただ、試験でも条文が示されることは多々あるので、ポイン
トを押さえながら慣れていきましょう。第一条では、「ゴール（目的）」と
して「<u>公共の福祉の増進に資する</u>」があり、「そのために（必要なこと）」
と、「そうすることで」が明示され、それらの結果としてゴールに達する、
という内容が記されています。

図で覚える **貨物自動車運送事業法・第一条の構成**

ゴールから逆算
し、そこに到達
するためのプロ
セスが計画され
ています

GOAL

ゴール ● 公共の福祉の増進に資する

これらの結果として

そのために ● 貨物自動車運送事業の運営を適正かつ合理的な
ものとする
● 貨物自動車運送事業法に基づく措置の遵守等を
図るための民間団体等による自主的な活動を促進する

そうすることで ● 輸送の安全を確保する
● 貨物自動車運送事業の健全な発達を図る

ちゃんと法令を守って安全のためにみんなで頑張れば、運送業界のためにもなるし、それが社会のためにもなるってことですね！

はい。法律の条文になると難しく感じますが、述べていることは基本的なことなので、実際はそう難しくはないのです。ここで、第一条が試験でどのように問われるのかを見ていきましょう。

試験ではこう出る！

問. 次の空欄に入るべき字句を選択肢から選びなさい。

　　この法律は貨物自動車運送事業の運営を ▭ なものとするとともに……

　　選択肢：1. 健全かつ継続的　2. 適正かつ合理的

答. <u>2. 適正かつ合理的</u>

✔ 条文中の「重要な字句」をしっかりインプットしよう

なるほど、試験では、条文の字句が穴埋めで問われるのですね。

そうです。たとえば、この第一条（目的）の条文では、冒頭で赤字にした箇所が穴埋めとなって出題されます。なので、条文の字句をしっかり押さえておくことが大切です。
選択肢には似たような字句が登場しますから、「選択肢からどれかを選ぶ」のではなく、「覚えた字句を選択肢から拾う」というイメージが大切です。

ということは、赤字の字句を中心に覚えておけばいいのですね。

ええ。でも、赤字の字句だけ覚えればいい、ではいけませんよ。試験の穴埋めは、条文そのままの言い回しで出題されます。そのため、条文の字句はもちろんのこと、条文の言い回しそのものにも慣れておきましょう。
それと、内容もしっかり押さえておくこと。その際は、目的を達成するために、「何をしなければならないか」「そうすることでもたらされるものは何か」という<u>ストーリー</u>を意識すると、理解しやすいと思います。

問1・解説

貨物自動車運送事業の運営を「2:<u>適正かつ合理的</u>」なものにすること、貨物自動車運送に関する法律などの「3:<u>措置の遵守等</u>」を図るための「5:<u>民間団体等</u>」の自主的な活動を促進し、貨物自動車運送事業の「7:<u>健全な発達</u>」を目的としています。

正解　A：2　B：3　C：5　D：7

2 貨物自動車運送事業の定義

重要度
★☆☆

試験では「貨物自動車運送事業とは」など、その定義が問われます。3つの事業のそれぞれの特徴と違いを押さえましょう。

要チェックの条文はコレ！

【第二条（定義）】

この法律において「貨物自動車運送事業」とは、一般貨物自動車運送事業、特定貨物自動車運送事業及び貨物軽自動車運送事業をいう。

2　この法律において「一般貨物自動車運送事業」とは、他人の需要に応じ、有償で、自動車（三輪以上の軽自動車及び二輪の自動車を除く。）を使用して貨物を運送する事業であって、特定貨物自動車運送事業以外のものをいう。

3　この法律において「特定貨物自動車運送事業」とは、特定の者の需要に応じ、有償で、自動車を使用して貨物を運送する事業をいう。

4　この法律において「貨物軽自動車運送事業」とは、他人の需要に応じ、有償で、自動車（三輪以上の軽自動車及び二輪の自動車に限る。）を使用して貨物を運送する事業をいう。

6　この法律において「特別積合せ貨物運送」とは、一般貨物自動車運送事業として行う運送のうち、営業所その他の事業場において集貨された貨物の仕分を行い、集貨された貨物を積み合わせて他の事業場に運送し、当該他の事業場において運送された貨物の配達に必要な仕分を行うものであって、これらの事業場の間における当該積合せ貨物の運送を定期的に行うものをいう。

7　この法律において「貨物自動車利用運送」とは、一般貨物自動車運送事業又は特定貨物自動車運送事業を経営する者が他の一般貨物自動車運送事業又は特定貨物自動車運送事業を経営する者の行う運送（自動車を使用して行う貨物の運送に係るものに限る。）を利用してする貨物の運送をいう。

✓ 3つの「事業」の要件をしっかり覚えよう

貨物自動車運送事業とは基本的に、①一般貨物自動車運送事業、②特定貨物自動車運送事業、③貨物軽自動車運送事業の3つをいいます。それらを順に解説していきましょう。

よろしくお願いします！

一般貨物自動車運送事業とは他人の需要に応じ、有償で、自動車を使用して貨物を運送する事業で、特定貨物自動車運送事業以外のものをいいます。一般的な緑ナンバーの運送会社をイメージしてください。ちなみに、ここでいう自動車には軽自動車は含まれないので、ご注意ください。

「特定貨物自動車運送事業以外のもの」ということですが、では、その<u>特定貨物自動車運送事業</u>とは、どのようなものですか？

<u>特定の者のみの需要に応じる</u>事業です。たとえば、メーカー系列の運送会社がそのメーカーの商品のみを運送する事業形態をイメージしてください。

なるほど。<u>特定の者のみ</u>だから、特定貨物自動車運送事業なんですね。じゃあ、3つ目の<u>貨物軽自動車運送事業</u>というのは、どんなものですか？

これは、<u>軽自動車</u>やバイクでの<u>運送事業</u>のことを指します。
これら3つの事業について、その要件のポイントをまとめて表にしたのが下の表です。まずはこれらをしっかりインプットしてください。

表で覚える　3つの「事業」のキーワード

事業	キーワード
❶ 一般貨物自動車 運送事業	他人の需要に応じ、有償で ／ 自動車
❷ 特定貨物自動車 運送事業	<u>特定の者</u>の需要に応じ、有償で ／ 自動車
❸ 貨物軽自動車 運送事業	他人の需要に応じ、有償で ／ <u>三輪以上の軽自動車</u>、<u>バイク</u>

「他人の需要」と「特定の者の需要」の区別をしっかりつけましょう

✓ 「貨物自動車運送事業」を分類してみると……

次に、<u>特別積合せ貨物運送</u>と<u>貨物自動車利用運送</u>について解説していきましょう。

さっき出てきたのは特定貨物自動車運送事業で、今度は特別積合せ貨物運送か……。「特定」と「特別」で混乱しそう。

試験でもそこが狙われます！　実際、「特定」と「特別」の字句を入れ替えて出題されることがしばしばあります。

それは困ったな。先生！　それぞれの覚え方のコツはありますか？

では、特定貨物自動車運送事業と特別積合せ貨物運送の字句を見比べて、どんな違いがありますか？

えっと……、「事業」の文字が「ある」か「ない」か、ですか？
あっ、「貨物自動車利用運送」にも、事業の文字がついていませんね。

はい、その通りです。これら2つは、一般貨物自動車運送事業や特定貨物自動車運送事業の「業務の一部」という位置付けです。
つまり、「貨物自動車運送事業」といった場合、あくまでも3つの事業を指し、これらの2つはそこに含まれないわけです。その関係を示したのが、下の図です。

図で覚える **貨物自動車運送事業の分類**

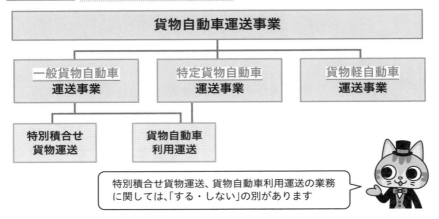

3つの事業と2つの運送の関係はこの図で理解できるのですが、特別積合せ貨物運送と貨物自動車利用運送がどんなものなのか、まだそのイメージがつかめないのですが……。

あっ、肝心のこれら2つの解説をしていませんでしたね。
特別積合せ貨物運送は、いわゆる「宅配便」のイメージです。集配所と他の事業場間との定期運行便が主な要件となります。
一方の貨物自動車利用運送は、自ら運送せず、ほかの下請業者等を利用して行う貨物の運送、またはそうした業務形態のことを指します。いわゆる「水屋」です。

わかりました！

表で覚える 2つの「業務」のキーワード

業務	キーワード
❶ 特別積合せ貨物運送	集配所 ／ 定期便
❷ 貨物自動車利用運送	他の事業者を利用

2つの業務は要件が異なります。違いをしっかりと覚えておきましょう

ここで実際の試験問題を確認しておきましょう。

試験ではこう出る!

問. 貨物自動車運送事業とは、一般貨物自動車運送事業、特定貨物自動車運送事業、貨物軽自動車運送事業及び貨物自動車利用運送事業をいう。〇か×か。

貨物自動車運送事業は3つだから、1つ多いな……。あっ、貨物自動車利用運送は3つの事業に含まれないんでしたよね! なので、×かな。

その通りです。大事なポイントなので繰り返しますが、貨物自動車運送事業とは、<u>一般貨物自動車運送事業</u>と、<u>特定貨物自動車運送事業</u>、<u>貨物軽自動車運送事業</u>の3つをいいます。この問いにある「貨物自動車利用運送事業」は含まれません。

試験ではこんな具合に、選択肢の中に、不要な字句がまぎれ込んでいる……というパターンがよくあるので、ご注意ください。

また、このセクションで扱った第二条については、<u>条文の定義</u>が試験で問われますので、それぞれの特徴だけでなく、<u>条文の言い回し</u>にも慣れておきましょう。

わかりました!

問2・解説

2は「特定の者の需要に応じ」が誤った字句で、正しくは<u>他人の需要に応じ</u>です。
4の特別積合せ貨物運送は、「特定の者の需要に応じ、有償で」行うものではありません。特定の者の需要に応じるのは、<u>特定貨物自動車運送事業</u>のみです。

正解　1、3

3 貨物自動車運送事業の許可

重要度
★★★

貨物自動車運送事業を経営しようとするときの必要事項や許可基準、欠格事由を押さえておきましょう。

要チェックの条文はコレ！

【第三条(一般貨物自動車運送事業の許可)】
一般貨物自動車運送事業を経営しようとする者は、<u>国土交通大臣</u>の<u>許可</u>を受けなければならない。

✓ 事業開始には国土交通大臣の許可が必要

貨物自動車運送事業をはじめようとするときは、<u>国土交通大臣</u>の<u>許可</u>を受けることとなっており、その<u>許可</u>を受けようとする者は、下の表にある事項を記載した申請書を<u>国土交通大臣</u>に提出しなければならない、と定められています。

表で覚える 許可申請に必要な記載事項

☐ 氏名または名称、および住所（法人の場合は、その代表者の氏名）

☐ 営業所の名称と位置

☐ 事業用自動車の概要

☐ 特別積合せ貨物運送・貨物自動車利用運送を行うか否か

> 申請書には、事業用自動車の運行管理の体制その他の国土交通省令で定める事項を記載した書類を添付します

この申請書を見て国土交通大臣は、どうやって許可するかどうかを決めるのですか？

提出された申請書に対して、国土交通大臣は、次ページの表にある「許可基準」に適合するか否かを判断します。

許可してもらうには、たくさんの基準をクリアする必要があるのですね。

はい。まずは「<u>国土交通大臣</u>が適正な<u>基準</u>により<u>許可</u>する」をしっかり押さえましょう。

わかりました！

表で覚える　一般貨物自動車運送事業の許可基準

❶ その事業の計画が過労運転の防止、事業用自動車の安全性その他輸送の安全を確保するために適切なものであること

❷ 事業用自動車の数、自動車車庫の規模その他の国土交通省令で定める事項に関し、その事業を継続して遂行するために適切な計画を有するものであること

❸ その事業を自ら適確に、かつ継続して遂行するに足る経済的基礎、およびその他の能力を有するものであること

❹ 特別積合せ貨物運送に係るものにあっては、事業場における必要な積卸施設の保有および管理、事業用自動車の運転者の乗務の管理、積合せ貨物に係る紛失などの事故の防止、その他特別積合せ貨物運送を安全かつ確実に実施するためとくに必要となる事項に関し、適切な計画を有するものであること

 ここで試験問題を確認してみましょう。

📝 試験ではこう出る！

問. 一般貨物自動車運送事業を経営しようとする者は、国土交通大臣の許可を受けなければならない。〇か×か。

 これは、今、学んだ通り〇ですね。

 正解です。一方で、「そもそも許可を受けられない（<u>欠格</u>）」ケースもあります。その理由（<u>欠格事由</u>）には下の２つがあります。

表で覚える　主な欠格事由

❶ 許可を受けようとする者が、１年以上の懲役または禁錮の刑に処せられ、その執行を終わり、または執行を受けることがなくなった日から<u>5年</u>を経過しない者

❷ 許可の取消しの日から<u>5年</u>を経過しない者

欠格

 欠格事由では<u>5年</u>という数字を押さえておきましょう。試験ではここが違う数字と入れ替えて出題されることがあります。

問3・解説

国土交通大臣は、一般貨物自動車運送事業の許可の取消しの日から「3年」ではなく、<u>5年</u>を経過しない者であるときは、その許可をしてはならない、と定められています。

正解　2

4 事業計画

事業開始や事業変更での「許可」「認可」「届出」の重要度の
違いと、それぞれが必要とされる申請を理解しましょう。

要チェックの条文はコレ！

【第九条（事業計画）】
一般貨物自動車運送事業者は、事業計画の変更をしようとするときは、国土交通
大臣の認可を受けなければならない。

✓ 事業計画の変更には国土交通大臣の「認可」が必要

 まず、一般貨物自動車運送事業者は、その業務を行う場合には事業計画に
定めるところに従わなければならない義務があります。
ですから、その事業計画を変更する場合には、国土交通大臣の認可を受け
なければなりません。

 あれ？　一般貨物運送事業を経営しようとするときは、許可を受けること
になっていましたよね？　今回の事業計画の変更は認可となっていますけ
ど、「許可」と「認可」は何が違うのですか？

 試験対策上の許可と認可の違いの理解は、申請の「重要度パワーの違い」
という認識で大丈夫です。
一般貨物自動車運送事業をはじめるというのは、とても重要な申請です。
そのため、一番強いパワーの「許可」が必要です。一方、事業計画を変更
する際には、許可よりも重要度パワーが下がる「認可」や「届出」が必要
となります。

 「許可」→「認可」→「届出」という順番に、重要度パワーが下がっていく
のですか？

 そうです。そして、事業計画の変更の場合、認可も届出も国土交通大臣に
申請してOKをもらうのは一緒ですが、変更内容によって、パワーの強い
申請（認可）か弱い申請（届出）かに分けられます。

 ということは、認可と届出のどちらが必要かを、変更内容ごとにきちんと
区別していく必要がありますね……。

 はい。それについては、この後、具体的に見ていきます（40 ページ）。こ
こではまず、認可と届出について、整理してみましょう。
「事業計画の変更」といったとき、大原則は、「国土交通大臣の「認可」」を

受ける」です。これをまず頭にしっかりインプットしてください。

一方で例外があり、その場合は、「届出」となるわけですが、届出には、<u>あらかじめ届出</u>（事前申請）と、<u>遅滞なく届出</u>（事後申請）の2つのパターンがあります。

「あらかじめ届出（事前）」か「遅滞なく届出（事後）」かは、どうやって判断するんですか？

これについては、申請内容ごとに、事前なのか事後でいいのかを確認するしかありません。ただ、判断基準の1つとして、「軽微な変更内容である場合には、『遅滞なく届出（事後）』でも構わない」というのがあります。

なるほど。覚えておきますね！！

許可・認可・届出という言葉は何となく似ているので、区別がつきにくいですよね。そこで「重要度パワー」の違いのイメージを図にしてみました。これを頭に入れて覚えていきましょう。

こういう図があると、わかりやすいですね！

図で覚える　許可・認可・届出のパワー比較

もっともパワーが強いのが「許可」で「認可」→「届出」の順にパワーは下がっていきます

✓ その変更内容は「認可」が必要か、「届出」でOKか？

ここで、変更事項ごとに、許可・認可・届出（事前・事後）のどれが必要かを見ていきます。

それをまとめたのが、次ページの図です。一緒に確認していきましょう。

図で覚える 許可・認可・届出が必要な主な申請内容

申請内容		許可
申請内容	● 一般貨物自動車運送事業をはじめるとき	許可

申請内容	● 運送約款の新規設定・変更 ● 営業所の位置の新設・変更 ● 自動車車庫の位置や収容能力の新設・変更 ● 休憩仮眠施設の位置や収容能力の新設・変更	認可

申請内容	● 各営業所に配置する事業用自動車の 　種別ごとの数（増減車） 　（一定の規模以上は「認可」） ● 各営業所に配置する運行車の数の変更	あらかじめ届出 （事前）

申請内容	● 運賃料金の設定・変更	30日以内 （事後）

【軽微な事項】

申請内容	● 主たる事務所の名称や位置の変更 ● 営業所の名称や位置の変更（※） ● 荷扱所の名称や位置の変更 ● 事業者の氏名または名称、住所の変更	遅滞なく届出 （事後）

※位置の変更は、貨物自動車利用運送のみに係るもの、および
地方運輸局長が指定する区域内におけるものに限る

 認可が必要な申請事項のところに運送約款というのがありますが、これってなんですか？

 運送約款とは、あらかじめ定型化した契約条項のことで、運賃や荷扱いなどの取引についてのルールを取り決めたものです。なお、運賃及び料金の収受については、運送の対価としての運賃と、運送以外の役務に係る料金とを区分することが必要です。
この運送約款は、新規設定でも変更でも、認可が必要です。ただし、この運送約款を事業者独自で作成せずに、国土交通大臣が公示している標準運送約款を使用する場合は、認可を受けたものとみなされます。

 独自でつくった運送約款の場合は間違いがないかチェックするけど、国土交通大臣がつくったものの場合は、「その必要がない」わけですね。

その通りです。そのほか、運送約款、運賃料金は、<u>主たる事務所その他の営業所において公衆に見えやすいように掲示しなければならない</u>ことも定められています。これも押さえておきましょう。

さらに、<u>営業所の位置</u>や<u>自動車車庫の位置や収容能力の変更</u>などにも<u>認可</u>を受ける必要があります。

 試験対策として、前ページの図の項目は、すべて暗記ですか？

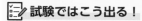 はい。たとえば、試験では、実際は<u>認可</u>を受けなければならない申請事項を、<u>あらかじめ届出</u>や<u>遅滞なく届出</u>と字句を入れ替えて出題されたりします。実際の問題を見てみましょう。

📝 試験ではこう出る！

問. 一般貨物自動車運送事業者は、運送約款を定め、又はこれを変更しようとするときは、あらかじめその旨を国土交通大臣に届出をしなければならない。○か×か。

 運送約款を定めるときも変更するときも、認可だったから×ですね。

 正解です。<u>運送約款</u>は、定めるときも変更するときも、<u>あらかじめ届出</u>ではなく、<u>認可</u>が正しい字句となります。そのため、正解は×です。

 やっぱり、変更内容ごとに、「認可」「届出（あらかじめ・遅滞なく）」のどれが必要かをきちんと覚えないといけませんね……。

 はい。ただ、試験では、<u>運送約款</u>に関して出題されることが多いので、まずは<u>約款ときたら認可</u>と覚えることからスタートするのがオススメです。

 わかりました。届出に関しては、<u>あらかじめ届出</u>の事項は、<u>各営業所に配置する事業用自動車の種別ごとの数の変更（増減車）</u>と、<u>各営業所に配置する運行車の数の変更</u>だけなので、ここは覚えやすそうです。

 でも例外もあるから注意してください。「各営業所に配置する事業用自動車の種別ごとの数の変更」は、一定の基準に適合しない場合の増減車では、<u>認可</u>を受ける必要があります。原則と例外は区別しておきましょう。

問4・解説

1の「営業所又は荷扱所の位置の変更」、3の「主たる事務所の名称及び位置の変更」、4の「営業所又は荷扱所の名称の変更」は、「あらかじめ届け出なければならない（事前）」ではなく、<u>遅滞なく</u>（事後）その旨を届け出なければならないと定められています。

正解　2

5 輸送の安全

輸送の安全の確保は、貨物自動車運送事業法の目的にも掲げられている重要項目。条文の字句をしっかり覚えましょう。

要チェックの条文はコレ！

【第十七条（輸送の安全）】

一般貨物自動車運送事業者は、次に掲げる事項に関し国土交通省令で定める基準を遵守しなければならない。

一 事業用自動車の**数**、荷役その他の事業用自動車の運転に附帯する作業の状況等に応じて**必要となる員数**の運転者及びその他の従業員の確保、事業用自動車の運転者がその**休憩又は睡眠**のために利用することができる施設の整備及び管理、事業用自動車の運転者の適切な**勤務時間及び乗務時間**の設定その他事業用自動車の運転者の**過労運転を防止**するために必要な事項

二 事業用自動車の**定期的な点検及び整備**その他事業用自動車の安全性を確保するために必要な事項

2 一般貨物自動車運送事業者は、事業用自動車の運転者が疾病により**安全な運転ができないおそれがある状態**で事業用自動車を運転することを防止するために必要な**医学的知見**に基づく措置を講じなければならない。

3 一般貨物自動車運送事業者は、事業用自動車の**最大積載量を超える積載をすることとなる運送**（以下「過積載による運送」という。）の引受け、過積載による運送を前提とする事業用自動車の**運行計画の作成**及び事業用自動車の運転者その他の従業員に対する過積載による**運送の指示**をしてはならない。

✔ 3つの禁止事項と7つの遵守事項

第十七条の「輸送の安全」には、輸送の安全を確保するために一般貨物自動車運送事業者における「禁止事項（してはならないこと）」と「遵守事項（しなければならないこと）」が定められています。禁止事項は3つ、遵守事項は7つあります。

表で覚える **輸送の安全の確保のための3つの「禁止事項」**

してはならない！
NG

❶ 過積載による運送の引受け

❷ 過積載による運送を前提とする事業用自動車の運行計画の作成

❸ 運転者その他の従業員に対する過積載による運送の指示

表で覚える **輸送の安全の確保のための7つの「遵守事項」**

しなければ
ならない！
MUST

① **必要となる員数**の運転者、およびその他の従業員の確保

② 運転者がその**休憩**、または**睡眠**のために利用することができる施設の整備および管理

③ 運転者の適切な**勤務時間**、および**乗務時間**の設定

④ 運転者の**過労運転を防止**するために必要な事項

⑤ 事業用自動車の**定期的な点検**、および**整備**

⑥ その他安全性を確保するために必要な事項

⑦ 運転者が疾病により**安全な運転ができないおそれがある状態**で事業用自動車を運転することを防止するために必要な**医学的知見**に基づく措置

絶えず輸送の
安全性の向上に
努めましょう

 試験での出題パターンは大きく2つあります。穴埋めと字句の入れ替えです。上の遵守事項①③⑦が、こうしたパターンでしばしば出題されます。

となると、条文の言い回しそのものも覚えておく必要がありますね。

 そうですね。実際の出題はこんな具合です。

📝 **試験ではこう出る！**

問. 事業者は、事業用自動車の運転者の適切な勤務日数及び乗務距離の設定その他事業用自動車の運転者の過労運転を防止するために必要な措置を講じなければならない。○か×か。

えっと……、なんか○のような気もしますが……。

残念。×です。運転者の適切な「勤務日数及び乗務距離の設定」ではなく、**勤務時間及び乗務時間の設定**です。ほかにも似たようなひっかけとして「拘束時間及び休息期間」のパターンもあります。ご注意ください。

問5・解説

Aは、**必要となる員数**の運転者及びその他の従業員の確保となります。Bは、適切な勤務時間及び**乗務時間**です。Cの疾病による安全でない運転の防止に必要なのは、**医学的知見**に基づく措置です。Dの過積載については、それを前提とした運行計画書の作成も、運転者やその他従業員への**運送の指示**もNGです。

正解　**A：1　B：1　C：2　D：1**

6 過積載の防止

重要度
★★★

過積載を防ぐための措置や、適正な取引の確保に関する規定、荷主勧告が、ここでのポイントになります。

要チェックの条文はコレ！

【貨物自動車運送事業輸送安全規則・第四条(過積載の防止)】
貨物自動車運送事業者は、<u>過積載による運送の防止</u>について、運転者、特定自動運行保安員その他の従業員に対する<u>適切な指導及び監督</u>を怠ってはならない。

【貨物自動車運送事業輸送安全規則・第五条(貨物の積載方法)】
貨物自動車運送事業者は、事業用自動車に貨物を積載するときは、次に定めるところによらなければならない。
一 <u>偏荷重</u>が生じないように積載すること。
二 貨物が運搬中に荷崩れ等により事業用自動車から<u>落下することを防止するため</u>、貨物にロープ又はシートを掛けること等<u>必要な措置を講ずる</u>こと。

【貨物自動車運送事業輸送安全規則・第九条の四(適正な取引の確保)】
一般貨物自動車運送事業者等は、運送条件が明確でない運送の引受け、運送の直前若しくは開始以降の運送条件の変更、荷主の都合による集貨地点等における待機又は運送契約によらない附帯業務の実施に起因する運転者の過労運転又は過積載による運送その他の輸送の安全を阻害する行為を防止するため、荷主と密接に連絡し、及び協力して、<u>適正な取引の確保</u>に努めなければならない。

✓ 過積載防止のために、何重にもルールあり

ここでは過積載について見ていきます。まず禁止事項と遵守事項です。

表で覚える 積載に関する禁止事項と遵守事項

禁止事項

❶ 過積載による運送の引受け
❷ 過積載による運送を前提とする事業用自動車の<u>運行計画の作成</u>
❸ 運転者その他の従業員に対する過積載による<u>運送の指示</u>
❹ <u>過積載による運送の防止</u>について運転者、特定自動運行保安員その他の従業員に対する<u>適切な指導・監督</u>を怠ること

> してはならない！
> **NG**

遵守事項

❶ <u>偏荷重</u>が生じないように積載すること
❷ 貨物が事業用自動車から<u>落下することを防止するため</u>、貨物にロープまたはシートを掛けることなど、<u>必要な措置を講ずる</u>こと

> しなければならない！
> **MUST**

過積載をした場合には罰則があり、違反した事業者は処分を受けることになります。また、次ページの事項を防止するために、事業者は荷主と協力して<u>適正な取引の確保</u>に努めなければならないと定められています。

表で覚える 荷主との取引において防止すべき事項

防止すべき事項

1. 運送条件が明確でない運送の引受け
2. 運送の直前、もしくは開始以降の運送条件の変更
3. 荷主の都合による集貨地点などでの待機
4. 運送契約によらない附帯業務の実施に起因する運転者の過労運転、または過積載による運送
5. 上記以外の輸送の安全を阻害する行為

> 適正な取引のためには、標準的な運賃も重要です。運転者の労働条件を改善し、運転者不足の解消を図り、安定した輸送力を確保し、事業者が法令を遵守して持続的に事業を行うための運賃が参考に示されています

 また、過積載が荷主による指示で行われた場合、<u>国土交通大臣</u>は、<u>荷主</u>に対して<u>再発の防止を図るため適当な措置を執るべきことを勧告</u>することができます。これを<u>荷主勧告</u>といいます。

つまり、<u>過積載の防止</u>のために、<u>事業者</u>は遵守事項をしっかり守る。そのためにも荷主との間に<u>適正な取引</u>を確保する。それがうまくいかない場合は、<u>国土交通大臣</u>に<u>荷主勧告</u>をしてもらう、という流れですね。

 その通りです。なお、「貨物自動車運送事業者が法律等を遵守して事業を遂行することができるよう、必要な配慮をしなければならない」ことも荷主の責務です。ここで実際の問題を見てみましょう。

試験ではこう出る！

問. 国土交通大臣は、貨物自動車運送事業者が過積載による運送を行い貨物自動車運送事業法の規定による処分をする場合において、当該命令又は処分に係る違反行為が荷主の指示に基づき行われたことが明らかであるときその他当該違反行為が主として荷主の行為に起因するものであると認められ、かつ、当該貨物自動車運送事業者に対する命令又は処分のみによっては当該違反行為の再発を防止することが困難であると認められるときは、当該荷主に対しても、当該違反行為の再発の防止を図るため適当な措置を執るべきことを命ずることができる。○か×か。

 これは○ですか？

残念。×です。最後の「命ずることができる」は<u>勧告できる</u>が正解です。

問6・解説

車両総重量が8トン以上又は最大積載量が5トン以上のものに<u>限らず</u>、必要な措置を講じなければなりません。

正解 1

7 過労運転の防止

★★★ 過労運転の防止は業界全体の課題でもあり、出題頻度も高くなっています。細かいところまで見ておくことが重要です。

要チェックの条文はコレ！

【貨物自動車運送事業輸送安全規則・第三条（過労運転等の防止）】

一般貨物自動車運送事業者等は、事業計画に従い業務を行うに**必要な員数**の事業用自動車の運転者（以下「運転者」という。）又は特定自動運行保安員（特定自動運行貨物運送の用に供する特定自動運行事業用自動車の運行の安全の確保に関する業務を行う者をいう。）を**常時選任**しておかなければならない。

2　前項の規定により選任する運転者及び特定自動運行保安員は、**日々雇い入れられる者**、**二月**以内の期間を定めて使用される者又は**試みの使用期間中の者**（**十四日を超えて引き続き使用されるに至った者を除く。**）であってはならない。

3　貨物自動車運送事業者は、運転者、特定自動運行保安員及び事業用自動車の運行の業務の補助に従事する従業員（以下「乗務員等」という。）が有効に利用することができるように、**休憩に必要な施設を整備**し、及び乗務員等に睡眠を与える必要がある場合にあっては**睡眠に必要な施設を整備**し、並びにこれらの施設を適切に**管理**し、及び**保守**しなければならない。

4　貨物自動車運送事業者は、**休憩又は睡眠のための時間**及び勤務が終了した後の**休息のための時間が十分に確保**されるように、国土交通大臣が告示で定める基準に従って、運転者の**勤務時間及び乗務時間**を定め、当該運転者にこれらを遵守させなければならない。

5　貨物自動車運送事業者は、**酒気を帯びた状態**にある乗務員等を事業用自動車の**運行の業務に従事させてはならない。**

6　貨物自動車運送事業者は、乗務員等の**健康状態の把握**に努め、**疾病**、**疲労**、**睡眠不足その他の理由**により**安全に運行の業務を遂行**し、又はその補助をすることができないおそれがある乗務員等を事業用自動車の運行の業務に従事させてはならない。

7　一般貨物自動車運送事業者等は、運転者が**長距離運転又は夜間の運転**に従事する場合であって、疲労等により安全な運転を継続することができないおそれがあるときは、あらかじめ、当該運転者と**交替するための運転者を配置**しておかなければならない。

✓ 「過労運転の防止」は頻出事項！

過労運転の防止は出題頻度が高く、ボリュームもありますので、内容を細かく分けて見ていきましょう。まずは「運転者又は特定自動運行保安員の選任」についてです。押さえておきたい内容は、次ページになります。

図で覚える 「運転者等の選任」のポイント

> 業務を行うために<u>必要な員数</u>の事業用自動車の運転者又は特定自動運行保安員を<u>常時選任</u>

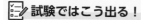

選任してはならない者

| 日々雇い入れられる者 | <u>2ヵ月</u>以内の期間
を定めて使用される者 | 試みの使用期間中の者
※<u>14日</u>を超えて引き続き使用される
に至った者を除く。 |

 ポイントはどんなところですか？

<u>必要な員数</u>の運転者又は特定自動運行保安員の<u>常時選任</u>について、試験ではこれらの字句が穴埋め問題として出題されたりします。

また、選任してはならない者については、**2ヵ月**や**14日**の数字が重要です。試験ではこれらの数字の入れ替え問題がしばしば出題されます。

📝 試験ではこう出る！

問. 事業者は、事業計画に従い業務を行うに必要な員数の事業用自動車の運転者又は特定自動運行保安員を常時選任しておかなければならず、この場合、選任する運転者等は、日々雇い入れられる者、3ヵ月以内の期間を定めて使用される者又は試みの使用期間中の者（14日を超えて引き続き使用されるに至った者を除く。）であってはならない。○か×か。

 あっ、「3ヵ月」というところが違っていますね！　だから答えは×。

 その通りです。「3ヵ月」以内の期間を定めて使用される者ではなく、<u>2ヵ月</u>以内の期間を定めて使用される者が正しい字句となります。

 選任する運転者は「2ヵ月」と「14日」だから、「2月14日バレンタインデー」で覚えられますね！

✓ 安全な輸送を確保するためのさまざまな規定

 さて、次は「整備・管理・保守」についてです。乗務員等の休憩や睡眠、休息を十分確保することはもちろん、そのための施設を整えて過労運転を防止する必要があります。試験では、<u>勤務時間及び乗務時間</u>の字句に関して、穴埋め問題や字句の入れ替えが出されたりします。

整備・管理・保守しなければならないもの	休憩・睡眠に必要な施設
定めて遵守させなければならないこと	休憩・睡眠・休息のための時間が十分に確保されるよう、国土交通大臣が告示で定める基準に従って、運転者の勤務時間及び乗務時間を定め、当該運転者に遵守させる

 「国土交通大臣が告示で定める基準」とありますが、具体的にどんなものがあるのですか？

 これは、自動車運転者の労働時間等の改善のための基準というもので、そこでは過労運転防止を含む、運転者の労働時間等の労働条件の向上を図ることについて、基準が細かく定められています（第4章で解説）。

一例としては、「所属営業所を出庫して、帰着するまでは144時間を超えてはならない」という規定があります。

勤務時間・乗務時間にかかる基準例

運転者が1の運行における最初の勤務を開始してから最後の勤務を終了するまでの時間（ただし、運転者がフェリーに乗船する場合における休息期間を除く）は144時間を超えてはならない。

「貨物自動車運送事業の事業用自動車の運転者の勤務時間及び乗務時間に係る基準（国土交通省告示）」

 144時間という数字はどこからきているのですか？

24時間×6日＝144時間からきています。これについては、168時間（24時間×7日）と数字を入れ替えて出題されることがありますのでご注意ください。

次は、「事業用自動車の乗務」を見ていきましょう。まず、酒気を帯びた状態にある者や、疾病、疲労、睡眠不足その他の理由により安全な運行の業務の遂行や補助などができないおそれのある者はもちろん事業用自動車の運行の業務に従事させてはなりません。そして運転者は、安全な運転ができないおそれのある場合は、事業者にその旨を申し出ることも重要です。

表で覚える 事業用自動車の運行の業務に従事させてはならない乗務員等

① 酒気を帯びた状態にある乗務員等

② 疾病、疲労、睡眠不足その他の理由により安全に運行の業務を遂行し、またはその補助をすることができないおそれがある乗務員等

日ごろから乗務員等の健康状態を把握しておくことが大事なんですね。

 そうですね。また、長距離運転や夜間の運転は、過労状態におちいりやすいため、安全な運転を継続することができないおそれがあります。そういう場合には、あらかじめ交替する運転者を配置しておく必要があります。

 図で覚える 交替する運転者の配置

- 長距離運転、または夜間の運転に従事

＋

- 疲労などにより安全な運転を継続できないおそれがある

→

あらかじめ
交替するための運転者
を配置

 交替運転者の配置については、国土交通大臣が告示で定める「自動車運転者の労働時間等の改善のための基準」を超える場合にも、その配置が必要となります。

そのほか、特別積合せ貨物運送の場合、起点から終点までの距離が100キロメートルを超えるものごとに、基準を定めて適切な指導及び監督を行わなければなりません。試験問題では100キロメートルの数字の入れ替えがしばしば出題されます。ご注意ください。

 はい、しっかり覚えます！

表で覚える 特別積合せ貨物運送での過労運転の防止

> 起点から終点までの距離が100キロメートルを超えるものごとに、次に掲げる事項について事業用自動車の運行の業務に関する基準を定め、当該基準の遵守について乗務員等に対する適切な指導及び監督を行わなければならない。
>
> ① 主な地点間の運転時分及び平均速度
>
> ② 乗務員等が休憩又は睡眠をする地点及び時間
>
> ③ 交替するための運転者を配置する場合は、運転を交替する地点

問7・解説

4は、「勤務日数及び乗務距離」の字句が誤りで、正しくは勤務時間及び乗務時間です。事業者は、勤務時間及び乗務時間を定め、当該運転者にこれらを遵守させなければならない、と定められています。

正解　4

8 運輸安全マネジメント等

運輸安全マネジメント、情報の公開などについて
押さえておきましょう。

要チェックの条文はコレ！

【第十五条（輸送の安全性の向上）】
一般貨物自動車運送事業者は、**輸送の安全の確保**が最も重要であることを自覚し、絶えず輸送の安全性の**向上**に努めなければならない。

【国土交通省告示第千九十号（定義）】
運輸安全マネジメントとは、貨物自動車運送事業の運営において**輸送の安全の確保**が最も重要であるという意識を貨物自動車運送事業の**経営の責任者から全従業員**に浸透させ、輸送の安全に関する**計画の作成**、**実行**、**評価及び改善**の一連の過程を定め、これを継続的に実施する仕組みをいう。

✓ 安全管理体制づくりのために「しなければならないこと」

運輸安全マネジメントとは、経営トップから現場まで一丸となって安全管理体制を構築・改善することにより**輸送の安全性**を向上させることを目的とした仕組みです。自主的、かつ積極的に輸送の安全の取組みを推進し、構築した安全管理体制をPDCAサイクルにより継続的に改善し、安全性の向上を図ることが求められています。

PDCAサイクルって何ですか？

Plan・Do・Check・Actionの頭文字をとったもので、Pは「計画」、Dは「実行」、Cは「評価」、Aは「改善」の意味です。

図で覚える PDCAサイクルとは？

そもそもの運輸安全マネジメントの仕組みや計画そのものが悪い場合は、根本から改善する必要があります

経営トップが全従業員に「輸送の安全の確保が大事」ということを浸透させるために、輸送の安全の「計画・実行・評価・改善」を回して、頑張っていこうってことですね。

 その通りです。そのためにしなければならないこととして、貨物自動車運送事業法では次のことが規定されています。

図で覚える 運輸安全マネジメントでの遵守事項

（事業用自動車保有台数※200両以上の事業者）

- 安全管理規程の作成
- 安全統括管理者の選任

 しなければならない！ MUST

※被けん引自動車を除く

国土交通大臣

 届出

 「安全管理規程」って何ですか？

 安全管理規程とは、輸送の安全を確保するための、事業の運営の方針、実施、およびその管理の体制、管理の方法に関する事項を定めた事業所のルールブックです。
安全管理規程を定めたときや、変更しようとするときには、国土交通大臣に届出をする必要があります。これもしっかり覚えておきましょう。

 わかりました。もう1つ、「安全統括管理者」についても教えてください。

安全統括管理者とは、輸送の安全の確保のための業務を統括管理する者のことです。事業運営上の重要な決定に参画する管理的地位にあり、かつ一般貨物自動車運送事業に関する一定の実務の経験を備える者から選任しなければなりません。
選任したときや解任したときには、国土交通大臣に届出をする必要があります。安全管理規定とあわせて覚えておきましょう。

 つまり、安全管理規定も安全統括管理者も、作成や選任をするだけじゃなくて、それを国土交通大臣に届出することが求められるんですね。

 その通りです。試験対策としては、そこまでセットにして覚えるといいと思いますよ。それと試験では、上図にある事業用自動車保有台数 200 両以上の数字の部分について、誤った数字と入れ替えて出題されることがありますので、ご注意ください。

200両以上でない場合は、安全管理規程の作成と安全統括管理者の選任はいらないんですか？

 はい、そうです。200両以上でない場合、そこまでは求められていません。ではここで、安全マネジメントに関しての試験問題をチェックしておきましょう。

試験ではこう出る！

問. 次の空欄に入るべき字句を選択肢から選びなさい。

安全マネジメントとは貨物自動車運送事業の運営において￣￣￣￣￣の確保が最も重要である……

選択肢：1．輸送の安全　2．利用者の利便

 1の「輸送の安全」が入りそうですが……。

 その通りです。1が正解。輸送の安全の確保は、目的条文（第一条）にも定められているくらいに、貨物自動車運送事業法の中でもっとも重要と位置付けられています。

ちなみに、試験ではこのように、条文を用いて、重要な字句が空欄となってそこを穴埋めする問題が出題されます。この本の「要チェックの条文はコレ！」で赤字にしているのは、まさにそうした字句なわけです。

 やっぱり、赤字の箇所はしっかり覚える必要がありますね。

✓ 公表が求められる2つの事項とは？

 次に輸送の安全にかかわる情報などの公表について見ていきましょう。

公表が求められる事項には、輸送の安全と処分の2つがあります。具体的には次の通りです。

表で覚える 「輸送の安全」にかかわる情報の公表事項

> こちらは定期的に公表すべき事項です。処分などの突発的なものと区別しましょう

- 輸送の安全に関する基本的な方針

- 輸送の安全に関する目標、およびその達成状況

- 自動車事故報告規則第二条に定める重大事故に関する統計

> 毎年事業年度の経過後100日以内に公表

表で覚える **「処分」にかかわる情報の公表事項**

- 処分内容
- 処分に基づいて講じた措置
- 講じようとする措置の内容

> 輸送の安全確保の命令や事業改善の命令、許可の取消しなどの輸送の安全にかかわる処分を受けたら、遅滞なく公表

 試験では、「輸送の安全」にかかわる情報の公表事項に関して、前ページの表の3つについて、よく問われます。しっかり覚えるようにしましょう。

 わかりました。
ちなみに、公表の方法には、どのようなものがあるのですか？

 インターネットの利用その他の適切な方法により公表しなければならない、とされています。

 その他の適切な方法には、具体的にどんな方法があるのですか？

 たとえば、営業所内の誰もが目につく場所へ掲示すること、などです。

 公表事項の2つの表などにある「自動車事故報告規則第二条」「輸送の安全確保の命令」「事業改善の命令」「許可の取消し」という言葉は聞き慣れませんが、どんな内容ですか？

 これらの内容についてはまた後ほど詳しく見ていくので、いまの段階では詳しく理解していなくて大丈夫です。
ここでは、「どんなとき」に、「何」を、「どんな方法」で、「いつ」公表するのかだけを理解しておきましょう。

 わかりました！

問8・解説

2が誤りで、安全管理規程を定めて国土交通大臣に届け出なければならないのは、事業用自動車（被けん引自動車を除く）の保有車両数が「100両以上」ではなく、200両以上の事業者です。　　　　　　　　　　　　　　　　　　　　　　　正解　2

9 業務前点呼

重要度 ☆☆☆

試験では「点呼」について複数出題されます。業務前点呼の特徴を細かいところまできちんと理解しておきましょう。

【貨物自動車運送事業輸送安全規則・第七条（点呼等）】

貨物自動車運送事業者は、事業用自動車の運行の業務に従事しようとする運転者等に対して**対面**により、又は**対面による点呼と同等**の効果を有するものとして国土交通大臣が定める方法（運行上やむを得ない場合は電話その他の方法。次項において同じ。）により**点呼**を行い、次の各号に掲げる事項について**報告**を求め、及び**確認**を行い、並びに事業用自動車の運行の安全を確保するために必要な**指示**を与えなければならない。

一　運転者に対しては、**酒気帯び**の有無

二　運転者に対しては、**疾病**、**疲労**、**睡眠不足**その他の理由により安全な運転をすることができないおそれの有無

三　道路運送車両法第四十七条の二第一項及び第二項の規定による**点検**の実施又はその確認

四　特定自動運行保安員に対しては、特定自動運行事業用自動車による運送を行うために必要な**自動運行装置**（道路運送車両法第四十一条第一項第二十号に規定する**自動運行装置**をいう。）の設定の状況に関する確認

✓ 業務前点呼の原則とは？

業務前に行われる点呼は、運転者や車両が安全に運行できる状態であるか確認し、安全を確保するために必要な指示を与えるものです。原則として**対面**により、又は**対面による点呼と同等**の効果を有するものとして国土交通大臣が定める方法で行うことがポイントです。

図で覚える　「業務前点呼」のポイント

原則	対面により、又は対面による点呼と同等の効果を有するものとして国土交通大臣が定める方法	例外	運行上やむを得ない場合は電話、その他の方法

- 酒気帯びの有無
- 疾病、疲労、睡眠不足などの状況
- 日常点検の実施状況

→ **報告を求め確認**

- 運行の安全を確保するために必要な指示

→ **指示**

図に、例外として「運行上やむを得ない場合」ってありますよね……。これってどんなときですか？

 運行上やむを得ない場合というのは、<u>遠隔地で運行を開始または終了するため、営業所において対面で点呼ができない場合</u>などです。なので、早朝や深夜に運行管理者が出勤していない場合や、車庫と営業所が離れている場合はこれに該当しません。

なお、<u>携帯電話</u>や<u>業務無線</u>などで運転者などと直接対話できるものでなければならず、電子メールやFAXなどの一方的な連絡方法は認められません。また、電話その他の方法による点呼を運行中に行うのはNGで、点呼で次の状態にあるときは、事業用自動車の運行の業務に従事させてはいけません。

図で覚える **事業用自動車の運行の業務に従事させてはいけないケース**

 酒気帯びの状態にある場合

 <u>疾病</u>、<u>疲労</u>、<u>睡眠不足</u>、その他の理由により
安全な運転をすることができない
またはその補助をできないおそれがある場合
※その他の理由：覚せい剤などの薬物の服用、異常な感情の高ぶりなど

 NG!!

 日常点検の実施状況において
運行できない状態の車両（破損・故障）

 「酒気帯び」の程度ってどのくらいですか？

 酒気帯びの有無については、運転者の顔色、呼気の臭い、応答の声の調子などを目視などにより確認するほか、当該運転者の属する<u>営業所に備えられたアルコール検知器</u>を用いて確認を行い、その数値が「0」であることが必須です。道路交通法施行令第44条の3に規定する血液中のアルコール濃度0.3mg/mℓまたは呼気中のアルコール濃度0.15mg/ℓ未満でも、NGです。

 「疾病、疲労、睡眠不足、その他の理由により安全な運転をすることができない」状態とはどんなときですか？

 運転者から「昨日から熱があるが、風邪薬を飲んでいるので安全な運転に支障はない」という報告を受けた場合などが該当します。この場合、もちろん事業用自動車の運行の業務に従事させてはなりません。

「日常点検の実施状況において運行できない状態の車両」とは、どういう状態を指すのですか？

 日常点検を実施したところ、左のブレーキランプのレンズが破損していた場合などです。この場合、整備管理者に確認を行い、代車で運行するなどの措置が求められます。

試験では日常点検と定期点検の字句を入れ替えて出題されることがあります。また、「必要に応じて」ではなく、日常点検は<u>必ず</u>行うものです。

 いずれにしても、業務前の点呼において、<u>運転者と車両がともに安全に運行できる状態</u>でなくちゃダメなんですね！

✓ IT点呼と遠隔点呼

 点呼は、対面により、又は対面による点呼と同等の効果を有するものとして国土交通大臣が定める方法で行いますが、下図の営業所では、<u>当該営業所で管理するIT点呼機器</u>を用いて<u>IT点呼</u>が行えます。これにより、Gマーク営業所の営業所間、営業所と車庫間、車庫と車庫間において、インターネット上で点呼が行えます。IT点呼は、<u>対面による点呼と同等の効果を有するものとして国土交通大臣が定める方法</u>に認められています。

図で覚える **「IT点呼」ができる営業所**

❶ 輸送の安全の確保に関する取組みが<u>優良</u>であると認められる営業所
＝Gマーク営業所（認定機関から安全性優良事業所として認定された営業所）

- 営業所間、営業所と車庫間、車庫と車庫間でIT点呼ができる
  当該<u>営業所で管理するIT点呼機器</u>（IT点呼で使用する機器）を使用
- 点呼簿に記録する内容を、IT点呼を行う営業所、およびIT点呼を受ける運転者が所属する営業所の<u>双方で記録</u>し、保存すること
- 営業所間で行うIT点呼の実施は、1営業日のうち連続する<u>16時間以内</u>
  ※営業所と車庫間、車庫と車庫間で実施する場合は、この限りではない

❷ **❶以外で、次ページの要件を満たしている営業所**
（点呼告示に規定する方法以外の方法によるIT点呼）

- 営業所と車庫間に限りIT点呼ができる

赤字部分は、覚えておきたい用語などです。
赤色チェックシートで隠すなどして、
正しく覚えるようにしましょう

図で覚える IT点呼のイメージ

点呼

要件

■ 開設されてから<u>3年</u>を経過している

■ 過去<u>3年間</u>所属する貨物自動車運送事業の用に供する事業用自動車の運転者が
自らの責に帰する自動車事故報告規則第二条に規定する事故を発生させていない

■ 過去<u>3年間</u>点呼の違反に係る行政処分、または警告を受けていない

■ 貨物自動車運送適正化事業実施機関が行った直近の巡回指導において総合評価が
「D、E」以外であり、点呼の項目の判定が「適」である

※巡回指導時に総合評価が「D、E」もしくは点呼の項目の判定が「否」であったものの、3ヵ月以内に改善
報告書が提出され、総合評価が「A、B、C」であり、点呼の項目の判定が「適」に改善が図られていること

IT点呼用の機器

東海電子株式会社 Tenko-PRO2

要件に関しては、「3年」
という数字をチェック
しておきましょう

安全性優良事業所に認定されるってことは、それだけ安全性が確保されて
いるってことですもんね。だからこそ、便利なIT点呼が認められるんです
ね。やっぱり安全が何よりも大事ってことですね。

その通りです。それだけ、「安全」というものが何よりも優先されるという
ことです。
ちなみに、Gマーク営業所でなくとも、「遠隔点呼機器の機能の要件」「遠
隔点呼機器を設置する施設及び環境の要件」「遠隔点呼機器の運用上の遵守
事項」を満たす営業所において、遠隔拠点間での点呼も可能です。これを
<u>遠隔点呼</u>といい、<u>対面による点呼と同等の効果を有するものとして国土交
通大臣が定める方法</u>に認められています。

対面による点呼と同等の効果を有するものとして国土交通大臣が定める方法は、いくつもあるんですね。

下表がそれに該当するものです。業務後自動点呼は、次のセクションで学習しましょう。

表で覚える 対面による点呼と同等の効果を有するものとして
国土交通大臣が定める方法（点呼告示において規定する方法）

1 遠隔点呼 2 業務後自動点呼 3 Gマークを取得した営業所が行うIT点呼	「3」は輸送の安全の確保に関する取組みが優良と認められる営業所で、当該営業所の管理する点呼機器を用い、当該機器に備えられたカメラやディスプレイなどで運行管理者などが運転者の酒気帯びの有無、疾病、疲労、睡眠不足などの状況を随時確認でき、かつ運転者の酒気帯びの状況に関する測定結果を、自動的に記録および保存するとともに当該運行管理者等が当該測定結果を直ちに確認できる方法をいう

続いて、遠隔点呼のポイントを見ていきましょう。次ページに表でまとめていますので、確認してください。

どんなところがポイントになりますか？

映像や音声による確認事項や、なりすましの防止、記録に関する事項や故障などの緊急時についての体制を整えることが定められています。

たくさんありますね。言葉も難しいから、覚えられるか不安です……。

すべてを丸暗記する必要はありません。赤字部分を中心に覚えておきましょう。また、重複する部分もありますし、ほかのセクションの内容と共通する部分もありますので、一緒に覚えていくと効率的です。なお、「遠隔点呼機器を設置する施設及び環境の要件」として、遠隔点呼機器の故障が発生した場合、故障発生日時と故障内容を電磁的方法により記録し、その記録を1年間保存しなければなりません。これも覚えておきましょう。

わかりました。でも、表の内容を見ると、機械は壊れるし、人間は間違うということを再認識しますね。

はい。それをふまえた運輸安全に係る仕組みづくりが求められているのです。

安全が大事ですね！

表で覚える **遠隔点呼に関する主な要件など**

遠隔点呼機器の機能の主な要件

①遠隔点呼を行う運行管理者又は補助者（以下「運行管理者等」という）が映像と音声の送受信により通話をすることができる方法によって、随時明瞭に確認できる機能
- 運転者等の顔の表情、全身
- 運転者の酒気帯びの有無
- 運転者の疾病、疲労、睡眠不足その他の理由により安全な運転ができないおそれの有無

②なりすまし防止の機能
- 遠隔点呼を行う運行管理者等及び遠隔点呼を受ける運転者等について、生体認証符号等（個人の身体の一部の特徴を電子計算機の用に供するために変換した符号、その他の申請を行う者を認証するための符号）を使用する方法により確実に個人を識別する機能を有する

③遠隔点呼実施地点間で共有され、遠隔点呼時に遠隔点呼を行う運行管理者等が確認できる機能

④遠隔点呼を受けた運転者等ごとに、必要事項を電磁的方法により記録し、遠隔点呼実施地点間で共有するとともにその記録を1年間保存する機能

遠隔点呼機器を設置する施設及び環境の要件

遠隔点呼を行う運行管理者等が映像と音声の送受信により通話することができる方法で随時明瞭に確認できる環境照度が確保されている
- 運転者等の顔の表情、全身
- 運転者の酒気帯びの有無
- 運転者の疾病、疲労、睡眠不足その他の理由により安全な運転ができないおそれの有無
- なりすまし、アルコール検知器の不正使用及び所定の場所以外での遠隔点呼の実施を防止するため、遠隔点呼実施場所の天井等に監視カメラを備え、運行管理者等が、遠隔点呼を受ける運転者等の全身を随時、明瞭に確認できる
- 遠隔点呼が途絶しないために必要な通信環境を備えている
- 遠隔点呼を行う運行管理者等と遠隔点呼を受ける運転者等との対話が妨げられないようにするために必要な通話環境が確保されている

遠隔点呼機器の運用上の遵守事項

- 遠隔点呼を行う運行管理者は、運転者等が事業用自動車の運行の業務に従事できないと判断した場合、直ちに当該運転者等が所属する営業所の運行管理者等に連絡する
- 運転者等が事業用自動車の運行の業務に従事できないと判断した場合にあっては、事業者は、遠隔点呼を行う運行管理者が事業用自動車の運行の業務に従事できないと判断した運転者等の所属する営業所において代替措置を講じることができる体制を整える
- 遠隔点呼機器の故障等により遠隔点呼を行うことが困難になった場合にあっては、遠隔点呼を受ける運転者等が所属する営業所の運行管理者等による対面点呼その他の当該営業所で実施が認められている点呼を行うことができる体制を整える
- 事業者は、運行管理者等及び運転者等の識別に必要な生体認証符号等、運転者の体温及び血圧その他の個人情報の取扱いについて、あらかじめ対象者から同意を得ること。事業者は、遠隔点呼の実施に関し必要な事項について、あらかじめ運行管理規程に明記するとともに、運行管理者等、運転者等その他の関係者に周知する

ここで 1 つ、問題を解いてみましょう。

📝 試験ではこう出る！

問. 貨物自動車運送事業者は、運行上やむを得ない場合は、電話その他の方法により点呼を行うことができるが、営業所と当該営業所の車庫が離れている場合は、運行上やむを得ない場合に該当しないので、対面により、又は対面による点呼と同等の効果を有するものとして国土交通大臣が定める方法により点呼を行わなければならない。〇か×か。

営業所と車庫間なら IT 点呼はできるのでは？

設問に「IT 点呼」の要件に関連する記述はありましたか？

ありません。

ここで試験攻略の鉄則を 1 つ。それは<u>記載されている事項以外は考慮しない</u>です。この問題で問われているのは、「営業所と車庫が離れている」ということが、「運行上やむを得ない場合」に該当するか否か、です。
これは該当しませんので、答えは〇となります。

試験に際しては注意が必要ですね。

はい。試験問題は、文章が長いものが多く、言葉も難しいですが、何を問われているかをきちんと読み解き、細かい部分までしっかりと読んで確実に答えることを心がけましょう。

引っかけ問題に引っかからないように気をつけます！

字句の入れ替えには、要注意です。最後に、業務前点呼の流れをまとめました。あわせて確認しておきましょう。

こうしてまとまっていると、違いなどがわかりやすいですね。しっかりと覚えておきます！

図で覚える　業務前点呼のフローチャート

業務前点呼

原則

対面

- 自社営業所と当該営業所内の車庫間
- 自社営業所の車庫と当該営業所内のほかの車庫間
- 自社営業所とほかの自社営業所間
- 自社営業所とほかの自社営業所内の車庫間
- 自社営業所内の車庫とほかの自社営業所内の車庫間
- 自社営業所と完全子会社等の営業所間
- 自社営業所と完全子会社等の営業所内の車庫間
- 自社営業所内の車庫と完全子会社等の営業所内の車庫間

対面による点呼と同等の効果を有するものとして国土交通大臣が定める方法①

遠隔点呼

- 機器の機能の要件
- 機器を設置する施設及び環境の要件
- 機器の運用上の遵守事項

対面による点呼と同等の効果を有するものとして国土交通大臣が定める方法②

Gマークを取得した営業所が行うIT点呼

- 同一事業者内のGマーク営業所の営業所間
- 営業所と車庫間
- 車庫と車庫間

例外

運行上やむを得ない場合

電話その他の方法

原則と例外を分けて、内容を確認しておきましょう。混同しないように注意してください

問9・解説

　4の①〜③は、業務前の点呼で報告を求めて確認を行う必要のある項目ですが、③の「点検」は、「定期点検」ではなく、<u>日常点検</u>になります。　　　　　<u>正解　4</u>

10 業務後点呼

重要度
★★★

業務前と同じく、「業務後」にも点呼が求められます。
業務後点呼で「すべきこと」を押さえておきましょう。

要チェックの条文はコレ！

【貨物自動車運送事業輸送安全規則・第七条（点呼等）】

2　貨物自動車運送事業者は、事業用自動車の運行の業務を終了した運転者等に対して<u>対面</u>により、又<u>対面による点呼と同等の効果を有するものとして国土交通大臣が定める方法</u>により<u>点呼</u>を行い、当該業務に係る<u>事業用自動車、道路及び運行の状況</u>について<u>報告</u>を求め、かつ、運転者に対しては<u>酒気帯びの有無</u>について<u>確認</u>を行わなければならない。この場合において、当該運転者等が<u>他の運転者等と交替した場合</u>にあっては、当該運転者等が交替した運転者等に対して行った第三条の二第四項第四号又は第十七条第四号の規定による<u>通告</u>についても報告を求めなければならない。

✓ 業務後点呼で求められる報告事項とは？

ここでは「業務後」点呼について見ていきます。主な内容は下図の通りです。原則として<u>対面</u>により、または<u>対面による点呼と同等の効果を有するものとして国土交通大臣が定める方法</u>により行うことについては、業務前の点呼と同様です。なお、業務前・業務後ともに<u>酒気帯びの有無</u>の確認は必須です。また、業務後には日常点検を実施しないことも覚えておきましょう。

図で覚える　「業務後点呼」のポイント

原則	<u>対面</u>により、又は<u>対面による点呼と同等</u>の効果を有するものとして国土交通大臣が定める方法

例外	<u>運行上やむを得ない場合</u>は電話、その他の方法

- <u>酒気帯びの有無</u>
→ **報告を求め確認**

- 事業用自動車の状況
- 道路状況
- 運行状況
- 交替した運転者等に行った規定による<u>通告</u>
→ **報告を求める**

上図の「交替した運転者等に行った規定による<u>通告</u>」って何ですか？

たとえば、同一車両を運行途中で運転者Aから運転者Bに交替した場合、その運行を終えた運転者Aは、車両の状態や道路が事故渋滞していたのならその旨を、運行の遅延があったらその情報を、これから運行する運転者Bに伝える必要がある、ということです。

図で覚える 運転者Aから運転者Bに交替した場合

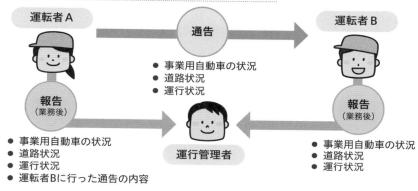

運転者A

通告
- 事業用自動車の状況
- 道路状況
- 運行状況

運転者B

報告
（業務後）

- 事業用自動車の状況
- 道路状況
- 運行状況
- 運転者Bに行った通告の内容

運行管理者

報告
（業務後）

- 事業用自動車の状況
- 道路状況
- 運行状況

 安全な運行のために必要ですね！

なお、運転者Bは事業用自動車の状況を運転者Aから通告されているとしても、その事業用自動車の制動装置、走行装置その他の重要な装置の機能について点検を実施する必要があります。

交替した運転者のすべきことについては、たとえば次のような形で出題されます。

試験ではこう出る！

問. 運転者等は、業務を終了して他の運転者等と交替するときは、交替する運転者等に対し、当該業務に係る事業用自動車、道路及び運行の状況について通告すること。この場合において、交替して業務する運転者等は、当該通告を受け、当該事業用自動車の制動装置、走行装置その他の重要な装置の機能について点検の必要性があると認められる場合には、これを点検すること。○か×か。

 こうした点検はすることになってるから、○かな？

 残念。正解は×です。交替する運転者等の点検は、「点検の必要性があると認められる場合には」ではありません。<u>必ず点検すること</u>が求められているのです。

 すごいひっかけ……。試験は細かいところにまで注意しないと、ですね。気をつけます。

✔ 業務後自動点呼とは？

 ここからは、業務後自動点呼について見ていきます。業務後自動点呼とは、国土交通大臣が告示で定める要件を満たす<u>自動点呼機器</u>により事業用自動車の運行の業務を終了した運転者等に対して自動で行う点呼です。

 自動点呼ロボットのようなものですか？

 はい。遠隔点呼や IT 点呼と同様に、これも<u>対面による点呼と同等</u>の効果を有するものとして国土交通大臣が定める方法です。

 なるほど。

 業務後自動点呼のポイントは、事業者の<u>営業所</u>または当該<u>営業所の車庫</u>において、当該営業所に所属する運転者等に対して行えることです。ただし、行うには 2 つの要件などを満たす必要があります。

表で覚える 自動点呼機器に関する主な要件

自動点呼機器の機能の主な要件

- 業務後自動点呼を受ける運転者等について、<u>生体認証符号等を使用する方法により確実に識別</u>する機能を有し、生体認証符号等による識別が行われた場合に、業務後自動点呼を開始する機能を有する
- 運転者が行うアルコール検知器による測定の結果検知された呼気中のアルコールの有無またはその濃度および<u>アルコール検知器使用時の静止画又は動画</u>を自動的に<u>記録及び保存</u>する機能を有する
- 運転者が行うアルコール検知器による測定の結果、運転者の呼気中に<u>アルコールが検知された場合</u>には直ちに<u>運行管理者に対し警報又は通知</u>を発する機能を有し、この場合において<u>業務後自動点呼を完了することができない</u>機能を有する
- 業務後自動点呼に必要な電磁的方法による記録の全ての確認、判断および記録がなされない場合または<u>故障が生じている場合</u>には<u>業務後自動点呼を完了することができない</u>機能を有する
- 運転者等ごとに業務後自動点呼の<u>実施予定時刻を設定</u>することができ、当該予定時刻から事業者があらかじめ定めた時間を経過しても業務後自動点呼が完了しない場合には、運行管理者等に対し<u>警報または通知</u>を発する機能を有する
- 業務後自動点呼を受けた運転者等ごとに、必要事項を電磁的方法により記録しかつ、その<u>記録を 1 年間保存</u>する機能を有する
- <u>自動点呼機器が故障した場合</u>、故障発生日時及び故障内容を電磁的方法により<u>記録</u>しその記録を <u>1 年間保存</u>する機能を有する
- 電磁的方法により記録された業務後自動点呼を受けた運転者等ごとの<u>記録事項及び故障した場合の記録</u>について自動点呼機器に保存された情報を CSV 形式で、電磁的記録として<u>出力</u>する機能を有する

自動点呼機器を設置する施設及び環境の要件

- <u>なりすまし、アルコール検知器の不正使用及び所定の場所以外で業務後自動点呼が実施されることを防止</u>するため、業務後自動点呼実施場所の天井等に監視カメラを備え、運行管理者等が、業務後自動点呼を受ける運転者等の全身を常時または業務後自動点呼実施後に、明瞭に確認できる

どんなところがポイントになりますか？

 運転者等について、生体認証符号等を使用する方法により確実に識別することでなりすましを防止すること、そして、アルコールが検知された場合や自動点呼機器が故障した場合に関する機能を有することを中心に確認しましょう。そして、遵守すべきこともあります。

表で覚える 自動点呼機器に関する大事な遵守事項

自動点呼機器の運用上の主な遵守事項

- 事業者は、業務後自動点呼の運用に関し必要な事項について、あらかじめ<u>運行管理規程に明記</u>するとともに運行管理者等、運転者等その他の関係者に<u>周知</u>する
- 事業者は、自動点呼機器の<u>使用方法、故障時の対応等</u>について運行管理者、運転者等その他の関係者に対し適切に<u>教育及び指導</u>を行う
- 事業者は、所定の場所以外で業務後自動点呼が行われることを防止するため、業務後自動点呼に用いる自動点呼機器が業務後自動点呼実施場所から<u>持ち出されないよう必要な措置</u>を講じる
- 事業者は、自動点呼機器を適切に使用、管理及び保守することにより、常に<u>正常に作動する状態</u>に保持する
- 運行管理者等は、運転者等ごとの業務後自動点呼の実施予定及び実施結果を適宜確認し、点呼の<u>未実施を防止</u>する
- 業務後自動点呼を実施する予定時刻から事業者があらかじめ定めた時間を経過しても業務後自動点呼が完了しない場合には、<u>運行管理者等が適切な措置を講じることができる体制</u>を整備する
- 運転者が<u>酒気を帯びていることが確認</u>された場合は、運行管理者が当該<u>運転者の状態を確認</u>するための適切な措置を講じることができる体制を整備する
- 自動点呼機器の<u>故障等</u>により業務後自動点呼を行うことが困難となった場合に、業務後自動点呼を受ける運転者等が所属する営業所の運行管理者等による<u>対面点呼</u>その他の実施が認められている点呼を行う体制を整える
- 事業者は、運転者等（対象者）の識別に必要な<u>生体認証符号等</u>について、あらかじめ対象者の<u>同意</u>を得る

 故障時の対応、所定の場所以外で業務後自動点呼が行われることを防止すること、点呼の<u>未実施を防止</u>すること、<u>酒気を帯びていることが確認</u>された場合の措置、故障等により運行管理者等による<u>対面点呼</u>を行える体制などについて定められています。これらを覚えていきましょう。

運行管理者が立ち会わないから何かあったときのルールがあるんですね。

問 10・解説

2の「業務終了後の点呼」では、日常点検の実施又はその確認を行う必要はありません。3の「酒気帯びの有無」の確認は、運転者の状態を目視等で確認するほか、当該運転者の属する営業所に備えられた<u>アルコール検知器を用いて</u>行う必要があります。

正解　1、4

11 中間点呼

重要度
★★☆

「中間点呼」が必要なのはどんな場合か、また、何をしなければ
ならないかなどを理解しておきましょう。

要チェックの条文はコレ！

【貨物自動車運送事業輸送安全規則・第七条（点呼等）】

3 貨物自動車運送事業者は、前二項に規定する点呼の**いずれも対面**により、又
は**対面による点呼と同等の効果を有するものとして国土交通大臣が定める方法**
で行うことができない業務を行う運転者等に対し、当該点呼のほかに、当該業
務の**途中**において少なくとも**一回**電話その他の方法により点呼を行い、第一項
第一号及び第二号に掲げる事項について**報告**を求め、及び**確認**を行い、並びに
事業用自動車の運行の安全を確保するために**必要な指示**をしなければならな
い。

✓ 中間点呼が必要なケースとは？

中間点呼が必要なのは、**業務前・業務後**のいずれも**対面**により、または**対
面による点呼と同等の効果を有するものとして国土交通大臣が定める方法**
で点呼を行うことができない業務を行う運転者等に対してです。その場合、
業務の途中にも点呼を行います。たとえば、こんなケースです。

図で覚える こんな場合に中間点呼が必要

1日目は業務前点呼を、3日目は業務後点呼を**対面**で行っています。なの
で、これらの日は中間点呼は不要です。一方、2日目は業務前・業務後い
ずれも点呼を**対面**により、または**対面による点呼と同等の効果を有するも
のとして国土交通大臣が定める方法**で行っておらず、中間点呼を行ってい
ます。つまり、中間点呼は、「いずれか」ではなく**いずれも**行っていない場
合に必要となるわけです。試験でも、この部分が問われたりします。

図では 3 日間にわたる運行で、2 日目に中間点呼が必要となりますから、2 日間にわたる運行では「いずれも」に該当することはなさそうですね。

 いいところに気づきましたね。その通りで、原則として該当しません。では、実際の試験問題を見てみましょう。

試験ではこう出る！

問. 業務前又は業務後の点呼のいずれかが対面により、又は対面による点呼と同等の効果を有するものとして国土交通大臣が定める方法で行うことができない業務を行う運転者等に対し、業務前及び業務後の点呼のほかに、当該業務の途中において少なくとも 1 回電話その他の方法により点呼を（中間点呼）を行わなければならない。○か×か。

 業務前・業務後の点呼の「いずれか」ではなく、「いずれも」の場合だから、答えは×ですね。

 正解です。そのほか、中間点呼に関する問題では、中間点呼では不要な、「日常点検についての確認実施又はその確認についての報告を求めなくてはならない」といった誤った選択肢が示されるパターンもあります。ご注意ください。

 そもそも、中間点呼では何を行うのですか？

 具体的には次の図の通りです。

図で覚える 「中間点呼」のポイント

- 酒気帯びの有無 / 疾病、疲労、睡眠不足などの状況 → 報告を求め確認

- 運行の安全を確保するために必要な指示 → 指示

※当該業務の途中で少なくとも1回電話その他の方法により点呼を行う

 中間点呼でも、運転者へ酒気帯びの有無について報告を求め、確認することは必須です。それと、業務前、中間、業務後の各点呼とも、点呼記録事項を記録し、1 年間保存しなければなりません。試験では、この1 年間を別の数字に入れ替えて出題されることがあるので、ご注意ください。

 わかりました！　しっかり覚えます！

✔ 業務前・中間・業務後の点呼のまとめ

 ここまで、業務前点呼、業務後点呼、そして中間点呼について学んできました。それぞれの違いがわかりましたか？

 まだごちゃごちゃしています……。

 最初はわかりにくいと思います。表でまとめましたので、確認しておきましょう。

表で覚える 業務前・中間・業務後点呼のポイント一覧

点呼記録事項		
点呼を行い、報告を求め、確認を行い、指示したときは、運転者等ごとに点呼を行った旨、報告、確認および指示の内容並びに次に掲げる事項を記録し、かつ、その記録を <u>1年間保存</u> しなければならない		
業務前点呼	中間点呼	業務後点呼
①点呼執行者名		
②運転者等の氏名		
③運転者等が従事する運行の業務に係る事業用自動車の自動車登録番号または識別できる記号、番号など		
④点呼日時		
⑤点呼方法 （1）アルコール検知器の使用の有無　（2）対面でない場合は具体的方法		
⑥運転者の酒気帯びの有無		
⑦運転者の疾病、疲労、睡眠不足等の状況		⑦自動車、道路及び運行の状況
⑧指示事項		⑧交替運転者等に対する通告
⑨日常点検の状況	―	
⑩ （⑨）その他必要な事項		
※点呼を行った旨並びに報告及び指示の内容の記録・保存については、「運行記録計による記録等の電磁的方法による記録・保存の取扱いについて」により、書面による記録・保存に代えて電磁的方法による記録・保存を行うことができる		

それぞれにどんな違いがあるかを比較しながら見ると、効率よく覚えられます

 業務前、中間、業務後とそれぞれの報告で少しずつ内容に違うところがあるんですね。

 はい。ですから、この違いについて理解し、それぞれ内容について問われた場合に、対応できるようにしておく必要があるのです。しっかりと覚えておきましょう。

表で覚える 業務前・中間・業務後点呼の報告などの違い

対面による点呼と同等の効果を有するものとして国土交通大臣が定める方法
①遠隔点呼　②業務後自動点呼　③ G マークを取得した営業所が行う IT 点呼 ※③は輸送の安全の確保に関する取組みが優良だと認められる営業所において、当該営業所の管理する点呼機器を用い、及び当該機器に備えられたカメラ、ディスプレイ等によって運行管理者等が運転者の酒気帯びの有無、疾病、疲労、睡眠不足等の状況を随時確認でき、かつ、運転者の酒気帯びの状況に関する測定結果を、自動的に記録及び保存するとともに当該運行管理者等が当該測定結果を直ちに確認できる方法

業務前点呼	
原則	対面により、又は対面による点呼と同等の効果を有するものとして国土交通大臣が定める方法
例外	運行上やむを得ない場合は電話その他の方法
報告を求め確認	・酒気帯びの有無　　　　・疾病、疲労、睡眠不足等の状況 ・日常点検の実施状況
指示	運行の安全を確保するために必要な指示

中間点呼	
業務前・業務後のいずれも対面により、又は対面による点呼と同等の効果を有するものとして国土交通大臣が定める方法で行うことができない業務を行う場合 ※当該業務の途中において少なくとも1回電話その他の方法により点呼を行う	
報告を求め確認	・酒気帯びの有無　　　　・疾病、疲労、睡眠不足等の状況
指示	運行の安全を確保するために必要な指示

業務後点呼	
原則	対面により、又は対面による点呼と同等の効果を有するものとして国土交通大臣が定める方法
例外	運行上やむを得ない場合は電話その他の方法
報告を求め確認	酒気帯びの有無
報告を求める	・事業用自動車の状況　　　・道路状況 ・運行状況　　　・交替した運転者等に行った規定による通告

 前ページとは違う形でもまとめました。原則や例外、「報告を求め確認」の内容などの違いを確認しておきましょう。業務前にのみ、日常点検の実施状況があり、業務後のみ自動車、道路及び運行の状況や交替運転者等に対する通告があります。

 そして、すべての点呼に運転者の酒気帯びの有無がありますね！ 覚えます！

問 11・解説

1については、中間点呼では「日常点検」の実施又はその確認を行う必要はありません。2については、2日間にわたる運行ですので、中間点呼を行う必要はありません。4については、業務前・業務後の「いずれか」ではなく、いずれも対面により、又は対面による点呼と同等の効果を有するものとして国土交通大臣が定める方法で行うことができない業務を行う運転者に対しては、中間点呼を行わなければなりません。　　正解　3

12 アルコール検知器

重要度
☆☆☆

アルコール検知器の種類や、常時有効保持に関するルール、
点呼での使用の注意点などをしっかり押さえておきましょう。

要チェックの条文はコレ！

【貨物自動車運送事業輸送安全規則・第七条（点呼等）】

4　貨物自動車運送事業者は、アルコール検知器（呼気に含まれるアルコール
を検知する機器であって、国土交通大臣が告示で定めるものをいう。以下同
じ。）を営業所ごとに備え、常時有効に保持するとともに、前三項の規定によ
り酒気帯びの有無について確認を行う場合には、運転者の状態を目視等で確認
するほか、当該運転者の属する営業所に備えられたアルコール検知器を用いて
行わなければならない。

✓ アルコール検知器の３つのポイントとは？

点呼において必須の酒気帯びの確認において使用するアルコール検知器
は、運転者の所属する営業所ごとに備えることが必要です。なお、アルコー
ル検知器には、アルコールを検知して、原動機が始動できないようにする
機能を有するものも含まれます。

表で覚える　アルコール検知器に関する3つのポイント

①営業所ごとに備え	②常時有効に保持	③目視等で確認
営業所もしくは営業所の車庫に設置され、営業所に備え置き（携帯型アルコール検知器等）または営業所に属する事業用自動車に設置されているもの	正常に作動し、故障がない状態で保持しておくこと	運転者の顔色、呼気の臭い、応答の声の調子等で確認すること。なお、対面でなく電話その他の方法で点呼をする場合には、運転者の応答の声の調子等、電話等を受けた運行管理者などが確認できる方法で行う

どんなところが重要ですか？

酒気帯びの有無を確認する場合には、運転者の状態を目視等で確認するほ
か、当該運転者の属する営業所に備えられたアルコール検知器を用いて行
わなければならないことがポイントです。たとえば「運転者からの報告と
目視等による確認で酒気を帯びていないと判断できる場合は、アルコール
検知器を用いての確認は実施する必要はない」といった誤った選択肢も出
題されています。

酒気帯びの有無の確認は、①営業所に備えられたアルコール検知器を用いて行うことと、②運転者の状態を目視などで確認することがセットなんですね。

 はい。そして、どのような場合に、どのような対応をしなければならないかについても定められています。

表で覚える アルコール検知器の点呼の2つのポイント

①対面でなく電話その他の方法で点呼をする場合	②営業所と車庫が離れているなどの場合
運転者に携帯型アルコール検知器を携行させ、または自動車に設置されているアルコール検知器を使用させ、および当該アルコール検知器の測定結果を電話その他の方法(通信機能を有し、または携帯電話などの通信機器と接続するアルコール検知器を用いる場合には、当該測定結果を営業所に電送させる方法を含む)で報告させることにより行う	運行管理者などを車庫へ派遣して点呼を行う場合については、営業所の車庫に設置したアルコール検知器、運行管理者などが持参したアルコール検知器または自動車に設置されているアルコール検知器を使用することによるものとする

図で覚える アルコール検知器の5つの種類

① 設置型アルコール検知器対面用（対面）

東海電子株式会社 ALC-PRO II

② 携帯型アルコール検知器（遠隔地）

東海電子株式会社 ALC-Mobile III

③ 自動車設置型アルコール検知器（アルコールインターロック装置）

東海電子株式会社 ALC-ZERO II

④ IT点呼・遠隔点呼対応クラウド型点呼システム

東海電子株式会社 e点呼PRO

⑤ クラウド型業務後自動点呼システム

東海電子株式会社
e点呼セルフType ロボケビー

携帯型や自動車に設置されているものもあるんですね。

 携帯型アルコール検知器であっても、営業所に備えられたもので常時有効に保持していれば、使用可能です。

 正常に作動し、故障がない状態で保持しておく、ということですよね。

 はい。そして常時有効に保持するために行わなければならないことも、定められています。下の表を確認しましょう。「毎日確認」は、携帯型アルコール検知器を運転者に携行させ、または自動車に設置されているアルコール検知器を使用させる場合にあっては、「運転者の出発前に実施」します。

表で覚える 「常時有効に保持」のためのチェック事項

チェック内容

毎日確認	少なくとも週1回以上確認
☐ 電源が確実に入るか ☐ 損傷がないか	☐ 酒気を帯びていない者がアルコール検知器を使用した場合に、アルコールを検知しないこと ☐ 液体歯磨きなどのアルコールを含有する液体またはこれを希釈したものを、スプレーなどにより口内に噴霧した上で、当該アルコール検知器を使用した場合にアルコールを検知すること

HI-ZACスプレー（東海電子にて販売の製品）

東海電子株式会社 TD-PUMP

「常時有効に保持」とは、正常に作動し故障がない状態で保持しておくことをいいます

 つまり、機器がきちんと作動し、使用した際にきちんとアルコールを検知するかも確認する必要があるわけですね。

 その通りです。故障していてアルコール反応を検知しない機器を使っていては、酒気帯び運転を防止することはできませんからね。そのため、上の表のような検査をし、常時有効に保持する必要があるのです。

 アルコール検知器にもいろんなことが定められているんですね。

 酒気帯び運転撲滅は、運送業界の社会的使命です。それもすべて、輸送の安全の確保につながっています。これらの要件を満たしてはじめて、点呼に使用するアルコール検知器として認められるのです。

試験ではどんなことがポイントになりますか？

条文をきちんと押さえておくことに加え、<u>営業所に備えられた</u>アルコール検知器を使用しているか否かも、重要なポイントです。同等の性能を有していても、営業所に備えられていないアルコール検知器は使用できません。たとえば、試験ではその部分が次のような形で問われます。

試験ではこう出る！

問. 運転者が所属する営業所において、アルコール検知器（呼気に含まれるアルコールを検知する機器であって、国土交通大臣が告示で定めるものをいう。以下同じ。）により酒気帯びの有無について確認を行う場合には、当該営業所に備えられたアルコール検知器を用いて行わなければならないが、当該アルコール検知器が故障等により使用できない場合は、当該アルコール検知器と同等の性能を有したものであれば、当該営業所に備えられたものでなくてもこれを使用して確認することができる。◯か×か。

答えは×ですね。営業所に備えられたものでない検知器は使用不可！

正解です。同等の性能を有したものであっても、<u>営業所に備えられたものでない場合は、使用することはできません</u>。アルコール検知器に関しては、これ以外に、「営業所に備えられていない携帯型アルコール検知器を使用した」といった誤った選択肢のパターンもあります。ご注意ください。

それでも実際問題として、使おうと思ったらアルコール検知器が故障していた！ ということもありますよね。その場合はどうすればいいですか？

その場合は、次の3つの方法のいずれかで対処します。
① <u>予備として営業所に備えられた</u>アルコール検知器を使用する
② <u>営業所に備えられた携帯型</u>アルコール検知器を使用する
③ <u>車両に備えられた</u>アルコール検知器を使用する

いずれにしても営業所や車両に「備えられたもの」というのが不可欠なのですね。了解しました！

問 12・解説

　2は、「当該営業所に備えられたものでなくても」が誤り。当該運転者の属する営業所に<u>備えられたアルコール検知器</u>の使用は必須です。3の酒気帯びの有無についての確認は、目視等で確認できたとしても、当該運転者の属する営業所に備えられた<u>アルコール検知器</u>での確認は<u>必ず実施</u>する必要があります。　　　　　<u>正解　2、3</u>

13 運行管理者の数と義務

重要度
☆☆☆

事業者は「運行管理者」を選任する必要があります。
その人数や義務について理解しておきましょう。

要チェックの条文はコレ！

【貨物自動車運送事業輸送安全規則・第十八条(運行管理者等の選任)】
一般貨物自動車運送事業者等は、事業用自動車（被けん引自動車を除く。以下この項において同じ。）の運行を管理する営業所ごとに、当該営業所が運行を管理する事業用自動車の数を三十で除して得た数（その数に一未満の端数があるときは、これを切り捨てるものとする。）に一を加算して得た数以上の運行管理者を選任しなければならない。

【貨物自動車運送事業法・第二十二条(運行管理者等の義務)】
運行管理者は、誠実にその業務を行わなければならない。
2　一般貨物自動車運送事業者は、運行管理者に対し、第十八条第二項の国土交通省令で定める業務を行うため必要な権限を与えなければならない。
3　一般貨物自動車運送事業者は、運行管理者がその業務として行う助言を尊重しなければならず、事業用自動車の運転者その他の従業員は、運行管理者がその業務として行う指導に従わなければならない。

✓ 運行管理者は何人置く必要がある？

事業者は、事業用自動車の運行の安全の確保に関する業務を行わせるため、運行管理者資格者証の交付を受けている者のうちから、運行管理者を選任しなければなりません。運行管理者を選任したら、遅滞なくその旨を国土交通大臣に届出をし、解任したら同様の届出をする必要があります。

ここでも届出が必要なんですね。

そうです。そして選任すべき運行管理者の数は、車両台数によって定められています。計算式は下記の通りです。たとえば150両を管理する営業所の場合、（150両÷30）＋1＝6なので、最低6人は必要となります。

図で覚える　運行管理者の選任数の算出方法

$$\text{運行管理者の選任数（最低基準数）} = \frac{\text{事業用自動車の車両台数（被けん引自動車を除く）}}{30} + 1$$

※小数点以下は切り捨て

車両数から「被けん引自動車」を除く必要があるんですね。

たとえば、事業用自動車の配置車両数 30 両で、この中にトレーラー 10 両が含まれる場合、トレーラー 10 両を引いた 20 両が算定数となります。

 なるほど。それとつねに 30 で割るってことは、__29 両（車両台数）__までは、運行管理者は __1 人__でもいいってことですよね。

 その通りです。ここで、実際の試験問題を見てみましょう。

📝 試験ではこう出る！

問. 事業者は、事業用自動車（被けん引自動車を除く。）70 両を管理する営業所においては、3 人以上の運行管理者を選任しなければならない。○か×か。

 （70 両÷30）＋1 ＝ 3.33…で、小数点以下は__切り捨て__ですよね。なので、選任しなければならない運行管理者の人数は 3 人だから、○ですか？

 正解です。ちなみに運行管理者は、最低人数を確保すれば、何人でも選任できます。法で定める人数以上を選任することは、強固な運行管理体制を確立することにつながりますからね。なお、事業者・運行管理者・運転者の関係性は、下の図の通りです。

図で覚える 事業者・運行管理者・運転者の関係

 事業者は、運行管理者がその業務として行う助言を__尊重__しなければなりません。試験では「緊急を要する事項に限り尊重する」など、字句の入れ替え問題が出されたりしますので、ご注意ください。また、貨物自動車運送事業法の第二十二条の条文が穴埋め問題で出されることがよくあります。

問 13・解説

1 については、運行管理者に求められるのは、__誠実__さです。2 については、一般貨物自動車運送事業者が運行管理者に対して与えなければならないのは、__権限__です。3 については、一般貨物自動車運送事業者は、運行管理者の助言を__尊重__し、事業用自動車の運転者やその他の従業員は、運行管理者がその業務として行う__指導__に従わなければなりません。

正解　A：5　B：2　C：8　D：1

14 統括運行管理者と補助者

重要度 ☆☆☆　統括運行管理者や補助者の選任について、
要件などを押さえていきましょう。

要チェックの条文はコレ！

【貨物自動車運送事業輸送安全規則・第十八条（運行管理者等の選任）】

2　一の営業所において複数の運行管理者を選任する一般貨物自動車運送事業者等は、それらの業務を統括する運行管理者（以下「**統括運行管理者**」という。）を**選任しなければならない**。

3　一般貨物自動車運送事業者等は、運行管理者資格者証（以下「資格者証」という。）若しくは道路運送法（昭和二十六年法律第百八十三号）第二十三条の二第一項に規定する運行管理者資格者証を有する者又は国土交通大臣が告示で定める運行の管理に関する講習（以下単に「講習」という。）であって次項において準用する第十二条の二及び第十二条の三の規定により国土交通大臣の認定を受けたものを修了した者のうちから、運行管理者の業務を補助させるための者（以下「**補助者**」という。）を**選任することができる**。

✔ 統括運行管理者と補助者とは？

 1つの営業所において複数の運行管理者を選任する事業者は、それらの業務を統括する<u>統括運行管理者</u>を<u>選任</u>しなければなりません。

 複数の運行管理者がいる中で、「ボス」を決めておくんですね。

 はい。さらに事業者は、運行管理者と統括運行管理者※の職務と権限、ならびに事業用自動車の運行の安全の確保に関する業務の処理基準に関する<u>運行管理規程</u>を定めなければなりません。これも覚えておきましょう。

※統括運行管理者を選任しなければならない営業所の場合

 わかりました。

 次に「補助者」についてです。補助者の選任要件は下の図になります。

図で覚える　補助者の選任要件

選任要件
- 運行管理者資格者証を有する者
- 国土交通大臣の認定を受けた運行の管理に関する講習（基礎講習）を修了した者

※運行管理者の履行補助として、業務に支障が生じない場合は、同一事業者のほかの営業所の補助者の兼務可

補助者を選任する場合にしなければならないこと

- 補助者の選任方法・職務・遵守事項等について<u>運行管理規程</u>に明記
- 選任した補助者の氏名を社内の見やすい箇所に<u>掲示</u>して<u>周知</u>

補助者の行うことは、大きく２つです（下の表）。とくに押さえておきたいのが補助者の点呼回数です。点呼の一部を補助者に行わせる場合でも、運行管理者が行う点呼は点呼総回数の3分の1以上でなければなりません。そのため補助者が行う点呼は、点呼総回数の3分の2未満になります。

表で覚える **補助者の行うこと**

① **補助業務（運行管理者の指導・監督のもと行う）**

- 点呼については、その一部を補助者が行うことができる（点呼総回数の3分の2未満）

② **以下については、直ちに運行管理者に報告し、運行の可否の決定などについて指示を仰ぎ、その結果に基づき各運転者に対し指示を行わなければならない**

- 運転者が酒気を帯びている
- 疾病、疲労、睡眠不足その他の理由により安全な運転をすることができない
- 無免許運転、大型自動車などの無資格運転
- 過積載運行
- 最高速度違反行為

 補助者は、運行管理者の履行補助を行う者であって、代理業務を行える者ではありません

 補助者を選任したときも、届出が必要ですか？

 届出は不要です。また、補助者を指導・監督するのは運行管理者ですが、補助者を選任するのは事業者です。ここで次の問題を解いてみましょう。

📝試験ではこう出る！

問. 営業所において複数の運行管理者を選任する一般貨物自動車運送事業者等は、それらの業務を統括する運行管理者を選任することができる。〇か×か。

 「選任することができる」だから、〇かな？

 残念！　正解は×です。事業者は、統括運行管理者を選任「することができる」ではなくしなければならないのであり、選任することができるのは補助者になります。この違いも押さえておきましょう。

問 14・解説

1の「補助者」の選任要件においては「運行の安全の確保に関する業務について5年以上の実務の経験を有する者」は該当しません。4の、当該営業所において選任されている運行管理者が行う点呼は、点呼総回数の少なくとも「2分の1」ではなく3分の1以上でなければなりません。

正解　1、4

運行管理者の資格要件や資格者証の返納命令、運行管理者講習などが押さえておきたいポイントになります。

要チェックの条文はコレ！

【貨物自動車運送事業輸送安全規則・第二十三条（運行管理者の講習）】

一般貨物自動車運送事業者等は、国土交通大臣が告示で定めるところにより、次に掲げる運行管理者に国土交通大臣が告示で定める<u>講習</u>であって次項において準用する第十二条の二及び第十二条の三の規定により<u>国土交通大臣の認定</u>を受けたものを受けさせなければならない。

一　死者若しくは重傷者（自動車損害賠償保障法施行令第五条第二号又は第三号に掲げる傷害を受けた者をいう。）が生じた事故を引き起こした事業用自動車の運行を管理する営業所又は法第三十三条（法第三十五条第六項において準用する場合を含む。）の規定による処分（輸送の安全に係るものに限る。）の原因となった違反行為が行われた営業所において選任している者

二　運行管理者として新たに選任した者

三　最後に国土交通大臣が認定する講習を受講した日の属する年度の翌年度の末日を経過した者

✓ **運行管理者になれる人・なれない人**

 まずは、どういう人が運行管理者になれるのかを見ていきましょう。それは一言でいえば、<u>「運行管理者資格者証」の交付を受けている者</u>です。

 どういう人が、その資格を取得できるのですか？

 資格要件は下図の①または②を満たしている者になります。

図で覚える **運行管理者資格者証の交付を受けられるのは…**

1
運行管理者試験
の合格者

or

2
一定の実務経験
および、その他の
要件を備える者

→

運行管理者
資格者証

● 合格の日から
　<u>3ヵ月</u>以内に交付申請

● <u>5年</u>以上の実務経験
● 国土交通大臣の認定を受けた講習を
　<u>5回</u>以上受講（基礎講習、および一般講習）
　※ 5回以上のうち、1回は基礎講習を受講

 一方で、次ページの表の①もしくは②に該当する者に対して、国土交通大臣は資格者証の交付を行わないことができます。

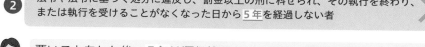

表で覚える 国土交通大臣が資格者証の交付を行わないことができる者

1 法令違反などにより資格者証の返納を命じられ、その日から5年を経過しない者 ✕

2 法令や法令に基づく処分に違反し、罰金以上の刑に科せられ、その執行を終わり、または執行を受けることがなくなった日から5年を経過しない者 ✕

悪いことをした後、5年は運行管理者になれない可能性があるんですね。

自動車運送事業の許可に係る欠格期間も同じく5年でしたね（37ページ）。この2つは一緒に覚えておきましょう。それと、試験では「5年」という数字を入れ替える問題がしばしば出題されますので、ご注意ください。また、法令違反などがあったときには、国土交通大臣から資格者証の返納を命じられることもあります。

図で覚える 資格者証の返納命令

| 国土交通大臣 | → 返納しなさい！ → | 法令などに違反、または法令に基づく処分に違反した資格者証の保有者個人 |

返納命令

そのほか、資格者証の交付を受けている者が氏名の変更をしたときや、資格者証を紛失したときなどには、資格者証の再交付申請が必要になります。

再交付を受けた後に、紛失した資格者証が出てきた場合、どうすればいいですか？

その場合は発見した資格者証を、遅滞なくその住所地を管轄する地方運輸局長に返納する必要があります。
ここで、返納に関する実際の試験問題を確認してみましょう。

📝 試験ではこう出る！

問. 国土交通大臣は、運行管理者資格者証の交付を受けている者が、貨物自動車運送事業法若しくはこの法律に基づく命令又はこれらに基づく処分に違反したときは、その運行管理者資格者証の返納を命ずることができる。また、運行管理者資格者証の返納を命ぜられ、その日から2年を経過しない者に対しては、運行管理者資格者証の交付を行わないことができる。○か✕か。

運行管理者資格者証の返納を命じられてから<u>5年</u>だから、これは×ですね。

 正解です。運行管理者資格者証の返納を命じられ、その日から<u>5年</u>が正しい数字となります。試験では「<u>起算日</u>がいつか？」もしっかり押さえておく必要があります。起算日とは、期間を計算する場合の「初日（第1日目）」のことです。この場合の起算日は、返納命令のあった「<u>その日から</u>」となります。

✓ 誰が、どの講習を、どのタイミングで受講するか？

 運行管理者の資格要件の1つに「国土交通大臣の認定を受けた講習」がありますが、運行管理者に関係する講習は主に下の<u>3つ</u>があります。

表で覚える **運行管理者講習の3つの種類**

❶ 基礎講習	運行管理を行うために必要な法令、および業務などに関する必要な基礎知識の習得を目的とする講習
❷ 一般講習	運行管理を行うために必要な法令、および業務などに関する知識の習得を目的とする講習
❸ 特別講習	事故の再発防止を図るための知識の習得を目的とする講習

 それぞれ受講対象者は異なっていて、「誰が、どの講習を、いつ受けなければならないか」を示したのが、次ページの図です。

 たとえば、前の会社で運行管理者に選任されていた人が転職して、今の会社で運行管理者に選任された場合だと、どの講習を受けるんですか？

 ほかの事業者において選任されていた者であっても、当該事業者において運行管理者として選任されたことがなければ、「新たに選任した運行管理者」の扱いになります。ですから、基礎講習、または一般講習を、<u>選任した日の属する年度</u>に受講させる必要があります。

 あくまでも、今の会社で、新たに選任した運行管理者ということですね。

 また、死者または重傷者が生じた重大事故を引き起こした場合や、輸送の安全に係る許可の取消規定による処分の原因となった違反をした場合に、誰が、いつ、どの講習を受講しなければならないかも重要です。

 具体的にどうなるんですか？

図で覚える 運行管理者講習の受講タイミング

誰が？	どの講習を？	いつ？
新たに選任した運行管理者	基礎講習 または 一般講習 ※基礎講習を受講していない場合や、補助者として選任する場合は、基礎講習を受講	選任した日の属する年度 ※やむを得ない場合は、翌年度
すでに選任している運行管理者	基礎講習 または 一般講習	最後に基礎講習または一般講習を受講した日の属する年度の翌々年度以降 2 年ごと
重大事故、または処分を受けた営業所の統括運行管理者、および責任のある運行管理者	特別講習	事故または処分のあった日より 1 年以内 ※やむを得ない場合は、1 年6ヵ月以内
	基礎講習 または 一般講習	事故のあった日の属する年度、および翌年度 ※やむを得ない場合は、翌年度、および翌々年度
重大事故、または処分を受けた営業所の運行管理者	基礎講習 または 一般講習	事故のあった日の属する年度、および翌年度 ※やむを得ない場合は、翌年度、および翌々年度

重大事故や処分のケースでは、統括運行管理者とその事故や違反の責任のある運行管理者が特別講習を受講し、かつ通常の運行管理者講習の受講にかかわらず、一般講習または基礎講習を受講する必要があります。そして当該営業所に選任されている運行管理者も、一般講習または基礎講習を受講する必要があります。

なるほど。

それと、それぞれの受講時期についても確認しておいてくださいね（上図）。試験では、運行管理者が特別講習を受講しなければならない場合の起算日について、「事故報告書を提出した日」などの誤った選択肢が示される場合があるので、ご注意ください。

問 15・解説

4 は、「当該事故の報告書を運輸支局長等に提出した日から」ではなく、当該事故のあった日又は当該処分のあった日から 1 年（やむを得ない理由がある場合にあっては、1 年6ヵ月）以内に、となります。

正解　4

16 業務の記録等

業務においてはさまざまな記録が求められます。それぞれの
記録事項や記載事項、保存期間について覚えておきましょう。

要チェックの条文はコレ！

【貨物自動車運送事業輸送安全規則・第八条（業務の記録）】
一般貨物自動車運送事業者等は、事業用自動車に係る運転者等の業務について、
当該業務を行った<u>運転者等ごと</u>に次に掲げる事項を記録させ、かつ、その記録を
<u>一年間</u>保存しなければならない。

【貨物自動車運送事業輸送安全規則・第九条（運行記録計による記録）】
一般貨物自動車運送事業者等は、次に掲げる事業用自動車に係る運転者等の業務
について、当該事業用自動車の瞬間速度、運行距離及び運行時間を<u>運行記録計</u>に
より記録し、かつ、その記録を<u>一年間</u>保存しなければならない。

一　車両総重量が<u>七トン以上又は最大積載量が四トン以上</u>の普通自動車である事
　業用自動車

二　前号の事業用自動車に該当する被けん引自動車をけん引するけん引自動車で
　ある事業用自動車

三　前二号に掲げる事業用自動車のほか、特別積合せ貨物運送に係る運行系統に
　配置する事業用自動車

✓ 業務の記録は、「記録しなければならない事項」をチェック！

事業者は、事業用自動車に係る運転者等の業務について、<u>記録</u>させなけれ
ばならず、何を記録するかについても定められています。具体的な記録事
項は次ページの表の通りです。

たくさんの事項を記録しないといけないんですね！

はい、ちなみにこの記録は、<u>1年間</u>保存しなければなりません。試験対策
としてこの数字はしっかり覚えておいてくださいね。

わかりました！

運転者等の業務を把握することは、輸送の安全の確保のために業務の適正
化を図る指標ともなります。だからこそ、業務の記録も細かいところまで
きちんと記す必要があるのです。ちなみに試験では、業務の記録に<u>何を記
載しなければならないか</u>が問われますので、記録事項の暗記は必須です。

覚えることがいっぱいあるな……。あれ？　休憩や睡眠の際の記録は、10
分未満だと省略できるんですね。

表で覚える 業務の記録の記録事項

☐ 運転者等の氏名

☐ 運転者等が従事した運行の業務に係る事業用自動車の自動車登録番号、その他の当該事業用自動車を識別できる表示

☐ 業務の開始・終了の地点および日時、主な経過地点、業務に従事した距離

☐ 業務を交替した場合にあっては、その地点と日時

☐ 休憩または睡眠をした場合にあっては、その地点と日時
　　　　　　　　　　　　　　　　　　※10分未満は省略可

☐ 道路交通法第六十七条第2項に規定する交通事故、もしくは自動車事故報告規則第二条に規定する事故が発生した場合は、その概要と原因

☐ 著しい運行の遅延、その他の異常な状態が発生した場合は、その概要と原因

☐ 運行途中において、運行指示書の携行が必要な業務を行わせることとなった場合には、その指示内容（運行の経路、主な経過地における発車・到着の日時の指示内容）

 1年間 保存

例外として省略できるものは、10分未満の休憩・睡眠のみです

 そうです。試験では、省略することができない事項を「省略できる」と記述して、正しく理解しているかを問われたりします。ご注意ください。

 わかりました。ほかにはどんな問題パターンがありますか？

 たとえば、選択肢に記録事項として定められていないものをまぎれ込ませる、といった引っかけ問題などがあります。

 うわ！！　ますますしっかり覚えないといけませんね！

 なお、上の表にある運行指示書は、**17** で学習します。

✓ 車両が大きくなると、記録すべき事項も増える

 記録事項については、車両総重量が8トン以上、または最大積載量が5トン以上の普通自動車である事業用自動車の運行の業務に従事した場合は、上の表にあるもの以外に、次ページの表の記録事項が定められています。

この記録事項も必要!

☐ 貨物の積載状況

<u>荷主の都合</u>により、集貨または配達を行った地点（＝集貨地点等）で<u>待機</u>した場合…

※<u>30分未満</u>は省略可

☐ 集貨地点等
☐ 集貨地点等への到着の日時を荷主から指定された場合は、当該日時
☐ 集貨地点等に到着した日時
☐ 集貨地点等における積込み、または取卸し（＝荷役作業）の開始・終了の日時
☐ 集貨地点等で、貨物の荷造り、仕分、その他の貨物自動車運送事業に附帯する業務（＝附帯業務）を実施した場合は、<u>附帯業務</u>の開始・終了の日時
☐ 集貨地点等から出発した日時

集貨地点等で、荷役作業または附帯業務（＝荷役作業等）を実施した場合
（荷主との契約書に実施した荷役作業等のすべてが明記されている場合は、荷役作業等に要した時間が1時間以上の場合に限る）

※ 以下の事項について荷主の確認が得られた場合は、荷主が確認したことを示す事項を、当該確認が得られなかった場合は、その旨を記載

☐ 集貨地点等
☐ 荷役作業等の開始・終了の日時
☐ 荷役作業等の内容

2つのケースでどんな内容を記載する必要があるかをしっかりと確認しておきましょう

 車両が大きくなると、より細かい記録が必要になるんですね。

 その通りです。車両が大きくなれば、その分、より安全に業務することが求められますからね。たとえば、一番上の<u>貨物の積載状況</u>の記録ですが、過積載や荷崩れが生じれば、落下や飛散した積み荷がほかの車にぶつかり事故発生の原因となります。それを防ぐためのものです。

 ほかにも、荷主の都合で待機が発生した場合は、集貨地点等での積込みまたは取卸しや貨物の荷造り、仕分などについても記録するんですね。

 それについては、先述の **6**（44ページ〜）でふれた荷主との<u>適正な取引の確保</u>や<u>荷主勧告</u>が大きく関係しています。業務の記録は、運転者等の業務を把握し、過労運転や過積載などを防止する役割だけでなく、荷主との適正な取引についての根拠にもなる側面を持っているのです。

なるほど。業務の記録にはそうした2つの側面があるってことですね。

 ではここで、実際の試験問題を確認してみましょう。

試験ではこう出る！

問. 事業用自動車に係る運転者等の業務について、車両総重量が8トン以上又は最大積載量が5トン以上の普通自動車である事業用自動車の運行の業務に従事した場合にあっては、「貨物の積載状況」を「業務の記録」に記録させなければならない。ただし、当該業務において、法令の規定に基づき作成された運行指示書に「貨物の積載状況」が記載されているときは「業務の記録」への当該事項の記録を省略することができる。〇か×か。

 前ページの表中に「省略できる」と書かれていなかったから、×かな。

 正解です。車両総重量が8トン以上、または最大積載量が5トン以上の普通自動車である事業用自動車の運行の業務に従事した場合、業務の記録への<u>貨物の積載状況</u>の記録は省略できません。なので、正解は×です。

 記録に関しては、覚えることは以上ですか？

 いいえ。そのほか、車両総重量が<u>7トン以上</u>、または最大積載量が<u>4トン以上</u>の事業用自動車等の場合、下の表にある事項について、<u>運行記録計による記録</u>が求められます。

表で覚える **運行記録計による記録が求められる場合**

対象車両
● 車両総重量が<u>7トン以上</u>、または最大積載量が<u>4トン以上</u>の事業用自動車
● 車両総重量が<u>7トン以上</u>、または最大積載量が<u>4トン以上</u>のけん引自動車
● 特別積合せ貨物運送にかかわる運行系統に配置する事業用自動車

求められる運行記録計による記録事項	□ 事業用自動車の瞬間速度
	□ 運行距離
	□ 運行時間

1年間保存

 さっきは車両総重量が<u>8トン以上</u>、または最大積載量が<u>5トン以上</u>で、今度は車両総重量が<u>7トン以上</u>、または最大積載量が<u>4トン以上</u>……。数字が似ていてまぎらわしいですね。

試験では、8トンや7トンの数字を入れ替えて出題されることがあります。ご注意ください。

なお、業務の記録も運行記録計による運行記録も、保存は<u>1年間</u>になります。この数字も試験に出やすいのでしっかり覚えましょう。

 わかりました。

✓ 物損事故でも事故記録は必要

 それ以外に記録が求められるものはありますか？

 あります。<u>事故の記録</u>です。事業用自動車にかかわる事故が発生した場合、下の表にある事項を記録し、その記録を<u>3年間</u>保存しなければならないと定められています。

表で覚える　事故の記録事項

☐ 乗務員等の氏名
☐ 事業用自動車の自動車登録番号、その他の当該事業用自動車を識別できる表示
☐ 事故の発生日時
☐ 事故の発生場所
☐ 事故の当事者（乗務員を除く）の氏名
☐ 事故の概要（損害の程度を含む）
☐ 事故の原因
☐ 再発防止対策

3年間 保存

再発防止対策が有効であったかを検証し、評価することも運輸安全マネジメントの一環です

 この場合は、3年間保存なんですね。

 はい。なお、事故の記録は、死者や重症者が発生した事故だけでなく、<u>物損事故</u>の場合であっても必要です。記録事項に加えて、この点もしっかり覚えておいてくださいね。

 わかりました！

✔ それぞれの保存期間を整理しておこう

 もうひとつ、運転者等台帳についても見ていきましょう。

運転者等台帳って何ですか？

これは、選任した運転者等の名簿のようなものです。

どんなことを書かないといけないのですか？

記載事項は、下の表の通りです。

運転者等の情報に関して、細かく記載する必要があるんですね。

事故を引き起こした場合などはその概要や、運転者等の健康状態、適性診断の状況なども記載が必要です。適性診断については **18** で学習します。

表で覚える **運転者等台帳の記載事項**

- ☐ 作成番号、作成年月日
- ☐ 事業者の氏名または名称
- ☐ 運転者等の氏名、生年月日、住所
- ☐ 雇入れの年月日、運転者等に選任された年月日
- ☐ 運転者に対しては道路交通法に規定する運転免許に関する次の事項
  - ● 運転免許証の番号、有効期限
  - ● 運転免許の年月日、種類
  - ● 運転免許に条件が付されている場合は、当該条件
- ☐ 事故を引き起こした場合、または道路交通法第百八条の三十四の規定による通知を受けた場合は、その概要
- ☐ 運転者等の健康状態
- ☐ 運転者に対しては第十条第二項の規定に基づく指導の実施、適性診断の受診の状況
- ☐ 運転者等台帳の作成前6ヵ月以内に撮影した単独、上三分身、無帽、正面、無背景の写真

◀ 運転者等でなくなった日から **3年間** 保存

運転者等の健康状態を把握するには、雇入時に健康診断を受診させる必要があります

87

ちなみに、運転者等台帳は<u>履歴書で代用できません</u>ので、ご注意ください。それと、試験対策としては、<u>雇入れの年月日</u>、<u>運転者等に選任された年月日</u>については、「初めて事業用自動車の運行の業務に従事した年月日」ではないことをしっかり覚えておきましょう。

 保存期間も覚えておく必要はありますか？

 もちろんです。まず、運転者等台帳は、運転者等の選任期間中は、運転者等の属する営業所に備えて置かなければなりません。
そして、運転者等が<u>転任、退職その他の理由</u>により運転者でなくなった場合には、ただちに運転者等でなくなった年月日と理由を記載し、これを<u>3年間</u>保存することと定められています。

 「運転者等でなくなった日から<u>3年間</u>保存」ですね。この保存期間は、事故の記録と同じですね。

 記録については保存期間が1年間とか3年間とかあって、まぎらわしいですね。このセクションで学習した記録などの保存期間についてまとめると、こうなります。

表で覚える　各種記録・記載の保存期間

点呼記録	業務の記録	運行記録計による記録	事故の記録	運転者等台帳
<u>1年間</u> 保存			<u>3年間</u> 保存	運転者等でなくなった日から<u>3年間</u> 保存

どの記録をどのくらいの期間、保存する必要があるのかを覚えておきましょう

 こういう表があると整理しやすいですね！

 試験では、これらの記録や台帳の「保存期間」がしばしば問われます。よくあるのが、「1年間」なのか「3年間」なのかというまぎらわしさを突いて、数字を入れ替えるというパターンの問題です。なので、それぞれの保存期間を間違えないように、しっかり区別して覚えておきましょう！

 はい、そうします！

あと、ここで、事故が発生した場合についての記録や記載についても、整理しておきましょう。

 えっ？ 事故が発生したら、事故の記録を作成すればいいんですよね？

 実はそれだけではないのです。事故の記録以外にも、<u>業務の記録</u>、<u>運転者等台帳</u>、<u>点呼記録</u>にも事故の概要について記録や記載をすることが定められています。それをまとめると、次の通りです。

図で覚える **事故が発生した場合の記録・記載**

記録・記載が必要なのは……

事故の記録
事故の概要（損害の程度を含む）など

業務の記録
道路交通法第六十七条第2項に規定する交通事故若しくは自動車事故報告規則第二条に規定する事故が発生した場合は、その概要及び原因

運転者等台帳
事故を引き起こした場合又は道路交通法第百八条の三十四の規定による通知を受けた場合は、その概要

点呼記録
自動車、道路、および運行の状況

 こうやって整理してもらえると覚えやすいですね！

 はい。事故が発生したら、事故の記録・業務の記録・運転者等台帳・点呼記録に、事故の概要も記録・記載する必要があるということを頭に入れておきましょう。

 わかりました！

問16・解説

4について車両総重量が<u>8トン以上</u>又は最大積載量が<u>5トン以上</u>の事業用自動車での業務の記録では、「貨物の積載状況」の記録を省略することはできません。それは、たとえ運行指示書にそれが記載されていたとしても同じです。　　　　<u>正解　4</u>

17 運行指示書

運行指示書への記載事項や保存期間、運行に変更が生じた
場合に、どう対応するのかを、しっかりチェックしましょう！

要チェックの条文はコレ！

【貨物自動車運送事業輸送安全規則・第九条の三（運行指示書による指示等）】
一般貨物自動車運送事業者等は、第七条第三項に規定する業務を含む運行ごとに、次の各号に掲げる事項を記載した運行指示書を作成し、これにより事業用自動車の運転者等に対し適切な指示を行い、及びこれを当該運転者等に携行させなければならない。

✓ 運行指示書の保存期間は、いつから、どれくらい？

 ここでは運行指示書について解説します。これは、業務前・業務後の点呼をいずれも対面により、又は対面による点呼と同等の効果を有するものとして国土交通大臣が定める方法で行うことができない業務を含む運行ごとに作成するものです。これにより運転者等に対して適切な指示を行い、かつ携行させなければならないと定められています。

 これは、中間点呼が必要な業務のことですか？

 その通りです。このような業務を行う場合には運行指示書が必要となります。運行指示書に記載しなければならない事項は、下の表の通りです。

表で覚える 運行指示書の記載事項

- ☐ 運行の開始・終了の地点・日時
- ☐ 乗務員等の氏名
- ☐ 運行の経路、主な経過地における
  発車・到着の日時
- ☐ 運行に際して注意を要する箇所の位置
- ☐ 乗務員等の休憩地点・休憩時間
  （休憩がある場合に限る）
- ☐ 乗務員等の運転、または業務の交替の地点
  （運転または業務の交替がある場合に限る）
- ☐ その他運行の安全を確保するために
  必要な事項

運行の終了の日から1年間保存

運行指示書
＋
その写し

 保存は、運行指示書だけでなく、その写しも必要なんですね。

はい。その2つを、前ページの表にあるように、<u>運行の終了の日から1年間</u>保存しなければなりません。試験では、たとえば、「運行を計画した日から」といった誤った字句と入れ替えて出題されますので、ご注意ください。また、「1年間」という数字も覚えておきましょう。

 誤った字句や数字に要注意ですね。

 ちなみに、作成した運行指示書そのものは、<u>運転者等へ携行</u>させ、運行管理者は、その<u>写し</u>を営業所に備え置きます。

 つまり、同じものを、運転者等と運行管理者が持つってわけですね。

✓ 中間点呼がある業務で変更が出た場合……

 でも、運行の途中で変更が生じることもありますよね？
その場合はどうしたらいいんですか？

 いいところに目をつけましたね。運行の<u>途中</u>で、運行指示書に記載された<u>運行の開始・終了の地点・日時</u>や<u>運行の経路</u>、<u>主な経過地における発車・到着の日時</u>などの事項に<u>変更</u>があった場合、次のことをしなければなりません。

図で覚える <u>運行の途中で変更が生じた際にすべきこと</u>

 運行管理者　　　　　　　　 運転者等

運行指示書の写しに変更の内容を記載する **1**

→ 運転者等に電話その他の方法で変更の内容について適切な指示を行う **2**

→ 運転者等が携行している運行指示書に変更の内容を記載する **3**

「運転者等に対して指示を行った日時」と「運行管理者の氏名」も記載

 運行指示書は、「作成して終わり」ではないのです！

 たとえば、2泊3日の予定から3泊4日に変更があった場合、まず①運行管理者が変更の内容を「写し」に記載して、②運転者等に対して、電話で変更の内容について指示をして、③それを受けた運転者等は運行指示書に変更の内容を記載する、という流れですね。

その通りです。それと、その変更によって2日目だけでなく、3日目の業務でも、業務前・業務後、いずれの点呼も対面で行えなくなります。そのため、3日目にも<u>中間点呼</u>を行う必要が出てくることも覚えておきましょう。

| 図で覚える | **2泊3日が3泊4日になった場合……** |

1日目	2日目	3日目	4日目

業務前点呼	業務後点呼	業務前点呼	中間点呼	業務後点呼	業務前点呼	中間点呼	業務後点呼	業務前点呼	業務後点呼
営業所	遠隔地	遠隔地		遠隔地	遠隔地		遠隔地	遠隔地	営業所
対面	📱電話	📱電話		📱電話	📱電話		📱電話	📱電話	対面

 下図で、中間点呼がある場合で、運行に変更があった場合の対応の流れを、おおまかにまとめてみました。

| 図で覚える | **運行指示書の手順①～中間点呼を伴う業務の場合～** |

❶ <u>運行指示書</u>の作成

❷ 運転者等に対し<u>適切な指示</u>を行い、運行指示書を運転者等に<u>携行</u>させる

❸ <u>写し</u>を営業所に備え置く

❹ 運行の途中で変更が生じた場合は、必要な措置を行う（前ページ）

❺ <u>運行指示書</u>、およびその<u>写し</u>を、<u>運行の終了の日から1年間</u>保存

 では、実際の試験問題もチェックしておきましょう。

📝 **試験ではこう出る！**

問. 事業者は、運行指示書の作成を要する運行の途中において、運行の開始及び終了の地点及び日時に変更が生じた場合には、運行指示書の写しに当該変更の内容を記載し、これにより運転者等に対し電話その他の

方法により、当該変更の内容について適切な指示を行わなければならない。この場合、当該運転者等が携行している運行指示書については、当該変更の内容を記載させることを要しない。〇か×か。

運転者等は、変更内容を記載する必要があるから、×かな？

正解です。この場合、当該運転者等が携行している運行指示書については、「当該変更の内容を記載させることを要しない」ではなく、「変更の内容を記載させなければならない」なので、正解は×となります。
運転者等が、携行している運行指示書に変更の内容を記載しなくてもよいケースは存在しません。

✓ 運行指示書を要しない業務で変更が出た場合……

では、中間点呼のない1泊2日の予定から、中間点呼が必要な2泊3日に変更となった場合、どう対応すればいいんですか？

中間点呼のない1泊2日の業務を行う場合、運行管理者は運行指示書を作成する必要がないので、運転者等に運行指示書を携行させていません。そのため、運転者等に変更内容を運行指示書に記載させることができません。そこで、下の図に示す通り、運行管理者は変更があった業務以後の運行について運行指示書を作成し、運転者等に対して適切な指示を行うこと、となっています。こんな具合に、変更のパターンごとに対応の流れが決まっています。それぞれしっかり押さえておきましょう。

図で覚える 運行指示書の手順②〜運行指示書を要しない業務の場合〜

① 変更があった業務以後の運行について運行指示書を作成

② 運転者等に対し適切な指示を行う

③ 運行指示書を、運行の終了の日から1年間保存

> 運転者等は「業務の記録」に指示の内容を記録する必要があります（83ページ表）

問 17・解説

2は、「当該運転者等が携行している運行指示書への当該変更内容の記載を省略させることができる」が誤り。省略はできません。4は、「運行を計画した日から」ではなく、運行を終了した日から1年間保存です。　　　　　　　　正解　1、3

18 運転者に対する指導・監督

重要度
☆☆☆

事故惹起運転者・初任運転者・高齢者に対する「特別な指導」の
内容や適性診断の実施時期などを整理しておきましょう。

要チェックの条文はコレ！

【貨物自動車運送事業輸送安全規則・第十条（従業員に対する指導及び監督）】

貨物自動車運送事業者は、国土交通大臣が告示で定めるところにより、当該貨物自動車運送事業に係る主な道路の状況その他の事業用自動車の運行に関する状況、その状況の下において事業用自動車の運行の安全を確保するために必要な運転の技術及び法令に基づき自動車の運転に関して遵守すべき事項について、運転者に対する適切な指導及び監督をしなければならない。この場合においては、その日時、場所及び内容並びに指導及び監督を行った者及び受けた者を記録し、かつ、その記録を営業所において三年間保存しなければならない。

2　一般貨物自動車運送事業者等は、国土交通大臣が告示で定めるところにより、次に掲げる運転者に対して、事業用自動車の運行の安全を確保するために遵守すべき事項について特別な指導を行い、かつ、国土交通大臣が告示で定める適性診断であって第十二条の二及び第十二条の三の規定により国土交通大臣の認定を受けたものを受けさせなければならない。

一　死者又は負傷者（自動車損害賠償保障法施行令（昭和三十年政令第二百八十六号）第五条第二号、第三号又は第四号に掲げる傷害を受けた者をいう。）が生じた事故を引き起こした者

二　運転者として新たに雇い入れた者

三　高齢者（六十五才以上の者をいう。）

4　貨物自動車運送事業者は、事業用自動車に備えられた非常信号用具及び消火器の取扱いについて、当該事業用自動車の乗務員等に対する適切な指導をしなければならない。

5　貨物自動車運送事業者は、従業員に対し、効果的かつ適切に指導及び監督を行うため、輸送の安全に関する基本的な方針の策定その他の国土交通大臣が告示で定める措置を講じなければならない。

✓ 指導・監督には、2つのタイプがある

 長い条文ですね。覚えるのが大変そうだな……。

この条文で定められているのは、冒頭にあるように、貨物自動車運送事業者は、「貨物自動車運送事業に係る主な道路の状況その他の事業用自動車の運行に関する状況」、「その状況の下において事業用自動車の運行の安全を確保」するために、「必要な運転の技術及び法令に基づき自動車の運転に関して遵守すべき事項」について、運転者に対する「適切な指導及び監督」

をしなければならない、ということです。

 つまり、事業者が行わなければならない指導・監督について定めているのですね。

 その通りです。事業者が行わなければならない運転者への指導・監督には、大きく「一般的な指導・監督」と「特別な指導」の２つがあります。

 一般的な指導・監督と特別な指導は、どう違うんですか？

 対象者と指導内容が違います。「一般的な指導・監督」から見ていきましょう。こちらは**すべての運転者**が対象となり、主な指導・監督内容は下の表の通りです。

表で覚える **一般的な指導・監督の内容**

❶ 事業用自動車を運転する場合の心構え

❷ 事業用自動車の運行の安全を確保するために遵守すべき基本的事項

❸ 事業用自動車の構造上の特性

❹ 貨物の正しい積載方法

❺ 過積載の危険性

❻ 危険物を運搬する場合に留意すべき事項

❼ 適切な運行の経路の通行や、当該経路における道路、交通の状況

❽ 危険の予測・回避、ならびに緊急時における対応方法

❾ 運転者の運転適性に応じた安全運転

❿ 交通事故に関わる運転者の生理的・心理的要因、ならびにこれらへの対処方法

⓫ 健康管理の重要性

⓬ 安全性の向上を図るための装置を備える事業用自動車の適切な運転方法

 これら以外に、「事業用自動車に備えられた非常信号用具や消火器の取扱い」について、適切な指導を実施することが定められています。しっかり覚えておきましょう。

はい、わかりました！

 また、試験対策として、これらの指導・監督の内容についてだけでなく、「記録」についても押さえておいてください。

 ここでも記録があるんですか！

 はい。具体的には、これらの指導・監督を行った場合は、その日時・場所・内容・指導・監督を行った者・指導・監督を受けた者を記録し、かつその記録を営業所で<u>3年間</u>保存しなければならないことになっています。

✓ 特別な指導は、対象者によって3パターンに分けられる

 次に<u>特別な指導</u>について見ていきます。この指導の対象者には、次の3パターンがあります。

| 図で覚える | **特別な指導が必要な運転者**

① 事故惹起運転者

- <u>死者または重傷者</u>が生じた事故を引き起こした者
- 軽傷者が生じた事故を引き起こし、かつその事故前の3年間に事故を引き起こしたことがある者

② 初任運転者

- 運転者として<u>新たに雇い入れた者</u>（3年以内に他の事業者で選任されていた者を除く）

③ 高齢者

- 65歳以上の者

 これらに該当する運転者には特別な指導を実施し、国土交通大臣の認定を受けた<u>適性診断</u>を受診させなければなりません。

 適性診断ってことは、適性があるか・ないかをチェックするんですか？

 いいえ。これは、<u>運転に適さない者を運転者として選任しない</u>ようにするためのものではありません。運転者の運転行動、運転態度および性格などを、客観的に把握し、安全運転にとって好ましい方向へ変化するよう動機づけることにより、<u>運転者自身の安全意識を向上させるため</u>のものです。

なるほど。

 そして、対象者が、特別な指導が必要な運転者のどれに当てはまるかで、受診させる適性診断が下図のように定められています。

図で覚える 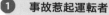 **適性診断の種類**

① 事故惹起運転者　　**②** 初任運転者　　**③** 高齢者

↓　　　　　　　↓　　　　　　　↓

特定診断　　　　　初任診断　　　　　適齢診断

> どの運転者にどの適性診断が必要か
> を運転者のパターンとあわせて
> しっかりと覚えておきましょう！

 ……あの、新たに雇い入れた運転者が、もしかすると過去に事故を引き起こしたケースもありますよね……？

 ありますね。それを確認するために、事業者は運転者を新たに雇い入れた場合、その運転者について自動車安全運転センターが交付する<u>無事故・無違反証明書</u>、または<u>運転記録証明書</u>などにより、<u>雇い入れる前の事故歴</u>を把握し、事故惹起運転者に該当するか否かを<u>確認</u>する必要があるのです。

 わかりました！

✓ 特別な指導の「実施時期」は、細かい数字までチェック！

 ここから、<u>特別な指導</u>の具体的な内容について、対象者のパターンごとに確認していきましょう。特別な指導については、対象となる運転者、指導の内容、実施時間、実施時期、受診する適性診断と、それを受診するタイミングを押さえておく必要があります。

まずは<u>事故惹起運転者</u>から見ていきましょう。そのポイントをまとめたのが、次ページの図です。事故惹起運転者の場合、原則、特別な指導や適性診断の実施時期は、事故を引き起こした後、<u>再度乗務する前</u>です。

図で覚える 「事故惹起運転者」への特別な指導

対象者は？	● 死者、または重傷者が生じた事故を引き起こした者 ● 軽傷者が生じた事故を引き起こし、 　かつその事故前の3年間に事故を引き起こしたことがある者
指導の 内容は？	● 交通事故の事例の分析に基づく再発防止策 ● 交通事故に関わる運転者の生理的・心理的要因、これらへの対処方法 ● 交通事故を防止するために留意すべき事項 ● 危険の予測・回避 ● 事業用自動車の運行の安全の確保に関する法令など ● 安全運転の実技
実施 時間は？	安全運転の実技以外 ● 合計6時間以上 安全運転の実技 ● 可能な限り実施
実施 時期は？	原則　事故を引き起こした後、再度乗務する前に実施 ※外部専門機関による指導講習受講予定の場合を除く 例外　やむを得ない場合は、乗務後1ヵ月以内に実施
どの 適性診断？	● 特定診断 実施時期 原則　事故を引き起こした後、再度乗務する前に実施 例外　やむを得ない場合は、乗務後1ヵ月以内に実施

 例外が結構ありますね。

 はい。特別な指導や適性診断の実施時期の例外として、「やむを得ない場合は、乗務後1ヵ月以内」となっていますし、特別な指導については、「外部専門機関による指導講習予定の場合は除く」という例外もあります。これら例外についても、しっかり覚えておいてください。
事故惹起運転者への特別な指導に関して試験では、誤った字句や数字を入れ替えて出題されることがよくあります。たとえば、「軽傷者を生じた交通事故を引き起こし、かつ、当該事故前の1年間に交通事故を引き起こした者」（数字の入れ替え）や、「乗務を開始した後1ヵ月以内に実施する」（誤った字句）などです。

 正しくは、「事故前の3年間」「乗務を開始する前」ですね。

その通りです。ここで実際の試験問題を確認してみましょう。

試験ではこう出る！

問. 事業者は、事故惹起運転者に対する特別な指導については、やむを得ない事情がある場合又は外部の専門的機関における指導講習を受講する予定である場合を除き、当該交通事故を引き起こした後、再度事業用自動車に乗務を開始した後1ヵ月以内に実施すること。〇か×か。

これは、今習ったばかりですね！「乗務を開始する前」でしたよね。だから×。

正解です。事故惹起運転者に対する特別な指導については、原則として、今おっしゃったように、交通事故を引き起こした後、「再度事業用自動車に乗務を開始した後1ヵ月以内」ではなく、再度事業用自動車に<u>乗務をする前</u>に実施することが求められています。

乗務の開始前なのか、開始後なのか、数字も含めて、しっかり整理しておく必要がありそうだな……。

そうですね。ほかのパターンの特別な指導でも、実施時期について「前」か「後」かがポイントになりますから、整理して覚えておきましょう。

✔ 特別な指導を実施したら「運転者等台帳」の記載などが必要

さて、続いて<u>初任運転者</u>について確認していきましょう。重要ポイントをまとめたのが次ページの図です。

対象者のところですが、「3年以内にほかの事業者で選任されていた者」は、対象外なんですか？

はい、その場合、ほかの事業者で初任診断はもちろん、一般的な指導内容や安全運転の実技などについて指導されています。そのため、対象外となるのです。

ここで、初任運転者の特別な指導についてのポイントを解説していきましょう。まず、押さえておいてほしいのが、実施時間です。安全運転の実技については<u>20時間</u>以上、それ以外の法令に基づき運転者が遵守すべき事項、事業用自動車の運行の安全を確保するために必要な運転に関する事項などについては<u>15時間</u>以上実施する、となっています。

それから、実施時期もしっかりチェックしておいてください。

図で覚える 「初任運転者」への特別な指導

対象者は？	● 運転者として新たに雇い入れた者 ※ <u>3年</u>以内にほかの事業者で選任されていた者を除く
指導の 内容は？	● 一般的な指導・監督の①～⑫の項目（95ページ） ● 安全運転の実技
実施 時間は？	安全運転の実技以外 ● 合計<u>15時間</u>以上 安全運転の実技 ● <u>20時間</u>以上
実施 時期は？	原則 初めて乗務する前 例外 やむを得ない場合は、乗務後 <u>1ヵ月</u>以内に実施
どの 適性診断？	● 初任診断 ※ 3年以内にほかの事業者で初任診断を受診したことのない者 実施時期 原則 初めて乗務する前 例外 やむを得ない場合は、乗務後 <u>1ヵ月</u>以内に実施

初任運転者の場合、特別な指導も適性診断も、<u>初めて乗務する前</u>の実施なんですね。

はい。それとあわせて、「やむを得ない場合は、乗務後 <u>1ヵ月</u>以内」に実施することも覚えておいてください。たとえば、試験では「乗務後 3ヵ月以内に実施する」と誤った数字を入れ替えて出題されたりします。ご注意ください。

そのほか、どの対象者向けのものであれ、特別な指導では一般的な指導・監督と同じく、実施した際に、「指導を実施した年月日」や「指導の具体的な内容」を<u>運転者等台帳</u>に<u>記載</u>するか、その内容を記録した書面を運転者等台帳に添付しなければいけません。

それは先ほど、運転者等台帳の記載事項のところにありましたね（87ページ）。それぞれがつながっているんですね。

はい、試験では、さまざまな事項がセクションをまたいで問われたりします。だからこそ、それぞれのポイントを押さえて学習していく必要があるのです。

学習するときは、「横断的に理解する！」を意識したほうがいいですね。

その通りです。では最後に、高齢者（65歳以上の者）について確認していきましょう。それをまとめたのが、下の図になります。

図で覚える 「高齢者」への特別な指導

対象者は？	● 65歳以上の者
指導の内容は？	● 適性診断結果により加齢に伴う身体機能の変化の程度に応じた安全な運転方法 ※運転者が自ら考えるよう指導
実施時期は？	● 適性診断の結果が判明した後1ヵ月以内
どの適性診断？	● 適齢診断 **実施時期** ● 65歳に達した日以後1年以内に1回受診させ、その後3年以内ごとに1回受診

 高齢者の場合、まず適性診断を受診させてから、指導を実施する、という流れになるんですね。

 はい。そして適齢診断は65歳に達した日以後1年以内に1回受診させ、その後3年以内ごとに1回受診させることが定められています。ここでは数字の入れ替えにご注意ください。また、実施時期は、適齢診断の結果が判明した後1ヵ月後です。ここも重要なポイントですので、押さえておきましょう。

そのほか、指導の内容ですが、適齢診断の結果により加齢に伴う身体機能の変化の程度に応じた安全な運転方法になりますが、その際、運転者が自ら考えるよう指導する、という部分も重要ですのでしっかり覚えておきましょう。

 わかりました！

問18・解説

2の事故惹起運転者に対する特別な指導については、「乗務を開始した後1ヵ月以内に実施」ではなく、乗務する前に実施しなければなりません。問題文の「再度乗務を開始した後1ヵ月以内に実施」は、やむを得ない事情がある場合や、外部の専門的機関における指導講習を受講する予定がある場合です。　　　　正解　2

19 運行管理者の業務

重度度 ☆☆☆

「運行管理者」と「事業者」の業務の入れ替え問題は頻出です。
両者の違いをしっかり理解しておきましょう。

要チェックの条文はコレ！

【貨物自動車運送事業輸送安全規則・第二十条（運行管理者の業務）】
運行管理者は、次に掲げる業務を行わなければならない。

✓ 運行管理者はどんな業務をするのか？

ここでは、「運行管理者の業務」について見ていきます。それは「貨物自動車運送事業輸送安全規則」の第二十条に具体的に定められているのですが、それをまとめたのが下の表です。

表で覚える 運行管理者の業務とは？

運行管理者の業務

> ❸も運行管理者の業務の一部ですが、運行管理＝配車のみではないので、注意してくださいね

① 運転者（特定自動運行貨物運送を行う場合にあっては、特定自動運行保安員）として選任された者以外の者を事業用自動車の運行の業務に従事させないこと

② 乗務員等が休憩、または睡眠のために利用することができる施設を適切に管理すること

③ 定められた勤務時間、および乗務時間の範囲内において乗務割を作成し、これに従い運転者を事業用自動車に乗務させること

④ 酒気を帯びた状態の乗務員等を事業用自動車の運行の業務に従事させないこと

⑤ 乗務員等の健康状態の把握に努め、疾病、疲労、睡眠不足などの理由により安全に運行の業務を遂行し、またはその補助をすることができないおそれがある乗務員等を事業用自動車の運行の業務に従事させないこと

⑥ 運転者が長距離運転、または夜間運転に従事する場合に、過労などによって安全な運転を継続することができないおそれのあるときは、あらかじめ交替するための運転者を配置すること

⑦ 過積載の防止について、従業員に対する指導・監督を行うこと

8 偏荷重を生じさせないよう、また貨物の落下防止を図るため、貨物の積載方法について、従業員に対する指導・監督を行うこと

9 通行の禁止、または制限等違反の防止について、運転者等に対する指導・監督を行うこと

10 運転者等に対して点呼を行い、報告を求め、確認を行い、指示を与え、記録し、その記録を1年間保存し、運転者に対して使用するアルコール検知器を常時有効に保持すること

11 業務の記録を、運転者等に対して記録させ、その記録を 1年間保存すること

12 運行記録計を管理し、その記録を 1年間保存すること

13 運行記録計により記録しなければならない場合に、運行記録計により記録することのできないものを運行の用に供さないこと

14 事業用自動車にかかわる事故が発生した場合に、必要事項を記録し、その記録を 3年間保存すること

15 運行指示書を作成し、その写しに変更の内容を記載し、運転者等に対し適切な指示を行い、運行指示書を事業用自動車の運転者等に携行させるとともに、変更の内容を記載させ、運行指示書とその写しを 1年間保存すること

16 運転者等台帳を作成し、営業所に備え置くこと

17 乗務員等に対する指導・監督、および特別な指導を行うとともに、記録し、3年間保存すること

18 運転者に適性診断を受けさせること

19 異常気象その他の理由により輸送の安全の確保に支障を生ずるおそれがあるときは、乗務員等に対する適切な指示、その他輸送の安全を確保するために必要な措置を講ずること

20 選任された補助者に対する指導・監督を行うこと

21 事故防止対策に基づき、事業用自動車の運行の安全の確保について、従業員に対する指導・監督を行うこと

以上が、運行管理者の業務です。

 たくさんありますね。覚えるのが大変そう……。
ポイントはどこになりますか？

 事業者の業務と運行管理者の業務をしっかり区別することです。

 えっ、試験ではそのあたりが問われたりするんですか？

 たとえば、事業者の業務を運行管理者の業務として出題するという引っかけ問題がしばしば出題されます。

 先生、事業者の業務についても教えてください！

 わかりました。では事業者の業務についても見ていきましょう。それをまとめたのが下の表です。

表で覚える **事業者の業務とは？**

事業者の業務

❶ 運転者等を常時選任すること

❷ 乗務員等が休憩、または睡眠のために利用することができる施設を
適切に整備・保守・管理すること
※車庫の管理は整備管理者の業務

❸ 営業所を確保すること

❹ 自動車車庫を営業所に併設すること

❺ 勤務時間、および乗務時間を定めること

❻ アルコール検知器を備え置くこと

❼ 運行管理者、または補助者を選任すること

❽ 運行管理規程、または安全管理規程を定めること

❾ 基本的な方針を策定すること

運行管理者
の業務と間違え
やすいので
要注意！

休憩や睡眠のための施設
についての運行管理者の
業務は、管理のみです

え〜！ 頭が混乱しそう！！
先生、両者の違いを識別するポイントを教えてください！！

 「選任する」「定める」「策定する」という字句などは、事業者の業務と覚えておくといいでしょう。

 前ページの表でいったら赤字になっている箇所ですね。これらは事業者の業務としてしっかりインプットせねば、ですね！

 はい。ではここで、試しに実際の試験問題を解いてみましょう。

試験ではこう出る！

問. 体憩又は睡眠のための時間及び勤務が終了した後の休息のための時間が十分に確保されるように、国土交通大臣が告示で定める基準に従って、運転者の勤務時間及び乗務時間を定め、当該運転者にこれらを遵守させることは運行管理者の業務である。〇か×か。

 「定める」だから、事業者かな。

 その通り。なので、正解は×ですね。運転者の勤務時間及び乗務時間を定めるのは<u>事業者</u>の業務です。
前ページの表の①〜⑨の内容をしっかりインプットして、こうした「運行管理者」と「事業者」の業務の入れ替え問題に引っかからないようにしましょうね。

 わかりました！

問 19・解説

3の「アルコール検知器を備え置くこと」は、運行管理者ではなく、<u>事業者</u>の業務です。4の適齢診断の受診は、「60歳に達した日」ではなく、<u>65歳に達した日</u>以後1年以内（65歳以上の者を新たに運転者として選任した場合は、選任の日から1年以内）です。

正解　1、2

20 事故の報告

重大事故や重傷者に当てはまるものや、どんな場合に
事故報告や速報が必要なのかをしっかり覚えておきましょう。

要チェックの条文はコレ！

【第二十四条（事故の報告）】
　一般貨物自動車運送事業者は、その事業用自動車が転覆し、火災を起こし、その他国土交通省令で定める**重大な事故**を引き起こしたときは、遅滞なく、事故の種類、原因その他国土交通省令で定める事項を**国土交通大臣**に**届け出**なければならない。

✓ 重大事故の場合は記録と報告が必要

 「国土交通省令事故報告規則」では、**重大事故**の定義について、次ページの上の表のように定めています。

 いろいろありますね。事故を起こした場合には、記録を残しておかないといけないんですよね。

 その通りです。ただし、重大事故を発生させた場合は、記録に残しておくだけでは不十分です。

 えっ！　記録以外にもやるべきことがあるんですか？

 はい。法律では、その事故があった日から**30日**以内に、**自動車事故報告書3通**を、その自動車の使用の本拠の位置を管轄する運輸監理部長、または運輸支局長を経由して、**国土交通大臣**に**提出**しなければならないと定められています。

 重大事故の場合には、記録だけでなく、自動車事故報告書の提出も求められる、ということですね。
次ページの重大事故の定義の9つ目に救護義務違反というのがありますが、この場合も重大事故として報告する必要があるんですね。

 そうです。その場合も、その事実を知った日から、**30日**以内に、自動車事故報告書**3通**を提出する必要があります。

 あと、定義の3つ目に重傷者ってありますけど、どんな症状が重傷者になるんですか？

 それについては、次ページの下の表のように定められています。

表で覚える **報告が必要な重大事故の定義**

重大事故とは？

- 自動車が転覆し（傾斜35度以上）転落し（落差0.5メートル以上）、火災を起こし（積載物品の火災を含む）、または鉄道車両と衝突、もしくは接触したもの
- 10台以上の自動車の衝突、または接触を生じたもの
- 死者、または重傷者を生じたもの
- 10人以上の負傷者を生じたもの
- 自動車に積載された危険物、火薬、高圧ガス、毒物等の全部、もしくは一部が飛散し、または漏えいしたもの
- 自動車に積載されたコンテナが落下したもの
- 酒気帯び運転、無免許運転、大型自動車等無資格運転、麻薬等運転を伴うもの
- 運転者の疾病により、事業用自動車の運転を継続することができなくなったもの
- 救護義務違反があったもの
- 自動車の装置の故障により、自動車が運行できなくなったもの
- 車輪の脱落、被けん引自動車の分離を生じたもの（故障によるものに限る）
- 橋脚、架線その他の鉄道施設を損傷し、3 時間以上本線において鉄道車両の運転を休止させたもの
- 高速自動車国道、または自動車専用道路において、3 時間以上自動車の通行を禁止させたもの
- その他国土交通大臣がとくに定めたもの

事故があった日から**30日**以内

自動車事故報告書

3通

提出

表で覚える **重傷者とは？**

せきちゅう 脊柱の骨折	上腕、または前腕の骨折	だいたい 大腿、または下腿の骨折
内臓の破裂	14日以上病院に入院することを要する傷害	

1 日以上病院に入院することを要する傷害で、
医師の治療を要する期間が30日以上のもの

✔ 重大事故などの「定義」と「数字」をしっかりチェック！

 ちなみに、重大事故について、試験対策のポイントはどこになりますか？

 「定義」や「数字」の部分をしっかり押さえておきましょう。たとえば、試験では、「どのような事故を発生させた場合に、『事故報告』が必要なのか」が問われたりします。

 つまり、前ページの重大事故の表にある項目は、全部覚えておいたほうがいいってことですね……。

 そうなんですよ。試しに、実際の問題を解いてみましょうか。

📋 試験ではこう出る！

問. 事業用自動車が雨天時に緩い下り坂の道路を走行中、前を走行していた自動車が速度超過によりカーブを曲がりきれずにガードレールに衝突する事故を起こした。そこに当該事業用自動車が追突し、さらに後続の自動車も次々と衝突する事故となり、9台の自動車が衝突し10名の負傷者が生じた。この場合事故報告規則に基づき、国土交通大臣に報告しなければならない。〇か×か。

 10名以上の負傷者の場合、事故報告が必要でしたよね。
だから、〇ですね。

 正解です。ただ、この問題で注意してほしいのが、その記述の前に「9台の自動車が衝突し」とありますよね。事故報告が必要なのは何台以上の自動車の衝突でしたっけ？

 えっと、10台以上です。

 その通りです。なので、9台の場合は事故報告は必要ありません。しかし、この問題では「10名以上の負傷者」が生じていますから、やはり事故報告が必要になるわけです。
試験問題ではこのように、事故に関する情報が複数になっていて、かつ事故報告の必要なもの・必要ないものが混在している、というケースがよくあります。
その場合、<u>それぞれの情報について報告の必要の有無をきちんと確認</u>することが、正解を導き出すための秘訣になります。くれぐれも、どれかひとつの情報にとらわれて、あわてて解答しないことです！

 全体を見る視点が大切ですね。

✔ 速報と事故報告は両方提出が必要

こうした事故報告のほかに、次のいずれかに該当する事故があった場合には、事故報告のほか、電話、ファクシミリ装置その他適当な方法により、<u>24 時間以内</u>に、できる限り速やかに、その事故の概要を運輸監理部長または運輸支局長に<u>速報</u>しなければならないことも定められています。

表で覚える 24時間以内に速報が必要な事故

- 🌸 <u>2 人</u>以上の死者を生じた事故
- 🌸 <u>5 人</u>以上の重傷者を生じた事故
- 🌸 <u>10 人</u>以上の負傷者を生じた事故
- 🌸 自動車に積載された危険物などが飛散や漏えいした事故
  ※自動車が転覆し、転落し、火災を起こし、または鉄道車両、自動車その他の物件と衝突、もしくは接触したことにより生じたものに限る
- 🌸 酒気帯び運転による事故
- 🌸 社会的影響の大きな事故（ニュースなどで報道された事故）

この事故は
速報 が必要！

 速報を要する事故と要しない事故をしっかり区別しましょう

速報をした場合も、事故報告は必要なんですか？

必要です。<u>24 時間</u>以内に<u>速報</u>した上で、<u>30 日</u>以内に自動車事故報告書<u>3 通</u>を提出します。
試験では「事故報告」と「速報」は、毎回必ずといっていいほど出題されます。107 ページの表と上の表の中身はしっかりと覚えておきましょう。

頑張ります！

ここまでで試験の必修知識がインプットできたと思いますので、章の最初にある練習問題に戻ってアウトプットしてみましょう。
最初に見たときは、よくわからなかった問題も、少しずつ解けるようになっているはずです！

問 20・解説

国土交通大臣への報告を要するのは、1 の場合、落差が「0.3 メートル」ではなく、<u>0.5 メートル</u>の場合です。 4 のケースでは、<u>14 日以上病院に入院</u>することを要する傷害、または <u>1 日以上病院に入院</u>することを要する傷害で、医師の治療を要する期間が 30 日以上のものの場合は報告を必要とします。　　　　　　　　　正解　**2、3**

一問一答・チャレンジ問題！

この章で学んだ内容を一問一答形式で確認していきましょう。正しいものには○、誤っているものには×をつけていってください。解けなかった問題などには□にチェックを入れ、あとで見直しましょう。

重要度：★★＞★＞無印

☐☐ **1** 貨物自動車運送事業法は貨物自動車運送事業の運営を適正かつ合理的なものとするとともに、貨物自動車運送に関するこの法律に基づく措置の遵守等を図るための民間団体等による自主的な活動を促進することにより、輸送の安全の確保をするとともに貨物自動車運送事業の健全な発達を図り、もって公共の福祉の増進に資することを目的としている。

☐☐ **2** ★ 貨物自動車運送事業とは、一般貨物自動車運送事業、特定貨物自動車運送事業、貨物自動車利用運送事業及び貨物軽自動車運送事業をいう。

☐☐ **3** ★★ 一般貨物自動車運送事業を経営しようとするときは、国土交通大臣の認可を受けなければならない。

☐☐ **4** ★★ 一般貨物自動車運送事業者は、運送約款を定め、又はこれを変更しようとするときは、あらかじめ、その旨を国土交通大臣に届け出なければならない。

☐☐ **5** 事業者は、運賃及び料金（個人（事業として又は事業のために運送契約の当事者となる場合におけるものを除く。）を対象とするものに限る。）、運送約款その他国土交通省令で定める事項を主たる事務所その他の営業所において公衆に見やすいように掲示しなければならない。

☐☐ **6** ★★ 事業者は、「主たる事務所の名称及び位置」の事業計画の変更をしたときは、あらかじめその旨を、国土交通大臣に届け出なければならない。

☐☐ **7** ★★ 事業者は、「自動車車庫の位置及び収容能力」の事業計画の変更をしようとするときは、国土交通大臣の認可を受けなければならない。

☐☐ **8** ★★ 事業者は、「事業用自動車の運転者及び運転の補助に従事する従業員の休憩又は睡眠のための施設の位置及び収容能力」の事業計画の変更をするときは、あらかじめその旨を、国土交通大臣に届け出なければならない。

解説と解答

貨物自動車運送事業法は、本試験のメインとなる分野です。赤字部分はとくに覚えておきたいポイントなので、付属の赤シートを活用しながらしっかりインプットしていきましょう。

この法律は、貨物自動車運送事業の運営を<u>適正かつ合理的</u>なものとするとともに、貨物自動車運送に関するこの法律に基づく<u>措置の遵守等</u>を図るための<u>民間団体等</u>による<u>自主的な活動を促進</u>することにより、<u>輸送の安全の確保</u>をするとともに貨物自動車運送事業の<u>健全な発達</u>を図り、もって<u>公共の福祉の増進</u>に資することを目的としています。頭に入れておきましょう。 （**1** 参照）　○

貨物自動車運送事業とは、<u>一般貨物自動車運送事業</u>、<u>特定貨物自動車運送事業</u>、<u>貨物軽自動車運送事業</u>の３つをいい、設問の「貨物自動車利用運送事業」は含まれません。 （**2** 参照）　×

一般貨物自動車運送事業を経営しようとするときは、「認可」ではなく、国土交通大臣の<u>許可</u>を受ける必要があります。 （**3** 参照）　×

事業者は、運送約款を定め、又はこれを変更しようとするときは、国土交通大臣の<u>認可</u>を受ける必要があり、「あらかじめ届出」ではありません。 （**4** 参照）　×

<u>運賃及び料金</u>、<u>運送約款</u>などは、主たる事務所その他の営業所において、公衆に見やすいように<u>掲示</u>することが求められています。なお、試験では「個人を対象とするものを除く」と誤った字句に入れ替えて出されることもありますので、ご注意ください。 （**4** 参照）　○

主たる事務所の名称及び位置の事業計画の変更をしたときは、<u>遅滞なく</u>その旨を国土交通大臣に届け出る必要があり、「あらかじめ届出」ではありません。頭に入れておきましょう。 （**4** 参照）　×

自動車車庫の位置及び収容能力の事業計画の変更をしようとするときは、国土交通大臣の<u>認可</u>を受ける必要があります。「届出」ではないのでご注意ください。 （**4** 参照）　○

「あらかじめその旨を、国土交通大臣に届け出なければならない」ではなく、<u>認可</u>を受ける必要があります。 （**4** 参照）　×

☐☐ **9** ★★ 事業者は、「各営業所に配置する事業用自動車の種別ごとの数」の事業計画の変更をするときは、あらかじめその旨を、国土交通大臣に届け出なければならない。

☐☐ **10** ★★ 事業者は、休憩又は睡眠のための時間及び勤務が終了した後の休息のための時間が十分に確保されるように、国土交通大臣が告示で定める基準に従って、運転者の勤務日数及び乗務距離を定め、当該運転者にこれらを遵守させなければならない。

☐☐ **11** ★★ 事業者は、事業用自動車の運転者が疾病により安全な運転ができないおそれがある状態で事業用自動車を運転することを防止するために必要な医学的知見に基づく措置を講じなければならない。

☐☐ **12** ★★ 事業者は、事業用自動車に貨物を積載するときは、偏荷重が生じないように積載するとともに、運搬中に荷崩れ等により事業用自動車から落下することを防止するため、貨物にロープ又はシートを掛けること等必要な措置を講じなければならない。

☐☐ **13** ★★ 事業者は、運転者、特定自動運行保安員及び事業用自動車の運行の業務の補助に従事する従業員（以下「乗務員等」という。）が有効に利用することができるように、休憩に必要な施設を整備し、及び乗務員等に睡眠を与える必要がある場合にあっては睡眠に必要な施設を整備し、並びにこれらの施設を適切に管理し、及び保守しなければならない。

☐☐ **14** ★ 運転者が一の運行における最初の勤務を開始してから最後の勤務を終了するまでの時間（ただし、「自動車運転者の労働時間等の改善のための基準」の規定において厚生労働省労働基準局長が定めることとされている自動車運転者がフェリーに乗船する場合における休息期間を除く。）は、168時間を超えてはならない。

☐☐ **15** 事業者は、長距離運転又は夜間運転に従事する場合であって疲労等によって安全な運転を継続することができないおそれがあるときは、あらかじめ当該運転者と交替するための運転者を配置しておかなければならない。

各営業所に配置する事業用自動車の種別ごとの数の事業計画の変更をするときは、<u>あらかじめ</u>その旨を、国土交通大臣に<u>届出</u>する必要があります（一定の規模以上は「認可」）。「遅滞なく届出」ではないのでご注意ください。　（**4** 参照）

○

「勤務日数及び乗務距離」ではなく、正しくは<u>勤務時間及び乗務時間</u>です。
（**5** 参照）

×

事業者は、この設問にあるように、事業用自動車の運転者が疾病により安全な運転ができないおそれがある状態で事業用自動車を運転することを防止するために必要な<u>医学的知見</u>に基づく措置を講じることが必要です。必要な措置が「運行管理規程に基づく措置」ではないので、ご注意ください。　（**5** 参照）

○

<u>偏荷重</u>が生じないようにすること、<u>落下防止策</u>を講じることは、貨物の積載方法として適切です。　（**6** 参照）

○

設問の内容は<u>事業者の業務</u>として適切です。なお、休憩や睡眠に必要な施設についての「運行管理者の業務」は、<u>管理</u>のみになります。　（**7** 参照）

○

運転者が一の運行における最初の勤務を開始してから最後の勤務を終了するまでの時間は、「168 時間」ではなく <u>144 時間</u>です。　（**7** 参照）

×

設問にある内容は、<u>過労運転防止</u>のために適切です。設問の文章をしっかりインプットしましょう。　（**7** 参照）

○

字句の入れ替えなどに気づき、正解を出せるように1つひとつ確認しながら解き進めましょう

□□ **16** 特別積合せ貨物運送を行う事業者は、当該特別積合せ貨物運送に係る運行系統であって起点から終点までの距離が 100 キロメートルを超えるものごとに、所定の事項について事業用自動車の運行の業務に関する基準を定め、かつ、当該基準の遵守について乗務員等に対する適切な指導及び監督を行わなければならない。

□□ **17** 事業用自動車（被けん引自動車を除く。）の保有車両数が 200 両以上の事業者は、安全管理規程を定めて国土交通大臣に届出をしなければならない。これを変更しようとするときも、同様とする。

□□ **18** 事業者（その事業の規模が国土交通省令で定める規模未満であるものを除く。）は、安全管理規程を定め、国土交通省令で定めるところにより、国土交通大臣に届け出なければならない。これを変更しようとするときも、同様とする。

□□ **19** ★ 業務前の点呼は対面により、又は対面による点呼と同等の効果を有するものとして国土交通大臣が定める方法（運行上やむを得ない場合は電話その他の方法。）により点呼を行わなければならない。なお、対面による点呼と同等の効果を有するものとして国土交通大臣が定める方法とは、点呼告示において規定する遠隔点呼及び業務後自動点呼の他、輸送の安全の確保が優良であると認められる営業所において、当該営業所の管理する点呼機器を用いて行う方法をいう。

□□ **20** ★ 全国貨物自動車運送適正化事業実施機関が認定している安全優良事業所（G マーク営業所）以外であっても、①開設されてから 3 年経過していること、②過去 1 年間で点呼の違反に係る行政処分又は警告を受けていないこと、などに該当する一般貨物自動車運送事業者の営業所にあっては、当該営業所と当該営業所の車庫間で行う点呼に限り、点呼告示に規定する方法以外の方法による点呼（IT 点呼）を実施できる。

□□ **21** ★★ 業務前の点呼においては、酒気帯びの有無及び疾病、疲労その他の理由により安全な運転をすることができないおそれの有無について、運転者に対し報告を求め、及び確認しなければならない。ただし、その他の方法により当該報告事項について確認ができる場合にあっては、当該報告を求めないことができる。

□□ **22** ★★ 業務終了後の点呼においては、「道路運送車両法第 47 条の 2 第 1 項及び第 2 項の規定による点検（日常点検）の実施又はその確認」について報告を求め、及び確認を行う必要はない。

設問の文章は適切です。試験問題では、「貨物運送に係る運行系統であって起点から終点までの距離が <u>100 キロメートル</u>を超えるものごとに」の部分が、「150 キロメートル」という誤った字句になっていることがあります。ご注意ください。

（**7** 参照）

○

設問の内容の通り、保有車両数が <u>200</u> 両以上の事業者は、安全管理規程を定めて国土交通大臣に届出をする必要があります。試験では「100 両以上」という誤った字句と入れ替わっている場合があるので、ご注意ください。

（**8** 参照）

○

国土交通省令で定める一般貨物自動車運送事業者の規模は、保有車両数が <u>200 両</u>以上です。該当する事業者は設問の通り、安全管理規定を定めて<u>届出</u>をする必要があります。なお、安全管理規程を定めるのは、<u>事業者の業務</u>であって、「運行管理者の業務」ではありません。

（**8** 参照）

○

遠隔点呼、業務後自動点呼のほか、輸送の安全の確保が優良であると認められる営業所において、当該営業所の管理する点呼機器を用いて行う方法が、対面による点呼と同等の効果を有するものとして国土交通大臣が定める方法として定められています。

（**9** 参照）

○

過去 1 年間ではなく、正しくは過去 <u>3</u> 年間です。なお、G マーク営業所の実施する IT 点呼を「点呼告示に規定する方法」といい、設問の場合、「点呼告示に規定する方法以外の方法」という位置づけです。

（**9** 参照）

×

報告事項については<u>報告を求めないことができる</u>という例外はありません。

（**9** 参照）

×

業務前点呼においては、日常点検の実施、またはその確認について報告を求め、及び確認を行わなければなりませんが、<u>業務後点呼</u>においては、これらを行う<u>必要はありません</u>。

（**10** 参照）

○

☐☐ **23** ★★ 業務前又は業務後の点呼のいずれも対面により、又は対面による点呼と同等の効果を有するものとして国土交通大臣が定める方法で行うことができない業務を行う運転者等に対し、業務前及び業務後の点呼の他に、当該業務の途中において少なくとも1回電話その他の方法により点呼を行わなければならない。

☐☐ **24** ★★ 業務後の点呼においては、営業所に備えられたアルコール検知器（呼気に含まれるアルコールを検知する機器であって、国土交通大臣が告示で定めるもの。）を用いて酒気帯びの有無を確認できる場合であっても、運転者の状態を目視等で確認しなければならない。

☐☐ **25** ★ 事業者は、法令の規定により運行管理者を選任したときは、遅滞なく、その旨を国土交通大臣に届け出なければならない。これを解任したときも、同様とする。

☐☐ **26** ★ 運行管理者の補助者は、運行管理者の指導及び監督のもと、自動車の運転者等に対する点呼の一部（点呼を行うべき総回数の3分の1未満）を行うことができる。

☐☐ **27** 国土交通大臣は、運行管理者資格者証の交付を受けている者が、貨物自動車運送事業法若しくはこの法律に基づく命令又はこれらに基づく処分に違反したときは、その運行管理者資格者証の返納を命ずることができる。また、運行管理者資格者証の返納を命ぜられ、その日から5年を経過しない者に対しては、運行管理者資格者証の交付を行わないことができる。

☐☐ **28** ★ 運転者等の業務について、当該事業用自動車の瞬間速度、運行距離及び運行時間を運行記録計により記録しなければならない車両は、車両総重量が8トン以上又は最大積載量が5トン以上の普通自動車である。

☐☐ **29** ★ 事業用自動車に係る運転者等の業務について、休憩又は睡眠をした場合にあっては、その地点及び日時を、当該業務を行った運転者等ごとに「業務の記録」（法令に規定する運行記録計に記録する場合は除く。）に記録させなければならない。ただし、10分未満の休憩については、その記録を省略しても差しつかえない。

☐☐ **30** ★ 事業者は、事業用自動車に係る事故が発生した場合には、事故の発生日時等所定の事項を記録し、その記録を当該事業用自動車の運行を管理する営業所において1年間保存しなければならない。

業務前又は業務後の点呼の<u>いずれも</u>対面により、又は対面による点呼と同等の効果を有するものとして国土交通大臣が定める方法で行うことができない業務を行う運転者等に対しては、<u>中間点呼</u>を行う必要があります。中間点呼の実施の要件は、業務前又は業務後の点呼の「いずれか」ではありませんので、ご注意ください。

（11参照）

○

業務後の点呼における酒気帯びの有無については、<u>営業所に備えられたアルコール検知器</u>での確認と、<u>目視</u>等による確認の両方が必要です。

（10 12参照）

○

運行管理者を<u>選任</u>したときや<u>解任</u>したときは、<u>遅滞なく</u>、その旨を国土交通大臣に<u>届出</u>をする必要があります。なお、運行管理者の選任は<u>事業者</u>の業務であり、「運行管理者の業務」ではありません。

（13参照）

○

運行管理者の補助者が行うことができる点呼の割合は、「3分の1未満」ではなく<u>3分の2</u>未満です。

（14参照）

×

法令違反等により運行管理者資格者証の返納を命じられ、その日から<u>5年</u>を経過しない者や、法令や法令に基づく処分に違反し、罰金以上の刑に科せられ、その執行を終わり、または執行を受けることがなくなった日から<u>5年</u>を経過しない者に対して、国土交通大臣は運行管理者資格者証の交付を行わないことができます。

（15参照）

○

事業用自動車の瞬間速度、運行距離及び運行時間を運行記録計により記録しなければならない車両は「車両総重量が8トン以上又は最大積載量が5トン以上」ではなく、<u>車両総重量が7トン以上又は最大積載量が4トン以上</u>の普通自動車です。

（16参照）

×

原則として、事業用自動車に係る運転者等の業務について、休憩又は睡眠をした場合にあっては、その地点及び日時を業務の記録に記録させることが求められていますが、例外として、<u>10分未満の休憩</u>についての記録は<u>省略</u>しても差しつかえありません。

（16参照）

○

事故の記録の保存期間は「1年間」ではなく<u>3年間</u>です。

（16参照）

×

□□ **31** ★ 事業者は、運転者が転任、退職その他の理由により運転者でなくなった場合には、直ちに、当該運転者に係る法令に基づき作成した運転者等台帳に運転者でなくなった年月日及び理由を記載し、これを2年間保存しなければならない。

□□ **32** ★ 事業者は、法令の規定により運行指示書を作成する場合には、運行指示書及びその写しを運行の終了の日から1年間保存しなければならない。

□□ **33** ★ 事業者は、国土交通大臣が告示で定めるところにより、当該貨物自動車運送事業に係る主な道路の状況その他の事業用自動車の運行に関する状況、その状況の下において事業用自動車の運行の安全を確保するために必要な運転の技術及び法令に基づき自動車の運転に関して遵守すべき事項について、運転者に対する適切な指導及び監督をしなければならない。この場合においては、その日時、場所及び内容並びに指導及び監督を行った者及び受けた者を記録し、かつ、その記録を営業所において3年間保存しなければならない。

□□ **34** ★★ 事業者は、軽傷者（法令で定める傷害を受けた者）を生じた交通事故を起こし、かつ、当該事故前の1年間に交通事故を引き起こした運転者に対し、国土交通大臣が告示で定める適性診断であって国土交通大臣の認定を受けたものを受診させなければならない。

□□ **35** ★★ 法令に規定する運行管理者資格者証を有する者又は国土交通大臣が告示で定める運行の管理に関する講習であって国土交通大臣の認定を受けたもの（基礎講習）を修了した者のうちから、運行管理者の業務を補助させるための者（補助者）を選任すること並びにその者に対する指導及び監督を行うことは、運行管理者の業務である。

□□ **36** ★★ 法令の規定により、運行指示書を作成し、及びその写しに変更の内容を記載し、運転者等に対し適切な指示を行い、運行指示書を事業用自動車の運転者等に携行させ、及び変更の内容を記載させ、並びに運行指示書及びその写しの保存をすることは運行管理者の業務である。

□□ **37** ★★ 事業用自動車の保管の用に供する自動車車庫を適切に確保し、管理することは運行管理者の業務である。

□□ **38** ★★ 従業員に対し、効果的かつ適切に指導及び監督を行うため、輸送の安全に関する基本的な方針を策定し、これに基づき指導及び監督を行うことは運行管理者の業務である。

運転者でなくなった者の運転者等台帳の保存期間は、「2年間」ではなく 3年間 です。 （**16**参照）　×

運行指示書及びその写しは、運行の終了の日から1年間保存する必要があります。なお、起算のタイミングは要注意で、「運行を計画した日」から1年間ではありません。 （**17**参照）　○

運転者に対する指導及び監督の記録の保存期間は、3年間です。「1年間」ではありません。 （**18**参照）　○

国土交通大臣が告示で定める適性診断を受診させなければならない対象は、軽傷者（法令で定める傷害を受けた者）を生じた交通事故を起こし、かつ当該事故前の3年間に交通事故を引き起こした運転者です。「当該事故前の1年間」ではないのでご注意ください。 （**18**参照）　×

運行管理者や運行管理者の業務を補助させるための者（補助者）を選任することは、「運行管理者の業務」ではなく、事業者の業務です。 （**19**参照）　×

設問で列挙されている業務は、運行管理者が行うことです。なお、運行指示書及びその写しは、運行終了の日から1年間保存する必要があります。 （**19**参照）　○

自動車車庫を適切に確保することは、事業者の業務で、自動車車庫を管理することは、整備管理者の業務です。どちらも、「運行管理者の業務」ではありません。 （**19**参照）　×

輸送の安全に関する基本的な方針を策定することは、事業者の業務であり、「運行管理者の業務」ではありません。 （**19**参照）　×

□□ **39** ★★ 法令の規定により、死者又は負傷者（法令に掲げる傷害を受けた者）が生じた事故を引き起こした者等特定の運転者に対し、国土交通大臣が告示で定める適性診断であって国土交通大臣の認定を受けたものを受けさせることは運行管理者の業務である。

□□ **40** ★★ 乗務員等が有効に利用することができるように、休憩に必要な施設を整備し、及び乗務員等に睡眠を与える必要がある場合にあっては睡眠に必要な施設を整備し、並びにこれらの施設を適切に管理し、及び保守することは運行管理者の業務である。

□□ **41** ★★ 事業用自動車が鉄道車両（軌道車両を含む。）と接触する事故を起こした場合には、当該事故のあった日から 30 日以内に、自動車事故報告規則に定める自動車事故報告書 3 通を当該事業用自動車の使用の本拠の位置を管轄する運輸支局長等を経由して、国土交通大臣に提出しなければならないものの、運輸支局長等への速報までは要しない。

□□ **42** ★★ 事業用自動車が転覆する事故を起こし、積載する灯油の一部が漏えいしても火災が生じなかった場合には、当該事故のあった日から 30 日以内に、自動車事故報告書 3 通を国土交通大臣に提出しなければならないものの、運輸支局長等への速報までは要しない。

□□ **43** ★★ 事業用自動車が歩行者 1 名に医師の治療を要する期間が 30 日の傷害を生じさせる事故を起こし、当該傷害が病院に入院することを要しないものである場合には、自動車事故報告書を国土交通大臣に提出しなくてもよい。

□□ **44** ★★ 事業用自動車の運転者が、走行中ハンドル操作を誤り道路のガードレールに衝突する物損事故を起こした。当該事故の警察官への報告の際、当該運転者が道路交通法に規定する麻薬等運転をしていたことが明らかになった場合は、国土交通大臣への報告を要しない。

□□ **45** ★★ 事業用自動車が踏切を通過中、その先の道路が渋滞していたため前車に続き停車したところ、当該自動車の後部が踏切内に残った状態となり、そこに進行してきた列車と接触事故を起こした場合は、報告を要しない。

□□ **46** ★★ 事業用自動車が交差点に停車していた貨物自動車に気づくのが遅れ、当該事業用自動車がこの貨物自動車に追突し、さらに後続の自家用乗用自動車 3 台が関係する玉突き事故となり、この事故により 3 人が重傷、5 人が軽傷を負った場合は、速報を要する。

設問にある<u>適性診断</u>は特定診断を指しています。これ以外にも、<u>初任診断</u>や<u>適齢診断</u>を受けさせることも同様に、「運行管理者の業務」です。 (**19**参照) ○

問題13でも確認したように、休憩、睡眠に必要な施設を整備し、保守することは<u>事業者</u>の業務です。「運行管理者の業務」としては、これらの施設の<u>管理</u>のみです。 (**19**参照) ×

鉄道車両（軌道車両を含む。）と接触する事故を起こした場合には、<u>報告</u>は必要ですが、「速報」は不要です。 (**20**参照) ○

事業用自動車が転覆する事故を起こし、積載する危険物等が<u>漏えい</u>した場合は、電話、ファクシミリ装置その他適当な方法により、<u>24時間以内</u>にできる限り速やかに、その事故の概要を運輸監理部長又は運輸支局長に<u>速報</u>する必要があります。 (**20**参照) ×

報告書を国土交通大臣に提出する必要がある重傷者の定義には、「<u>1日以上</u>病院に入院することを要する傷害」であることとあり、設問のケースは「病院に入院することを要しない」とあるので、重傷者に該当しません。なので、報告書の提出は不要です。 (**20**参照) ○

<u>麻薬等運転</u>を伴う場合は、国土交通大臣への報告が必要です。 (**20**参照) ×

<u>鉄道車両との衝突や接触</u>をした場合は、国土交通大臣への報告が必要です。 (**20**参照) ×

速報する必要がある事故の、重傷者の要件は、「3人以上」ではなく、<u>5人</u>以上です。また、負傷者については<u>10人</u>以上です。 (**20**参照) ×

「しなければならない」と「してはならない」を読み分けよう!

　本試験は条文からの出題がメインですので、条文の「とらえ方」が大事です。ここではそのポイントを紹介しましょう。

　事業者が対象となる条文は、下の図で示すように「○○しなければならない（義務）」と「○○してはならない（禁止する義務）」の2タイプに区別してとらえます。

覚えておきたい条文の2つのタイプ

タイプ1
| ○○しなければならない | ○○をする義務があることを示す |

【例】一般貨物自動車運送事業者は、事業用自動車の運転者が疾病により安全な運転ができないおそれがある状態で事業用自動車を運転することを防止するために必要な医学的知見に基づく措置を講じなければならない。

タイプ2
| ○○してはならない | ○○をすることを禁止する義務を示す |

【例】一般貨物自動車運送事業者は、事業用自動車の最大積載量を超える積載をすることとなる運送の引受け、過積載による運送を前提とする事業用自動車の運行計画の作成及び事業用自動車の運転者その他の従業員に対する過積載による運送の指示をしてはならない。

　上に示した2つの例文は、どちらも輸送の安全にかかわる義務について定められているものです。このように、「何をしなければならないか」「何をしてはならないか」を明確に区別することで、条文をスムーズに理解することができるようになります。

　本試験の比重としては、タイプ1の「○○しなければならない（義務）」について問われることが多くあります。運行管理者として「何をしなければならないか」の正しい知識を身につけることが求められているのです。

第2章

道路運送車両法関係

本章では主に「道路運送車両法」について学習します。この法律に定められているのは「自動車」に係るさまざまなルール。「登録」や「検査」のルールや「保安基準」の内容を中心に学習を進めていきましょう。そうすることで、この分野での高得点につなげやすくなります。

過去問をチェックしながら、実際の試験の文体や、関連する法律の字句などに慣れていきましょう。

□□ **問1**   問題の解説は**p.129**へGO！

道路運送車両法の目的についての次の記述のうち、【誤っているものを1つ】選びなさい。

1. 道路運送車両に関し、所有権についての公証等を行うこと
2. 道路運送車両に関し、操縦の容易性及び安定性の確保を図ること
3. 道路運送車両に関し、整備についての技術の向上を図ること及び自動車の整備事業の健全な発達に資すること
4. 道路運送車両に関し、公害の防止その他の環境の保全を図ること

□□ **問2**   問題の解説は**p.135**へGO！

道路運送車両法の自動車の登録等についての次の記述のうち、【正しいものを2つ】選びなさい。なお、解答にあたっては、各選択肢に記載されている事項以外は考慮しないものとする。

1. 自動車登録番号標及びこれに記載された自動車登録番号の表示は、国土交通省令で定めるところにより、自動車登録番号標を自動車の前面又は後面のどちらか任意の位置に確実に取り付けることによって行うものとする。
2. 臨時運行の許可を受けた自動車を運行の用に供する場合には、臨時運行許可番号標を国土交通省令で定める位置に、かつ、被覆しないことその他これに記載された番号の識別に支障が生じないものとして国土交通省令で定める方法により表示し、かつ、臨時運行許可証を備え付けなければならない。また、当該臨時運行許可証の有効期間が満了したときは、その日から5日以内に、当該臨時運行許可証及び臨時運行許可番号標を行政庁に返納しなければならない。
3. 登録自動車の所有者は、自動車の用途を廃止したときは、その事由があった日から5日以内に、永久抹消登録の申請をしなければならない。
4. 自動車の所有者は、当該自動車の使用の本拠の位置に変更があったときは、道路運送車両法で定める場合を除き、その事由があった日から15日以内に、国土交通大臣の行う変更登録の申請をしなければならない。

□□ **問3**

問題の解説は**p.139**へGO!

自動車（検査対象外軽自動車及び小型特殊自動車を除く。）の検査等についての次の記述のうち、【正しいものを2つ】選びなさい。なお、解答にあたっては、各選択肢に記載されている事項以外は考慮しないものとする。

1. 自動車は、指定自動車整備事業者が継続検査の際に交付した有効な保安基準適合標章を表示している場合であっても、自動車検査証を備え付けなければ、運行の用に供してはならない。

2. 初めて自動車検査証の交付を受ける車両総重量8,990キログラムの貨物の運送の用に供する自動車については、当該自動車検査証の有効期間は1年である。

3. 国土交通大臣は、一定の地域に使用の本拠の位置を有する自動車の使用者が、天災その他やむを得ない事由により、継続検査を受けることができないと認めるときは、当該地域に使用の本拠の位置を有する自動車の自動車検査証の有効期間を、期間を定めて伸長する旨を公示することができる。

4. 自動車の使用者は、自動車の長さ、幅又は高さを変更したときは、道路運送車両法で定める場合を除き、その事由があった日から30日以内に、当該事項の変更について、国土交通大臣が行う自動車検査証の変更記録を受けなければならない。

試験問題は文章量が多く、読むだけでも大変ですが、落ち着いて読み進めていきましょう

125

道路運送車両法に定める自動車の日常点検及び定期点検についての次の文中、A、B、C、Dに入るべき字句としていずれか【正しいものを１つ】選びなさい。

> 1．自動車運送事業の用に供する自動車の ☐ A ☐ 又はこれを運行する者は、☐ B ☐、国土交通省令で定める技術上の基準により、灯火装置の点灯、制動装置の作動その他の ☐ C ☐ に点検すべき事項について、目視等により自動車を点検しなければならない。
>
> 2．自動車運送事業の用に供する自動車の ☐ A ☐ は、国土交通省令で定める技術上の基準により、当該事業用自動車を ☐ D ☐ に点検しなければならない。

A　1．所有者　　　2．使用者
B　1．１日１回、その運行の開始前において
　　2．自動車の走行距離、運行時の状態等から判断した適切な時期において
C　1．日常的　　　2．定期的
D　1．６ヵ月毎　　2．３ヵ月毎

道路運送車両法に定める自動車の整備命令等についての次の文中、A、B、Cに入るべき字句としていずれか【正しいものを1つ】選びなさい。

> 地方運輸局長は、自動車が保安基準に適合しなくなるおそれがある状態又は適合しない状態にあるとき（同法第54条の２第１項に規定するときを除く。）は、当該自動車の ☐ A ☐ に対し、保安基準に適合しなくなるおそれをなくするため、又は保安基準に適合させるために必要な整備を行うべきことを ☐ B ☐ ことができる。この場合において、地方運輸局長は、保安基準に適合しない状態にある当該自動車の ☐ A ☐ に対し、当該自動車が保安基準に適合するに至るまでの間の運行に関し、当該自動車の使用の方法又は ☐ C ☐ その他の保安上又は公害防止その他の環境保全上必要な指示をすることができる。

A　1．使用者　　　2．所有者
B　1．命ずる　　　2．勧告する
C　1．使用の制限　2．経路の制限

□□ **問6**

問題の解説はp.153へGO！

道路運送車両の保安基準及びその細目を定める告示についての次の記述のうち、【誤っているものを１つ】選びなさい。なお、解答にあたっては、各選択肢に記載されている事項以外は考慮しないものとする。

1. 停止表示器材は、夜間 200 メートルの距離から走行用前照灯で照射した場合にその反射光を照射位置から確認できるものであることなど、告示で定める基準に適合するものでなければならない。

2. 自動車（被けん引自動車を除く。）には、警音器の警報音発生装置の音が、連続するものであり、かつ、音の大きさ及び音色が一定なものである警音器を備えなければならない。

3. 自動車（二輪自動車等を除く。）の空気入ゴムタイヤの接地部は滑り止めを施したものであり、滑り止めの溝は、空気入ゴムタイヤの接地部の全幅にわたり滑り止めのために施されている凹部（サイピング、プラットフォーム及びウエア・インジケータの部分を除く。）のいずれの部分においても 1.6 ミリメートル以上の深さを有すること。

4. 貨物の運送の用に供する普通自動車であって、車両総重量が 8 トン以上又は最大積載量が 5 トン以上のものの原動機には、自動車が時速 100 キロメートルを超えて走行しないよう燃料の供給を調整し、かつ、自動車の速度の制御を円滑に行うことができるものとして、告示で定める基準に適合する速度抑制装置を備えなければならない。

ここまでの問題内容を把握したら、次ページからテキストを読み、合格レベルの知識を習得していきましょう！

1 目的と自動車の種別

第一条の中の重要語句は、しっかり暗記しておくことが
大事です。自動車の5つの種別も覚えておきましょう。

要チェックの条文はコレ！

【第一条（この法律の目的）】
この法律は、道路運送車両に関し、<u>所有権</u>についての公証等を行い、並びに<u>安全性の確保</u>及び<u>公害の防止</u>その他の<u>環境の保全</u>並びに整備についての<u>技術の向上</u>を図り、併せて自動車の<u>整備事業</u>の<u>健全な発達</u>に資することにより、<u>公共の福祉を増進する</u>ことを目的とする。

【第三条（自動車の種別）】
この法律に規定する<u>普通自動車</u>、<u>小型自動車</u>、<u>軽自動車</u>、<u>大型特殊自動車</u>及び<u>小型特殊自動車</u>の別は、自動車の大きさ及び構造並びに原動機の種類及び総排気量又は定格出力を基準として国土交通省令で定める。

✓ 道路運送車両法の目的とは？

道路運送車両法の第一条（この法律の目的）には、この法律が「何を目的としているか」が示されています。上の条文の赤字部分が穴埋め問題や、択一式などの形で出題されますので、しっかり覚えておきましょう。たとえば試験では、「製造事業の健全な発達」といった誤った選択肢（正しくは「整備事業の健全な発達」）のパターンにご注意ください。
ちなみに、条文の言い回しには慣れてきましたか？

はい、すっかり慣れてきたんで、大丈夫です！

では、ここで実際の試験問題を解いてみましょうか。

✍ 試験ではこう出る！

問. 次の空欄に入るべき字句を選択肢から選びなさい。

この法律は、道路運送車両に関し、所有権についての公証等を行い、並びに安全性の確保及び 〔　　　　　〕 の防止その他の環境の保全並びに整備についての技術の向上を図り、併せて自動車の整備事業の健全な発達に資することにより、公共の福祉を増進することを目的とする。

選択肢：1. 公害　2. 騒音

第一条の条文ですね。えっと、1の「公害」ですね。

正解です。「騒音」を防止することは条文に示されていませんからね。
ここで、第一条の構成を整理しましょう。第一条では、ゴール（目的）と

して<u>公共の福祉を増進</u>するがあり、「ゴールに到達するために必要なこと」（下図の「そのためには」の部分）が明示され、それらの成果としてゴールに達する、という内容が記されています。

図で覚える **道路運送車両法・第一条の構成**

この法律の目的である「ゴール」に到達するためのプロセスが第一条に示されているわけです

- <u>公共の福祉</u>を増進する
- 所有権についての公証等を行う
- 安全性の確保及び<u>公害</u>の防止その他の環境の保全を図る
- 整備についての<u>技術の向上</u>を図る
- 自動車の<u>整備</u>事業の<u>健全な発達</u>に資する

 つまり……、その自動車が誰のものなのかをはっきりさせた上で（「所有権についての公証等」）、「安全性の確保」をしたり、環境のために「公害を防止」することで、「整備の技術が向上」して、それが「整備業界」のためにもなるし、結果として社会のため（「公共の福祉」）にもなるってことですよね。

 その通りです。よく理解していますね。ここで、自動車の種別について整理しておきましょう。下図のように5種類に分類されます。

図で覚える **道路運送車両法での自動車の種別**

1 普通自動車　　2 小型自動車　　3 軽自動車

4 大型特殊自動車　　5 小型特殊自動車

5種類!!

 あれ？　大型自動車や中型自動車はないんですか？

 はい。道路運送車両法での自動車の種別は、道路交通法とは異なっており、それらは普通自動車として分類されます。

問1・解説

この法律は、「<u>所有権についての公証等</u>を行う」「安全性の確保及び<u>公害の防止その他の環境の保全</u>を図る」「<u>整備についての技術の向上</u>を図る」「<u>自動車の整備事業の健全な発達</u>に資する」ことで、公共の福祉を増進することを目的としています。　<u>正解　　2</u>

2 自動車の登録

各種登録のそれぞれの違いや、自動車登録番号標、臨時運行の許可について押さえていきましょう。

要チェックの条文はコレ！

【第四条（登録の一般的効力）】
自動車（軽自動車、小型特殊自動車及び二輪の小型自動車を除く。）は、<u>自動車登録ファイル</u>に登録を受けたものでなければ、これを<u>運行の用に供してはならない</u>。

✓ 「新規登録」の流れを理解しよう

自動車は、<u>自動車登録ファイル</u>に<u>登録</u>を受けたものでなければ運行の用に供してはならないと定められています。

登録は、どうやって受けるんですか？

新規登録、つまり「登録を受けていない自動車」が登録を受けようとする場合は、その自動車の<u>所有者</u>が、<u>国土交通大臣</u>に対して<u>新規登録</u>を申請する必要があります。その申請書の記載事項をまとめたのが下図です。

図で覚える **新規登録申請書の記載事項**

新規登録申請書
- □ 車名、および型式
- □ 車台番号
  （車台の型式についての表示を含む）
- □ 原動機の型式
- □ 所有者の氏名または名称、および住所
- □ 使用の本拠の位置
- □ 取得の原因

添付書類
自動車の所有権を証明するに足るその他の書面

提出

＋

当該自動車

提示

新規登録の申請は、<u>新規検査</u>の申請、または自動車予備検査証による<u>自動車検査証</u>の交付申請と同時に行います。ここも大事なポイントです。

新規検査って何ですか？

国土交通大臣の行うもので、その自動車が<u>保安基準</u>に<u>適合</u>しているか否かについて検査するものです。

保安基準？　それってどんなものなんですか？

 保安上、または公害防止その他の環境保全上の技術基準です。具体的には、車両の構造や装置が運行に十分堪え、操縦やその他の使用のための作業に安全であるとともに、通行人などに危害を与えないことを確保するものか否かを判断する基準です。詳しくは、また後で学習するので、今は「？」でも気にしなくていいですよ。

ここで、新規登録のおおまかな流れを整理しましょう。それを示したのが下の図です。

図で覚える　新規登録の流れ

所有者	❶ 国土交通大臣に対し新規登録を申請

※同時に新規検査の申請、または自動車予備検査証による自動車検査証の交付申請

国土交通大臣	❷ 新規検査により保安基準に適合すると認める ❸ 所有者に自動車登録番号を通知する

所有者	❹ 自動車登録番号標を、国土交通大臣、または自動車登録番号標交付代行者から交付を受け、自動車に取り付ける ❺ 国土交通大臣、または封印取付受託者の行う封印の取付けを受ける

 ④のところにある自動車登録番号標って何ですか？

 ナンバープレートのことです。自動車は、自動車登録番号標を「国土交通省令で定める位置に、かつ、被覆（覆いかぶせること）しないことその他当該自動車登録番号標に記載された自動車登録番号の識別に支障が生じないものとして国土交通省令で定める方法により表示しなければ、運行の用に供してはならない」と定められています。

自動車登録番号標は自動車の前面、および後面であって、自動車登録番号標に記載された自動車登録番号の識別に支障が生じないものとして告示で定める位置に取り付けることが、試験でのポイントです。試験では、取り付ける位置について「任意の位置」など、字句を入れ替えて出題されますのでご注意ください。

図で覚える　自動車登録番号標

封印　　大阪　なにわ100
い　12-34

 上の図の⑤のところに封印というのがありますけど、これは上のナンバープレートの左上にあるキャップみたいなもののことですか？

そうです。ちなみに、取り付けた封印や自動車登録番号標は、整備のためとくに必要があるときや、その他の国土交通省令で定めるやむを得ない事由に該当するとき以外は、<u>取り外してはいけません</u>。ここも押さえておいてくださいね。

えっ、でも、もし封印が外れちゃったときは、どうすればいいんですか？

封印が滅失（なくなること）したときや、毀損（壊れること）したときは、国土交通大臣、または封印取付受託者の行う封印の取付けを受ける必要があります。

✓ 自動車登録番号標の廃棄などのルールを知ろう

「取付け」にも定めがあるということは、「取外し」にもあるってことですよね。

その通りです。道路運送車両法では、自動車登録番号標の廃棄などについても定められています。自動車の<u>所有者</u>は、下の図のいずれかに該当するときは、「遅滞なく、当該自動車登録番号標及び封印を取り外し、国土交通省令で定める方法により、これを破壊し、若しくは廃棄し、又は国土交通大臣若しくは自動車登録番号標交付代行者に<u>返納</u>しなければならない」と定められています。

図で覚える **自動車登録番号標の廃棄などが必要なとき**

❶ 自動車登録番号の <u>変更の通知</u>

❷ <u>永久抹消</u>登録や<u>一時抹消</u>登録など ⎫ を受けたとき

❸ 永久抹消登録のあった旨の<u>通知</u>

自動車登録番号標の廃棄は、運輸監理部長、または運輸支局長の指定する場所において行います

廃棄や返納のルールもあるんですね。

ほかにも道路運送車両法の規定により、<u>自動車の使用停止命令</u>を受けた自動車の<u>使用者</u>は、自動車検査証を国土交通大臣に返納し、自動車の<u>所有者</u>は、<u>遅滞なく</u>自動車登録番号標と封印を取り外し、自動車登録番号標について国土交通大臣の<u>領置</u>を受けなければならないことが定められています。ちなみに、領置とは、任意で提出された物を取得する処分のことです。

この場合は、使用者と所有者がそれぞれ別々の役割を担っていることや、「遅滞なく」という期日がポイントです。また、試験では「領置」を「届出」の字句に入れ替えて出題されたりしますので、ご注意ください。

✔ 登録は「誰」が「いつまでに」申請するのかがポイント

 さて、登録には、新規登録や永久抹消登録、一時抹消登録などいろいろな種類があります。それをまとめたのが、下の表です。

表で覚える **主な登録の種類**

登録の種類	内容
新規登録	新車やナンバーのついていない自動車を新たに登録する
変更登録	氏名、名称、住所、使用の本拠地などを変更する ※その事由があった日から<u>15日</u>以内に申請
移転登録	売買などにより、車を譲渡し、所有者を変更する ※その事由があった日から<u>15日</u>以内に申請（新所有者）
一時抹消登録	再度使用することを目的に一時的に抹消する ※一時抹消登録を受けた自動車の所有者は、自動車の用途を廃止したときには、その事由があった日から<u>15日</u>以内に国土交通大臣に届出 （自動車検査証を国土交通大臣に返納しなければならない）
永久抹消登録	車の滅失、解体、用途廃止などにより永久的に抹消する ※その事由があった日から<u>15日</u>以内に申請（所有者） （自動車検査証を国土交通大臣に返納しなければならない）

 まず、<u>変更登録</u>の申請から見ていきましょう。これは、登録されている型式、車台番号、原動機の型式、所有者の氏名もしくは名称、もしくは住所または使用の本拠の位置に変更があったときに行う登録です。その場合、自動車の<u>所有者</u>は、その事由があった日から<u>15日</u>以内に、国土交通大臣の行う変更登録の申請をしなければならないと定められています。

 つまり、名前や住所などを変更するときですね。

 そうです。次に<u>移転登録</u>ですが、これは所有者の変更があったときに行うものです。具体的には、自動車を売買したことなどで持ち主が変わって名義変更をするときが当てはまります。その場合、<u>新所有者</u>は、その事由があった日から<u>15日</u>以内に、国土交通大臣の行う<u>移転登録</u>の申請をしなければならないと定められています。

 なるほど。

そして、自動車を運行の用に供することをやめたときは、一時抹消登録の申請をし、一時抹消登録を受けた自動車の所有者は、自動車の用途を廃止したときには、その事由があった日から 15 日以内に、その旨を国土交通大臣に届け出なければならないことを押さえておきましょう。

次の永久抹消登録とどう違うんですか？

読んで字の通り、一時的な抹消か、永久的な抹消かの違いです。永久抹消登録は、登録自動車が滅失し、解体し（整備、または改造のために解体する場合は除く）、または自動車の用途を廃止したときに行います。

つまり、廃車にして置いておくか、解体して処分するかの違いですね。

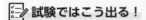
その通りです。ちなみに、変更登録、移転登録、一時抹消登録、永久抹消登録については「15 日以内」がキーワードです。試験では「30 日以内」などと数字を入れ替えて出題されますので、ご注意ください。
ここで、試験問題に挑戦してみましょう。

試験ではこう出る！

問. 登録自動車について所有者の氏名又は、名称若しくは住所に変更があったときは、所有者はその事由があった日から 15 日以内に、国土交通大臣の行う移転登録の申請をしなければならない。〇か×か。

あれ、氏名や住所の変更は、「移転登録」でしたっけ？

よく気がつきましたね。「所有者」の氏名または名称、もしくは住所に変更があったときは、「移転登録」ではなく変更登録でしたね。ですから正解は×となります。一方、持ち主（所有者）そのものが変更となった場合には、移転登録を行うことになります。

✓ 臨時運行の許可のルールを知ろう

登録を受けていない自動車の登録を受けようとする場合は、新規登録を申請する必要がありますよね？　そのときってまだナンバープレートがついていないのに、どうやって新規登録の申請や新規検査に自動車を提示するんですか？

そのためのものとして、臨時運行の許可というルールがあります。これは、「新規登録、新規検査又は当該自動車検査証が有効でない自動車についての継続検査その他の検査の申請をするために必要な提示のための回送を行う場合」に臨時運行の許可を受けられる、というものです。

この許可を得るためにしなければならないこと（要件）ってありますか？

 それをまとめたのが、下の図です。

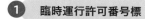 図で覚える 「臨時運行の許可」のルール

① 臨時運行許可番号標
● 見やすいように表示

② 臨時運行許可証
● 自動車に備付け

貸与

有効期間
満了日から
5日
以内に
返納

臨時運行許可番号標
（仮ナンバー）

なにわ 12-34 住吉

 臨時運行許可番号標というのは、「仮ナンバー」のことですね。

 そうです。これを「国土交通省令で定める位置に、かつ、被覆しないことその他当該臨時運行許可番号標に記載された番号の識別に支障が生じないものとして国土交通省令で定める方法により表示」しなければなりません。

 それって、簡単にいえば、「見やすいように表示する」という理解でいいですか？

 はい、試験対策としてはそれで大丈夫です。そして、この臨時運行許可番号標の有効期間は、原則 5 日となっています。その有効期間が満了したら、その日から 5 日以内に、当該行政庁に臨時運行許可証、および臨時運行許可番号標を返納しなければならないことがポイントです。試験では 5 日の部分を、先ほど学んだ登録のときの期限である「15 日」に入れ替える引っかけ問題が出題されることがあります。ご注意ください。

 わかりました！

問 2・解説

1 の自動車登録番号標は、「前面又は後面のどちらか任意の位置」ではなく、前面及び後面であって自動車登録番号の識別に支障が生じないものとして告示で定める位置に確実に取り付けなければなりません。3 の永久抹消登録の申請は、その事由のあった日から「5 日以内」ではなく、15 日以内です。

正解　2、4

3 自動車の検査等

重要度 ★★★ 自動車検査証の交付・変更・返納・再交付の要件や、検査標章の表示に関するさまざまなルールを整理しておきましょう。

要チェックの条文はコレ！

【第五十八条（自動車の検査及び自動車検査証）】
自動車（国土交通省令で定める軽自動車（以下「検査対象外軽自動車」という。）及び小型特殊自動車を除く。）は、この章に定めるところにより、国土交通大臣の行う<u>検査</u>を受け、有効な<u>自動車検査証</u>の<u>交付</u>を受けているものでなければ、これを<u>運行の用に供してはならない</u>。

【道路運送車両法施行規則・第四十四条（自動車検査証等の有効期間の起算日）】
自動車検査証の有効期間の<u>起算日</u>は、当該自動車検査証を<u>交付する日</u>又は当該自動車検査証に<u>有効期間を記録する日</u>とする。ただし、自動車検査証の有効期間が満了する日の<u>一月前</u>から当該期間が満了する日までの間に<u>継続検査</u>を行い、当該自動車検査証に有効期間を記録する場合は、当該自動車検査証の有効期間が<u>満了する日の翌日</u>とする。

✓「自動車検査証」の交付・変更・返納のタイミングは？

このセクションでは、自動車の検査などについて見ていきます。国土交通大臣の行う自動車の検査には、①<u>新規検査</u>、②<u>継続検査</u>、③臨時検査、④<u>構造等変更検査</u>、⑤予備検査の5種類があります。ここでは代表的な下記の3つを取り上げます。

表で覚える 代表的な自動車の検査

新規検査	受けるタイミング	●登録を受けていない自動車を運行の用に供しようとするとき ●一時的に使用を中止していた自動車を再び使用するとき
	ポイント	●自動車の<u>使用者</u>は、当該<u>自動車</u>を<u>提示</u>して、国土交通大臣の行う<u>新規検査</u>を受けなければならない ●新規検査の申請は、<u>新規登録</u>の申請と同時にしなければならない
継続検査	受けるタイミング	●自動車検査証の有効期間の満了後も、当該自動車を使用しようとするとき
	ポイント	●当該<u>自動車</u>を<u>提示</u>して、国土交通大臣の行う<u>継続検査</u>を受けなければならない ●当該自動車の<u>使用者</u>は、当該<u>自動車検査証</u>を国土交通大臣に<u>提出</u>しなければならない
構造等変更検査	受けるタイミング	●自動車の長さ、幅、高さ、最大積載量などを変更したときで、保安基準に適合しなくなるおそれがあるとき
	ポイント	●使用者は変更事由があった日から<u>15日</u>以内に当該変更について、国土交通大臣が行う自動車検査証の<u>変更記録</u>を受けなければならない

自動車を運行の用に供するには、これらの国土交通大臣の行う<u>検査</u>を受け、有効な<u>自動車検査証</u>の<u>交付</u>を受けなければならないと定められています。

それって、検査を受けた上で、いわゆる「車検証」が必要ってことですか？

そうです。自動車検査証は自動車の「住民票」のようなものです。そのため、記載事項に変更があった場合は、使用者は自動車検査証の記載事項に変更があった日から<u>15日</u>以内に、当該変更について、国土交通大臣が行う自動車検査証の<u>変更記録</u>を受けなければならないとも定められています。

つまり法律では、自動車検査証の「交付」と「変更」について定められているんですね。

それだけではなく「返納」についても定められています。具体的には、自動車が滅失したり、解体したり、または自動車の用途を廃止したときには、その事由があった日から<u>15日</u>以内に、使用者が、自動車検査証を<u>返納</u>するというルールです。

あっ、それって、この章の **2** で学習した永久抹消登録のときのことですか？

その通りです。さらに、自動車検査証と<u>検査標章</u>を備え付ける場所が「自動車」というのも覚えておきましょう。自動車に、自動車検査証を備え付け、かつ<u>検査標章</u>を表示しなければ、運行の用に供してはならないと定められています。
たとえば、試験では「自動車の所属する営業所に備付け」と誤った選択肢のパターンで出題されますので、ご注意ください。
ちなみに、検査標章の表示についてですが、自動車の前面ガラスの内側に、<u>前方から見やすいように貼付</u>することになっています。これも試験でよく問われます。

自動車検査証と検査標章は、セットで重要なものなんですね。

はい。ですから、自動車検査証や検査標章が滅失、毀損、またはその識別が困難となった場合は、「再交付」を受けることができます。

うわっ！　交付、変更、返納のほかに再交付もあるんですか！　それぞれのルールを覚えなきゃいけないんですよね！

はい、その通りです。次ページの表で、それぞれのルールについておさらいしておきましょう。
自動車検査証については、主語が<u>使用者</u>だということも、ポイントです。

| 表で覚える | 自動車検査証の交付・変更・返納・再交付 |

ここでも15日
以内がポイント
です！

交付	国土交通大臣の行う<u>検査</u>を受け、<u>保安基準</u>に適合すると交付される
変更	記載事項に変更があった日から<u>15日</u>以内に、国土交通大臣が行う自動車検査証の記録を受けなければならない
返納	自動車が滅失、解体、または自動車の用途を廃止したときは、その事由があった日から<u>15日</u>以内に、自動車検査証を<u>返納</u>しなければならない
再交付	滅失、毀損、またはその識別が困難となった場合は、再交付を受けることができる

 また、自動車検査証の有効期間は、下の表のように定められています。

| 表で覚える | 貨物自動車の自動車検査証の有効期間 |

	車両総重量 8,000キログラム 未満	車両総重量 8,000キログラム 以上
初回	<u>2年</u>	1年
2回目 以降	1年	1年

自動車検査証の有効期間の起算日

❶ 自動車検査証を<u>交付する日</u>
or
❷ 自動車検査証に有効期間を<u>記録する日</u>

※ただし、有効期間が満了する日の<u>1ヵ月前</u>から
当該期間が満了する日までの間に継続検査を行い、
有効期間を記録する場合、当該自動車検査証の有効
期間が<u>満了する日の翌日</u>を起算日とする

 ここで、有効期間に関連した試験問題を解いてみましょう。

📝 試験ではこう出る！

問. 初めて自動車検査証の交付を受ける車両総重量7,990キログラムの貨物の運送の用に供する自動車については、当該自動車検査証の有効期間は1年である。○か×か。

 えっと、車両総重量が7,990キログラムだから……。

 車両総重量7,990キログラムということは、「車両総重量8,000キログラム未満」の自動車です。かつ「初めて」交付を受けるわけですから、有効期間は<u>2年</u>です。ですから、正解は×です。

 あの、1点、気になることがあって……。有効期間の満了のときに、天災などで継続検査を受けられないときは、どうすればいいですか？

 そうした場合に備えて、「有効期間の伸長」についても定められています。具体的には、国土交通大臣は、一定の地域に使用の本拠の位置を有する自

138

動車の使用者が、<u>天災</u>その他やむを得ない事由により、継続検査を受けることができないと認めるときは、当該地域に使用の本拠の位置を有する自動車の自動車検査証の有効期間を、期間を定めて<u>伸長</u>する旨を<u>公示</u>することができる、というルールです。

✓ 検査標章を表示してはならないときとは？

 あと、検査標章についても教えてもらえますか？

 検査標章とは、新規検査や継続検査などにおいて保安基準に適合すると、自動車検査証とともに、交付されるステッカーのことです（下図参照）。

 「有効な検査を受けましたよ」という証のようなものですかね？

 その通りです。検査標章には、自動車検査証の<u>有効期間の満了する日</u>が表示されています。試験ではこの時期について「有効期間の起算日」など誤った字句と入れ替えて出題されたりします。ご注意ください。

また、検査標章は、自動車検査証がその効力を失ったとき、または継続検査、臨時検査もしくは構造等変更検査の結果、自動車検査証の返付（持主に戻すこと）を受けることができなかったときは、表示してはならない、となっています。ここも押さえておきましょう。

出典：「自動車検査登録総合ポータルサイト
検査標章（ステッカー）」

 しっかり覚えておきますね。

 あと、このセクションで忘れてはいけないのが、指定自動車整備事業者が交付した有効な<u>保安基準適合標章</u>を表示すれば、自動車検査証の備付けや自動車検査標章の表示を行わなくても運行の用に供することができる、ということです。
これはこのセクション最大の「例外」として、必ず覚えておきましょう。

問3・解説

1については、保安基準適合標章を表示しているときは、<u>運行の用に供することができる</u>です。4の自動車の長さ、幅又は高さの変更の際、国土交通大臣が行う自動車検査証の<u>変更記録</u>を受けるのは、「30日以内」ではなく、<u>15日以内</u>です。

正解　2、3

4 点検整備

重要度
★★★

点検には「日常点検」「定期点検」があります。それぞれの
実施項目や、点検時期について理解しておきましょう。

要チェックの条文はコレ！

【第四十七条（使用者の点検及び整備の義務）】
自動車の使用者は、自動車の**点検**をし、及び必要に応じ**整備**をすることにより、
当該自動車を**保安基準**に**適合**するように維持しなければならない。

【第四十七条の二（日常点検整備）】
自動車の使用者は、自動車の走行距離、運行時の状態等から判断した適切な時期
に、国土交通省令で定める**技術上の基準**により、**灯火装置**の点灯、**制動装置**の作
動その他の日常的に点検すべき事項について、**目視等により**自動車を点検しなけ
ればならない。

2　次条第一項第一号及び第二号に掲げる自動車の使用者又はこれらの自動車を
　　運行する者は、前項の規定にかかわらず、**一日一回、その運行の開始前**におい
　　て、同項の規定による**点検**をしなければならない。

3　自動車の使用者は、前二項の規定による点検の結果、当該自動車が保安基準
　　に**適合しなくなるおそれがある状態**又は**適合しない状態**にあるときは、保安基
　　準に**適合しなくなるおそれをなくするため**、又は保安基準に**適合**させるために
　　当該自動車について必要な**整備**をしなければならない。

✓ 点検をするのは使用者？　それとも所有者？

このセクションで学ぶのは、点検整備についてです。自動車運送事業の用
に供する自動車の**使用者**、またはこれを**運行する者**は、**1日1回**、**その運
行の開始前**において、国土交通省令で定める**技術上の基準**により、**灯火装
置の点灯**、**制動装置の作動**、その他の日常的に点検すべき事項について、
目視等により自動車を**点検**しなければならない、と定められています。
試験対策としては、この場合、主語が「所有者」ではないことがポイント
です。試験では主語を入れ替えて出題されます。たとえばこんな感じです。

📝 試験ではこう出る！

問. 次の文中の空欄に入るべき字句を選択肢から選びなさい。

　　自動車運送事業の用に供する自動車の 「　　　　　」 又はこれを運行する
　　者は1日1回、その運行の開始前において国土交通省令で定める技術上
　　の基準により、灯火装置の点灯、制動装置の作動その他の日常的に点検
　　すべき事項について、目視等により自動車を点検しなければならない。
　　選択肢：1. 所有者　2. 使用者

えっと、今の先生の説明から推測すると「使用者」かな？
なので、答えは２？

はい、正解です。点検や整備について、主語が「使用者」ということを押さえておきましょう。道路運送車両法では、使用者と所有者を分別して覚えることがポイントです。

なるほど。それにしても、点検を１日１回、運行の開始前にするってことですが、点検ってかなり頻繁に行うことが求められているんですね。

そうですね。これを<u>日常点検</u>といいます。ただ、日常点検のすべてがそういうわけではありません。①「１日１回点検しなければならない項目」と②「自動車の走行距離、運行時の状態などから判断した適切な時期でよいとされる項目」の２種類があります。
そして試験では、１日１回点検しなければならない下記の項目について問われます。

表で覚える **主な１日１回の「日常点検」の項目**

> 安全な運行や事前にリスクを回避するために、車両に異常がないか確認します

灯火装置・方向指示器	☐ 汚れ、損傷
ブレーキ	☐ ブレーキペダルの踏みしろ、効き具合 ☐ ブレーキの液量 ☐ エアブレーキの空気圧力計の上がり具合 ☐ 排気音 ☐ 駐車ブレーキ・レバーの引きしろ
タイヤ	☐ タイヤの空気圧 ☐ 亀裂、損傷 ☐ 異常摩耗 ☐ ディスク・ホイールの取付け状態 （車両総重量8,000キログラム以上の自動車のみ）

この表の項目以外の項目については、「自動車の走行距離、運行時の状態などから判断した適切な時期」で問題ありません。なお、ディスク・ホイールの取付け状態の点検については、<u>車両総重量８トン以上</u>の自動車のみが対象となることも、試験対策のポイントです。

灯火装置やブレーキとタイヤについては、日常点検が必要なんですね。

基本的にはそうですが、例外もあって、「タイヤの溝の深さ」の点検については、雪道を走行する場合や運行時の状態などから判断した適切な時期でよいとされています。

 例外もあるんですね。実際に日常点検で異常が見つかったときには、どうするんですか？

 それについては道路運送車両法で、自動車の使用者は、点検の結果、当該自動車が保安基準に<u>適合しなくなるおそれがある状態</u>、または<u>適合しない状態</u>にあるときは、保安基準に<u>適合しなくなるおそれをなくするため</u>、または保安基準に<u>適合</u>させるために、当該自動車について必要な<u>整備</u>をしなければならないと定められています。この部分について試験では、字句が穴埋めとなって出題されたりしますから、しっかり覚えてくださいね。

 この箇所の条文をしっかり暗記しておいたほうがよさそうですね。

✓ 点検整備記録簿を備え置く場所は「どこ」？

 日常点検のほかに、<u>定期点検</u>についても見ていきましょう。
自動車運送事業の用に供する自動車の使用者は、国土交通省令で定める技術上の基準により、当該事業用自動車を<u>３ヵ月</u>ごとに点検しなければならないと定められています。試験では、この<u>３ヵ月</u>の数字を入れ替えて出題されたりしますのでご注意ください。

 定期点検では、どのような点検を行うのですか？

 重要なものだけを抜粋したのが、下の表になります。

表で覚える 「定期点検」の重要な項目

車両総重量
８トン以上の
自動車

☐ スペアタイヤ取付け装置の緩み、がた、および損傷
☐ スペアタイヤの取付け状態
☐ ツールボックスの取付け部の緩み、および損傷
☐ ホイール・ナット、およびホイール・ボルトの損傷

走行中の落下事故を
防止するためのものです

そして、点検し整備した場合には、点検整備記録簿への記録が必要になります。具体的には、下の表にある項目を記録します。

表で覚える 点検整備記録簿への記載事項

- □ 点検の年月日
- □ 点検の結果
- □ 整備の概要
- □ 整備を完了した年月日
- □ その他国土交通省令で定める事項

記載の日から1年間保存

当該自動車に備え置く

点検すべき内容とあわせて、記録簿に記載する内容、保存期間などもしっかりと頭に入れておきましょう

 記録といえば、保存期間が重要でしたよね。この場合は……。

上の表でも記しましたが、事業用自動車の使用者は、当該自動車について定期点検整備をしたときは、遅滞なく、点検整備記録簿に点検の結果、整備の概要等所定事項を記載して、当該自動車に備え置き、その記載の日から1年間保存する、というのがルールです。

 試験対策として覚えておくべきポイントはどこですか？

まず、保存期間が1年間というのも重要ですし、「自動車に備え置く」という部分もポイントです。「営業所に備え置く」ではないのでくれぐれもご注意ください。

 保存期間だけでなく、保存する場所も重要なんですね！

問4・解説

自動車運送事業の用に供する自動車の点検（日常点検）は、使用者又はこれを運行する者が1日1回、その運行の開始前において実施しなければなりません。一方、定期点検は、3ヵ月毎の実施が定められています。

正解　A：2　B：1　C：1　D：2

143

5 整備管理者

重要度
☆☆☆

「整備管理者」の選任や業務、地方運輸局長による「解任命令」「整備命令」「使用停止命令」がポイントになります。

要チェックの条文はコレ！

【第五十条（整備管理者）】

自動車の使用者は、自動車の点検及び整備並びに自動車車庫の管理に関する事項を処理させるため、自動車の点検及び整備に関し特に専門的知識を必要とすると認められる<u>車両総重量八トン以上</u>の自動車その他の国土交通省令で定める自動車であって国土交通省令で定める台数以上のものの使用の本拠ごとに、自動車の点検及び整備に関する実務の経験その他について国土交通省令で定める一定の要件を備える者のうちから、<u>整備管理者</u>を<u>選任</u>しなければならない。

【第五十四条（整備命令等）】

<u>地方運輸局長</u>は、自動車が保安基準に適合しなくなるおそれがある状態又は適合しない状態にあるときは、当該自動車の<u>使用者</u>に対し、保安基準に適合しなくなるおそれをなくするため、又は保安基準に適合させるために必要な<u>整備</u>を行うべきことを<u>命ずる</u>ことができる。この場合において、地方運輸局長は、保安基準に適合しない状態にある当該自動車の使用者に対し、当該自動車が保安基準に適合するに至るまでの間の運行に関し、当該自動車の<u>使用の方法</u>又は<u>経路の制限</u>その他の保安上又は公害防止その他の環境保全上必要な<u>指示</u>をすることができる。

2　地方運輸局長は、自動車の使用者が前項の規定による命令又は指示に従わない場合において、当該自動車が保安基準に適合しない状態にあるときは、当該自動車の<u>使用を停止</u>することができる。

✓ 整備管理者と運行管理者の「業務」をしっかり区別する

 ここでは、「整備」に関連する事項について見ていきます。まず、事業用自動車を5両以上使用する事業者は、使用の本拠ごとに<u>整備管理者</u>を1名<u>選任</u>しなければならないと定められています。

 選任の人数は、自動車の台数によって変動しますか？

 いいえ。使用する自動車の台数に関わらず整備管理者は1名で問題ありません。そして、整備管理者を<u>選任</u>したときは、その日から<u>15日</u>以内に地方運輸局長に<u>届出</u>が必要です。<u>解任</u>したときも同様です。

 そもそも、整備管理者って、どんな業務をするんですか？

 整備管理者に与えなければならない権限は、次ページの表の通りです。ここでのポイントは、第1章で学習した運行管理者の業務（102〜103ペー

ジ）とごちゃ混ぜにしないことです。

とくに「日常点検の結果に基づき運行の可否を決定すること」と「自動車車庫を管理すること」は、整備管理者の業務であることをしっかり覚えてください。

表で覚える 整備管理者の権限とは？

> 使用者は整備管理者に対し、これらの職務の執行に必要な権限を与える必要があります

整備管理者の権限

1 日常点検の実施方法を定めること
2 日常点検の結果に基づき、運行の可否を決定すること
3 定期点検を実施すること
4 日常点検、定期点検のほか、随時必要な点検を実施すること
5 各点検の結果、必要な整備を実施すること
6 点検整備の実施計画を定めること
7 点検整備記録簿その他の点検、および整備に関する記録簿を管理すること
8 自動車車庫を管理すること
9 運転者、整備員その他の者を指導・監督すること

✓ 地方運輸局長による３つの「命令」

もう１つのポイントが、整備管理者には解任命令があることです。「地方運輸局長は、整備管理者が道路運送車両法やこれに基づく命令又はこれらに基づく処分に違反したときは、使用者に対し、整備管理者の解任を命ずることができる」と定められています。このこともしっかりと覚えておいてくださいね。

それって、地方運輸局長が使用者に対して、「違反した整備管理者を解任しなさい」と命令できるってことですか？

そうです。さらに、地方運輸局長は整備命令もくだします。具体的には、道路運送車両法では、「地方運輸局長は、自動車が保安基準に適合しなくなるおそれがある状態又は適合しない状態にあるときは、自動車の使用者に対し、必要な整備を行うべきことを命ずることができる」と定められています。

つまり、地方運輸局長が使用者に、「整備しなさい」と命令するってことですね。

145

はい。しかもそれだけではありません。整備命令がくだされた場合に、「地方運輸局長は、保安基準に適合しない状態にある自動車の使用者に対し、その自動車が保安基準に適合するに至るまでの間の運行に関し、その自動車の使用の方法又は経路の制限その他の保安上又は公害防止その他の環境保全上必要な指示をすることができる」ともされています。

つまり、この条文を要約すると、「地方運輸局長は使用者に、保安基準に適合するまでの間は、その自動車の経路を制限をしたり、指示をしたりすることができる」ってことですか？

その通りです。ここでは、間違えないでほしいのが、「経路の制限」であって、「使用の制限」ではない、ということです。実際に試験では、経路と使用の字句を入れ替えて出題されたりしますので、ご注意ください。

制限されるのは、使用ではなく「経路」ですね。しっかりインプットしておきます。

さらに、「整備しなさい！」という地方運輸局長の命令に、使用者が従わないときには、その自動車の使用停止も命令できます。これを自動車の使用停止命令といいます。条文では、「地方運輸局長は、自動車の使用者がこの命令又は指示に従わない場合において、当該自動車が保安基準に適合しない状態にあるときは、その自動車の使用を停止することを命ずることができる」となっています。

うわっ！　厳しいですね。

それだけではありません。使用停止命令を受けた使用者は、自動車検査証を国土交通大臣に返納し、自動車の所有者は、遅滞なく、自動車登録番号標と封印を取り外し、自動車登録番号標について国土交通大臣の領置（任意で提出させた物を取得する処分）を受けなければなりません。

えっと、使用者は自動車検査証を返納し、所有者は自動車登録番号標と封印を取り外し、自動車登録番号標は国土交通大臣の領置を受けるんですね。主語を入れ替えて覚えないようにしないと！

このセクションでは、地方運輸局長による命令がいくつか出てきました。それらをまとめたのが次ページの表です。この表でしっかりおさらいをして、確実に覚えるようにしましょう。

こうやってまとめてもらえると、頭の整理になります！

表で覚える 地方運輸局長による使用者への「命令」

解任命令	整備管理者が道路運送車両法やこれに基づく命令、またはこれらに基づく処分に違反したときは、使用者に対し、整備管理者の解任を命ずる
整備命令	自動車が保安基準に適合しなくなるおそれがある状態、または適合しない状態にあるときは、自動車の使用者に対し、必要な整備を行うべきことを命ずる
	保安基準に適合しない状態にある自動車の使用者に対し、その自動車が保安基準に適合するに至るまでの間の運行に関し、その自動車の使用の方法、または経路の制限、その他の保安上または公害防止、その他の環境保全上必要な指示をする
使用停止命令	自動車の使用者がこの命令、または指示に従わない場合で、当該自動車が保安基準に適合しない状態にあるときは、その自動車の使用を停止することを命ずる
	自動車の使用停止命令を受けた自動車の使用者は、自動車検査証を国土交通大臣に返納し、自動車の所有者は、遅滞なく自動車登録番号標と封印を取り外し、自動車登録番号標について国土交通大臣の領置を受けなければならない

最後に、実際の試験で問われる内容も見ていきましょう。

📝 試験ではこう出る！

問. 次の文中の空欄に入るべき字句を選択肢から選びなさい。

地方運輸局長は、自動車の ＿＿＿＿＿＿ が道路運送車両法第 54 条（整備命令等）の規定による命令又は指示に従わない場合において、当該自動車が道路運送車両の保安基準に適合しない状態にあるときは、当該自動車の使用を停止することができる。

選択肢：1. 使用者　2. 所有者

えっと、使用者と所有者のどっちだったっけ……。

整備命令の場合は、地方運輸局長が自動車の「使用者」に対して命じます。ですから正解は 1 です。穴埋め問題では、「使用者」と「所有者」の主語の部分がよく問われますので、区別しておきましょう。

問 5・解説

地方運輸局長は、自動車が保安基準に適合しなくなるおそれがある状態、または適合しない状態にあるときは、使用者に対し、必要な整備を行うべきことを命ずることができます。また、保安基準に適合しない状態にある当該自動車の使用者に対し、当該自動車が保安基準に適合するに至るまでの間の運行に関し、使用の方法、経路の制限などを指示することができます。

正解　A：1　B：1　C：2

要チェックの条文はコレ！

【第四十六条（保安基準の原則）】
自動車の構造及び自動車の装置に係る保安上又は<u>公害防止</u>その他の環境保全上の
技術基準（以下「保安基準」という。）は、道路運送車両の構造及び装置が<u>運行</u>
に十分堪え、操縦その他の使用のための作業に安全であるとともに、通行人その
他に<u>危害</u>を与えないことを確保するものでなければならず、かつ、これにより製
作者又は使用者に対し、自動車の製作又は使用について不当な制限を課すること
となるものであってはならない。

✓ まずは代表的な用語の「定義」をチェック！

保安基準とは、上の条文にあるように、「自動車の構造及び自動車の装置に
係る保安上又は<u>公害防止</u>その他の環境保全上の技術基準」のことです。つ
まり、それぞれの構造や装置に「基準」が定められているわけです。

どんな基準があるんですか？

基準を解説する前に、代表的な用語の「定義」から見ていきましょう。実
際の試験でも「緊急自動車」や「空車状態」などの用語の定義を問う形式
で出題されたこともあります。

表で覚える 用語の定義

緊急自動車	消防自動車、警察自動車、保存血液を販売する医薬品販売業者が保存血液の緊急輸送のため使用する自動車、救急自動車、公共用応急作業自動車などの自動車、および国土交通大臣が定めるその他の緊急の用に供する自動車
空車状態	道路運送車両が、原動機および燃料装置に燃料、潤滑油、冷却水などの全量を搭載し、および当該車両の目的とする用途に必要な固定的な設備を設けるなど、運行に必要な装備をした状態
けん引自動車	もっぱら被けん引自動車をけん引することを目的とするか否かにかかわらず、被けん引自動車をけん引する目的に適合した構造、および装置を有する自動車
被けん引自動車	自動車によりけん引されることを目的とし、その目的に適合した構造、および装置を有する自動車
セミトレーラ	前車軸を有しない被けん引自動車であって、その一部がけん引自動車に載せられ、かつ当該被けん引自動車、およびその積載物の重量の相当部分がけん引自動車によって支えられる構造のもの

✔ 試験攻略のカギは、各項目の「数字」！

さて、ここからは、このセクションのテーマである保安基準について、代表的なものを確認していきましょう。まず「自動車の構造」からです。下の表に挙げたような基準があります。

表で覚える 保安基準①〜自動車の構造〜

長さ・幅・高さ	自動車の長さは12メートル（セミトレーラのうち告示で定めるものにあっては、13メートル）幅2.5メートル、高さ3.8メートルを超えてはならない
輪荷重	自動車の輪荷重は、5トンを超えてはならない
軸重	自動車の軸重は、10トン（けん引自動車のうち告示で定めるものにあっては、11.5トン）を超えてはならない
車体	自動車（大型特殊自動車、小型特殊自動車を除く）の車体の外形その他自動車の形状については、鋭い突起がないこと、回転部分が突出していないことなど、他の交通の安全を妨げるおそれがないものとして、告示で定める基準に適合するものでなければならない
	貨物の運送の用に供する自動車の車体後面には、最大積載量（タンク自動車にあっては、最大積載量、最大積載容積、および積載物品名）を表示しなければならない

数字を覚えるところが多そうですね。

その通りです。とくに一番上の長さ・幅・高さについては過去の試験で何度も数字の入れ替え問題が出されていますので、ご注意ください。

次に、「窓ガラス」について見ていきましょう。

窓ガラスにも基準があって、「可視光線の透過率70%以上であることが確保できるものでなければならない」と定められています。試験では「70%」の数字を入れ替えた問題がしばしば出されますので、ご注意ください。

表で覚える 保安基準②〜窓ガラス〜

窓ガラス	自動車の前面ガラス、および側面ガラス（告示で定める部分を除く）は、フィルムが貼り付けられた場合、当該フィルムが貼り付けられた状態においても、透明であり、かつ運転者が交通状況を確認するために必要な視野の範囲にかかわる部分における可視光線の透過率が70%以上であることが確保できるものでなければならない
	窓ガラスには、次に掲げるもの以外のものが装着され、貼り付けられ、塗装され、または刻印されていてはならない ● 整備命令標章　● 臨時検査合格標章　● 検査標章 ● 保安基準適合標章（中央点線のところから2つ折りとしたものに限る） ● 保険標章、共済標章、または保険・共済除外標章 ● 故障車両標章

窓ガラスについては、透過率以外にも、「規定されたもの以外の貼付け禁止！」というのも定められているんですね。

自動車の窓ガラスですから、事故などの防止のためには、視野を妨げないことが重要ですからね。次に「装備器材関係」を見ていきます。

表で覚える 保安基準③〜装備器材関係〜

後部反射器	自動車の後面には、夜間にその後方150メートルの距離から走行用前照灯で照射した場合に、その反射光を照射位置から確認できる赤色の後部反射器を備えなければならない
大型後部反射器	貨物の運送の用に供する普通自動車であって車両総重量が7トン以上のものの後面には、所定の後部反射器を備えるほか、反射光の色、明るさなどに関し告示で定める基準に適合する大型後部反射器を備えなければならない
非常信号用具	自動車に備えなければならない非常信号用具は、夜間200メートルの距離から確認できる赤色の灯光を発するものでなければならない
停止表示器材	停止表示器材は、夜間200メートルの距離から走行用前照灯で照射した場合にその反射光を照射位置から確認できるものであることなど、告示で定める基準に適合するものでなければならない
警音器	自動車（被けん引自動車を除く）には、警音器の警報音発生装置の音が、連続するものであり、かつ音の大きさ、および音色が一定なものである警音器を備えなければならない
消火器	火薬類（省令に掲げる数量以下のものを除く）を運送する自動車、指定数量以上の高圧ガス（可燃性ガス、および酸素に限る）を運送する自動車、および危険物の規制に関する政令に掲げる指定数量以上の危険物を運送する自動車には、消火器を備えなければならない（被けん引自動車の場合を除く）
方向指示器	自動車に備えなければならない方向指示器は、毎分60回以上120回以下の一定の周期で点滅するものでなければならない
後写鏡	自動車に備えなければならない後写鏡は、取付部付近の自動車の最外側より突出している部分の最下部が地上1.8メートル以下のものは、当該部分が歩行者などに接触した場合に衝撃を緩衝できる構造でなければならない

ここでも、いろんな数字が出てきますね……。

そうですね。装備器材関係でも、「夜間〇メートル」などの数字がポイントになります。上の表で赤字になっている数字は暗記必須です。

また、内容についてのポイントは、まず、「車両総重量が7トン以上の自動車」には、大型後部反射器が必要だということ。

それと、後写鏡については、「地上 1.8 メートル以下のものは当該部分が歩行者などに接触した場合に衝撃を緩衝できる構造でなければならない」ということ。試験では「1.8 メートル」部分の数字を入れ替えて出題されたりしますので、ご注意ください。

そのほか、「後部反射器」「非常信号用具」は、<u>赤色</u>ということも押さえておきましょう。

 灯光の色にまで基準があるんですね！

 はい。ほかにも赤色と定められている代表的なものには、「尾灯」「後面駐車灯」「制動灯」があります。
一方、「走行用前照灯」と「後退灯」の色は<u>白色</u>です。あわせて覚えておいてください。

図で覚える **灯光の色**

非常信号用具、後部反射器、尾灯、後面駐車灯、制動灯

走行用前照灯、後退灯

「告示で定める基準に適合するもの」という表現にも慣れておきましょう

 最後に「装置関係」の保安基準について見ていきます。ここでも、チェックするポイントは「数字」です。
たとえば、次ページの表の一番上の「原動機及び動力伝達装置」のところを見てください。
貨物の運送の用に供する普通自動車であって、車両総重量が<u>8 トン</u>以上、または最大積載量が<u>5 トン</u>以上のものの原動機は、<u>速度抑制装置</u>を備えなければならないとされていることが、まず1つ。もう1つが、その速度抑制装置は、自動車が時速 <u>90 キロメートル</u>を超えて走行しないよう、燃料の供給を調整し、かつ自動車速度の制御を円滑に行うことができるものとして、告示で定められている基準に適合しなければならない、ということです。今出てきた3つの数字は、覚える必要があります。

 うわっ！　この3つを全部覚えるんですか？

 はい、もちろんです。実際の試験では、これら3つの数字を別のものに入れ替えて出題されたりしますので、ご注意ください。

 わかりました。ほかにもポイントはありますか？

 あとは、「走行装置」の箇所にある「自動車（二輪自動車などを除く）の空気入ゴムタイヤの接地部」のところですね。滑り止めの溝の深さについて、<u>1.6 ミリメートル</u>と書かれていますが、これを別の数字と入れ替えて出題されたりします。ご注意ください。

 わかりました！

原動機 及び 動力伝達 装置	車両総重量が8トン以上、または最大積載量が5トン以上の貨物自動車、被けん引自動車をけん引するけん引自動車の原動機は、速度抑制装置を備えなければならない ※最高速度が時速90キロメートル以下の自動車、緊急自動車、および被けん引自動車を除く
	速度抑制装置は、自動車が時速90キロメートルを超えて走行しないよう燃料の供給を調整し、かつ自動車の速度の制御を円滑に行うことができるものとして、速度制御性能等に関し、告示で定める基準に適合するものでなければならない
走行装置	自動車の走行装置（空気入ゴムタイヤを除く）は、堅ろうで、安全な運行を確保できるものとして強度等に関し、告示で定める基準に適合するものでなければならない
	自動車（二輪自動車などを除く）の空気入ゴムタイヤの接地部は、滑り止めを施したものであり、滑り止めの溝は、空気入ゴムタイヤの接地部の全幅にわたり滑り止めのために施されている凹部（サイピング、プラットフォーム、およびウエア・インジケータの部分を除く）のいずれの部分においても、1.6ミリメートル以上の深さを有すること
衝突被害 軽減制動 制御装置	貨物の運送の用に供する普通自動車であって、車両総重量が8トンを超えるものには、衝突被害軽減制動制御装置を備えなければならない
	第5輪荷重を有するけん引自動車であって、車両総重量が13トンを超えるものには、衝突被害軽減制動制御装置を備えなければならない
巻込防止 装置	貨物の運送の用に供する普通自動車、および車両総重量が8トン以上の普通自動車（乗車定員11人以上の自動車、およびその形状が乗車定員11人以上の自動車の形状に類する自動車を除く）の両側面には、堅ろうであり、かつ歩行者、自転車の乗車人員などが当該自動車の後車輪へ巻き込まれることを有効に防止することができるものとして、強度、形状などに関し、告示で定める基準に適合する巻込防止装置を備えなければならない ※ただし、告示で定める構造の自動車にあっては、この限りでない
突入防止 装置	自動車（法令に規定する自動車を除く）の後面には、ほかの自動車が追突した場合に、追突した自動車の車体前部が突入することを有効に防止することができるものとして、強度、形状などに関し、告示で定める基準に適合する突入防止装置を備えなければならない ※ただし、告示で定める構造の自動車にあっては、この限りでない
騒音防止 装置	自動車（被けん引自動車を除く）は、騒音を著しく発しないものとして、構造、騒音の大きさなどに関し、告示で定める基準に適合するものでなければならない
	内燃機関を原動機とする自動車には、騒音の発生を有効に抑止することができるものとして、構造、騒音防止性能などに関し、告示で定める基準に適合する消音器を備えなければならない
車両接近 通報装置	電力により作動する原動機を有する自動車（法令に規定する自動車を除く）には、当該自動車の接近を歩行者などに通報するものとして、機能、性能などに関し、告示で定める基準に適合する車両接近通報装置を備えなければならない ※ただし、走行中に内燃機関が常に作動する自動車にあっては、この限りでない

以上が、押さえておきたい主な保安基準です。

 たくさんの項目がありましたけど、これって全部、覚えなくちゃいけないんですよね……。

 いえいえ、ここでの試験対策は、すべて網羅するよりも、「代表的なものを押さえておく」です。実際、試験では、道路運送車両法からは、4問程度しか出題されず、保安基準に関する問題は、そのうちの1問だけというのがよくあります。その1問のために費やす労力は、「ここで取り上げた代表的な保安基準をまずしっかりインプットする」くらいで丁度いいのです。

 了解です。代表的なところから覚えていきます！

 では最後に、実際の試験問題をチェックしておきましょう。

 試験ではこう出る！

問. 自動車は、告示で定める方法により測定した場合において、長さ（セミトレーラにあっては、連結装置中心から当該セミトレーラの後端までの水平距離）12メートル、幅 2.5メートル、高さ 4.1メートルを超えてはならない。○か×か。

 自動車の長さ・幅・高さの保安基準のところですね。えっと、自動車の長さ・幅・高さに関しての基準は、長さ 12メートル（セミトレーラのうち告示で定めるものにあっては、13メートル）、幅 2.5メートル、高さ 3.8メートルだから、高さが違うな……。なので、答えは×ですね。

 はい。正解です。保安基準には、覚えるべき数字がいくつもあり、だからこそ試験では、数字を入れ替えた問題が出題されやすいのです。なので、ここで取り上げた各基準の、とくに数字をしっかり覚えるようにしてくださいね。

 わかりました！

問6・解説

4について、車両総重量が8トン以上又は最大積載量が5トン以上のものの原動機の場合、速度抑制装置を備えなければいけませんが、それは、「時速 100キロメートル」ではなく、時速 90キロメートルを超えて走行しないように燃料の供給を調整できるもの、となります。

正解　4

一問一答・チャレンジ問題！

この章で学んだ内容を一問一答形式で確認していきましょう。正しいものには○、誤っているものには×をつけていってください。解けなかった問題などには□にチェックを入れ、あとで見直しましょう。

重要度：★★＞★＞無印

□□ **1** ★ 道路運送車両法に規定する自動車の種別は、自動車の大きさ及び構造並びに原動機の種類及び総排気量又は定格出力を基準として定められ、その別は、普通自動車、小型自動車、軽自動車、大型特殊自動車、小型特殊自動車である。

□□ **2** ★★ 臨時運行の許可を受けた者は、臨時運行許可証の有効期間が満了したときは、その日から15日以内に、当該臨時運行許可証及び臨時運行許可番号標を行政庁に返納しなければならない。

□□ **3** ★★ 登録自動車について所有者の変更があったときは、新所有者は、その事由があった日から15日以内に、国土交通大臣の行う移転登録の申請をしなければならない。

□□ **4** 何人も、国土交通大臣若しくは封印取付受託者が取付けをした封印又はこれらの者が封印の取付けをした自動車登録番号標は、これを取り外してはならない。ただし、整備のため特に必要があるときその他の国土交通省令で定めるやむを得ない事由に該当するときは、この限りでない。

□□ **5** ★★ 自動車の使用者は、自動車の長さ、幅又は高さを変更したときは、道路運送車両法で定める場合を除き、その事由があった日から30日以内に、当該事項の変更について、国土交通大臣が行う自動車検査証の変更記録を受けなければならない。

□□ **6** ★ 国土交通大臣の行う自動車（検査対象外軽自動車及び小型特殊自動車を除く。以下同じ。）の検査は、新規検査、継続検査、臨時検査、構造等変更検査及び予備検査の5種類である。

□□ **7** ★★ 自動車運送事業の用に供する自動車は、自動車検査証を当該自動車又は当該自動車の所属する営業所に備付けしなければ、運行の用に供してはならない。

□□ **8** ★ 自動車は、国土交通大臣の行う検査を受け、有効な自動車検査証の交付を受けているものでなければ、これを運行の用に供してはならない。

解説と解答

道路運送車両法の分野での頻出テーマは、自動車の「登録」や「検査」のルール、そして自動車の構造や装置に関連する「保安基準」です。この一問一答で、それらの知識がどれだけ頭に入ったかをチェックしていきましょう。

「道路運送車両法」に規定する自動車の種別は、<u>普通自動車</u>、<u>小型自動車</u>、<u>軽自動車</u>、<u>大型特殊自動車</u>、<u>小型特殊自動車</u>の5種類です。一方、「道路交通法」（第3章を参照）での区分は、大型自動車、中型自動車、準中型自動車、普通自動車、大型特殊自動車、大型自動二輪車、普通自動二輪車及び小型特殊自動車になります。 〇

（**1** 参照）

<u>臨時運行許可証</u>の有効期間が満了したときは、その日から<u>5日</u>以内に、当該臨時運行許可証及び臨時運行許可番号標を行政庁に返納する必要があり、「15日」ではありません。 ✕

（**2** 参照）

<u>所有者の変更</u>があったときは、設問の通りに新所有者は、その事由があった日から<u>15日</u>以内に、<u>移転登録</u>の申請をする必要があります。「変更登録」ではないのでご注意ください。 〇

（**2** 参照）

設問の通りに原則として、取付けをした封印、または封印の取付けをした自動車登録番号標は<u>取外し禁止</u>です。しかし、<u>例外</u>として、整備などのやむを得ない事由に該当するときには、取り外すことが認められます。 〇

（**2** 参照）

自動車の長さ、幅又は高さを<u>変更</u>したときは、その事由があった日から<u>15日</u>以内に国土交通大臣が行う自動車検査証の<u>変更記録</u>を受ける必要があります。「30日以内」ではないのでご注意ください。 ✕

（**3** 参照）

国土交通大臣の行う自動車の検査は、設問で挙げている<u>5種類</u>です。この「5」という数字は自動車の種別（問1参照）と同じなので、あわせて覚えるとよいでしょう。 〇

（**3** 参照）

自動車検査証は、「営業所」ではなく、<u>当該自動車</u>に備付けしなければ、自動車運送事業の用に供する自動車を、運行の用に供することはできません。 ✕

（**3** 参照）

<u>自動車検査証</u>は、国土交通大臣の行う検査を受けた証になります。 （**3** 参照） 〇

☐☐ **9** ★ 自動車に表示されている検査標章には、当該自動車の自動車検査証の有効期間の起算日が表示されている。

☐☐ **10** 自動車の使用者は、自動車検査証又は検査標章が滅失し、毀損し、又はその識別が困難となった場合には、その再交付を受けることができる。

☐☐ **11** ★★ 自動車は、指定自動車整備事業者が継続検査の際に交付した有効な保安基準適合標章を表示しているときは、自動車検査証を備付けしていなくても、運行の用に供することができる。

☐☐ **12** ★ 車両総重量8トン以上の自動車の使用者は、スペアタイヤの取付状態等について、1ヵ月ごとに国土交通省令で定める技術上の基準により自動車を点検しなければならない。

☐☐ **13** 登録自動車の所有者は、当該自動車の使用者が道路運送車両法の規定により自動車の使用の停止を命ぜられ、同法の規定により自動車検査証を返納したときは、遅滞なく、当該自動車登録番号標及び封印を取り外し、自動車登録番号標について国土交通大臣の領置を受けなければならない。

☐☐ **14** ★★ 自動車に備えなければならない後写鏡は、取付部付近の自動車の最外側より突出している部分の最下部が地上2.0メートル以下のものは、当該部分が歩行者等に接触した場合に衝撃を緩衝できる構造でなければならない。

☐☐ **15** ★★ 自動車の前面ガラス及び側面ガラス（告示で定める部分を除く。）は、フィルムが貼り付けられた場合、当該フィルムが貼り付けられた状態においても、透明であり、かつ、運転者が交通状況を確認するために必要な視野の範囲に係る部分における可視光線の透過率が60%以上であることが確保できるものでなければならない。

☐☐ **16** ★★ 自動車の後面には、夜間にその後方150メートルの距離から走行用前照灯で照射した場合に、その反射光を照射位置から確認できる赤色の後部反射器を備えなければならない。

☐☐ **17** ★★ 自動車に備えなければならない非常信号用具は、夜間200メートルの距離から確認できる赤色の灯光を発するものでなければならない。

☐☐ **18** ★ 電力により作動する原動機を有する自動車（法令に規定する自動車を除く）には、当該自動車の接近を歩行者などに通報するものとして、機能、性能などに関し、告示で定める基準に適合する車両接近通報装置を備えなければならない。

検査標章に表示されているのは、当該自動車の自動車検査証の有効期間の満了する日であり、「起算日」ではありません。　　　　　　　　（**3** 参照）　　✕

自動車検査証、又は検査標章が滅失し、毀損し、又はその識別が困難となった場合には、再交付が受けられます。なお、検査標章は、自動車検査証がその効力を失ったときなどは、当該自動車に表示できません。　　　　　（**3** 参照）　　○

自動車を運行の用に供するには、原則として自動車検査証を備付けすることが求められています。ただし例外として、指定自動車整備事業者が継続検査の際に交付した有効な保安基準適合標章を表示しているときは、自動車検査証を備付けしていなくても、自動車を運行の用に供することができます。　（**3** 参照）　　○

車両総重量8トン以上の自動車のスペアタイヤの取付状態等については、「1ヵ月ごと」ではなく3ヵ月ごとに国土交通省令で定める技術上の基準により自動車を点検する必要があります。　　　　　　　　　　　　　　　（**4** 参照）　　✕

自動車の使用停止命令により自動車検査証を返納したときは、遅滞なく、当該自動車登録番号標及び封印を取り外し、自動車登録番号標について国土交通大臣の領置を受ける必要があります。　　　　　　　　　　　　（**5** 参照）　　○

後写鏡において、突出している部分が歩行者等に接触した場合に衝撃を緩衝できる構造であることが求められるのは、当該部分の最下部が地上「2.0メートル以下」ではなく、1.8メートル以下の場合です。　　　　　　（**6** 参照）　　✕

フィルムを自動車の前面ガラス及び側面ガラスに貼り付けた場合、その状態にあって可視光線の透過率が「60％以上」ではなく、70％以上であることが確保できるものでなければいけません。　　　　　　　　　　　（**6** 参照）　　✕

後部反射器に関する保安基準は設問の通りです。試験では、夜間に走行用前照灯で照射する位置に関して、後方「200メートル」の距離という誤った字句になっていることがあります。正しくは後方150メートルの距離です。　（**6** 参照）　　○

非常信号用具の確認できる距離は、200メートルです。試験では「150メートル」という誤った字句が入っていることもあるのでご注意ください。　（**6** 参照）　　○

本問は車両接近通報装置の説明として正しいです。なお、走行中に内燃機関が常に作動する自動車にあっては、この限りではありません。　　　（**6** 参照）　　○

「若しくは・又は」や「及び・並びに」の違いは、小さいか、大きいか

　法律文などでよく出てくる「若しくは・又は」と「及び・並びに」の言葉。それぞれ似ている言葉ですが、条文中では使い分けられています。

　「若しくは・又は」は、簡単にいえば、2つのもののうちどちらかを選択する場合に用いられる接続詞です。選択させるものが2段階になっている場合、**大きいくくり**には「又は」が、それより**小さいくくり**には「若しくは」が使われます。

図で覚える 「若しくは」と「又は」はどう違う？

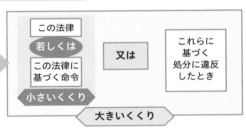

例

国土交通大臣は、運行管理者資格者証の交付を受けている者がこの法律若しくはこの法律に基づく命令又はこれらに基づく処分に違反したときは、その運行管理者資格者証の返納を命ずることができる。

　「及び・並びに」はあるものを指す接続で、そして、**大きい接続のくくり**には「並びに」が、**小さい接続のくくり**には「及び」が使われます。

　これらの使い分けがしっかりできるようにしましょう。

図で覚える 「及び」と「並びに」はどう違う？

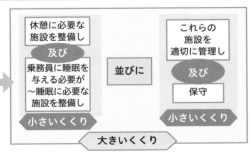

例

貨物自動車運送事業者は、運転者及び事業用自動車の運転の補助に従事する従業員が有効に利用することができるように、①休憩に必要な施設を整備し及び②乗務員に睡眠を与える必要がある場合にあっては睡眠に必要な施設を整備し、並びに③これらの施設を適切に管理し、及び④保守しなければならない。

道路交通法関係

本章では主に「道路交通法」について学習します。いわゆる「交通ルール」を問われる分野ですが、これまでの経験と知識をベースに広く浅く学んでいくのが、この分野での高得点への最短の道！ 本書で扱っている内容は確実に覚えていってください。

☐☐ **問1**　　　　　　　　　　　　　　　　　　　問題の解説は**p.173**へGO！

道路交通法に定める用語の意義についての次の記述のうち、【誤っているもの
を1つ】選びなさい。なお、解答にあたっては、各選択肢に記載されている事
項以外は考慮しないものとする。

> 1．本線車道とは、車両が道路の定められた部分を通行すべきことが道路標
>   示により示されている場合における当該道路標示により示されている
>   道路の部分をいう。
> 2．道路交通法の規定の適用については、身体障害者用の車、小児用の車又
>   は歩行補助車等を通行させている者は、歩行者とする。
> 3．駐車とは、車両等が客待ち、荷待ち、貨物の積卸し、故障その他の理由
>   により継続的に停止すること（貨物の積卸しのための停止で5分を超
>   えない時間内のもの及び人の乗降のための停止を除く。）、又は車両等が
>   停止（特定自動運行中の停止を除く。）をし、かつ、当該車両等の運転
>   をする者がその車両等を離れて直ちに運転することができない状態に
>   あることをいう。
> 4．進行妨害とは、車両等が、進行を継続し、又は始めた場合においては危
>   険を防止するため他の車両等がその速度又は方向を急に変更しなけれ
>   ばならないこととなるおそれがあるときに、その進行を継続し、又は始
>   めることをいう。

☐☐ **問2**　　　　　　　　　　　　　　　　　　　問題の解説は**p.177**へGO！

道路交通法に定める第一種免許の自動車免許の自動車の種類等について、次の
記述のうち、【正しいものを2つ】選びなさい。なお、解答にあたっては、各
選択肢に記載されている事項以外は考慮しないものとする。

> 1．大型免許を受けた者であって、19歳以上かつ普通免許を受けていた期
>   間（当該免許の効力が停止されていた期間を除く。）が通算して1年以上
>   のものであって、特別な教習を修了したものは、車両総重量が11,000
>   キログラム以上のもの、最大積載量が6,500キログラム以上のもの又
>   は乗車定員が30人以上の大型自動車を運転することができる。
> 2．準中型免許を受けた者であって、19歳以上かつ普通免許を受けていた期

間（当該免許の効力が停止されていた期間を除く。）が通算して 1 年以上のものであって、特別な教習を修了したものは、車両総重量が 7,500 キログラム以上 11,000 キログラム未満のもの、最大積載量が 4,500 キログラム以上 6,500 キログラム未満の準中型自動車を運転することができる。

3．運転免許証の有効期間の更新期間は、道路交通法第 101 条の 2 第 1 項に規定する場合を除き、更新を受けようとする者の当該免許証の有効期間が満了する日の直前のその者の誕生日の 1 ヵ月前から当該免許証の有効期間が満了する日までの間である。

4．普通自動車免許を令和 3 年 4 月 10 日に初めて取得し、その後令和 4 年 5 月 21 日に準中型免許を取得したが、令和 4 年 8 月 25 日に準中型自動車を運転する場合、初心運転者標識の表示義務はない。

☐☐ **問3**

問題の解説は**p.179**へGO！

道路交通法に定める自動車の法定速度についての次の記述のうち、【誤っているものを 1 つ】選びなさい。なお、解答にあたっては、各選択肢に記載されている事項以外は考慮しないものとする。

1．貨物自動車運送事業の用に供する車両総重量 5,995 キログラムの自動車の最高速度は、道路標識等により最高速度が指定されていない片側一車線の一般道路においては、時速 60 キロメートルである。

2．貨物自動車運送事業の用に供する車両総重量 7,520 キログラムの自動車は、法令の規定によりその速度を減ずる場合及び危険を防止するためやむを得ない場合を除き、道路標識等により自動車の最低速度が指定されていない区間の高速自動車国道の本線車道（政令で定めるものを除く。）における最低速度は、時速 50 キロメートルである。

3．貨物自動車運送事業の用に供する車両総重量 7,950 キログラム、最大積載量 4,500 キログラムであって乗車定員 2 名の自動車の最高速度は、道路標識等により最高速度が指定されていない高速自動車国道の本線車道（政令で定めるものを除く。）においては、時速 80 キロメートルである。

4．貨物自動車運送事業の用に供する車両総重量が 4,995 キログラムの自動車が、故障した車両総重量 1,500 キログラムの普通自動車をロープでけん引する場合の最高速度は、道路標識等により最高速度が指定されていない一般道路においては、時速 40 キロメートルである。

大型貨物自動車の過積載（車両に積載をする積載物の重量が法令による制限に係る重量を超える場合における当該積載。以下同じ。）に関する次の記述のうち、【誤っているものを1つ】選びなさい。

1. 警察官は、積載物の重量の制限を超える積載をしていると認められる自動車が運転されているときは、当該自動車を停止させ、並びに当該自動車の運転者に対し、自動車検査証その他政令で定める書類の提示を求め、及び当該自動車の積載物の重量を測定することができる。

2. 警察官は、過積載をしている自動車の運転者に対し、当該自動車に係る積載が過積載とならないようにするため必要な応急の措置をとることを命ずることができる。

3. 荷主は、自動車の運転者に対し、当該自動車への積載が過積載となるとの情報を知りながら、積載重量等の制限に係る重量を超える積載物を当該自動車に積載させるため、当該積載物を引き渡す行為をしてはならない。

4. 公安委員会は、荷主が自動車の運転者に対し、過積載をして自動車を運転することを要求するという違反行為を行った場合において、当該荷主が当該違反行為を反復して行うおそれがあると認めるときは、内閣府令で定めるところにより、当該自動車の使用者に対し、当該違反行為に係る運送の引き受けをしてはならない旨を勧告することができる。

車両等の運転者の遵守事項に関する次の記述のうち、【誤っているものを1つ】選びなさい。

1. 車両等の運転者は、身体障害者用の車が通行しているとき、目が見えない者が道路交通法に基づく政令（以下「政令」という。）で定めるつえを携え、若しくは政令で定める盲導犬を連れて通行しているとき、耳が聞こえない者若しくは政令で定める程度の身体の障害のある者が政令で定めるつえを携えて通行しているときは、一時停止し、又は徐行して、その通行又は歩行を妨げないようにしなければならない。

2. 車両等の運転者は、乗降口のドアを閉じ、貨物の積載を確実に行う等当該車両等に乗車している者の転落又は積載している物の転落若しくは飛散を防ぐため必要な措置を講じなければならない。

3. 自動車（大型自動二輪車及び普通自動二輪車を除く。）の運転者は、政

令で定めるやむを得ない理由があるとき等を除き、座席ベルトを装着しない者を運転者席以外の乗車装置（当該乗車装置につき座席ベルトを備えなければならないこととされているものに限る。）に乗車させて自動車を運転してはならない。

4．車両等の運転者は、児童、幼児等の乗降のため、車両の保安基準に関する規定に定める非常点滅表示灯をつけて停車している通学通園バス（専ら小学校、幼稚園等に通う児童、幼児等を運送するために使用する自動車で政令で定めるものをいう。）の側方を通過するときは、できる限り安全な速度と方法で進行しなければならない。

□□ 問6

問題の解説は**p.193**へGO！

道路交通法に定める過労運転に係る車両の使用者に対する指示についての次の文中、Ａ、Ｂ、Ｃ、Ｄに入るべき字句としていずれか【正しいものを１つ】選びなさい。

車両の運転者が道路交通法第66条（過労運転等の禁止）の規定に違反して過労により［　Ａ　］ができないおそれがある状態で車両を運転する行為（以下「過労運転」という。）を当該車両の使用者（当該車両の運転者であるものを除く。）の業務に関してした場合において、当該過労運転に係る［　Ｂ　］が当該車両につき過労運転を防止するため必要な［　Ｃ　］を行っていると認められないときは、当該車両の使用の本拠の位置を管轄する公安委員会は、当該車両の使用者に対し、過労運転が行われることのないよう運転者に指導し又は助言することその他過労運転を防止するため［　Ｄ　］ことを指示することができる。

Ａ　1．運転の維持、継続　　　　　2．正常な運転
Ｂ　1．車両の使用者　　　　　　　2．車両の所有者
Ｃ　1．運行の管理　　　　　　　　2．労務の管理
Ｄ　1．必要な施設等を整備する　　2．必要な措置をとる

試験問題には４つの選択肢から選ぶものと、穴埋め形式の問題があります。穴埋め形式の問題でも法律の条文がベースになっているものがあるので、条文の理解は必須です

□□ 問7   問題の解説はp.195へGO!

道路交通法に定める合図等についての次の記述のうち、【正しいものを2つ】選びなさい。なお、解答にあたっては、各選択肢に記載されている事項以外は考慮しないものとする。

1. 停留所において乗客の乗降のため停車していた乗合自動車が発進するため進路を変更しようとして手又は方向指示器により合図をした場合においては、その後方にある車両は、その速度を急に変更しなければならないこととなる場合にあっても、当該合図をした乗合自動車の進路の変更を妨げてはならない。

2. 車両（自転車以外の軽車両を除く。以下同じ。）の運転者は、左折し、右折し、転回し、徐行し、停止し、後退し、又は同一方向に進行しながら進路を変えるときは、手、方向指示器又は灯火により合図をし、かつ、これらの行為が終わるまで当該合図を継続しなければならない。（環状交差点における場合を除く。）

3. 車両の運転者が同一方向に進行しながら進路を左方又は右方に変えるときの合図を行う時期は、その行為をしようとする地点から30メートル手前の地点に達したときである。

4. 車両の運転者が左折又は右折するときの合図を行う時期は、その行為をしようとする地点（交差点においてその行為をする場合にあっては、当該交差点の手前の側端）から30メートル手前の地点に達したときである。（環状交差点における場合を除く。）

□□ 問8   問題の解説はp.199へGO!

道路交通法に定める徐行及び一時停止についての次の記述のうち、【誤っているものを2つ】選びなさい。なお、解答にあたっては、各選択肢に記載されている事項以外は考慮しないものとする。

1. 交差点又はその附近において、緊急自動車が接近してきたときは、車両（緊急自動車を除く。）は、交差点を避け、かつ、道路の左側（一方通行となっている道路においてその左側に寄ることが緊急自動車の通行を妨げることとなる場合にあっては、道路の右側）に寄って一時停止しなければならない。

2. 車両等は、道路のまがりかど附近、上り坂の頂上附近又は勾配の急な上り坂及び下り坂を通行するときは、徐行しなければならない。

3. 車両等は、横断歩道等に接近する場合には、当該横断歩道等を通過する

際に当該横断歩道等によりその進路の前方を横断しようとする歩行者等がないことが明らかな場合を除き、当該横断歩道等の直前で停止することができるような速度で進行しなければならない。この場合において、横断歩道等によりその進路の前方を横断し、又は横断しようとする歩行者等があるときは、当該横断歩道等を徐行して通過しなければならない。

4．車両等は、環状交差点に入ろうとするときは、徐行しなければならない。

□□ **問9**　　　　　　　　　　　　　　　　　　　　　　問題の解説は**p.201**へGO！

道路交通法に定める車両通行帯についての次の文中、Ａ、Ｂ、Ｃに入るべき字句としていずれか【正しいものを1つ】選びなさい。

車両は、車両通行帯の設けられた道路においては、道路の左側端から数えて　　　Ａ　　　の車両通行帯を通行しなければならない。ただし、自動車（小型特殊自動車及び道路標識等によって指定された自動車を除く。）は、当該道路の左側部分（当該道路が一方通行となっているときは、当該道路）に　　　Ｂ　　　の車両通行帯が設けられているときは、政令で定めるところにより、その速度に応じ、その最も　　　Ｃ　　　の車両通行帯以外の車両通行帯を通行することができる。

Ａ　1．一番目　　　2．二番目
Ｂ　1．二以上　　　2．三以上
Ｃ　1．右側　　　　2．左側

正解できた問題でも、明確に○×がわかっていないものは、あいまいな部分がなくなるまでテキストを見直して理解しておきましょう！

165

道路交通法に定める追越し等についての次の記述のうち、【正しいものを2つ】選びなさい。なお、解答にあたっては、各選択肢に記載されている事項以外は考慮しないものとする。

1. 車両は、トンネル内の車両通行帯が設けられている道路の部分（道路標識等により追越しが禁止されているものを除く。）においては、他の車両を追い越すことができる。

2. 車両は、他の車両を追い越そうとするときは、その追い越されようとする車両（以下「前車」という。）の右側を通行しなければならない。ただし、前車が法令の規定により右折をするため道路の中央又は右側端に寄って通行しているときは、前車を追い越してはならない。

3. 車両は、法令の規定若しくは警察官の命令により、又は危険を防止するため、停止し、若しくは停止しようとして徐行している車両等に追いついたときは、その前方にある車両等の側方を通過して当該車両等の前方に割り込み、又はその前方を横切ってはならない。

4. 車両は、進路を変更した場合にその変更した後の進路と同一の進路を後方から進行してくる車両等の速度又は方向を急に変更させることとなるおそれがあるときは、速やかに進路を変更しなければならない。

条文から出される問題は、
耳慣れない言葉も多く
難しく感じるかもしれません。
でも、テキストを繰り返し読み、
問題を解いていくうちに理解が
深まっていきます。
あきらめずに頑張りましょう！

□□ 問11 問題の解説はp.209へGO！

道路交通法に定める交差点等における通行方法についての次の記述のうち、【誤っているものを1つ】選びなさい。なお、解答にあたっては、各選択肢に記載されている事項以外は考慮しないものとする。

1. 車両等（優先道路を通行している車両等を除く。）は、交通整理の行われていない交差点に入ろうとする場合において、交差道路が優先道路であるとき、又はその通行している道路の幅員よりも交差道路の幅員が明らかに広いものであるときは、その前方に出る前に必ず一時停止しなければならない。

2. 車両等は、交差点に入ろうとし、及び交差点内を通行するときは、当該交差点の状況に応じ、交差道路を通行する車両等、反対方向から進行してきて右折する車両等及び当該交差点又はその直近で道路を横断する歩行者に特に注意し、かつ、できる限り安全な速度と方法で進行しなければならない。

3. 車両は、左折するときは、あらかじめその前からできる限り道路の左側端に寄り、かつ、できる限り道路の左側端に沿って（道路標識等により通行すべき部分が指定されているときは、その指定された部分を通行して）徐行しなければならない。

4. 左折又は右折しようとする車両が、法令の規定により、それぞれ道路の左側端、中央又は右側端に寄ろうとして手又は方向指示器による合図をした場合においては、その後方にある車両は、その速度又は方向を急に変更しなければならないこととなる場合を除き、当該合図をした車両の進路の変更を妨げてはならない。

問題を読んだり、解いたりする際には、選択肢を読みながら、実際に運転している情景を思い描いてみましょう。それにより、何が正しく、何が間違っているかが見えてきて、正解を導き出せることもあります

道路交通法に定める停車及び駐車等についての次の記述のうち、【正しいものを２つ】選びなさい。なお、解答にあたっては、各選択肢に記載されている事項以外は考慮しないものとする。

1．車両は、交差点の側端又は道路のまがりかどから５メートル以内の道路の部分においては、法令の規定若しくは警察官の命令により、又は危険を防止するため一時停止する場合のほか、停車し、又は駐車してはならない。

2．車両は、人の乗降、貨物の積卸し、駐車又は自動車の格納若しくは修理のため道路外に設けられた施設又は場所の道路に接する自動車用の出入口から５メートル以内の道路の部分においては、駐車してはならない。

3．車両は、消防用機械器具の置場若しくは消防用防火水槽の側端又はこれらの道路に接する出入口から５メートル以内の道路の部分においては、駐車してはならない。

4．車両は、火災報知機から５メートル以内の道路の部分においては、駐車してはならない。

道路交通法の出題範囲は割と広いので、
１つひとつを深く学ぶよりも、
広く浅く学ぶことを意識するとよいでしょう。
次ページ・問13のように道路標識に関する
問題が出ることもあります

次に掲げる標識に関する次の記述のうち、【誤っているものを１つ】選びなさい。

1．車両は、８時から20時までの間は駐停車してはならない。

2．タイヤチェーンを取り付けていない車両は通行してはならない。

3．総重量5.5トンを超える車両は通行してはならない。

4．車両は、指定された方向以外の方向に進行してはならない。

最初は過去問をざっと「見る」だけで
ＯＫ！　どんな問題が出るかを把握
してから次ページ以降の解説を読む
ことで、理解が深まりますよ！

要チェックの条文はコレ！

【第一条（目的）】
この法律は、道路における**危険を防止**し、その他交通の**安全と円滑**を図り、及び
道路の交通に起因する**障害の防止**に資することを目的とする。

✓ 「目的」も「定義」も条文を覚えることが基本！

 この章では、道路交通法について学んでいきます。まず、目的条文（第一条）から確認していきましょう。<u>道路交通法の目的</u>は下図の3つです。

図で覚える 「道路交通法」の目的

目的 1	目的 2	目的 3
道路における <u>危険を防止</u>する	その他交通の <u>安全と円滑を図る</u>	道路の交通に起因する <u>障害の防止</u>に資する

 これまで見てきた法律と同じく、目的条文のまま出題されますか？

 はい。なので、短い文章ですし、すべて覚えておきましょう。
次に確認したいのが、第二条で定められている<u>道路交通法の定義</u>です。主なものをまとめたのが次ページと173ページの2つの表です。試験ではここに挙げている用語に対して、その定義が正しいか否かが問われます。

 この2つの表にある定義は、すべて暗記したほうがいいですか？

 はい。暗記しましょう。しかも、「正確に！」です。というのも、試験では、たとえば「本線車道」の用語のところに「車両通行帯」の定義が記載されている、といった形で出題されたりするからです。なので、「なんとなく」の暗記では試験対策として不十分なのです。

 これを全部覚えないといけないんですね。気合を入れないとな……。

 はい。でもまあ、ここは基本的に「覚えるだけ」のセクションなので、やみくもに覚えず、ここに挙げた用語を集中的に暗記していきましょう。

表で覚える **道路交通法の定義①〜道路関連〜**

道路	道路法に規定する道路、道路運送法に規定する自動車道、および一般交通の用に供するその他の場所
歩道	歩行者の通行の用に供するため縁石線、または柵、その他これに類する工作物によって区画された道路の部分
車道	車両の通行の用に供するため縁石線、もしくは柵、その他これに類する工作物、または道路標示によって区画された道路の部分
本線車道	高速自動車国道、または自動車専用道路の本線車線により構成する車道
車両通行帯	車両が道路の定められた部分を通行すべきことが道路標示により示されている場合における、当該道路標示により示されている道路の部分
自転車道	自転車の通行の用に供するため縁石線、または柵、その他これに類する工作物によって区画された車道の部分
路側帯	歩行者の通行の用に供し、または車道の効用を保つため、歩道の設けられていない道路、または道路の歩道の設けられていない側の路端寄りに設けられた帯状の道路の部分で、道路標示によって区画されたもの
横断歩道	道路標識、または道路標示により歩行者の横断の用に供するための場所であることが示されている道路の部分
交差点	十字路、丁字路その他2以上の道路が交わる場合における当該2以上の道路（歩道と車道の区別のある道路においては、車道）の交わる部分
安全地帯	路面電車に乗降する者、もしくは横断している歩行者の安全を図るため道路に設けられた島状の施設、または道路標識および道路標示により安全地帯であることが示されている道路の部分
車両	自動車、原動機付自転車、軽車両、およびトロリーバス
自動車	原動機を用い、かつレール、または架線によらないで運転し、または特定自動運行を行う車であって、原動機付自転車、軽車両、移動用小型車、身体障害者用の車、および遠隔操作型小型車、ならびに歩行補助車、乳母車その他の歩きながら用いる小型の車で政令で定めるもの以外のもの
軽車両	自転車、荷車、人や動物の力で他の車両に牽引され、レールによらないで運転する車。移動用小型車、身体障害者用の車、および歩行補助車等以外のもの
道路標識	道路の交通に関し、規制、または指示を表示する標示板
道路標示	道路の交通に関し、規制、または指示を表示する標示で、路面に描かれた道路鋲、ペイント、石などによる線、記号、または文字

前ページで挙げた「道路関連」の用語について、押さえておきたいものを解説していきましょう。まず1つ目が「路側帯」です。試験では、<u>歩行者の通行の用に供し</u>の部分を「歩行者及び自転車の通行の用に供し」と誤った字句と入れ替えて出題されたりしますので、ご注意ください。

 本来「歩行者」だけのところに「自転車」が加えられているんですね！

 なお、道路交通法では、「身体障害者用の車や歩行補助車、小児用の車などを通行させている者」も歩行者に含まれます。次に要注意なのが「車両」です。車両には<u>軽車両</u>も含まれることを押さえておいてくださいね。

 了解です。あと「道路標識」と「道路標示」というのは、言葉が似ていてまぎらわしいですけど、これも試験では狙われそうですね。

 いいところに目をつけましたね。まさにその通りで、この2つは定義を入れ替えて出題されることがあります。そこに引っかからないためには、下の図でしっかり両者の違いを意識付けることです！

図で覚える **道路標識と道路標示**

道路<u>標識</u>

道路<u>標示</u>

道路標識は、「案内」「警戒」「規制」「指示」「補助」の5種類に分類されます

 あっ！ 路面に描かれたほうが、道路標示なんですね！

 その通りです。続いて「運転関連」の用語です。次ページの表にある「駐車」のところを見てください。
試験では、<u>貨物の積卸しのための停止で5分を超えない時間内のもの</u>の部分が「荷待ちのための停止で5分を超えない時間内のもの」と誤った字句と入れ替えたり、「駐車」の定義が書かれたところに「停車」など別の用語を入れ替えたりといった形で出題されたりしますので、ご注意ください。

 はぁ〜。いろんな誤ったパターンがあるんですね。

表で覚える 道路交通法の定義②～運転関連～

駐車	車両などが、客待ち、荷待ち、貨物の積卸し、故障その他の理由により継続的に停止すること（貨物の積卸しのための停止で、5分を超えない時間内のもの、および人の乗降のための停止を除く）。または車両などが停止（特定自動運行中の停止を除く）し、かつ当該車両などの運転をする者がその車両などを離れて直ちに運転することができない状態にあること
停車	車両などが停止することで、駐車以外のもの
徐行	車両などが直ちに停止することができるような速度で進行すること
追越し	車両がほかの車両などに追い付いた場合において、その進路を変えてその追い付いた車両などの側方を通過し、かつ当該車両などの前方に出ること
進行妨害	車両などが進行を継続し、またははじめた場合においては、危険を防止するため、ほかの車両などがその速度または方向を急に変更しなければならないこととなるおそれがあるときに、その進行を継続し、またははじめること

 ここで、実際の問題も確認してみましょう。

📝 試験ではこう出る！

問. 停車とは、車両等が客待ち、荷待ち、貨物の積卸し、故障その他の理由により継続的に停止すること（貨物の積卸しのための停止で5分を超えない時間内のもの及び人の乗降のための停止を除く。）又は車両等が停止（特定自動運行中の停止を除く。）し、かつ、当該車両等の運転をする者がその車両等を離れて直ちに運転することができない状態にあることをいう。〇か×か。

 本当に定義の内容がそのまま出題されるんですね。えっと、ここに書かれた内容が停車の定義かというと……。あれ、違う？

 はい、その通りです。停車の定義は、「車両などが停止することで、駐車以外のものをいう」ですね。そして、この設問で書かれている定義は駐車のものですから、正解は×となります。

 やっぱり、このセクションを攻略するには、「それぞれの定義を正確に覚える！」が大前提って感じですね。

問1・解説

1は、「本線車道」ではなく、車両通行帯の記述です。本線車道の定義は、「高速自動車国道、または自動車専用道路の本線車線により構成する車道」となります。

正解　1

2 自動車の種類と運転免許

重要度
☆☆☆

自動車の種類とその運転に必要な免許の種類はセットで覚え、
免許の更新・停止・取消し等のルールも理解しましょう。

要チェックの条文はコレ！

【第三条（自動車の種類）】
自動車は、内閣府令で定める車体の大きさ及び構造並びに原動機の大きさを基準
として、**大型**自動車、**中型**自動車、**準中型**自動車、**普通**自動車、**大型特殊**自動
車、大型自動二輪車、普通自動二輪車及び小型特殊自動車に区分する。

✓ 自動車の種類のうち、とくに4つは数字も含めてチェック！

道路交通法において、<u>自動車の種類</u>は、車体の大きさ・構造・原動機の大
きさを基準として8種類に区分されます。試験対策用として、必ず覚えて
おいてほしいのが、下の表に挙げる4つです。

表で覚える 道路交通法での自動車の区分

種類	車両総重量	最大積載量
大型自動車	11,000 キログラム（11 トン）以上	6,500 キログラム（6.5 トン）以上
中型自動車	7,500 キログラム（7.5 トン）以上 11,000 キログラム（11 トン）未満	4,500 キログラム（4.5 トン）以上 6,500 キログラム（6.5 トン）未満
準中型自動車	3,500 キログラム（3.5 トン）以上 7,500 キログラム（7.5 トン）未満	2,000 キログラム（2 トン）以上 4,500 キログラム（4.5 トン）未満
普通自動車	3,500 キログラム（3.5 トン）未満	2,000 キログラム（2 トン）未満

あなたの事業所
の車両の最大積
載量、車両総重
量を把握してい
ますか？
試験対策のため
に再チェックし
ましょう

車両総重量や最大積載量などによって、自動車の種類分けがされているん
ですね。

そうです。試験では、とくにここに挙げている4つについて、「○○自動車
とは、車両総重量○○キログラム、最大積載量○○キログラムのことであ

る」という具合に、それぞれの数字をきちんと覚えていないと正解できないような問題が出されます。

それと、もう1つ注意点なのですが、問題によっては車両総重量や最大積載量などが「トン」表記であったり、「キログラム」表記であったりします。どちらの表記にも慣れておきましょう。

わかりました。いずれにしても、またも数字の暗記は必須ですね。

はい。そして、自動車の種類によって、必要となる免許（第一種免許）も異なります。次に挙げる免許の種類もきちんと覚えておきましょう。

表で覚える 第一種免許の種類

免許区分	免許取得条件			運転可能自動車			
	年齢	免許保有期間	その他	普通自動車	準中型自動車	中型自動車	大型自動車
大型免許 平成19年新設	19歳以上	1年以上	特別な教習を修了	○	○	○	○
中型免許 平成29年新設				○	○	○	―
準中型免許	18歳以上	―	―	○	○	―	―
普通免許				○	―	―	―

法改正による **例外**

平成19年6月1日以前に普通免許を受けていた者
乗車定員10人以下、車両総重量 8トン 未満、最大積載量 5トン 未満の自動車を運転することができる

平成19年6月2日〜平成29年3月11日までに普通免許を受けていた者
乗車定員10人以下、車両総重量 5トン 未満、最大積載量 3トン 未満の自動車を運転することができる

そういえば、準中型免許って数年前に新設されたんですよね。

はい。準中型免許は平成29年に新設されました。中型免許については平成19年の新設です。ともに道路交通法の改正により新設されたわけですが、それを受けて、上の表に示す通り、例外事項があります。これも試験対策として押さえておきましょうね。

例外事項、要チェックですね！

あともう1つ、覚えておいてほしいポイントが、普通免許を取得している者が、その後に準中型免許を取得して準中型自動車を運転する場合には、

準中型免許を取得してから1年間は、<u>初心運転者標識</u>の表示義務があることです。

初心運転者標識

あっ、若葉マーク！　準中型免許を取得・運転する場合にも必要なんですね。免許の更新にはどんなルールがあるんですか？

いい質問ですね。「免許証の有効期間の更新を受けようとする者は、免許証の有効期間が満了する日の直前のその者の誕生日の<u>1月前</u>から当該免許証の有効期間が<u>満了する日</u>までの間に、その者の住所地を管轄する公安委員会に内閣府令で定める様式の更新申請書を提出しなければならない」と定められています。
ここで、実際の試験問題をチェックしてみましょう。

📋 試験ではこう出る！

問. 準中型自動車とは、大型自動車、中型自動車、大型特殊自動車、大型自動二輪車、普通自動二輪車及び小型特殊自動車以外の自動車で、車両総重量3,500キログラム以上、7,500キログラム未満のもの又は最大積載量2,000キログラム以上4,500キログラム未満のものをいう。○か×か。

問題文の数字を、174ページの表に照らし合わせると……。あっ、これは準中型自動車の数字だから、○ですね。

はい、正解です。○となります。試験では、こうした車両総重量や最大積載量による自動車の種類だけでなく、それに絡めて、それぞれの自動車を運転できる免許についても問われます。なので、自動車の種類と取得できる免許の種類はセットで覚えるようにしてくださいね。

✓ 免許の「取消し」「効力の停止」「仮停止」は誰が行う？

次に、免許の<u>取消し</u>や<u>効力の停止</u>についても見ていきます。
免許を受けた者が、自動車などの運転に関して道路交通法、もしくは同法に基づく命令の規定、または同法の規定に基づく処分に違反したときなどは、「その者の住所地を管轄する<u>公安委員会</u>は、政令で定める基準に従い、その者の免許を<u>取消し</u>、又は<u>6ヵ月</u>を超えない範囲内で期間を定めて免許の効力を<u>停止</u>することができる」と定められています。
そのほかに<u>仮停止</u>というのもあります。

それはどういうものですか？

 免許を受けた者が自動車などの運転に関して、下の図に該当することとなったときは、その者が当該交通事故を起こした場所を管轄する**警察署長**は、「その者に対し、当該交通事故を起こした日から起算して <u>30 日</u>を経過する日を終期とする免許の<u>効力の仮停止</u>をすることができる」と定められています。

 いろいろありますね。

図で覚える 免許の「仮停止」となる主な違反

- 交通事故での救護義務違反
- 酒気帯び運転
- 過労運転
- 麻薬、大麻、あへん、覚醒剤等使用
- 運転者の遵守事項違反
- あおり運転
- ながら運転
- 最高速度違反

これらの違反により交通事故を起こして人を死亡、または傷つけた場合

 免許の効力の **仮停止**

 仮停止に関して、もう 1 つ押さえておきましょう。それは、仮停止の場合、**警察署長**は、その処分をした日から起算して<u>5 日</u>以内に、処分を受けた者に対し<u>弁明の機会</u>を与えなければならない、というルールです。

 さっき学んだ免許の取消しや効力の停止は、「公安委員会」が主語となっていましたが、免許の仮停止については、「警察署長」なんですね。

 いいところに目をつけましたね。その「主語の違い」をしっかり理解しておいてくださいね。

問 2・解説

2 の「車両総重量が 7,500 キログラム以上 11,000 キログラム未満のもの、最大積載量が 4,500 キログラム以上 6,500 キログラム未満」は<u>中型自動車免許</u>です。4 では、準中型自動車免許の取得期間が<u>通算して 1 年に達していない</u>ので、初心運転者標識の表示は必須です。　　　　　　　　　　　　　　　　　　　正解　1、3

3 最高速度

重要度
☆☆☆

高速道路での最高速度、一般道路でほかの自動車をロープなどでけん引する場合の最高速度はしっかり暗記しましょう。

要チェックの条文はコレ！

【第二十二条（最高速度）】
車両は、道路標識等によりその<u>最高速度</u>が指定されている道路においてはその最高速度を、その他の道路においては政令で定める最高速度をこえる速度で進行してはならない。

✓ 高速道路での最高速度は、自動車ごとにどう違う？

 ここでは「最高速度」のルールについて見ていきましょう。道路標識などによって、最高速度が指定されていない一般道路における自動車の最高速度は、<u>時速60km</u>です。また、高速道路に関しては、自動車の種類によって下の表のように最高速度が定められています。

表で覚える 高速道路の最高速度

大型自動車	特定中型貨物自動車	大型・中型トレーラ	大型・中型バス	中型自動車	準中型自動車	普通自動車
最高速度 時速90km		**最高速度** 時速80km	**最高速度** 時速100km			

※高速自動車国道の本線車道並びにこれに接する加速車線および減速車線以外の道路を通行する場合の最高速度は、時速60km

 表中にある特定中型貨物自動車って何ですか？

 試験対策上は、「中型自動車のうち、車両総重量<u>8トン</u>以上または最大積載量<u>5トン</u>以上の貨物自動車」という認識で問題ありません。

 試験では、トレーラやバスの最高速度についても問われるんですか？

 はい。なので、上の表の数字をしっかり覚えましょうね。
また、最高速度とは逆の最低速度は、道路標識などで指定されていない高速道路では、<u>時速50km</u>と定められています。これも覚えておきましょう。

✓ ほかの自動車をけん引するときの最高速度もチェック

 そのほか、一般道路でほかの自動車をロープでけん引する場合の最高速度も見ておきましょう。それについては、次ページの表の通りです。

表で覚える 一般道路でほかの自動車をロープ等でけん引して走行する場合

車両総重量2,000キログラム以下の自動車を その3倍以上の車両総重量の自動車でけん引する場合	左記以外
時速40km	時速30km

 車両総重量 2,000 キログラム以下の自動車を、その 3 倍以上の車両総重量の自動車でけん引する場合と、そうでない場合で分けているんですね。そうでない場合っていうのは、えっと……。

 これに関しては、試験でどのように問われるか確認しておきましょうか。

📝 試験ではこう出る！

問. 貨物自動車運送事業の用に供する車両総重量が 4,995 キログラムの自動車が、故障した車両総重量 1,485 キログラムの普通自動車をロープでけん引する場合の最高速度は、道路標識等により最高速度が指定されていない一般道路においては、時速 40 キロメートルである。○か×か。

 むむむ……難しい……。

 車両総重量 2,000 キログラム以下の車両を、その 3 倍以上の車両総重量の車両でけん引する場合の最高速度は、**時速 40 キロメートル**でしたね。この問題文では、けん引される車両が 1,485 キログラムで、けん引する車両が 4,995 キログラムですから、けん引する車両は、けん引される車両の 3 倍以上の車両総重量がありますよね。なので答えは○になります。

 つまり、まず 2,000 キログラム以下の自動車かどうかを見て、その上で「けん引する」自動車と「けん引される」自動車の車両総重量を比べて 3 倍以上であるか否かを確認し、最高速度を判断すればいいんですね。

 はい。その通りです。

問 3・解説

3 の「車両総重量 7,950 キログラム、最大積載量 4,500 キログラム」の自動車は「中型自動車」に分類され、高速道路での最高速度は「時速 80 キロメートル」ではなく、時速 100 キロメートルと定められています。　　　　　　　　　　　正解　3

4 積載制限と過積載

重要度 ★★★

積載方法や積載制限では「原則」と「例外」を、過積載の防止措置では「誰が・誰に」をしっかり整理しておきましょう。

要チェックの条文はコレ！

【第五十五条（乗車又は積載の方法）】

車両の運転者は、当該車両の乗車のために設備された場所以外の場所に乗車させ、又は乗車若しくは積載のために設備された場所以外の場所に積載して車両を運転してはならない。ただし、貨物自動車で貨物を積載しているものにあっては、当該貨物を<u>看守</u>するため<u>必要な最小限度の人員</u>をその荷台に乗車させて運転することができる。

2　車両の運転者は、運転者の視野若しくはハンドルその他の装置の操作を妨げ、後写鏡の効用を失わせ、車両の安定を害し、又は外部から当該車両の方向指示器、車両の番号標、制動灯、尾灯若しくは後部反射器を確認することができないこととなるような乗車をさせ、又は積載をして車両を運転してはならない。

✓ 乗車・積載のルールは「例外」もしっかりチェック！

 <u>乗車</u>や<u>積載</u>の方法や制限などについてのルールを確認していきます。まず、<u>方法</u>についてのルールです。

表で覚える　乗車・積載の方法に関する「原則」と「例外」

原則	例外
● <u>車両の乗車のために設備された場所</u>以外の場所に乗車させ、または<u>乗車もしくは積載のために設備された場所</u>以外の場所に積載して車両を運転してはならない	● 貨物自動車で貨物を積載しているものでは、その貨物を<u>看守</u>するため<u>必要な最小限度の人員</u>をその<u>荷台</u>に乗車させて運転することができる
	● 車両の出発地を管轄する<u>警察署長</u>が、当該車両の構造、または道路もしくは交通の状況により支障がないと認めて積載の場所を指定して<u>許可</u>をしたときは、その車両の乗車または積載のために設備された場所以外の場所で指定された場所に積載して車両を運転することができる
	● 車両の出発地を管轄する<u>警察署長</u>が、道路または交通の状況により支障がないと認めて人員を限って<u>許可</u>をしたときは、許可に係る人員の範囲内で当該貨物自動車の<u>荷台</u>に乗車させて貨物自動車を運転することができる

荷台に乗車させて運転することができるのは「当該自動車が積載可能な重量までの人員」ではありません

 例外が結構あるんですね。

はい。これらのルールについては、原則と例外をそれぞれ押さえておくのが試験対策でのポイントです。原則では「運転してはならない」ですが、例外として、車両の出発地を管轄する警察署長が許可するなどによって「運転することができる」場合もあります。

基本的には禁止だけど、警察署長が許可すれば〇Kってことですね。

そうです。それと、公安委員会は、「道路における危険を防止し、その他交通の安全を図るため必要があると認めるときは、軽車両の乗車人員、または積載重量などの制限について定める」というのも押さえておきましょう。次に、乗車や積載の制限についてのルールを見ていきましょう。これにも原則と例外があります。

表で覚える 乗車・積載の制限①〜「原則」と「例外」〜

原則	例外
● 政令で定める乗車人員または積載物の重量、大きさもしくは積載の方法の制限を超えて乗車をさせ、または積載をして車両を運転してはならない	● 車両の出発地を管轄する警察署長が許可したときは、制限を超える乗車をさせて運転することができる ● 貨物が分割できないものであるため積載重量等の制限、または公安委員会が定める積載重量等を超えることとなる場合において、車両の出発地を管轄する警察署長が、当該車両の構造、または道路もしくは交通の状況により支障がないと認めて積載重量などを限って許可をしたときは、車両の運転者は許可に係る積載重量などの範囲内で当該制限を超える積載をして車両を運転することができる

例外が適用となる条件は、「警察署長の許可」です

表で覚える 乗車・積載の制限②〜乗車人員、積載物の重量、長さ・幅など〜

項目		内容
乗車人員		自動車検査証、保安基準適合標章または軽自動車届出済証に記載された乗車定員をそれぞれ超えないこと
積載物の重量		自動車検査証、保安基準適合標章または軽自動車届出済証に記載された最大積載重量をそれぞれ超えないこと
積載物の長さ幅高さ	長さ	自動車の長さに、その長さの10分の2の長さを加えたものを超えないこと
	幅	自動車の幅に、その幅の10分の2の幅を加えたものを超えないこと
	高さ	3.8メートル（公安委員会が道路または交通の状況により支障がないと認めて定めるものにあっては、3.8メートル以上4.1メートルを超えない範囲内において公安委員会が定める高さ）から、その自動車の積載をする場所の高さを減じたものを超えないこと
積載の方法	前後	車体の前後から自動車の長さの10分の1の長さを超えてはみ出さないこと
	左右	車体の左右から自動車の幅の10分の1の幅を超えてはみ出さないこと

積載物の長さや幅、高さに関して、試験では数字を入れ替えて出題されたりしますのでご注意ください。

 たしかに、またいっぱい数字が出てきましたね……。あっ、でも、積載物の制限は<u>長さも幅も 10 分の 2</u> だし、積載方法は<u>前後も左右も 10 分の 1</u>だから、覚えやすそうですね。

 いいところに気がつきましたね。個別に覚えるよりも、同じものをまとめて考えると覚えやすいですよ。

 なるほど！　そのことを意識してインプットしていきますね。

 焦らずに 1 つずつ覚えていきましょう。そうすれば頭に入りますよ。

 わかりました！

✓ 過積載の措置は「誰が・誰に」をしっかり押さえる

 ここからは<u>過積載</u>に関するルールを見ていきます。まず、<u>使用者</u>の<u>運転者</u>に対する下命・容認の禁止です。具体的には下の図の通りです。

図で覚える　過積載のルール①

使用者 ➡ 運転者

使用者による下命・容認の禁止

自動車の<u>使用者</u>は、その者の業務に関し、自動車の運転者に対し、次の各号のいずれかに掲げる行為をすることを<u>命じ</u>、または自動車の運転者がこれらの行為をすることを<u>容認</u>してはならない

- <u>過労運転</u>の禁止の規定に違反して自動車を運転すること
- <u>積載の制限</u>の規定に違反して積載をして自動車を運転すること

 つまり、お客さんの依頼だからといって、過積載でも積むように会社から指示することは禁止されているんですね。

 はい。万が一、このルールに違反した場合には、使用者、荷主、運転者それぞれに罰則があります。
次に、過積載をした場合の、運転者、使用者、荷主に対する<u>措置</u>です。試験では、「誰が・誰に・何をするのか」が問われます。とくに「誰が・誰に」の部分がポイントです。
まず 1 つ目が、<u>運転者</u>に対する<u>警察官</u>からの措置です。これは「積載物の重量の測定等」という措置で、具体的な内容は次ページの図の通りです。

図で覚える **過積載のルール②**

積載物の重量の測定等

警察官は、積載物の重量の制限を超える積載をしていると認められる車両が運転されているときは、その車両を停止させ、ならびにその車両の運転者に対し、自動車検査証その他政令で定める書類の提示を求め、および当該車両の積載物の重量を測定することができる

警察官が積載物の重量を測定できるわけですか？

そうです。「誰が・誰に」をしっかり押さえておいてくださいね。
次は、実際に過積載をしている運転者に対する警察官の措置で、「過積載車両に係る措置命令」というものです。具体的には下の図に書いてある内容になります。

図で覚える **過積載のルール③**

過積載車両に係る措置命令

警察官は、過積載をしている車両の運転者に対し、当該車両に係る積載が過積載とならないようにするため必要な応急の措置をとることを命ずることができる

過積載をしている場合は、警察官が運転者に「必要な応急の措置をとりなさい！」と命じられるんですね。

そうです。ただ、それでも使用者の中には、過積載防止のための必要な運行管理を行わないこともあります。その場合は、公安委員会が使用者に対して「過積載車両に係る指示」という措置をとれます（次ページ）。

公安委員会まで登場してくるんですか！　というか、そもそも警察官からの措置命令があったにもかかわらず、使用者が過積載防止のための運行管理をしないケースがあるってことが、ビックリなんですが……。

警察の命令に背いた場合は、警察を管理する組織である公安委員会が使用者に指示するという構図です。

なるほど！　警察が命じても聞かないときは、いよいよ、その親方である公安委員会が出てくるってわけですね。

過積載車両に係る指示

公安委員会 ➡ 使用者

過積載車両に係る措置命令がされた場合において、当該命令に係る車両の使用者が当該車両に係る過積載を防止するため必要な運行の管理を行っていると認められないときは、当該車両の使用の本拠の位置を管轄する公安委員会は、当該車両の使用者に対し、車両を運転者に運転させる場合にあらかじめ車両の積載物の重量を確認することを運転者に指導し、または助言すること、その他車両に係る過積載を防止するため必要な措置をとることを指示することができる

次に、荷主に対する措置について見ていきましょう。
まず、「過積載車両の運転の要求等の禁止」です。具体的な内容は下の図の通りです。

過積載車両の運転の要求等の禁止

荷主

- 車両の運転者に対し、過積載をして車両を運転することを要求してはならない
- 車両の運転者に対し、当該車両への積載が過積載となると知りながら制限に係る重量を超える積載物を車両に積載をさせるため売り渡し、またはその積載物を引き渡してはならない

これらを違反すると、どうなるんですか？

いい質問ですね。荷主が反復して違反する行為をするおそれがあるときは、警察署長は、荷主に対して、違反する行為をしてはならないと命ずることができます。
これを「荷主への再発防止命令」といいます。詳しくは下の図になります。

荷主への再発防止命令

警察署長 ➡ 荷主

警察署長は、過積載車両の運転の要求に違反する行為が行われた場合において、その行為をした者が反復して違反する行為をするおそれがあると認めるときは、内閣府令で定めるところにより、当該行為をした荷主に対し、違反する行為をしてはならない旨を命ずることができる

第1章で学習した過積載の防止のための<u>荷主勧告</u>（45ページ）とは別に、その再発防止の命令もあるんですね。

 はい。過積載は死亡事故にもつながる重大な違反行為ですから、過積載を業界からなくすための措置ともいえます。
さて、先ほどからしつこく口にしている「誰が・誰に」ですが、過積載の防止措置について下のような法則性があります。

図で覚える **過積載の防止の措置系統**

この法則が、過積載での最大のポイントです！

 試験では、「誰が・誰に・何をするか」の「誰が・誰に」を入れ替えて出題されたりします。たとえば、こんな具合です。

📝 試験ではこう出る！

問. 警察署長は、荷主が自動車の運転者に対し、過積載をして自動車を運転することを要求するという違反行為を行った場合において、当該荷主が当該違反行為を反復して行うおそれがあると認めるときは、内閣府令で定めるところにより、当該自動車の運転者に対し、当該過積載による運転をしてはならない旨を命ずることができる。○か×か。

 これは、「荷主への再発防止命令」だから、「警察署長が・荷主に」ですよね。あれ？　「運転者に」になっている……。

 よく気がつきましたね。この場合は、「自動車の<u>運転者</u>に対し、当該過積載による運転をしてはならない旨を命ずることができる」ではなく、「<u>荷主</u>に対し、違反する行為をしてはならない旨を命ずることができる」が正しい字句となります。ですから、正解は×となります。

問4・解説

4は、「公安委員会」が自動車の「使用者」に対し、当該違反行為に係る運送の引き受けをしてはならない旨を「勧告する」ではなく、<u>警察署長</u>が<u>荷主</u>に対し、当該違反行為をしてはならない旨を<u>命ずる</u>ことができる、となります。　　　　　<u>正解　4</u>

---

5 運転者の遵守事項

数多く定められている運転者の遵守事項のポイントを押さえて
覚えましょう。故障や交通事故などの措置も要チェック！

要チェックの条文はコレ！

【第七十条（安全運転の義務）】

車両等の運転者は、当該車両等のハンドル、ブレーキその他の装置を確実に操作
し、かつ、道路、交通及び当該車両等の状況に応じ、他人に危害を及ぼさないよ
うな**速度**と**方法**で運転しなければならない。

【第七十二条（交通事故の場合の措置）】

交通事故があったときは、当該交通事故に係る車両等の運転者その他の乗務員
（以下この節において「運転者等」という。）は、直ちに車両等の**運転を停止**し
て、**負傷者を救護**し、道路における**危険を防止**する等必要な措置を講じなければ
ならない。この場合において、当該車両等の運転者（運転者が死亡し、又は負傷
したためやむを得ないときは、その他の乗務員。）は、警察官が現場にいるとき
は当該**警察官**に、警察官が現場にいないときは直ちに最寄りの警察署（派出所又
は駐在所を含む。）の警察官に当該交通事故が発生した日時及び場所、当該交通
事故における死傷者の数及び負傷者の負傷の程度並びに損壊した物及びその損壊
の程度、当該交通事故に係る車両等の積載物並びに当該交通事故について講じた
措置を**報告**しなければならない。

✓ 遵守事項での通行方法は3パターンのみ

運転手が守るべき「運転者の遵守事項」は数多く定められていますが、ま
ずその中の**通行方法**に関連するものを見ていきましょう。大きく次ページ
の図の3つがあります。

通行方法に関して試験でのポイントはどのあたりですか？

試験では、たとえば次ページの図の通行方法①と③の字句を入れ替えて出
題されたりします。

おなじみの字句の入れ替えですね。3つの通行方法が、それぞれどんなと
きに求められるのかを整理しておかなければいけませんね。
ほかに、試験で問われやすいパターンはありますか？

ほかの出題パターンとしては、「その側方を離れて走行するように努めなけ
ればならない」や「できる限り安全な速度方法で進行しなければならない」
といった3つ以外の架空の通行方法が登場してきたりもします。

うわっ、ますます次ページの図はしっかり覚える必要がありますね。

図で覚える 「通行方法」の遵守事項

どんなとき？

通行方法①

一時停止、
または徐行して、
その通行または歩行
を妨げないようにし
なければならない

- 身体障害者用の車が通行しているとき
- 目が見えない者がつえを携え、もしくは盲導犬を連れて通行しているとき
- 耳が聞こえない者、もしくは政令で定める程度の身体の障害のある者がつえを携えて通行しているとき
- 監護者が付き添わない児童もしくは幼児が歩行しているとき
- 高齢の歩行者が通行しているとき
- 身体の障害のある歩行者その他の歩行者で、その通行に支障のあるものが通行しているとき

通行方法②

徐行して
安全を確認する

- 児童、幼児などの乗降のため停車している通学通園バスの側方を通過するとき

通行方法③

徐行

- 道路の左側部分に設けられた安全地帯の側方を通過する場合において、当該安全地帯に歩行者がいるとき
- ぬかるみ、または水たまりを通行するとき

ここで、通行方法についての試験問題を確認してみましょう。

試験ではこう出る！

問. 監護者が付き添わない児童若しくは幼児が歩行しているときはその側方を離れて走行するよう努めなければならない。〇か×か。

えっと、どうだったかな……。

そもそも運転者の遵守事項に定められている通行方法は上の図で示した３つのパターンのみです。その意味で「３つのパターン以外の字句が出てきたら間違い！」と認識しておきましょう。

なので、この問題にあるような遵守事項はありませんから、正解は×となります。ちなみに、上記のケースでは、「一時停止、または徐行して、その通行または歩行を妨げないようにしなければならない」です。

✓ 自動車に表示する５つの標識をしっかり押さえよう！

次に運転者の遵守事項のうち、「必要な措置を講ずること」と「させないこと・しないこと・してはならないこと」の２つについて見ていきましょう。その内容をまとめたのが 188 ～ 189 ページの表です。

たくさんありますね。試験ではどのへんが出やすいんですか？

まず、「必要な措置を講ずること」です。たとえば、「車両などに積載している物が道路に転落し、または飛散したとき」は、それを<u>除去</u>するなど道路における<u>危険を防止するために必要な措置</u>を講ずることと定められていますが、試験では「飛散した物を除去してはならない」と誤った字句で出題されたりします。ご注意ください。

表で覚える 運転者の遵守事項①

必要な措置を講ずること

- <u>乗降口のドア</u>を閉じ、貨物の積載を確実に行うなど、当該車両などに乗車している者の<u>転落</u>または積載している物の<u>転落</u>、もしくは<u>飛散</u>を防ぐため必要な措置を講ずること

- 車両などに積載している物が道路に転落し、または飛散したときは、速やかに転落し、または飛散した物を<u>除去</u>するなど、道路における<u>危険を防止</u>するため必要な措置を講ずること

- <u>安全を確認</u>しないでドアを開き、または車両などから降りないようにし、およびその車両などに乗車しているほかの者がこれらの行為により<u>交通の危険</u>を生じさせないようにするため必要な措置を講ずること

- 車両などを離れるときは、その<u>原動機</u>を止め、完全に<u>ブレーキ</u>をかけるなど、当該車両などが停止の状態を保つため必要な措置を講ずること

- 自動車または原動機付自転車を離れるときは、その車両の装置に応じ、その車両が<u>他人</u>に無断で<u>運転</u>されることがないようにするため必要な措置を講ずること

 もう1つの「させないこと・しないこと・してはならないこと」で押さえておいたほうがいいのは、どのあたりですか？

 下の自動車に表示する5つの「標識」に関する遵守事項です。

5つの標識

急ブレーキ注意 仮 免 許 練習中				
練習のための標識	初心運転者標識	高齢運転者標識	聴覚障害者標識	身体障害者標識

たとえば、どんな遵守事項があるんですか？

 たとえば、この5つの標識のどれかを表示している自動車に対しては、幅寄せなどをしないことと定められています。

 なるほど。それと、この標識に関してどのような出題パターンがあるんですか？

 多いのが字句を入れ替えた問題です。たとえば、聴覚障害者標識を説明する文が「肢体不自由である者が運転している」というように身体障害者標識を説明した内容になっている、といった具合です。

| 表で覚える | **運転者の遵守事項②**

させないこと・しないこと・してはならないこと

- 正当な理由がないのに、著しく他人に迷惑を及ぼすこととなる騒音を生じさせるような方法で、自動車もしくは原動機付自転車を急に発進させ、もしくはその速度を急激に増加させ、または自動車もしくは原動機付自転車の原動機の動力を車輪に伝達させないで原動機の回転数を増加させないこと

- 自動車などを運転する場合においては、当該自動車などが停止しているときを除き、携帯電話用装置、自動車電話用装置その他の無線通話装置を通話（傷病者の救護、または公共の安全の維持のため当該自動車などの走行中に緊急やむを得ずに行うものを除く）のために使用し、または当該自動車などに取り付けられ、もしくは持ち込まれた画像表示用装置に表示された画像を注視しないこと

- 自動車の運転者は、自動車に備えなければならないこととされている座席ベルトを装着しないで自動車を運転してはならない

- 自動車の運転者は、座席ベルトを装着しない者を運転者席以外の乗車装置に乗車させて自動車を運転してはならない

- 自動車を運転する場合において、聴覚障害者、身体障害者、初心運転者、仮運転免許を受けた者などが表示自動車を運転しているときは、危険防止のためやむを得ない場合を除き、進行している当該表示自動車の側方に幅寄せをし、または当該自動車が進路を変更した場合に、その変更した後の進路と同一の進路を後方から進行してくる表示自動車が当該自動車との間に必要な距離を保つことができないこととなるときは、進路を変更しないこと

大型車を運転中にスマホなどを
使用し、交通事故を起こした場合、
反則金の制度の対象外となり、
すべて罰則が適用されます

次に、故障などの場合の措置について見ていきましょう。それをまとめたのが下の表です。

表で覚える **故障などの場合の措置**

- 自動車の運転者は、故障その他の理由により<u>本線車道など、またはこれらに接する路肩、もしくは路側帯において、当該自動車を運転することができなくなったとき</u>は、政令で定めるところにより、当該自動車が故障その他の理由により停止しているものであることを<u>表示</u>しなければならない

  表示の方法 <u>停止表示器材</u>を、後方から進行してくる自動車の運転者が見やすい位置に置いて行うものとする

  夜間 内閣府令で定める基準に適合する夜間用停止表示器材

  夜間以外 内閣府令で定める基準に適合する昼間用停止表示器材
  （当該自動車が停止している場所が、トンネルの中その他視界が <u>200 メートル以下</u>である場所であるときは、法令に定める夜間用停止表示器材）

- 自動車の運転者は、故障その他の理由により本線車道などにおいて運転することができなくなったときは、速やかに当該自動車を本線車道など以外の場所に移動するため<u>必要な措置</u>を講じなければならない

 <u>停止表示器材</u>は、夜間と夜間以外では違うんですね。

 その違いは試験でも出題されやすいので覚えておきましょう。それと、「夜間以外」のところにある <u>200 メートル以下</u>という数字も重要です。
そのほか、故障などで自動車を運転ができなくなったのが<u>本線車道などに接する路肩、もしくは路側帯</u>であることも押さえておきましょう。たとえば試験では、「本線車道等に接する路肩若しくは路側帯においては、この限りではない」といった誤った字句が追加で入っていたりするので、ご注意ください。

 わかりました！

 最後に、交通事故の場合の措置について確認しておきます。それをまとめたのが、右ページの図です。

図で覚える 交通事故の場合の措置

※ 警察官が現場にいるときは当該警察官に、警察官が現場にいないときは直ちに最寄りの警察署（派出所または駐在所を含む）の警察官に報告

交通事故が起きたら…

| 運転者は直ちに車両の運転を停止 | → | 負傷者を救護 | → | 道路における危険を防止 | → | 警察官に報告 |

警察官への報告事項

交通事故の場合に、警察官に何を伝えるべきかを理解しておきましょう

□ 交通事故が発生した日時、および場所

□ 損壊した物、損壊の程度

□ 交通事故について講じた措置

□ 交通事故に係る車両などの積載物について講じた措置

□ 交通事故における死傷者の数、負傷者の負傷の程度

 交通事故の場合の措置については、186 ページの「要チェックの条文はコレ！」にある第七十二条の条文が穴埋め問題で出題されやすいので、しっかり覚えましょう。

 はい、覚えます！

問5・解説

4の通学通園バスの側方を通過するときの運転者の遵守事項は、「できる限り安全な速度と方法で進行しなければならない」ではなく、「徐行して安全を確認すること」です。

正解　4

6 使用者の義務

重要度
★★☆

「使用者の義務」も「公安委員会の指示」も、条文の字句や数字が試験では頻出。しっかりと覚えましょう。

要チェックの条文はコレ！

【第百八条の三十四（使用者に対する通知）】
車両等の運転者がこの法律若しくはこの法律に基づく命令の規定又はこの法律の規定に基づく処分に違反した場合において、当該違反が当該違反に係る車両等の<u>使用者の業務</u>に関してなされたものであると認めるときは、<u>公安委員会</u>は、内閣府令で定めるところにより、当該車両等の使用者が道路運送法の規定による自動車運送事業者、貨物利用運送事業法の規定による第二種貨物利用運送事業を経営する者又は軌道法の規定による軌道の事業者であるときは当該事業者及び当該事業を監督する行政庁に対し、当該車両等の使用者がこれらの事業者以外の者であるときは当該車両等の使用者に対し、当該違反の内容を<u>通知</u>するものとする。

✓ 道路交通法で求められるのは「正常な運転」

使用者の義務として、下記の内容が定められています。

表で覚える 自動車の使用者の義務と違反した場合のルール

自動車の使用者は、その者の業務に関し、自動車の運転者に対し、次のいずれかに掲げる行為をすることを命じ、または自動車の運転者がこれらの行為をすることを容認してはならない

- <u>無免許</u>運転
- <u>最高速度違反</u>運転
- <u>酒気帯び</u>運転
- <u>過労</u>運転
- <u>無資格</u>運転
- <u>積載の制限違反</u>運転
- <u>車両放置</u>行為

自動車の<u>使用者</u>などが、上記の規定に<u>違反</u>し、その違反により自動車の<u>運転者</u>がここに掲げる<u>行為をした</u>場合において、自動車の使用者がその者の業務に関し自動車を使用することが著しく道路における交通の危険を生じさせ、または著しく交通の妨害となるおそれがあると認めるときは、その違反に係る自動車の使用の本拠の位置を管轄する<u>公安委員会</u>は、自動車の<u>使用者</u>に対し、<u>6ヵ月</u>を超えない範囲内で期間を定めてその違反に係る自動車を運転し、または<u>運転</u>させてはならない旨を<u>命ずる</u>ことができる

試験では、違反した場合の「<u>6ヵ月</u>を超えない範囲」という数字の入れ替え問題がしばしば出題されます。たとえば、こんな感じです。

✅ 試験ではこう出る！

問. 自動車の使用者等が法令の規定に違反し、当該違反により自動車の運転者が過労運転等の禁止に掲げる行為をした場合において、自動車の使用

者がその者の業務に関し自動車を使用することが著しく道路における交通の危険を生じさせるおそれがあると認めるときは、当該違反に係る自動車の使用の本拠の位置を管轄する都道府県公安委員会は、当該自動車の使用者に対し、3ヵ月を超えない範囲内で期間を定めて、当該違反に係る自動車を運転してはならない旨を命ずることができる。○か×か。

 この場合、「6ヵ月を超えない」だから、正解は×ですね。

その通りです。試験では「数字が出たら入れ替え」が1つのパターンです。それと、道路交通法では「安全な運転」ではなく正常な運転が求められていることも、頭にインプットしておいてください。
そして、公安委員会が使用者に対して行う指示は、次の通りです。試験では字句の穴埋め問題で出題されやすいので、しっかり覚えましょう。

表で覚える **公安委員会が行う使用者への指示**

指示のパターン	場合	とき	誰が・誰に	何を
最高速度違反行為に係る指示	運転者が最高速度違反行為を車両の使用者の業務に関して行った場合	車両の使用者が最高速度違反行為を防止するため必要な運行の管理を行っていると認められないとき	公安委員会 ↓ 車両の使用者	最高速度違反行為となる運転が行われることのないよう運転者に指導し、または助言すること。その他最高速度違反行為を防止するため必要な措置をとることを指示することができる
過積載車両に係る指示	過積載車両に係る措置命令がされた場合	車両の使用者が過積載を防止するため必要な運行の管理を行っていると認められないとき		車両を運転者に運転させる場合にあらかじめ車両の積載物の重量を確認することを運転者に指導し、または助言すること。その他車両に係る過積載を防止するため必要な措置をとることを指示することができる
過労運転に係る指示	運転者が過労により正常な運転ができないおそれがある状態で車両を運転する行為を車両の使用者の業務に関して行った場合	過労運転に係る車両の使用者が過労運転を防止するため必要な運行の管理を行っていると認められないとき		過労運転が行われることのないよう運転者に指導し、または助言すること。その他過労運転を防止するため必要な措置をとることを指示することができる

問6・解説

「過労運転」に係る車両の使用者に対する公安委員会による指示において、キーワードは、①過労により正常な運転ができない、②過労運転を防止するために必要な運行の管理、③過労運転防止のための「指導・助言」と必要な措置をとるです。

正解　A：2　B：1　C：1　D：2

信号・合図

重要度
★★☆

「信号」では「赤色の灯火」に注目。一方、「合図」では、行うタイミングで登場する「数字」を正確に覚えましょう。

要チェックの条文はコレ！

【第五十三条（合図）】
車両の運転者は、左折し、右折し、転回し、徐行し、停止し、後退し、又は同一方向に進行しながら進路を変えるときは、**手**、**方向指示器**又は**灯火**により**合図**をし、かつ、これらの行為が終わるまで当該合図を継続しなければならない。

✓ 信号の意味や合図のタイミングを、正確にインプット

 まずは下の表で、信号ごとの意味を押さえておきましょう。

表で覚える 信号の種類と意味

種類	意味
青色の灯火	● 自動車、原動機付自転車、トロリーバス、および路面電車は、直進し、左折し、または右折することができる ● 多通行帯道路等通行原動機付自転車、および軽車両は、直進（右折しようとして右折する地点まで直進し、その地点において右折することを含む。青色の灯火の矢印の項を除く）をし、または左折することができる
黄色の灯火	● 車両、および路面電車は、停止位置を越えて進行してはならない。ただし、黄色の灯火の信号が表示されたときにおいて、当該停止位置に近接しているため安全に停止することができない場合を除く
赤色の灯火	● 車両などは、停止位置を越えて進行してはならない ● 交差点において、すでに左折している車両などは、そのまま進行することができる ● 交差点において、すでに右折している車両など（多通行帯道路等通行原動機付自転車、および軽車両を除く）は、そのまま進行することができる。この場合において、当該車両などは、青色の灯火により進行することができることとされている車両などの進行妨害をしてはならない ● 交差点において、すでに右折している多通行帯道路等通行原動機付自転車、および軽車両は、その右折している地点において停止しなければならない
青色の灯火の矢印	● 車両は、黄色の灯火、または赤色の灯火の信号にかかわらず、矢印の方向に進行することができる。この場合において、交差点において右折する多通行帯道路等通行原動機付自転車、および軽車両は、直進する多通行帯道路等通行原動機付自転車、および軽車両とみなす
黄色の灯火の矢印	● 路面電車は、黄色の灯火、または赤色の灯火の信号にかかわらず、矢印の方向に進行することができる
黄色の灯火の点滅	● 歩行者、および車両などは、ほかの交通に注意して進行することができる
赤色の灯火の点滅	● 車両などは、停止位置において一時停止しなければならない

押さえておきたいのが、<u>赤色の灯火</u>です。試験では、「交差点において既に右折している車両等は、青色の灯火により進行することができることとされている車両等に<u>優先して進行できる</u>」という誤った字句に入れ替えて出題されたりします。正しくは、<u>進行妨害をしてはならない</u>となります。

交差点ですでに右折していて、信号が赤色の灯火に変わった場合は、右折が優先されないんですか？

されません。その場合も<u>進行妨害</u>はNGです。
次は、合図を行うケースとタイミングです。

表で覚える **合図を行うケースとタイミング**

合図を行うケース	タイミング
<u>左折</u>	その行為をしようとする地点（交差点でその行為をする場合は、当該交差点の手前の側端）から**30メートル**手前の地点に達したとき
同一方向に進行しながら **左方**に変更	その行為をしようとするときの<u>3秒前</u>
<u>右折・転回</u>	その行為をしようとする地点（交差点で右折する場合は、当該交差点の手前の側端）から**30メートル**手前の地点に達したとき
同一方向に進行しながら **右方**に変更	その行為をしようとするときの<u>3秒前</u>
徐行・停止・後退	その行為をしようとするとき

合図でのポイントは、「数字」です。試験では「30メートル」と「3秒前」の数字の入れ替えが出題されたりします。

試験ではこう出る！

問. 車両の運転者が同一方向に進行しながら進路を左方又は右方に変えるときの合図を行う時期は、その行為をしようとする地点から30メートル手前の地点に達したときである。〇か×か。

〇のような気が……。

いいえ。「30メートル手前」ではなく<u>3秒前</u>なので、正解は×です。

問7・解説

1は、「その速度を急に変更しなければならないこととなる場合にあっても」ではなく、<u>その速度又は方向を急に変更しなければならないこととなる場合を除き</u>となります。3は「30メートル手前の地点」ではなく、その行為をしようとするときの<u>3秒前</u>のときです。

正解 2、4

8 通行区分・優先・徐行・一時停止

重要度
★★☆

「徐行」や「一時停止」が必要な各ケースをしっかりインプットし、この2つを混同しないように注意しましょう！

要チェックの条文はコレ！

【第十七条（通行区分）】

車両は、歩道又は路側帯（以下、この条において「歩道等」という。）と車道の区別のある道路においては、車道を通行しなければならない。

2　車両は、道路外の施設又は場所に出入するためやむを得ない場合において歩道等を横断するとき、歩道等で停車し、若しくは駐車するため必要な限度において歩道等を通行するときは、歩道等に入る直前で**一時停止**し、かつ、**歩行者の通行を妨げない**ようにしなければならない。

【第十八条（左側寄り通行等）】

車両は、車両通行帯の設けられた道路を通行する場合を除き、自動車及び原動機付自転車にあっては道路の左側に寄って、軽車両にあっては道路の**左側端**に寄って、それぞれ当該道路を通行しなければならない。ただし、追越しをするとき、法令の規定により道路の中央若しくは右側端に寄るとき、又は道路の状況その他の事情によりやむを得ないときは、この限りでない。

2　車両は、前項の規定により歩道と車道の区別のない道路を通行する場合その他の場合において、歩行者の側方を通過するときは、これとの間に**安全な間隔**を保ち、又は**徐行**しなければならない。

✓ どんな場合に、右側部分を通行できるのか

車両は、道路の<u>左側</u>部分を通行するのが原則ですが、下に挙げる「例外」に該当する場合には、<u>右側</u>部分を通行することができます。

表で覚える **通行区分の「原則」と「例外」**

原則	車両は、道路の中央から<u>左側</u>の部分を通行しなければならない
例外	車両は、次に掲げる場合においては、道路の中央から<u>右側</u>の部分にその全部、または一部をはみ出して通行することができる

- 道路が一方通行となっているとき
- 道路の左側部分の幅員が当該車両の通行のため十分なものでないとき
- 車両が道路の損壊、道路工事その他の障害のため当該道路の左側部分を通行することができないとき
- 道路の左側部分の幅員が<u>6メートル</u>に満たない道路において、ほかの車両を追い越そうとするとき
- 勾配の急な道路のまがりかど附近について、道路標識等により通行の方法が指定されている場合において当該車両が当該指定に従い通行するとき

右側部分を通行するケースって、いろいろあるんですね。

そうですね。では次に、優先について見ていきましょう。歩行者や緊急自動車の優先については下のように定められています。

表で覚える 「優先」のルール

緊急自動車の優先	● 交差点、またはその附近において、緊急自動車が接近してきたときは、路面電車は交差点を避けて、車両（緊急自動車を除く）は交差点を避け、かつ道路の左側（一方通行となっている道路において、その左側に寄ることが緊急自動車の通行を妨げることとなる場合にあっては、道路の右側）に寄って一時停止しなければならない
横断歩道などでの歩行者などの優先	● 車両などは、横断歩道などに接近する場合には、その横断歩道などを通過する際にその横断歩道などによりその進路の前方を横断しようとする歩行者などがないことが明らかな場合を除き、その横断歩道などの直前（道路標識などによる停止線が設けられているときは、その停止線の直前）で停止することができるような速度で進行しなければならない この場合において、横断歩道などによりその進路の前方を横断し、または横断しようとする歩行者などがあるときは当該横断歩道などの直前で一時停止し、かつその通行を妨げないようにしなければならない ● 車両などは、横断歩道など、またはその手前の直前で停止している車両などがある場合において、その停止している車両などの側方を通過してその前方に出ようとするときは、その前方に出る前に一時停止しなければならない ● 車両などは、横断歩道など、およびその手前の側端から前に30メートル以内の道路の部分においては、その前方を進行しているほかの車両など（特定小型原動機付自転車等を除く）の側方を通過して、その前方に出てはならない
横断歩道のない交差点での歩行者の優先	● 車両などは、交差点、またはその直近で横断歩道の設けられていない場所において、歩行者が道路を横断しているときは、その歩行者の通行を妨げてはならない

横断歩道に歩行者がある場合とない場合、横断歩道そのものがある場合とない場合で、優先する方法がそれぞれ違うんですね。

はい、どんな場合に、通行を妨げてはならないのか、一時停止しなければならないのか、などを押さえておきましょう。

✓ 「徐行」「一時停止」の各ケースは、しっかり整理！

次に、徐行に関するルールを見ていきます。徐行しなければならない場合や箇所について、次ページのように定められています。

表で覚える 「徐行」のルール

徐行をしなければならないのは……

● 道路標識などにより徐行すべきことが指定されている場合

● 左右の見とおしがきかない交差点

● 歩行者の側方を通過するとき　● 環状交差点に入ろうとするとき

● 道路のまがりかど附近　● 上り坂の頂上附近　● 勾配の急な下り坂

● 交通整理の行われていない交差点に入ろうとする場合で、交差道路が
　優先道路であるとき、またはその通行している道路の幅員よりも交差道路の
　幅員が明らかに広いものであるとき

 坂道は、上りも下りも徐行なんですね。

 いいえ、すべてがそうなわけではありません。たしかに、<u>上り坂の頂上附近</u>と<u>勾配の急な下り坂</u>は、徐行しなければなりません。一方、<u>勾配の急な上り坂</u>は、徐行ではありません。試験ではこの部分がきちんと整理できているかを問う問題が出されたりします。たとえばこんな具合です。

📋 試験ではこう出る！

問. 車両等は、道路のまがりかど附近、上り坂の頂上附近又は勾配の急な上り坂及び下り坂を通行するときは、徐行しなければならない。〇か×か。

 あっ、問題文では「勾配の急な上り坂及び下り坂」になっていますね。でも、勾配の急な上り坂は徐行ではなかったから、答えは×ですね。

 正解です。勾配が急な場合に「下り坂」は徐行でも、「上り坂」は徐行ではありません。ご注意ください。

 徐行に関して、ほかに注意するポイントはありますか？

 「徐行」と「一時停止」の区別も明確にしておく必要があります。試験ではこの２つの字句が入れ替えられて出題されることがよくあります。たとえば、交通整理の行われていない交差点に入ろうとする場合は、<u>徐行</u>しなければなりませんが、「一時停止しなければならない」という誤った字句と入れ替えて出題されたりします。ご注意ください。

わかりました！

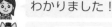 その<u>一時停止</u>についても、ここで確認しておきましょう。一時停止しなければならない場合は、下の図の通りです。

図で覚える 「**一時停止**」のルール

	一時停止のタイミング
道路標識などにより停止線が設けられている場合	道路標識などによる<u>停止線の直前</u>で一時停止
道路標識などによる停止線が設けられていない場合	<u>交差点の直前</u>で一時停止

この場合は<u>一時停止</u>が必要！
- 横断歩道を横断、または横断しようとする歩行者などがあるとき
- 横断歩道の直前で、停止している車両の側方を通過してその前方に出ようとするとき
- 緊急自動車が接近してきたとき
- 道路外の施設、または場所に出入するために歩道などを通行するとき

 ここでも「一時停止」と「徐行」の入れ替えがポイントですか？

はい。たとえば横断しようとする歩行者がいる場合や、道路外の施設、または場所に出入するため歩道などを通行するときは、<u>一時停止</u>であって、「徐行」ではないことをしっかり区別しておきましょう。
そのほかにも徐行と一時停止については、この章の **5** で学んだ「『通行方法』の遵守事項」の図（187 ページ）についてもあわせて確認しておいてください。

 同じ「徐行」についてのルールなのに、なぜセクションを別にして学習したんですか？

 それぞれ別の条文で定められているルールだからです。それぞれの内容を条文とともに理解しておいてくださいね。

 了解です。両方を確認しておきます！

問 8・解説

2 の「徐行」をしなければならない場合や箇所には「勾配の急な上り坂」は該当していません。3 の横断歩道等に接近する場合で、そこに歩行者等があるときは、「徐行して通過しなければならない」ではなく、<u>一時停止し歩行者の通行を妨げないようにしなければならない</u>となります。

正解 2、3

9 車両通行帯

車両通行帯に関する「原則」と「例外」や、路線バス等優先通行帯のルールは、条文の字句までしっかり押さえておきましょう。

要チェックの条文はコレ！

【第二十条（車両通行帯）】

車両は、車両通行帯の設けられた道路においては、道路の<u>左側端</u>から数えて<u>一番目の車両通行帯</u>を通行しなければならない。ただし、自動車（小型特殊自動車及び道路標識等によって指定された自動車を除く。）は、当該道路の左側部分（当該道路が一方通行となっているときは、当該道路）に<u>三以上</u>の車両通行帯が設けられているときは、政令で定めるところにより、その<u>速度</u>に応じ、その<u>最も右側</u>の車両通行帯以外の車両通行帯を通行することができる。

2　車両は、車両通行帯の設けられた道路において、道路標識等により前項に規定する通行の区分と異なる通行の区分が指定されているときは、当該通行の区分に従い、当該車両通行帯を通行しなければならない。

【第二十五条（道路外に出る場合の方法）】

3　道路外に出るため左折又は右折をしようとする車両が、法令の規定により、それぞれ道路の左側端、中央又は右側端に寄ろうとして手又は方向指示器による合図をした場合においては、その後方にある車両は、<u>その速度又は方向を急に変更しなければならないこととなる場合を除き</u>、当該合図をした車両の進路の変更を妨げてはならない。

✓ 条文は字句までしっかり覚えよう！

 <u>車両通行帯</u>でのポイントは、「原則」と「例外」があることです。

表で覚える　「車両通行帯」のルール①〜「原則」と「例外」〜

原則	車両は、車両通行帯の設けられた道路においては、道路の<u>左側端</u>から数えて<u>1番目の車両通行帯</u>を通行しなければならない
例外	道路の左側部分に<u>3以上</u>の車両通行帯が設けられているときは、その<u>速度</u>に応じ、その<u>もっとも右側</u>の車両通行帯以外の車両通行帯を通行することができる

 試験ではどのような出題パターンになるのですか？

択一式や条文の穴埋め問題です。そのため、条文の暗記は必須です！

次に、<u>路線バス等優先通行帯</u>です。混雑時など、路線バスなどが後方から接近してきてその通行帯から出られなくなるおそれがあるときには、その通行帯の通行はNGです。試験では、「〜当該車両通行帯から出ることができないこととなるときであっても」など、誤った字句になって出題されます。

表で覚える 「車両通行帯」のルール②〜路線バス等優先通行帯〜

> 路線バスの優先通行帯であることが道路標識などにより表示されている車両通行帯が設けられている道路においては、自動車は路線バスなどが後方から接近してきた場合に、当該道路における交通の混雑のためその車両通行帯から出ることができないこととなるときは、その車両通行帯を通行してはならず、また車両通行帯を通行している場合において、後方から路線バスが接近してきたときは、その正常な運行に支障を及ぼさないように、速やかに車両通行帯の外に出なければならない

では、実際の試験問題を見てみましょう。

試験ではこう出る！

問. 一般乗合旅客自動車運送事業者による路線定期運行の用に供する自動車（以下「路線バス等」という。）の優先通行帯であることが道路標識等により表示されている車両通行帯が設けられている道路においては、自動車（路線バス等を除く。）は、後方から路線バス等が接近してきた場合であっても、その路線バス等の正常な運行に支障を及ぼさない限り、当該車両通行帯を通行することができる。〇か×か。

この場合は、速やかに外に出ないといけないから、×ですね！

正解です。最後に「踏切の通過」についても確認しておきましょう。

表で覚える 「踏切の通過」のルール

- 車両などは、踏切を通過しようとするときは、踏切の直前（道路標識などによる停止線が設けられているときは、その停止線の直前）で停止し、かつ安全であることを確認した後でなければ進行してはならない。ただし、信号機の表示する信号に従うときは、踏切の直前で停止しないで進行することができる

- 車両などは、踏切を通過しようとする場合において、踏切の遮断機が閉じようとし、もしくは閉じている間、または踏切の警報機が警報している間は、当該踏切に入ってはならない

- 故障その他の理由により踏切で車両などを運転できなくなったときは、直ちに非常信号を行うなど、踏切に故障その他の理由により停止している車両などがあることを鉄道、もしくは軌道の係員、または警察官に知らせるための措置を講ずるとともに、その車両などを踏切以外の場所に移動するため必要な措置を講じなければならない

問9・解説

車両通行帯のルールは、「道路の左側端から数えて一番目の車両通行帯を通行」が原則です。例外として「道路の左側部分三以上の車両通行帯が設けられている場合は、最も右側の車両通行帯以外の車両通行帯」の通行が可能です。

正解　A：1　B：2　C：1

10 追越し等

重要度
★★★

「追越しの方法」と「追越しの禁止（場合と場所）」はとくに
チェック！ 追越し禁止・可能の条件も整理しておきましょう。

要チェックの条文はコレ！

【第二十八条（追越しの方法）】

車両は、他の車両を追い越そうとするときは、その追い越されようとする車両（以下この節において「前車」という。）の右側を通行しなければならない。

2　車両は、他の車両を追い越そうとする場合において、前車が法令の規定により道路の中央又は右側端に寄って通行しているときは、前項の規定にかかわらず、その左側を通行しなければならない。

3　車両は、路面電車を追い越そうとするときは、当該車両が追いついた路面電車の左側を通行しなければならない。ただし、軌道が道路の左側端に寄って設けられているときは、この限りでない。

4　前三項の場合においては、追越しをしようとする車両は、反対の方向又は後方からの交通及び前車又は路面電車の前方の交通にも十分に注意し、かつ、前車又は路面電車の速度及び進路並びに道路の状況に応じて、できる限り安全な速度と方法で進行しなければならない。（以下、略）

✓ 条件がそろえば、追越し可能な「場合」や「場所」もある

 まず、車間距離の保持と進路変更の禁止から見ていきましょう。

表で覚える 「車間距離の保持」と「進路の変更の禁止」のルール

車間距離の保持

● 車両などは、同一の進路を進行しているほかの車両などの直後を進行するときは、その直前の車両などが急に停止したときにおいても、これに追突するのを避けることができるため必要な距離を、これから保たなければならない

進路の変更の禁止

● 車両は、みだりにその進路を変更してはならない
● 車両は、進路を変更した場合に、その変更した後の進路と同一の進路を後方から進行してくる車両などの速度、または方向を急に変更させることとなるおそれがあるときは、進路を変更してはならない

 進路変更の禁止については、後続車両などの速度または方向を急に変更させるおそれがあるときは、「進路を変更してはならない」となっていますが、試験では、「速やかに進路を変更しなければならない」などの誤った字句で出題されたりします。ご注意ください。

常識的に考えて、「速やかに進路を変更する」では危険で、道路における危険を防止する道路交通法の目的からほど遠いですよね。

まさにその通りです。さて、次は<u>追越しの方法</u>のルールです。

これにも、「原則」と「例外」があるんですね。

表で覚える 「追越しの方法」のルール

原則	<u>ほかの車両を追い越そうとするとき</u>は、追い越されようとする車両の<u>右側</u>を通行しなければならない
例外	<u>前車が道路の中央、または右側端に寄って通行しているとき</u>は、<u>左側</u>を通行しなければならない

追越し中は、追い越す車との間に安全な間隔を保つ必要があります

例外に「左側を通行しなければならない」とありますが、試験では「前車を追い越してはならない」といった誤った字句で出題されたりしますので、ご注意ください。次に、<u>追越しを禁止する場合</u>と<u>場所</u>についてです。

図で覚える 「追越し禁止」のルール

禁止する場合

<u>前車がほかの自動車、またはトロリーバスを追い越そうとしているとき</u>は、後車は、追越しをはじめてはならない

禁止する場所

<u>道路標識などにより追越しが禁止されている道路</u>の部分、および次に掲げるその他の道路の部分においては、車両はほかの車両（特定小型原動機付自転車等（特定小型原動機付自転車及び軽車両）<u>を除く</u>）を追い越すため、進路を変更し、または前車の側方を通過してはならない

- 道路のまがりかど附近　● 上り坂の頂上附近　● 勾配の急な下り坂
- <u>トンネル</u>（車両通行帯の設けられた道路以外の道路の部分に限る）
- 交差点（優先道路を通行している場合での当該優先道路にある交差点を除く）・踏切・横断歩道、または自転車横断帯、およびこれらの手前の側端から前に<u>30メートル</u>以内の部分

まず押さえておきたいのが、禁止する場所での特定小型原動機付自転車等<u>を除く</u>という部分です。

では軽車両や電動キックボードなどは追越し可能ということですか？

はい。<u>一般原動機付自転車は軽車両ではない</u>ことも覚えておきましょう。

試験での注意点はありますか？

 追越しを禁止する場所の場合だと、余計な字句や誤った字句をまぎれ込ませた問題が出たりします。たとえば、禁止する場所に<u>道路のまがりかど附近</u>がありますが、ここに「前方が見とおせる場合を除き」という余計な字句がまぎれ込んだりするのです。

 前方が見とおせても、見とおせなくても、<u>道路のまがりかど附近</u>では追越し禁止なんですね。

 そうです。そのほか、禁止場所に<u>上り坂の頂上附近</u>と<u>勾配の急な下り坂</u>がありますが、ここには「勾配の急な上り坂」は含まれていないことにもご注意ください。

 トンネルは、<u>車両通行帯が設けられていない場合</u>は追越し禁止ということは、「車両通行帯が設けられている場合」は追越し可能なんですか？

 もちろん可能です。そして交差点については、<u>優先道路を通行している場合に、その優先道路にある交差点を除</u>きます。

 つまり、優先道路を通行している場合は追越しができるんですね！

 ご名答！　追越しの禁止と可能の条件を下の表にまとめました。

表で覚える 追越しが「禁止」「可能」の条件

一般原動機付自転車は軽車両ではありません

	相手車両	トンネル	交差点※
追越し禁止	自動車 一般原動機付自転車 トロリーバス	車両通行帯が設けられていない道路の部分	原則禁止
追越し可能	特定小型原動機付自転車等（特定小型原動機付自転車及び軽車両）	車両通行帯が設けられている道路の部分	優先道路を通行している場合は、可能

※手前の側端から前に30メートル以内の部分

 こういう表になっていると、覚えやすいですね。

 では、追越し禁止に関する試験問題を確認しておきましょう。

 **試験ではこう出る！**

問. 車両は、法令に規定する優先道路を通行している場合における当該優先道路にある交差点を除き、交差点の手前の側端から前に 30 メートル以内の部分においては、他の車両（特定小型原動機付自転車等を除く。）

を追い越そうとするときは、速やかに進路を変更しなければならない。〇か×か。

 交差点の場合、「手前の側端から前に 30 メートル以内の部分」は、原則、追越し禁止ですよね。だから、×かな。

 正解です。この場合、「速やかに進路を～」ではなく、「他の車両（特定小型原動機付自動車等を除く。）を追い越すため、進路を変更し、又は前車の側方を通過してはならない」が正しい字句になります。
次に割込み等の禁止ですが、次のように定められています。

表で覚える 「割込み等の禁止」のルール

● 車両は、法令の規定、もしくは警察官の命令により、または危険を防止するため、停止し、もしくは停止しようとして徐行している車両など、またはこれらに続いて停止し、もしくは徐行している車両などに追いついたときは、その前方にある車両などの側方を通過して当該車両などの前方に割り込み、またはその前方を横切ってはならない

 続いて乗合自動車の発進の保護です。乗合自動車とはバスのことです。

表で覚える 「乗合自動車の発進の保護」のルール

● 停留所において、乗客の乗降のため停車していた乗合自動車が、発進するため進路を変更しようとして、手または方向指示器により合図をした場合においては、その後方にある車両は、その速度または方向を急に変更しなければならないこととなる場合を除き、当該合図をした乗合自動車の進路の変更を妨げてはならない

 つまり、バスの進路の変更は妨げてはならない、ということですね。

 そうです。なお、割込み等の禁止と乗合自動車の発進の保護についての試験対策は、上の字句を覚える程度で十分です。

問 10・解説

2 の前車が道路の中央又は右側端に寄って通行しているときは、「前車を追い越してはならない」ではなく、その左側を通行しなければならないです。4 のようなケースの場合、「速やかに進路を変更しなければならない」ではなく、進路を変更してはならないとなります。

正解　1、3

11 交差点

交差点に関してはさまざまなルールがあります。とくに交差点での左折または右折の方法について押さえておきましょう。

要チェックの条文はコレ！

【第三十四条（左折又は右折）】

車両は、<u>左折</u>するときは、あらかじめその前からできる限り道路の<u>左側端</u>に寄り、かつ、できる限り道路の左側端に沿って（道路標識等により通行すべき部分が指定されているときは、その指定された部分を通行して）<u>徐行</u>しなければならない。

6　左折又は右折しようとする車両が、前各項の規定により、それぞれ道路の左側端、中央又は右側端に寄ろうとして手又は方向指示器による合図をした場合においては、その後方にある車両は、その速度又は方向を<u>急に変更しなければならないこととなる場合</u>を除き、当該合図をした車両の<u>進路の変更</u>を妨げてはならない。（以下、略）

✓ 交差点でのほかの車両等への対応は？

　交差点における<u>左折</u>または<u>右折</u>の方法は、下図のように定められています。

図で覚える　左折・右折の方法

左折	あらかじめその前からできる限り道路の<u>左側端</u>に寄り、かつできる限り道路の左側端に沿って<u>徐行</u>しなければならない
右折	あらかじめその前からできる限り道路の<u>中央</u>に寄り、かつ交差点の中心の直近の内側を<u>徐行</u>しなければならない
一方通行の道路での右折	あらかじめその前からできる限り道路の<u>右側端</u>に寄り、かつ交差点の中心の内側を<u>徐行</u>しなければならない

> 交差点で右折する場合に、直進し、または左折しようとする車両があるときは、当該車両の進行妨害は禁止です

　それぞれで「寄る位置」が違うんですね。

　はい。一方で、どの場合においても「徐行しなければならない」というのは共通しています。

　それぞれの位置で「寄って」、かつ「徐行」ですね。
ちなみに、試験での出題パターンはありますか？

　ここでも、誤った字句を入れ替えるものが主な出題パターンです。
たとえば、右折または左折の合図を出している車両に対する、後方車両に

よる進路変更妨害を禁止する条文では、「その後方にある車両は、その速度又は方向を<u>急に変更しなければならないこととなる場合</u>を除き、当該合図をした車両の<u>進路の変更</u>を妨げてはならない」となっています。

試験問題では、「急に変更しなければならないこととなる場合を除き」の部分を、「いかなる場合であっても」といった誤った字句と入れ替えて出題されたりします。たとえば、こんな具合です。

📋 試験ではこう出る！

問. 左折又は右折しようとする車両が、法令の規定により、それぞれ道路の左側端、中央又は右側端に寄ろうとして手又は方向指示器による合図をした場合においては、その後方にある車両は、いかなる場合であっても当該合図をした車両の進路を妨げてはならない。〇か×か。

「いかなる場合であっても」ではないから、×ですね。

正解です。では、交差点において、ほかの車両などにどう対応すればいいのかを整理してみましょう。それをまとめたのが下の図です。

図で覚える　交差点におけるほかの車両などへの対応

交通整理の行われていない交差点内	進行妨害をしてはならない	車両などは、交通整理の行われていない交差点においては、その通行している道路が優先道路である場合を除き、交差道路が優先道路であるとき、またはその通行している道路の幅員よりも交差道路の幅員が明らかに広いものであるときは、当該交差道路を通行する車両などの<u>進行妨害をしてはならない</u>
交通整理の行われていない交差点に入る	徐行	車両など（優先道路を通行している車両などを除く）は、交通整理の行われていない交差点に入ろうとする場合において、交差道路が優先道路であるとき、またはその通行している道路の幅員よりも交差道路の幅員が<u>明らかに広いもの</u>であるときは、<u>徐行</u>しなければならない
交差点に入るおよび交差点内を通行	できる限り安全な速度と方法で進行	車両などは、交差点に入ろうとし、および交差点内を通行するときは、当該交差点の状況に応じ交差道路を通行する車両などや、反対方向から進行してきて右折する車両など、および当該交差点またはその直近で道路を横断する歩行者にとくに注意し、かつ<u>できる限り安全な速度と方法</u>で進行しなければならない
交差点で右折	進行妨害をしてはならない	車両などは、交差点で右折する場合において、当該交差点において直進し、または左折しようとする車両などがあるときは、当該車両などの<u>進行妨害をしてはならない</u>

交通整理の行われていない交差点って何ですか？

 「信号機のない交差点」というイメージで OK です。ここで押さえておきたいのは、どんな場合に、「進行妨害をしてはならないのか」「徐行しなければならないのか」「できる限り安全な速度と方法で進行しなければならないのか」です。

 試験での出題パターンはありますか？

 ここでも、条文での字句の入れ替えパターンがよく出題されます。たとえば、徐行しなければならないが「一時停止しなければならない」となっていたり、という具合です。
ここで、交差点等への進入禁止についても見ておきましょう。

表で覚える 「交差点等への進入禁止」のルール

- 交通整理の行われている交差点に入ろうとする車両などは、その進行しようとする進路の前方の車両などの状況により、交差点（交差点内に道路標識などによる停止線が設けられているときは、その停止線を越えた部分）に入った場合においては、当該交差点内で停止することとなり、よって交差道路における車両などの通行の妨害となるおそれがあるときは、当該交差点に入ってはならない
- 車両などは、その進行しようとする進路の前方の車両などの状況により、横断歩道、自転車横断帯、踏切、または道路標示によって区画された部分に入った場合においては、その部分で停止することとなるおそれがあるときは、これらの部分に入ってはならない

 ここでの出題パターンも字句の入れ替えです。たとえば、交差点に入ってはならないという部分が、「できる限り安全な速度と方法で当該交差点に入らなければならない」という誤った字句と入れ替えられていたりします。

✓ 環状交差点でのさまざまなルールを押さえておこう

 次は、環状交差点について見ていきましょう。

 環状交差点って何ですか？

 右の図のように、車両の通行部分が環状になっており、車両が時計回りに通行することが指定されている交差点のことです。試験対策としては、この理解で問題ありません。

 ドーナツ状の形の交差点なんですね。

 はい。環状交差点でのルールをまとめたのが、次ページの表です。

表で覚える **「環状交差点」のルール**

環状交差点における左折など

- 車両は、環状交差点において左折し、または右折するときは、あらかじめその前からできる限り道路の<u>左側端</u>に寄り、かつできる限り環状交差点の側端に沿って（道路標識などにより通行すべき部分が指定されているときは、その指定された部分を通行して）<u>徐行</u>しなければならない

- 車両は、環状交差点において直進し、または転回するときは、あらかじめその前からできる限り道路の<u>左側端</u>に寄り、かつできる限り環状交差点の側端に沿って（道路標識などにより通行すべき部分が指定されているときは、その指定された部分を通行して）<u>徐行</u>しなければならない

環状交差点におけるほかの車両などとの関係など

- 車両などは、環状交差点においては、当該環状交差点内を通行する車両などの<u>進行妨害</u>をしてはならない

- 車両などは、環状交差点に入ろうとするときは、<u>徐行</u>しなければならない

- 車両などは、環状交差点に入ろうとし、および環状交差点内を通行するときは、当該環状交差点の状況に応じ、当該環状交差点に入ろうとする車両などや、当該環状交差点内を通行する車両など、および当該環状交差点、またはその直近で道路を横断する歩行者にとくに注意し、かつできる限り<u>安全な速度と方法</u>で<u>進行</u>しなければならない

合図

- 車両の運転者は、環状交差点においては、環状交差点を出るとき、または環状交差点において徐行し、停止し、もしくは後退するときは、手、方向指示器または灯火により合図をし、かつこれらの行為が終わるまで合図を<u>継続</u>しなければならない

ここでの試験対策のポイントは何ですか？

上の表の2つ目の「ほかの車両などとの関係など」のところで、環状交差点に入ろうとするときのルールは、<u>徐行しなければならない</u>であり、環状交差点に入ろうとするときや、環状交差点内を通行するときは、<u>道路を横断する歩行者にとくに注意し、かつできる限り安全な速度と方法で進行しなければならない</u>です。この2つを区別しておきましょう。

問11・解説

1の交通整理の行われていない交差点に入ろうとするときは、「一時停止しなければならない」ではなく、<u>徐行しなければならない</u>となります。　　　　　<u>正解　1</u>

12 停車・駐車

停車や駐車が禁止されている場所のほか、部分的に禁止されている場所は何メートル以内かの数字もしっかりチェック！

要チェックの条文はコレ！

【第四十五条（駐車を禁止する場所）】

車両は、道路標識等により駐車が禁止されている道路の部分及び次に掲げるその他の道路の部分においては、駐車してはならない。（以下、略）

2 車両は、第四十七条第二項又は第三項の規定により駐車する場合に当該車両の右側の道路上に**三・五メートル**（道路標識等により距離が指定されているときは、その距離）以上の**余地**がないこととなる場所においては、駐車してはならない。ただし、貨物の積卸しを行なう場合で運転者がその車両を離れないとき、若しくは運転者がその車両を離れたが直ちに運転に従事することができる状態にあるとき、又は傷病者の救護のためやむを得ないときは、この限りでない。

【第四十九条の四（高齢運転者等専用時間制限駐車区間における駐車の禁止）】

高齢運転者等専用時間制限駐車区間においては、高齢運転者等標章自動車以外の車両は、駐車をしてはならない。（以下、略）

✓ 5メートルか10メートルかの区別をしっかりつける

ここでは停車と駐車を見ていきます。それぞれの定義は173ページですでに確認しましたが、ここでもう一度見てみましょう。

表で覚える 「停車」と「駐車」の定義

停車	車両などが停止することで、駐車以外のもの
駐車	車両などが、客待ち、荷待ち、貨物の積卸し、故障その他の理由により継続的に停止すること（貨物の積卸しのための停止で、5分を超えない時間内のもの、および人の乗降のための停止を除く）。または車両などが停止（特定自動運行中の停止を除く）し、かつ当該車両などの運転をする者がその車両などを離れて直ちに運転することができない状態にあること

停車と駐車は混同しそうですが、
停まっている状態に違いがあります。
その違いをしっかり意識するように
しましょう

停車と駐車って違うんですね。ちなみに、同じ「停まる」でも、具体的に どう違うんですか？

 停車は「継続的に停まっていない状態」、駐車は「継続的に停まっている状態」で、停車と駐車については、<u>両方とも禁止</u>されている場所と、<u>駐車のみが禁止</u>されている場所との区別も必要です。
まず両方禁止の場所を下の表で確認していきましょう。

表で覚える 「停車」と「駐車」が禁止されている場所

- 道路標識などによって禁止されている場所
- 交差点、横断歩道、自転車横断帯、踏切、軌道敷内、坂の頂上附近、勾配の急な坂、トンネル

5メートル以内で禁止の場所

- 交差点の側端、または道路のまがりかどから<u>5メートル</u>以内の部分
- 横断歩道、または自転車横断帯の前後の側端から
  それぞれ前後に<u>5メートル</u>以内の部分

10メートル以内で禁止の場所

- 安全地帯が設けられている道路の当該安全地帯の左側の部分、
  および当該部分の前後の側端からそれぞれ前後に<u>10メートル</u>以内の部分
- 乗合自動車の停留所、またはトロリーバス、もしくは路面電車の停留場を
  表示する標示柱または標示板が設けられている位置から<u>10メートル</u>以内の部分
- 踏切の前後の側端からそれぞれ前後に<u>10メートル</u>以内の部分

禁止の場所は、5メートル 以内や10メートル以内も含 めて、正確に覚えましょう

 道路標識などによって禁止されている場所とありますが、どんな標識があるんですか？

 駐停車禁止の道路標識は右のものになります。

この道路標識がある場所では、停車も駐車も禁止ってことですね。それと、5メートル以内で禁止とか、10メートル以内で禁止というのがありますが、これって何ですか？

よく気がつきましたね。停車と駐車が禁止されている場所には、<u>場所そのもの</u>が禁止されている場合と、5メートル以内や10メートル以内という具合に、<u>部分的</u>に禁止されている場合とがあります。
試験対策としては、禁止されている場所や、部分的に禁止の場合は、それぞれの場所が5メートル以内なのか10メートル以内なのかをしっかり区別して覚えておいてください。

 5メートル以内と10メートル以内の2つだけなので、覚えやすいですね。

 試験では、何メートル以内という数字の部分を誤った数字と入れ替えて出題されますので、正確に覚えておく必要があります。

 わかりました！

 では次に、駐車が禁止されている場所を見ていきましょう。

表で覚える **「駐車」が禁止されている場所**

- 道路標識などによって禁止されている場所

【1メートル以内で禁止の場所】

- 火災報知機から1メートル以内の部分

【3メートル以内で禁止の場所】

- 人の乗降、貨物の積卸し、駐車、または自動車の格納もしくは修理のために、道路外に設けられた施設、または場所の道路に接する自動車用の出入口から3メートル以内の部分

【3.5メートル以内で禁止の場所】

- 車両の右側の道路上に3.5メートル以上の余地がない場所
  ※ ただし、貨物の積卸しを行う場合で、運転者がその車両を離れないときや、運転者がその車両を離れたが直ちに運転に従事することができる状態にあるとき、または傷病者の救護のためやむを得ないときは、この限りでない

【5メートル以内で禁止の場所】

- 道路工事が行われている場合における、当該工事区域の側端から5メートル以内の部分
- 消防用機械器具の置場もしくは消防用防火水槽の側端、またはこれらの道路に接する出入口から5メートル以内の部分
- 消火栓、指定消防水利の標識が設けられている位置、または消防用防火水槽の吸水口もしくは吸管投入孔から5メートル以内の部分

駐車禁止

駐車禁止の道路標識は左のものになります

駐車禁止の場所では、どのあたりが試験対策のポイントになりますか？

 ここでも、それぞれの数字を正確に覚えておくことが、試験対策として必須です。1つひとつを確実に覚えるようにしましょう。

 わかりました！

 また、試験でとくに狙われやすいのが、<u>右側の道路上に 3.5 メートル以上の余地がない場所</u>の部分です。

 これまでの「〜から何メートル以内の部分で禁止」というのとは、異なる表現ですもんね。

 そうです。これはほかと毛色が違う分、試験でも出題されやすいのです。試験ではこんな具合に出題されます。

📋 試験ではこう出る！

問. 車両は、公安委員会が交通がひんぱんでないと認めて、指定した区域を除き、法令の規定により駐車する場合に当該車両の右側の道路上に 5 メートル（道路標識等により距離が指定されているときは、その距離）以上の余地がないこととなる場所においては、駐車してはならない。○か×か。

 なるほど、こういう形で出題されるんですね。今、学んだところだからバッチリわかりますよ！ これは×ですね。

 正解。「5メートル」ではなく <u>3.5 メートル</u>が正しい数字ですね。しっかり頭に入れておきましょう。

 はい、頑張ります！

問 12・解説

2 で示される部分で駐車してはならないのは、「5メートル以内」ではなく、<u>3 メートル以内</u>です。4 で示される駐車禁止の場所において、火災報知機との距離は「5メートル以内」ではなく、<u>1 メートル以内</u>です。　　　　　　　　　　　<u>正解　1、3</u>

13 道路標識

| 重要度 ☆☆☆ | 「通行区分」「積載」「総重量」「高さ」「幅」といった貨物自動車特有のものを中心に道路標識の意味を押さえましょう。 | |

要チェックの条文はコレ！

【道路標識、区画線及び道路標示に関する命令／別表第一(第二条関係)規制標識・大型貨物自動車等通行止め】

道路標識により、専ら人を運搬する構造の大型自動車（以下「大型乗用自動車」という。）以外の大型自動車、車両総重量が<u>八千キログラム以上</u>、最大積載量が<u>五千キログラム以上</u>又は乗車定員が十一人以上の中型自動車（以下「特定中型自動車」という。）で専ら人を運搬する構造のもの（以下「特定中型乗用自動車」という。）以外のもの及び大型特殊自動車（以下この項において「大型貨物自動車等」という。）の通行を禁止すること。

✓ それぞれ道路標識の意味を覚えよう

 まず「通行止め」に関連する道路標識を見ていきましょう。

表で覚える 道路標識① 〜通行止め関連〜

🚫通行止	通行止め	<u>歩行者</u>、<u>車両</u>、および<u>路面電車</u>の通行を禁止する
🚫	車両通行止め	<u>車両</u>の通行を禁止する
⛔	車両進入禁止	道路における車両の通行につき、一定の方向にする通行が禁止される道路において、車両がその禁止される方向に向かって<u>進入</u>することを禁止する
🚛	大型貨物自動車等通行止め	大型貨物自動車（<u>車両総重量11トン以上</u>、または<u>最大積載量6.5トン以上</u>）、特定中型貨物自動車（<u>車両総重量8トン以上11トン未満、または最大積載量5トン以上6.5トン未満</u>）、大型特殊自動車の通行を禁止する
🛞	タイヤチェーンを取り付けていない車両通行止め	<u>タイヤチェーン</u>を取り付けていない車両の通行を禁止する
🚛 積3t	特定の最大積載量以上の貨物車等通行止め	指定された<u>積載重量</u>以上の車両の通行を禁止する

ここに挙げた道路標識で、まず押さえておきたいのが、「大型貨物自動車等通行止め」の標識です。この標識のある道路では、<u>車両総重量が８トン以上・最大積載量が５トン以上</u>の大型貨物自動車、特定中型貨物自動車などの通行が禁止されています。

 あれ？　一番下の「特定の最大積載量以上の貨物車等通行止め」の標識には、「積3t」とありますが、これは３トン以上の積載重量の車両の通行を禁止しているという意味ですか？

 その通りです。この場合、<u>積載重量</u>であって「総重量」ではありませんのでご注意ください。
次は、「矢印」を用いた道路標識を確認していきます。ここでは矢印という共通点に惑わされず、それぞれの意味をきちんと区別しておくことが重要です。

表で覚える **道路標識② ～矢印のあるもの～**

	指定方向外 進行禁止	標示板の矢印の示す方向以外の方向への車両の<u>進行</u>を禁止する
	車両横断禁止	車両の<u>横断</u>を禁止する（道路外の施設、または場所に出入するための左折を伴う横断を除く）
	転回禁止	車両の<u>転回</u>を禁止する
	追越しのための 右側部分はみ出 し通行禁止	車両が追越しのため<u>右側部分にはみ出して通行</u>することを禁止する
追越し禁止	追越し禁止	車両の<u>追越し</u>を禁止する

 「追越しのための右側部分はみ出し通行禁止」と「追越し禁止」は、図柄も意味も似ていますね。

 「追越し禁止」は、<u>追越しそのもの</u>を禁止しているのに対し、「追越しのための右側部分はみ出し通行禁止」は、はみ出さなければ<u>追越しそのものは可能</u>です。この違いを押さえておけば○Ｋです。
次に「数字」や「文字」が書かれた道路標識を見ていきましょう。

	駐停車禁止	<u>指定する時間帯</u>の車両の駐車、および停車を禁止する
	駐車禁止	<u>指定する時間帯</u>の車両の駐車を禁止する
	危険物積載車両通行止め	危険物を積載する車両の通行を禁止する
	重量制限	<u>標示板に表示される重量を超える総重量</u>の車両の通行を禁止する
	高さ制限	<u>標示板に表示される高さを超える高さ</u>（積載した貨物の高さを含む）の車両の通行を禁止する
	最大幅	<u>規定に定める最大幅</u>を超える幅の車両の通行を禁止する
	最高速度	自動車の<u>最高速度</u>を指定する
	特定の種類の車両の最高速度	<u>車両の種類を特定</u>して<u>最高速度</u>を指定する
	最低速度	自動車の<u>最低速度</u>を指定する

 「重量制限」の標識では、そこに書かれた数字を超える<u>総重量</u>の車両の通行が禁止されています。

 上の表だと、5.5トンを超える総重量の車両が通行禁止ってことですね。

 そうです。この標識の場合、<u>総重量</u>であって「積載量」でないことも覚えておきましょう。最後は、「通行区分」や「通行帯」などの道路標識です。次ページを見てください。

 通行区分や通行帯というのは、「こういう自動車は、ここを走ってください」ってことですよね。

 そうです。たとえば、「特定の種類の車両の通行区分」は、「大型貨物自動車はここを走ってください」「ここはバス専用です」といったことを示しています。

表で覚える 道路標識④〜通行区分・通行帯など〜

	特定の種類の車両の通行区分	車両通行帯の設けられた道路において、車両の種類を特定して<u>通行の区分と異なる通行の区分</u>を指定する
	けん引自動車の高速自動車国道通行区分	車両通行帯の設けられた高速自動車国道の本線車道において、<u>けん引自動車で重被けん引車をけん引しているものの通行の区分</u>を指定する
	けん引自動車の自動車専用道路第一通行帯通行指定区間	車両通行帯の設けられた自動車専用道路の本線車道において、重被けん引車をけん引しているけん引自動車が、左側端から数えて一番目の車両通行帯を通行しなければならない<u>自動車専用道路の区間</u>を指定する
	専用通行帯	車両通行帯の設けられた道路において、<u>特定の車両が通行しなければならない専用通行帯を指定</u>し、かつほかの車両が通行しなければならない車両通行帯として専用通行帯以外の車両通行帯を指定する
	路線バス等優先通行帯	路線バスなどの<u>優先通行帯</u>であることを表示する
	環状の交差点における右回り通行	車両の通行の用に供する部分が、<u>環状の交差点において車両が右回りに通行</u>すべきことを指定する

いろいろな通行区分や通行帯があるんですね。

最後に、道路標識に関する試験問題を確認しましょう。

試験ではこう出る！

問. この道路標識がある場合、車両総重量が9,800キログラムで最大積載量が5,500キログラムの特定中型自動車（専ら人を運搬する構造のもの以外のもの）は通行してはならない。〇か×か。

この道路標識は大型貨物自動車等通行止めでしたよね。

その通りです。ここには、特定中型自動車も含まれていて、その定義は、「車両総重量8トン以上11トン未満、または最大積載量5トン以上6.5トン未満」なので、正解は〇となります。

問13・解説

4は、<u>車両横断禁止</u>の標識です。そのため、「指定された方向以外の方向に進行してはならない」ではなく、<u>車両の横断を禁止する</u>となります。　　　　正解　4

217

一問一答・チャレンジ問題！

この章で学んだ内容を一問一答形式で確認していきましょう。正しいものには○、誤っているものには×をつけていってください。解けなかった問題などには□にチェックを入れ、あとで見直しましょう。

重要度：★★＞★＞無印

□□ **1** ★★ 車両通行帯とは、車両が道路の定められた部分を通行すべきことが道路標示により示されている場合における当該道路標示により示されている道路の部分をいう。

□□ **2** ★★ 車両とは、自動車、原動機付自転車及びトロリーバスをいう。

□□ **3** ★★ 道路標識とは、道路の交通に関し、規制又は指示を表示する標示で、路面に描かれた道路鋲、ペイント、石等による線、記号又は文字をいう。

□□ **4** ★ 免許を受けた者が、自動車等の運転に関し道路交通法若しくは同法に基づく命令の規定又は同法の規定に基づく処分に違反したとき等は、その者の住所地を管轄する公安委員会は、政令で定める基準に従い、その者の免許を取り消し、又は6ヵ月を超えない範囲内で期間を定めて免許の効力を停止することができる。

□□ **5** ★ 貨物自動車運送事業の用に供する車両総重量が 4,995 キログラムの自動車が、故障した車両総重量 1,485 キログラムの普通自動車をロープでけん引する場合の最高速度は、道路標識等により最高速度が指定されていない一般道路においては、時速 30 キロメートルである。

□□ **6** ★★ 警察官は、過積載をしている車両の運転者及び使用者に対し、当該車両に係る積載が過積載とならないようにするため必要な応急の措置をとることを命ずることができる。

□□ **7** ★ 車両（軽車両を除く。）の運転者は、貨物が分割できないものであるため政令で定める乗車人員又は積載物の重量、大きさ若しくは積載の方法（以下「積載重量等」という。）の制限又は公安委員会が定める積載重量等を超えることとなる場合において、当該車両の出発地を管轄する警察署長が当該車両の構造又は道路若しくは交通の状況により支障がないと認めて積載重量等に限って許可をしたときは、当該許可に係る積載重量等の範囲内で当該制限を超える積載をして車両を運転することができる。

解説と解答

道路交通法は、「交通ルール」の理解が問われる分野。一問一答では試験で頻出の項目をピックアップしました。まずは、ここで取り上げる内容をしっかりインプットしましょう。

設問の文は、<u>車両通行帯</u>の定義です。試験では、「車両通行帯」と「本線車道」の言葉を入れ替えて出題されることがあります（その場合は当然「×」です）。ご注意ください。

（**1**参照）　○

車両には、設問の3つ（自動車、原動機付自転車、トロリーバス）のほか、<u>軽車両</u>も入ります。

（**1**参照）　×

設問の文は、「道路標識」ではなく<u>道路標示</u>の定義です。それぞれの定義を再確認し、「標識」と「標示」の違いを明確にしておきましょう。

（**1**参照）　×

免許を受けた者が、自動車等の運転に関し道路交通法などに違反したときなどは、その者の住所地を管轄する公安委員会は、その者の免許を取り消し、又は<u>6ヵ月</u>を超えない範囲内で期間を定めて<u>免許の効力を停止</u>することができます。

（**2**参照）　○

車両総重量2,000キログラム以下の車両を、その車両の3倍以上の自動車でけん引する場合の最高速度は時速<u>40キロメートル</u>です。「30キロメートル」ではありません。

（**3**参照）　×

警察官は、過積載をしている車両の<u>運転者</u>に対し、当該車両に係る積載が過積載とならないようにするため必要な応急の措置をとることを命ずることができるのであって、「使用者」に対して、ではありません。本文で学んだ通り、過積載の防止措置系統では「警察官→<u>運転者</u>」となります。

（**4**参照）　×

原則としては、積載量等の制限を超えた車両を運転することはできません。ただし例外として、出発地を管轄する警察署長が<u>許可</u>したときは、制限を超える積載をして車両を運転することができます。

（**4**参照）

○

1 貨物自動車運送事業法関係

2 道路運送車両法関係

3 道路交通法関係

4 労働基準法関係

5 実務上の知識及び能力

□□ **8** ★ 車両の運転者は、当該車両の乗車のために設備された場所以外の場所に乗車させ、又は乗車若しくは積載のために設備された場所以外の場所に積載して車両を運転してはならない。ただし、貨物自動車で貨物を積載しているものにあっては、当該貨物を看守するため当該自動車が積載可能な重量までの人員をその荷台に乗車させて運転することができる。

□□ **9** ★★ 自動車等を運転する場合においては、当該自動車等が停止しているときを除き、携帯電話用装置、自動車電話用装置その他の無線通話装置を通話（傷病者の救護又は公共の安全の維持のため当該自動車等の走行中に緊急やむを得ず行うものを除く）のために使用し、又は当該自動車等に取り付けられ若しくは持ち込まれた画像表示用装置に表示された画像を注視してはならない。

□□ **10** ★ 車両等に積載している物が道路に転落し、又は飛散したときは、速やかに転落し、又は飛散した物を除去する等道路における危険を防止するため必要な措置を講じなければならない。

□□ **11** ★★ 自動車の使用者等が法令の規定に違反し、当該違反により自動車の運転者が過労運転等の禁止に掲げる行為をした場合において、自動車の使用者がその者の業務に関し自動車を使用することが著しく道路における交通の危険を生じさせるおそれがあると認めるときは、当該違反に係る自動車の使用の本拠の位置を管轄する都道府県公安委員会は、当該自動車の使用者に対し、6ヵ月を超えない範囲内で期間を定めて、当該違反に係る自動車を運転してはならない旨を命ずることができる。

□□ **12** ★★ 車両の使用者の業務に関して、運転者が最高速度違反行為をした場合、車両の使用者が最高速度違反行為を防止するために必要な運行の管理を行っていると認められないときは、警察署長は、車両の使用者に最高速度違反行為となる運転が行われることのないよう運転者に指導し又は助言すること、その他最高速度違反行為を防止するため必要な措置をとることを指示することができる。

□□ **13** ★ 信号機の表示する信号の種類が赤色の灯火のときは、交差点において既に右折している自動車は、青色の灯火により進行することができることとされている自動車に優先して進行することができる。

貨物自動車で貨物を積載している場合は、当該貨物を看守するため<u>必要な最小限度の人員</u>をその荷台に乗車させて運転することができます。乗車させることができるのは、「当該自動車が積載可能な重量までの人員」ではありません。

（**4** 参照）

✕

運転中の携帯電話や無線装置での<u>通話</u>や、カーナビなどの画面を<u>注視</u>することは禁じられています。

（**5** 参照）

○

車両等に積載している物が道路に転落したり飛散したりしたときは、速やかに、その転落した物、又は飛散した物を<u>除去</u>する必要があります。試験では「道路管理者の指示があるまで除去してはならない」という誤った字句と入れ替わっていることがあるのでご注意ください。

（**5** 参照）

○

設問のケース（過労運転に係る指示）では、<u>公安委員会</u>は、<u>使用者</u>に対し、6ヵ月を超えない範囲内で期間を定めて、違反に係る自動車を運転してはならない旨を<u>命ずる</u>ことができます。

（**6** 参照）

○

設問ケース（最高速度違反に係る指示）では、車両の<u>使用者</u>に、最高速度違反行為となる運転が行われることのないよう運転者に指導し又は助言すること、その他最高速度違反行為を防止するため必要な措置をとることを<u>指示</u>することができるのは、「警察署長」ではなく、<u>公安委員会</u>です。

（**6** 参照）

✕

このケースでは、交差点において既に右折している自動車は、そのまま進行することができます。ただし、その際に、当該自動車は、青色の灯火により進行することができることとされている自動車の<u>進行妨害をしてはならない</u>と定められており、設問にあるような「優先して進行すること」は、できません。

（**7** 参照）

✕

□□ **14** ★★ 車両等は、横断歩道等に接近する場合には、当該横断歩道等を通過する際に当該横断歩道等によりその進路の前方を横断しようとする歩行者等がないことが明らかな場合を除き、当該横断歩道等の直前（道路標識等による停止線が設けられているときは、その停止線の直前）で停止することができるような速度で進行しなければならない。この場合において、横断歩道等によりその進路の前方を横断し、又は横断しようとする歩行者等があるときは、当該横断歩道等を徐行し、かつ、できる限り安全な速度と方法で進行しなければならない。

□□ **15** ★ 車両は、車両通行帯の設けられた道路において、道路標識等により道路交通法第二十条第１項に規定する通行の区分と異なる通行の区分が指定されているときは、当該通行の区分に従い、当該車両通行帯を通行しなければならない。

□□ **16** ★ 車両は、道路標識等により追越しが禁止されている道路の部分においても、前方を進行している一般原動機付自転車は追い越すことができる。

□□ **17** ★ 車両は、道路のまがりかど附近、勾配の急な上り坂又は勾配の急な下り坂の道路の部分においては、ほかの車両（特定小型原動機付自転車等を除く。）を追い越すため、進路を変更し、又は前車の側方を通過してはならない。

□□ **18** ★ 車両は、法令に規定する優先道路を通行している場合における当該優先道路にある交差点を除き、交差点の手前の側端から前に 30 メートル以内の部分においては、ほかの車両（特定小型原動機付自転車等を除く。）を追い越すため、進路を変更し、又は前車の側方を通過してはならない。

□□ **19** ★ 車両は、法令の規定若しくは警察官の命令により、又は危険を防止するため、停止し、若しくは停止しようとして徐行している車両等に追いついたときは、その前方にある車両等の側方を通過して当該車両等の前方に割り込み、又はその前方を横切ってはならない。

□□ **20** ★ 車両は、左折するときは、あらかじめその前からできる限り道路の左側端に寄り、かつ、できる限り道路の左側端に沿って（道路標識等により通行すべき部分が指定されているときは、その指定された部分を通行して）徐行しなければならない。

設問のケース（横断歩道等に接近する場合）では、横断歩道などによりその進路の前方を横断し、又は横断しようとする歩行者等があるときは、当該横断歩道などの直前で、設問にあるように「徐行」するのではなく、<u>一時停止</u>し、かつその通行を妨げないようにしなければなりません。
（**8** 参照）

×

車両は、<u>車両通行帯</u>の設けられた道路において、道路標識などにより通行の区分が指定されているときは、当該通行の区分に従い、当該<u>車両通行帯</u>を通行する必要があります。
（**9** 参照）

○

追越しが禁止されている道路の部分において、追い越すことができるのは、<u>特定小型原動機付自転車</u>および<u>軽車両</u>です。「一般原動機付自転車」は追越し禁止です。
（**10** 参照）

×

追越し禁止の部分は、道路のまがりかど附近、<u>上り坂の頂上附近</u>、または勾配が急な下り坂の道路の部分です。設問にある「勾配の急な上り坂」は追越し禁止ではありません。
（**10** 参照）

×

原則として、交差点の手前の側端から前に<u>30 メートル以内</u>の部分においては、ほかの車両（特定小型原動機付自転車等を除く）の追越し行為は禁止されています。
（**10** 参照）

○

設問のケースでは、割込み等が<u>禁止</u>されています。
（**10** 参照）

○

左折するときは原則として、車両は、あらかじめその前からできる限り道路の左側端に寄り、かつできる限り道路の左側端に沿って<u>徐行</u>する必要があります。
（**11** 参照）

○

答えが×のものは、問題のどの部分が誤りかを覚えるとともに、どんな字句に変わって出題されるかも把握しておくと、試験でも正解を出しやすいです

☐☐ **21** ★ 車両は、環状交差点において左折し、又は右折するときは、あらかじめその前からできる限り道路の左側端に寄り、かつ、できる限り環状交差点の側端に沿って（道路標識等により通行すべき部分が指定されているときは、その指定された部分を通行して）徐行しなければならない。

☐☐ **22** ★ 車両等は、交差点に入ろうとし、及び交差点内を通行するときは、当該交差点の状況に応じ、交差道路を通行する車両等、反対方向から進行してきて右折する車両等及び当該交差点又はその直近で道路を横断する歩行者にとくに注意し、かつできる限り安全な速度と方法で進行しなければならない。

☐☐ **23** ★ 車両等は、交差点で右折する場合において、当該交差点において直進し、又は左折しようとする車両等があるときは、当該車両等の進行妨害をしてはならない。

☐☐ **24** ★ 車両は、交差点の側端又はまがりかどから３メートル以内の道路の部分においては、法令の規定若しくは警察官の命令により、又は危険を防止するため一時停止する場合のほか、停車し、または駐車してはならない。

☐☐ **25** ★ 車両は、踏切の前後の側端からそれぞれ前後に５メートル以内の道路の部分においては、法令の規定若しくは警察官の命令により、又は危険を防止するため一時停止する場合のほか、停車し、又は駐車してはならない。

☐☐ **26** 右の道路標識のある場所では、車両は、ほかの車両（軽車両を除く。）を追い越すことができない。

追越し禁止

設問のケース（環状交差点において左折し、又は右折する場合）、車両は、<u>徐行</u>する必要があります。また、環状交差点に入ろうとする場合も、<u>徐行</u>する必要があります。

（**11**参照）　○

交差点においては、ほかの車両などへの進行妨害が禁止されています。また、歩行者を保護する必要もあります。それゆえに、<u>**できる限り安全な速度と方法で進行**</u>することが重要なのです。

（**11**参照）　○

設問のケース（交差点での右折）を含め、交差点においては、ほかの車両の<u>進行妨害</u>は禁止されています。

（**11**参照）　○

設問の「交差点の側端又はまがりかど」の場合、駐停車禁止となるのは、「３メートル以内」の道路の部分ではなく、<u>５メートル以内</u>の道路の部分です。

（**12**参照）　×

設問にある「踏切」周辺で駐停車禁止の場所は、踏切の前後の側端からそれぞれ前後<u>10メートル以内</u>の道路の部分です。設問では「５メートル以内」となっていますが、これは誤りです。

（**12**参照）　×

設問に示している道路標識は<u>追越し禁止</u>なので、答えは「○」になります。

（**13**参照）

○

最初は解けなくても大丈夫！
問題とテキストを見ながら、
1つひとつ確認していきましょう

「超えない・超える・未満・以上」は 基準数値を含む？ 含まない？

数量などの尺度を表す言葉で、「超える」「以上」などがあります。
たとえば、下記の文を見てください。

- 1日についての拘束時間は 13 時間を超えないものとし……
- 拘束時間は 1 ヵ月について 284 時間を超える……
- 1 ヵ月の時間外労働および休日労働の合計時間数が 100 時間未満……
- 勤務終了後、継続 11 時間以上の休息期間を与えるよう努める……

この場合、基準となる数値を「含む」「含まない」を理解していないと、違反であるか否かを判別できません。その区別をまとめると下のようになります。

基準となる数値を「含む」？「含まない」？

	基準数値を…	例	
超えない	含まない	「13 時間を超えない」 ➡	「13時間」を含まず、それよりも少ない数値
超える		「284 時間を超える」 ➡	「284時間」を含まず、それよりも大きい数値
未満		「100 時間未満」 ➡	「100時間」を含まず、それよりも小さい数値
以上	含む	「継続 11 時間以上」 ➡	「11時間」を含んで、それよりも大きい数値

覚え方のポイントは、「以上・以内」のように「以」のつくものだけが、その数値を含むです。これは「以前・以後」も同様です。参考までに、下の表のような場合、「13 時間を超える日は『ない』」となります。

1週間についての拘束時間例						
曜日	月曜日	火曜日	水曜日	木曜日	金曜日	土曜日
拘束時間	11時間	9時間	8時間	13時間	13時間	10時間

第 **4** 章

労働基準法関係

本章では主に「労働基準法」について学習します。メインとなるのは、「自動車運転者の労働時間等の改善のための基準」です。これをマスターすれば高得点も期待できます。本章後半で詳しく取り上げているので、じっくり学習を進めていってください。

0 第4章 イントロ問題集

試験では「労働基準法」のどのあたりが出題されやすいのかを
過去問でチェックしていきましょう。

□□ 問1 問題の解説は**p.241**へGO！

労働基準法（以下「法」という。）に定める労働条件及び労働契約についての
次の記述のうち、【正しいものを1つ】選びなさい。なお、解答にあたって
は、各選択肢に記載されている事項以外は考慮しないものとする。

1. 法で定める労働条件の基準は最低のものであるから、労働関係の当事者
   は、当事者間の合意がある場合を除き、この基準を理由として労働条件
   を低下させてはならないことはもとより、その向上を図るように努めな
   ければならない。
2. 使用者は、労働契約の不履行についての違約金を定め、又は損害賠償額
   を予定する契約をしてはならない。ただし、当該事業場に、労働者の過
   半数で組織する労働組合がある場合においてはその労働組合、労働者の
   過半数で組織する労働組合がない場合においては労働者の過半数を代
   表する者との書面による協定があるときは、この限りでない。
3. 労働契約は、期間の定めのないものを除き、一定の事業の完了に必要な
   期間を定めるもののほかは、3年（法第14条（契約期間等）第1項各
   号のいずれかに該当する労働契約にあっては、5年）を超える期間につ
   いて締結してはならない。
4. 労働者は、労働契約の締結に際し使用者から明示された賃金、労働時間
   その他の労働条件が事実と相違する場合においては、少なくとも30日
   前に使用者に予告したうえで、当該労働契約を解除することができる。

□□ 問2 問題の解説は**p.245**へGO！

労働基準法（以下「法」という。）の定めに関する次の記述のうち、【正しい
ものを2つ】選びなさい。

1. 賃金は、臨時に支払われる賃金、賞与その他これに準ずるもので、厚生
   労働省令で定める賃金を除き、毎月1回以上、一定の期日を定めて支払
   わなければならない。
2. 出来高払制その他の請負制で使用する労働者については、使用者は、労
   働時間にかかわらず一定額の賃金の保障をしなければならない。
3. 使用者は、労働者を解雇しようとする場合においては、少なくとも30

日前にその予告をしなければならない。30日前に予告をしない使用者は、30日分以上の平均賃金を支払わなければならない。ただし、天災事変その他やむを得ない事由のために事業の継続が不可能となった場合又は労働者の責に帰すべき事由に基いて解雇する場合においては、この限りでない。

4．使用者は、労働者が業務上負傷し、又は疾病にかかり療養のために休業する期間及びその後6週間並びに産前産後の女性が法第65条（産前産後）の規定によって休業する期間及びその後6週間は、解雇してはならない。

□□ **問3**

問題の解説はp.249へGO！

労働基準法に定める労働時間及び休日等に関する次の記述のうち、【誤っているものを1つ】選びなさい。なお、解答にあたっては、各選択肢に記載されている事項以外は考慮しないものとする。

1．労働時間は、事業場を異にする場合においても、労働時間に関する規定の適用については通算する。

2．使用者は、労働時間が6時間を超える場合においては少なくとも30分、8時間を超える場合においては少なくとも45分の休憩時間を労働時間の途中に与えなければならない。

3．使用者は、労働者に対して、毎週少なくとも1回の休日を与えなければならない。ただし、この規定は、4週間を通じ4日以上の休日を与える使用者については適用しない。

4．使用者は、その雇入れの日から起算して6ヵ月間継続勤務し全労働日の8割以上出勤した労働者に対して、継続し、又は分割した10労働日の有給休暇を与えなければならない。

> 労働基準法関連の知識は、試験に合格するために必須なことに加え、運行管理者として実務を行っていく上でも不可欠です。しっかりと身につけておきましょう！

□□ 問4 　　　　　　　　　　　　　　　　　　　　問題の解説は**p.251**へGO！

労働基準法に定める就業規則についての次の記述のうち、【誤っているものを1つ】選びなさい。なお、解答にあたっては、各選択肢に記載されている事項以外は考慮しないものとする。

1. 常時10人以上の労働者を使用する使用者は、始業及び終業の時刻、休憩時間、休日、休暇等法令に定める事項について就業規則を作成し、行政官庁に届け出なければならない。
2. 就業規則で、労働者に対して減給の制裁を定める場合においては、その減給は、1回の額が平均賃金の1日分の半額を超え、総額が一賃金支払期における賃金の総額の10分の1を超えてはならない。
3. 使用者は、就業規則の作成又は変更について、当該事業場に、労働者の過半数で組織する労働組合がある場合においてはその労働組合、労働者の過半数で組織する労働組合がない場合においては労働者の過半数を代表する者と協議し、その内容について同意を得なければならない。
4. 就業規則は、法令又は当該事業場について適用される労働協約に反してはならない。また、行政官庁は、法令又は労働協約に抵触する就業規則の変更を命ずることができる。

□□ 問5 　　　　　　　　　　　　　　　　　　　　問題の解説は**p.255**へGO！

労働基準法及び労働安全衛生法の定める健康診断に関する次の記述のうち、【誤っているものを1つ】選びなさい。なお、解答にあたっては、各選択肢に記載されている事項以外は考慮しないものとする。

1. 事業者は、常時使用する労働者を雇い入れるときは、当該労働者に対し、労働安全衛生規則に定める既往歴及び業務歴の調査等の項目について医師による健康診断を行わなければならない。ただし、医師による健康診断を受けた後、3ヵ月を経過しない者を雇い入れる場合において、その者が当該健康診断の結果を証明する書面を提出したときは、当該健康診断の項目に相当する項目については、この限りでない。
2. 事業者は、事業者が行う健康診断を受けた労働者に対し、遅滞なく、当該健康診断の結果を通知しなければならない。
3. 事業者は、深夜業を含む業務等に常時従事する労働者に対し、当該業務への配置替えの際及び6ヵ月以内ごとに1回、定期に、労働安全衛生規則に定める所定の項目について医師による健康診断を行わなければならない。

4．事業者は、労働安全衛生規則で定めるところにより、深夜業に従事する労働者が、自ら受けた健康診断の結果を証明する書面を事業者に提出した場合において、その健康診断の結果（当該健康診断の項目に異常の所見があると診断された労働者に係るものに限る。）に基づく医師からの意見聴取は、当該健康診断の結果を証明する書面が事業者に提出された日から4ヵ月以内に行わなければならない。

☐☐ 問6　問題の解説はp.261へGO！

「自動車運転者の労働時間等の改善のための基準」に定める目的等についての次の文中、A、B、C、Dに入るべき字句としていずれか【正しいものを1つ】選びなさい。

1．この基準は、自動車運転者（労働基準法（以下「法」という。）第9条に規定する労働者（同居の親族のみを使用する事業又は事務所に使用される者及び家事使用人を除く。）であって、　A　の運転の業務（厚生労働省労働基準局長が定めるものを除く。）に主として従事する者をいう。以下同じ。）の労働時間等の改善のための基準を定めることにより、自動車運転者の労働時間等の　B　を図ることを目的とする。

2．労働関係の当事者は、この基準を理由として自動車運転者の　C　させてはならないことはもとより、その向上に努めなければならない。

3．1年についての限度時間を超えて労働させることができる時間を定めるに当たっては、事業場における通常予見することのできない　D　に伴い臨時的に当該限度時間を超えて労働させる必要がある場合であっても、法第百四十条第一項の規定により読み替えて適用する法第三十六条第五項の規定により、同条第二項第四号に関して協定した時間を含め960時間を超えない範囲内とされていること。

A　1：二輪以上の自動車　　　2：四輪以上の自動車
B　1：労働条件の向上　　　　2：労働契約の遵守
C　1：生活環境を悪化　　　　2：労働条件を低下
D　1：業務量の大幅な増加等　2：運転者不足

「自動車運転者の労働時間等の改善のための基準」等に定める貨物自動車運送事業に従事する自動車運転者の拘束時間及び休息期間についての次の文中、A、B、C、Dに入るべき字句を【下の枠内の選択肢（1～8）から】選びなさい。ただし、1人乗務で、フェリーには乗船しないものとし、また、隔日勤務に就く場合には該当しないものとする。

（1）1日についての拘束時間は、 | A | を超えないものとし、当該拘束時間を延長する場合であっても、最大拘束時間は、 | B | とすること。

（2）ただし、貨物自動車運送事業に従事する自動車運転者に係る1週間における運行が全て長距離貨物運送（一の運行（自動車運転者が所属する事業場を出発してから当該事業場に帰着するまでをいう。）の走行距離が450キロメートル以上の貨物運送をいう。）であり、かつ、一の運行における休息期間が、当該自動車運転者の住所地以外の場所におけるものである場合においては、当該1週間について2回に限り最大拘束時間を | C | とすることができる。

（3）（2）の場合において、1日についての拘束時間が | D | を超える回数をできるだけ少なくするよう努めるものとすること。

| 1．4時間 | 2．5時間 | 3．8時間 | 4．10時間 |
| 5．13時間 | 6．14時間 | 7．15時間 | 8．16時間 |

似たような字句が並んで
出題されることもあるため、
解答に悩むこともありますが、
練習問題を繰り返し解くことで
自信を持って答えられるように
なります

問題の解説はp.275へGO！

□□ **問8**

「自動車運転者の労働時間等の改善のための基準」に定める貨物自動車運送事業に従事する自動車運転者の拘束時間等についての次の文中、A、B、C、Dに入るべき字句を【次の枠内の選択肢（1〜8）から】選びなさい。

（1）拘束時間は、1ヵ月について　A　を超えず、かつ、1年について　B　を超えないものとすること。

ただし、労使協定により、1年について6ヵ月までは、1ヵ月について　C　まで延長することができ、かつ、1年について　D　まで延長することができるものとする。

（2）（1）のただし書の場合において、1ヵ月の拘束時間が　A　を超える月が3ヵ月を超えて連続しないものとし、かつ、1ヵ月の時間外労働及び休日労働の合計時間数が100時間未満となるよう努めるものとすること。

| 1．284 時間 | 2．293 時間 | 3．310 時間 | 4．320 時間 |
| 5．3,300 時間 | 6．3,400 時間 | 7．3,500 時間 | 8．3,516 時間 |

□□ **問9**

問題の解説はp.279へGO！

下表は、貨物自動車運送事業に従事する自動車運転者の5日間の運転時間の例を示したものであるが、5日間すべての日を特定日とした2日を平均し1日当たりの運転時間が「自動車運転者の労働時間等の改善のための基準」に【違反しているものを1つ】選びなさい。

1.

	休日	1日目	2日目	3日目	4日目	5日目
運転時間	—	10時間	7時間	11時間	10時間	8時間

2.

	休日	1日目	2日目	3日目	4日目	5日目
運転時間	—	7時間	8時間	9時間	10時間	9時間

3.

	休日	1日目	2日目	3日目	4日目	5日目
運転時間	—	8時間	9時間	10時間	7時間	8時間

4.

	休日	1日目	2日目	3日目	4日目	5日目
運転時間	—	10時間	9時間	9時間	9時間	10時間

「自動車運転者の労働時間等の改善のための基準」に定める貨物自動車運送事業に従事する自動車運転者の運転時間に関する次の文中、A、B、C、Dに入るべき字句を【下の枠内の選択肢（1～8）から】選びなさい。

（1）連続運転時間（1回がおおむね連続 ☐ A ☐ 以上で、かつ、合計が ☐ B ☐ 以上の運転の中断をすることなく連続して運転する時間をいう。）は、☐ C ☐ を超えないものとすること。

　　ただし、高速自動車国道又は自動車専用道路のサービスエリア又はパーキングエリア等に駐車又は停車できないため、やむを得ず連続運転時間が ☐ C ☐ を超える場合には、連続運転時間を ☐ D ☐ まで延長することができるものとする。

（2）（1）に定める運転の中断については、原則として休憩を与えるものとする。

| 1. 10分 | 2. 15分 | 3. 30分 | 4. 1時間 |
| 5. 2時間 | 6. 4時間 | 7. 4時間30分 | 8. 5時間 |

最初から問題を解けなくても大丈夫です。まずは、試験でどんな問題が出されるか、問題を解くにはどんな知識が求められるかなどをざっと確認していきましょう

□□ **問11**

問題の解説はp.289へGO！

貨物自動車運送事業の「自動車運転者の労働時間等の改善のための基準」等に関する次の記述のうち、【誤っているものを1つ】選びなさい。なお、解答にあたっては、各選択肢に記載されている事項以外は考慮しないものとする。

1. 使用者は、貨物自動車運送事業に従事する自動車運転者（以下「トラック運転者」という。）の休息期間については、当該トラック運転者の住所地における休息期間がそれ以外の場所における休息期間より長くなるように努めるものとする。

2. 使用者は、トラック運転者（隔日勤務に就く運転者以外のもの。以下同じ。）が同時に1台の事業用自動車に2人以上乗務する場合（車両内に身体を伸ばして休息することができる設備がある場合に限る。）においては、1日（始業時刻から起算して24時間をいう。以下同じ。）についての最大拘束時間を20時間まで延長することができる。また、休息期間は、4時間まで短縮することができるものとする。

3. 業務の必要上、勤務の終了後継続9時間（宿泊を伴う長距離貨物運送の場合は継続8時間）以上の休息期間を与えることが困難な場合、次に掲げる要件を満たすものに限り、当分の間、一定期間（1ヵ月程度を限度とする。）における全勤務回数の2分の1を限度に、休息期間を拘束時間の途中及び拘束時間の経過直後に分割して与えることができるものとする。1日において、2分割の場合は合計11時間以上、3分割の場合は合計12時間以上の休息期間を与えなければならないものとする。

4. トラック運転者が勤務の中途においてフェリーに乗船する場合における拘束時間及び休息期間は、フェリー乗船時間（乗船時刻から下船時刻まで）については、原則として、休息期間として取り扱うものとする。

> どんな問題が出るかを確認できたら、次ページから労働基準法などに関する知識を身につけていきましょう

1 労働条件・労働契約

重要度
★☆☆

労働条件の大原則をまずしっかり押さえ、また、労働基準法ならではの言葉の「定義」にも慣れておきましょう。

要チェックの条文はコレ！

【第一条（労働条件の原則）】

労働条件は、労働者が人たるに値する生活を営むための必要を充たすべきものでなければならない。

② この法律で定める労働条件の基準は**最低**のものであるから、労働関係の当事者は、この基準を理由として労働条件を**低下**させてはならないことはもとより、その**向上**を図るように努めなければならない。

【第二条（労働条件の決定）】

労働条件は、労働者と使用者が、対等の立場において決定すべきものである。

② 労働者及び使用者は、労働協約、就業規則及び労働契約を遵守し、誠実に各々その義務を履行しなければならない。

【第十三条（この法律違反の契約）】

この法律で定める**基準に達しない**労働条件を定める**労働契約**は、その部分については**無効**とする。この場合において、無効となった部分は、この法律で定める基準による。

【第十四条（契約期間等）】

労働契約は、期間の定めのないものを除き、一定の事業の完了に必要な期間を定めるもののほかは、**三年**（次の各号のいずれかに該当する労働契約にあっては、**五年**）を超える期間について**締結**してはならない。

一 専門的な知識、技術又は経験（以下この号及び第四十一条の二第一項第一号において「専門的知識等」という。）であって高度のものとして厚生労働大臣が定める基準に該当する専門的知識等を有する労働者（当該高度の専門的知識等を必要とする業務に就く者に限る。）との間に締結される労働契約

二 満**六十歳**以上の労働者との間に締結される労働契約（前号に掲げる労働契約を除く。）

【第十五条（労働条件の明示）】

使用者は、労働契約の締結に際し、労働者に対して賃金、労働時間その他の労働条件を明示しなければならない。この場合において、賃金及び労働時間に関する事項その他の厚生労働省令で定める事項については、厚生労働省令で定める方法により明示しなければならない。

② 前項の規定によつて明示された労働条件が事実と相違する場合においては、労働者は、即時に労働契約を解除することができる。

【第十六条（賠償予定の禁止）】

使用者は、労働契約の不履行について違約金を定め、又は損害賠償額を予定する契約をしてはならない。

✓ 使用者の「義務」にはどのようなものがあるのか？

 この章では、労働基準法について学んでいきます。
まず第一条の「労働条件の原則」についてです。条文にもあるように、この法律で定める労働条件の基準は、最低のものです。それゆえに、「労働関係の当事者は、この基準を理由として労働条件を低下させてはならないことはもとより、その向上を図るように努めなければならない」と定められています。

 労働基準法を理由に「低下させないこと」は大前提であり、「その向上を図ること」に努めよ、ということですね。

 その通りです。そのうち、試験対策として押さえておきたいのは、「当事者間の合意があったとしても、低下させてはならない」ということです。試験では、「当事者間の合意がある場合を除き」という余計な文言がまぎれ込んでいたりします。たとえば、こんな具合です。

📝 試験ではこう出る！

問. 法で定める労働条件の基準は最低のものであるから、労働関係の当事者は、当事者間の合意がある場合を除き、この基準を理由として労働条件を低下させてはならないことはもとより、その向上を図るように努めなければならない。〇か×か。

 先ほどの先生のお話だと、たとえ当事者間の合意があったとしても、労働基準法を理由に低下はNGでしたよね。なので、×ですね。

 正解です。労働基準法では、当事者間の合意の有無にかかわらず、労働条件を低下させてはならないと定められています。

 労働基準法を理由に労働条件を低下させないってことは、「絶対」だってことですね。

 その通りです。

✓ 労働基準法で使われる言葉の「定義」を押さえる

 次に、第二条の「労働条件の決定」についてですが、ここでは労働者、および使用者を対象として、それぞれ誠実にその義務を履行しなければならないと定められています。

 なるほど。ここでも試験対策でのポイントってありますか？

あります。それは「労働者の範囲」です。この条文の労働者には、日々雇い入れられる者をはじめ、**すべての労働者**が含まれています。なので、試験で「日々雇い入れられる者を除く」という余計な文言がまぎれ込んでいたら、その段階で正解ではない、ということです。

 なるほど。間違った字句がまぎれ込んで出題されるパターンですね。
第二条では「労働者＝すべての労働者」でインプットしておきます！

 ここで、使用者の義務として課せられているルールについてまとめておきましょう。それが下の表です。

表で覚える 使用者の「労働者」に対する義務

均等待遇	使用者は、労働者の国籍、信条、または社会的身分を理由として、賃金、労働時間その他の労働条件について差別的取扱いをしてはならない
男女同一賃金の原則	使用者は、労働者が女性であることを理由として、賃金について、男性と差別的取扱いをしてはならない
強制労働の禁止	使用者は、暴行、脅迫、監禁、その他精神または身体の自由を不当に拘束する手段によって労働者の意思に反して労働を強制してはならない
中間搾取の排除	何人も、法律に基づいて許される場合のほか、業として他人の就業に介入して利益を得てはならない
公民権行使の保障	使用者は、労働者が労働時間中に、選挙権その他公民としての権利を行使し、または公の職務を執行するために必要な時間を請求した場合においては、拒んではならない。ただし、権利の行使または公の職務の執行に妨げがない限り、請求された時刻を変更することができる

 差別的取扱いをしてはならないのは当然ですね。

 はい。差別的取扱いは**絶対に**してはならないのですが、試験では「差別的取扱いをしないよう努めなければならない」という誤った字句と入れ替えて出題されたりします。ご注意ください。

 うわっ！ 「努めなければならない」って、もっともらしい表現で引っかかってしまいそうですね。でも、そもそも「差別的取扱いは**絶対**ダメ！」ってことですね。

 条文のため言葉自体は少し難しく感じるかもしれませんが、内容はしっかりと理解しておきましょう。

 はい。しっかり理解しておきます！

✔ 試験で問われる労働者の「定義」

 次に、労働基準法での「定義」について見ていきましょう。試験では、「労働者とは？」という具合に「定義」が問われます。なので、下の表の定義はしっかり覚えるようにしてください。

表で覚える **労働基準法でのさまざまな「定義」**

労働者	職業の種類を問わず、<u>事業に使用される者</u>で、<u>賃金を支払われる者</u>
使用者	事業主、または事業の経営担当者、その他その事業の労働者に関する事項について<u>事業主のために行為をするすべての者</u>
賃金	賃金、給料、手当、賞与、その他名称の如何（いかん）を問わず、<u>労働の対償</u>として使用者が<u>労働者</u>に支払うすべてのもの
平均賃金	算定すべき事由の発生した日以前 <u>3ヵ月間</u>にその労働者に対し支払われた賃金の総額を、その期間の<u>総日数</u>で除した金額

 平均賃金は、「3ヵ月間に支払われた賃金の総額を総日数で除した金額」なんですね。

 はい。試験では、<u>総日数で除した金額</u>のところを「所定労働日数で除した金額」など誤った字句と入れ替えて出題されることがありますので、ご注意ください。

✔ 労働契約に関するさまざまなルール

 次に「契約期間」ですが、それは下の表のように定められています。

表で覚える **「契約期間」のルール**

<u>期間の定めのないもの</u>を除き、<u>一定の事業の完了に必要な期間を定めるもの</u>のほかは、以下を超える期間について<u>締結</u>してはならない

3年 ● <u>期間の定めのあるもの</u>

5年
● 専門的な知識、技術、または経験であって、高度のものとして厚生労働大臣が定める基準に該当する<u>専門的知識などを有する労働者</u>との間に締結される労働契約
● <u>満60歳以上の労働者</u>との間に締結される労働契約

「期間の定めのあるもの」って何ですか？

たとえば1年や6ヵ月など、期間を定めて契約する契約社員がこれに該当します。

わかりました！

そのほか、使用者の義務として、使用者は労働者に対して、<u>労働条件を明示しなければならない</u>ことが定められています。

図で覚える 労働条件の明示

使用者

労働契約の締結に際し、労働者に対して賃金、労働時間その他の<u>労働条件</u>を<u>明示</u>しなければならない

→ **労働条件の明示** →

← **労働契約の解除** ←

労働者

明示された労働条件が事実と相違する場合においては、<u>即時</u>に労働契約を<u>解除</u>することができる

書面を交付して明示するもの

- 労働契約の期間
- 期間の定めのある労働契約を更新する場合の基準
- 就業の場所、従業すべき業務（変更の範囲を含む）
- 始業・終業の時刻、所定労働時間を超える労働の有無、休憩時間、休日、休暇
- 賃金（退職手当、臨時に支払われる賃金等を除く）の決定、計算、支払いの方法、賃金の締切り、支払いの時期、昇給
- 退職に関する事項（解雇の事由を含む）

労働条件が、使用者から明示された事実と違った場合、労働者は「聞いていた話と違う」といって、即時辞めてもいいってことですか？

その通りです。ここでのポイントは、<u>即時</u>に労働契約を解除することができる、ということです。試験では、「少なくとも30日前に使用者に予告したうえで解除することができる」など、誤った字句に入れ替わっていたりするので、ご注意ください。

はい、注意します！

また、労働契約に際して、「賠償」に関するルールもあります。それをまとめたのが、次ページの図です。

たとえば、運転者が会社のトラックで事故を起こした場合に、使用者が運転者に修理代を請求する、というのは違法ってことですか？

図で覚える 「賠償」に関するルール

賠償予定の禁止　使用者は、労働契約の不履行について違約金を定め、または損害賠償額を予定する契約をしてはならない

 **違反したら！**　この法律で定める基準に達しない労働条件を定める労働契約は、その部分については無効とする。この場合において、無効となった部分は、この法律で定める基準による

労働に関しても、さまざまなルールがあり、試験でも問われることがあります。混同しないように、1つひとつ内容を理解して解答できるようになりましょう

 いいえ。状況にもよりますが、運転者に修理代の請求自体は可能です。労働基準法で定められているのは、あくまでも損害賠償額についてです。

 それって具体的には、どういうことですか？

 たとえば「事故を起こした場合は損害額にかかわらず10万円の修理代を請求する」という契約をしてはならない、ということです。

 でも、入社時にその内容で労働契約を結んでしまっていたら、払わなければならないんじゃないですか？

 いいえ。上図にもあるように、基準に達していない労働条件を定めた労働契約は、その部分については無効とすることが定められています。なので、「その部分は無効」となるわけです。

 なるほど！

 試験では、「書面による協定があるときはこの限りでない」といった余計な字句がまぎれ込んでいたりするので、ご注意ください。

 間違った字句がまぎれ込んでいるパターンですね。引っかからないように注意します！

問1・解説

1については、「当事者間の合意がある場合」であっても労働条件の低下は不可です。2で示す契約は、たとえ「書面による協定」があってもしてはなりません。4のようなケースでは、「少なくとも30日前に使用者に予告したうえで」ではなく、即時に労働契約を解除できます。

正解　3

重要度
☆☆☆

解雇・退職・賃金についての主なルールを押さえましょう。
とくに解雇のルールの「原則」と「例外」の区別は必須です。

要チェックの条文はコレ！

【第十九条（解雇制限）】
使用者は、労働者が<u>業務上負傷</u>し、又は疾病にかかり療養のために<u>休業</u>する期間及びその後<u>三十日間</u>並びに<u>産前産後</u>の女性が第六十五条の規定によって<u>休業</u>する期間及びその後<u>三十日間</u>は、<u>解雇</u>してはならない。ただし、使用者が、第八十一条の規定によって打切補償を支払う場合又は天災事変その他やむを得ない事由のために事業の継続が不可能となった場合においては、この限りでない。

② 前項但書後段の場合においては、その事由について行政官庁の認定を受けなければならない。

【第二十四条（賃金の支払）】
賃金は、<u>通貨</u>で、<u>直接労働者</u>に、その<u>全額</u>を支払わなければならない。ただし、法令若しくは労働協約に別段の定めがある場合又は厚生労働省令で定める賃金について確実な支払の方法で厚生労働省令で定めるものによる場合においては、通貨以外のもので支払い、また、法令に別段の定めがある場合又は当該事業場の労働者の過半数で組織する労働組合があるときはその労働組合、労働者の過半数で組織する労働組合がないときは労働者の過半数を代表する者との書面による協定がある場合においては、賃金の一部を控除して支払うことができる。

② 賃金は、<u>毎月一回以上</u>、一定の期日を定めて支払わなければならない。ただし、臨時に支払われる賃金、賞与その他これに準ずるもので厚生労働省令で定める賃金（第八十九条において「臨時の賃金等」という。）については、この限りでない。

✓ 「解雇」のルールについて、「原則」と「例外」を整理する

 まず<u>解雇</u>から見ていきましょう。労働基準法では、「解雇してはならない期間（解雇制限）」については、下の表のように定めています。

表で覚える 「解雇」のルール①〜解雇制限〜

解雇制限	● 労働者が<u>業務上負傷</u>し、または疾病にかかり療養のために休業する期間及びその後<u>30日間</u> ● <u>産前産後</u>の女性が休業する期間（産前 6 週間・多胎の場合は14週間、産後8週間）、およびその後<u>30日間</u>
例外	ただし、使用者が、打切補償を支払う場合、または天災事変その他やむを得ない事由のために事業の継続が不可能となった場合においては、この限りでない

> 解雇は、使用者からの労働契約の一方的解約です。労働者の承諾は要件ではありません

例外にある「天災事変その他やむを得ない事由」って何ですか?

 たとえば地震や火事で会社自体が倒壊し、どんなに努力をしても事業の継続ができない場合などです。その場合、制限期間内でも「やむを得ない事由」として解雇が可能となります。ただし、その事由については、<u>行政官庁の認定を受けなければならない</u>ということも覚えておきましょう。
また、解雇そのものが無効になる場合もあります(解雇の無効)。

それはどんな場合ですか?

 法律では、「客観的に合理的な理由を欠き、社会通念上相当であると認められない場合は、その権利を濫用したものとして、無効とする」と定められています。

解雇には、きちんとした理由が必要ってことですね。

 その通りです。続いて<u>予告</u>です。使用者が労働者を解雇する場合には、原則として予告が必要です。一方で例外となるケースや労働者もいます。

| 表で覚える | 「解雇」のルール②～**予告と例外**～ |

解雇の予告【原則】	● 使用者は、労働者を解雇しようとする場合においては、少なくとも<u>30日前</u>にその<u>予告</u>をしなければならない ● 30日前に予告をしない使用者は、<u>30日分</u>以上の<u>平均賃金</u>を支払わなければならない ● 予告の日数は、1日について平均賃金を支払った場合においては、その日数を短縮することができる
例外となるケース	● 天災事変その他やむを得ない事由で事業の継続が不可能となった場合 ● 労働者の責に帰すべき事由に基づいて解雇する場合
例外となる労働者	● 以下の労働者については適用しない 　日々雇い入れられる者 ／ <u>2ヵ月以内</u>の期間を定めて使用される者 ／ 　季節的業務に<u>4ヵ月以内</u>の期間を定めて使用される者／試の使用期間中の者

 <u>30日前に予告</u>するか、<u>30日分以上の平均賃金</u>を支払うんですね。

 はい、ここでは<u>30日前</u>という数字を押さえておきましょう。

例外にある「労働者の責に帰すべき事由」って何ですか?

  労働者の故意・過失等の事由をさします。事業場内における、盗取、横領、傷害等刑法に該当する場合や、2週間以上正当な理由なく無断欠勤し、出勤の督促に応じない場合、ほかの事業主に雇用されたときなどです。これらの場合では解雇の予告は必要ありません。

✓ 「退職」にも守るべきルールがある

 次に退職のルールです。退職に関しては、「労働者が退職に際して、法令で定める事項について証明書を請求した場合においては、使用者は、遅滞なく証明書を交付しなければならないこと」と、「労働者の権利に属する金品を返還しなければならない」の2つを押さえておきましょう。
どちらも、請求があった場合という条件がポイントとなります。

表で覚える 「退職」のルール

退職時等の証明	労働者が退職の場合において、使用期間、業務の種類、その事業における地位、賃金、または退職の事由（退職の事由が解雇の場合にあっては、その理由を含む）について証明書を請求した場合においては、使用者は、遅滞なくこれを交付しなければならない
金品の返還	使用者は、労働者の死亡、または退職の場合において、権利者の請求があった場合においては、7日以内に賃金を支払い、積立金、保証金、貯蓄金その他名称の如何を問わず、労働者の権利に属する金品を返還しなければならない

 「使用期間」や「業務の種類」など、証明書の記載事項についても定められているんですね。

 はい。また、この証明書に関しては、「労働者の請求しない事項を記入してはならないこと」や「使用者が、あらかじめ第三者と謀り、労働者の就業を妨げることを目的として、労働者の国籍、信条、社会的身分若しくは労働組合運動に関する通信をし、証明書に秘密の記号を記入してはならないこと」も定められています。これらもあわせて覚えておきましょう。

✓ 賃金の基本は、「労働を提供した分だけ支払われる」

 最後に賃金について見ていきます。賃金に関する基本的なルールは次ページの表の通りです。

 非常時払のところにある「既往の労働」って何ですか？

 「これまでに提供した労働」のことです。なので、まだ働いていない分については賃金に含まれません。試験では既往の労働に対する賃金という部分を「30日分の平均賃金」など誤った字句と入れ替えて出題されますので、ご注意ください。

 休業手当のところの平均賃金って❶でやりましたよね。えっと……。

表で覚える **賃金のルール**

賃金の支払	●賃金は、通貨で、直接労働者に、その全額を支払わなければならない ●賃金は、毎月1回以上、一定の期日を定めて支払わなければならない
非常時払	●使用者は、労働者が出産、疾病、災害その他厚生労働省令で定める非常の場合の費用に充てるために請求する場合には、支払期日前であっても既往の労働に対する賃金を支払わなければならない
休業手当	●使用者の責に帰すべき事由による休業の場合においては、使用者は、休業期間中当該労働者にその平均賃金の100分の60以上の手当を支払わなければならない。
出来高払制の保障給	●出来高払制その他の請負制で使用する労働者については、使用者は労働時間に応じ一定額の賃金の保障をしなければならない

 平均賃金は、「算定すべき事由の発生した日以前3ヵ月間にその労働者に対し支払われた賃金の総額を、その期間の総日数で除した金額」でしたね。試験では、「総日数」という部分を誤った字句と入れ替えたり、休業手当の100分の60という数字を誤った数字と入れ替えたりして出題されますので、ご注意ください。

 そのほか、賃金に関して、試験対策でのポイントはありますか？

 出来高払制の保障給のところで、「労働時間に応じ一定額の賃金の保障を」と定められていますが、労働時間に応じの部分を誤った字句と入れ替えて出題されることがあります。たとえば、このような形です。

試験ではこう出る！

問. 出来高払制その他の請負制で使用する労働者については、使用者は労働時間にかかわらず一定額の賃金を保障しなければならない。〇か×か。

 えっと、×ですか……？

正解です。「労働時間にかかわらず」ではないですよね。しっかり覚えておきましょう。

問2・解説

2では、「労働時間にかかわらず」ではなく、労働時間に応じて一定額の賃金を保障しなければなりません。4は「休業する期間及びその後6週間」ではなく、休業する期間及びその後30日間となります。 　　　　　　　　　　　　　　　正解　1、3

3 労働時間・休憩・休日・有給休暇

重要度
☆☆☆

労働時間、休憩、休日、時間外及び休日の労働、年次有給休暇では「数字」の部分がポイントです。正確に覚えましょう。

要チェックの条文はコレ！

【第三十二条（労働時間）】
使用者は、労働者に、<u>休憩時間を除き</u>一週間について<u>四十時間</u>を超えて、労働させてはならない。
② 使用者は、一週間の各日については、労働者に、<u>休憩時間を除き</u>一日について<u>八時間</u>を超えて、労働させてはならない。

【第三十四条（休憩）】
使用者は、<u>労働時間</u>が<u>六時間</u>を超える場合においては少くとも<u>四十五分</u>、<u>八時間</u>を超える場合においては少くとも<u>一時間</u>の<u>休憩時間</u>を労働時間の<u>途中</u>に与えなければならない。

【第三十五条（休日）】
使用者は、労働者に対して、毎週<u>少くとも一回</u>の<u>休日</u>を与えなければならない。
② 前項の規定は、<u>四週間を通じ四日以上</u>の休日を与える使用者については適用しない。

【第三十六条（時間外及び休日の労働）】
使用者は、当該事業場に、労働者の過半数で組織する労働組合がある場合においてはその<u>労働組合</u>、労働者の過半数で組織する労働組合がない場合においては労働者の<u>過半数を代表する者</u>との書面による<u>協定</u>をし、厚生労働省令で定めるところによりこれを行政官庁に届け出た場合においては、第三十二条から第三十二条の五まで若しくは第四十条の労働時間（以下この条において「労働時間」という。）又は前条の休日（以下この条において「休日」という。）に関する規定にかかわらず、その協定で定めるところによって<u>労働時間を延長</u>し、又は<u>休日に労働</u>させることができる。

【第三十九条（年次有給休暇）】
使用者は、その雇入れの日から起算して<u>六箇月</u>間継続勤務し全労働日の<u>八割</u>以上出勤した労働者に対して、継続し、又は分割した<u>十</u>労働日の<u>有給休暇</u>を与えなければならない。

✔ 登場する「数字」を１つひとつ押さえていこう

<u>労働時間</u>については次ページの表のように定められています。まずはこの基本ルールをしっかり覚えましょう。なお、副業などで<u>事業場を異にする場合</u>においても、すべてを<u>通算</u>して表の労働時間のルールが適用されます。

<u>休憩時間</u>は、労働時間によって異なるんですね？

表で覚える 「労働時間」のルール

労働時間	1日	1週間
	8時間まで(休憩時間を除く)	40時間まで(休憩時間を除く)

休憩時間	労働時間が6時間を超える場合	労働時間が8時間を超える場合
	少なくとも45分	少なくとも1時間

休日	原則	例外
	毎週少なくとも1回	4週間を通じ4日以上

 はい。試験では、労働時間が6時間を超える場合と8時間を超える場合それぞれの休憩時間の部分で、誤った数字と入れ替えて出題されたりしますので、ご注意ください。

 休日は、少なくとも毎週1回、もしくは4週間を通じて4日以上、労働者に与えなければならないということですか?

 その通りです。試験ではこれらの数字の部分を入れ替えて出題されたりします。たとえばこんな具合です。

試験ではこう出る!

問. 使用者は、2週間を通じ4日以上の休日を与える場合を除き、労働者に対して毎週少なくとも2回の休日を与えなければならない。

 正しくは、「使用者は、4週間を通じ4日以上の休日を与える場合を除き、労働者に対して、毎週少なくとも1回の休日を与えなければならない」ですよね。なので、×かな。

 正解です。次に、時間外及び休日の労働を見ていきます。労働基準法では、1週間の各日については、使用者は労働者に対して、休憩時間を除き1日について8時間を超えて、労働させてはならないと定めています。

 その時間を超えた時間外労働をさせるのは、違法ってことですか?

 いいえ、必ずしもそうではありません。使用者と労働者とが、一定の条件のもと、書面によって協定を締結し、行政官庁に届け出た場合は、労働時間を延長したり、休日に労働させたりできると定められています。ただし、何時間でも労働時間を延長してよいわけではなく、その限度がいろいろと定められています。試験対策では、「健康上特に有害な業務などの労働時間延長は1日について2時間を超えてはならない」を覚えておきましょう。

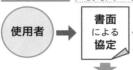

使用者 →	書面による協定	←	労働組合	労働者の過半数で組織する労働組合がある場合
			or	
			労働者の過半数を代表する者	労働者の過半数で組織する労働組合がない場合

書面を行政官庁に届け出ると……

労働時間を延長し、または休日に労働させることができる

なお……　● 健康上、とくに有害な業務の労働時間延長は、１日について2時間を超えてはならない
　　　　　● 協定は、見やすい場所への掲示や備え付け、または書面交付により、周知しなければならない

 たしか、時間外や休日に働いた場合、賃金も割増になりましたよね。

 その通りです。使用者が、労働時間を延長し、または休日に労働させた場合においては、その時間またはその日の労働については、通常の労働時間または労働日の賃金の計算額の2割5分以上5割以下の範囲内で、それぞれ政令で定める率以上の率で計算した割増賃金を支払わなければなりません。なお、下の表で示すように、割増賃金は項目ごとに割増率が異なります。

表で覚える 「時間外＆休日の労働」の割増賃金

時間外	深夜 （午後10時から午前5時）	休日 （法定休日）	1ヵ月について 60時間を超えた場合
通常の労働時間、または労働日の賃金の計算額の2割5分以上の範囲内で計算した割増賃金		通常の労働時間、または労働日の賃金の計算額の3割5分以上の範囲内で計算した割増賃金	通常の労働時間の賃金の計算額の5割以上の率で計算した割増賃金

 法で定められた労働時間を超えて労働するには、協定が必要で、その時間外労働分の賃金は割増して労働者に支払う、ということですね。

 そうです。また、深夜の労働については、原則として満18歳に満たない者を午後10時から午前5時までの間において使用してはなりません。これもあわせて覚えておいてください。
次に、年次有給休暇ですが、ここでのポイントは、「雇入れの日から起算して6ヵ月間継続勤務し全労働日の8割以上出勤した労働者に対して」の数字の部分です。試験では、この数字の部分を誤った数字と入れ替えて出題されたりしますので、ご注意ください。

表で覚える 「年次有給休暇」のルール

- 雇入れの日から起算して6ヵ月間継続勤務し、全労働日の8割以上出勤した労働者に対して、継続し、または分割した10労働日の有給休暇を与えなければならない
- 年次有給休暇が10日以上発生した労働者に、基準日から1年以内に、年5日の年次有給休暇を取得させなければならない
- 労働者の請求する時季に、有給休暇を与えなければならない。ただし、請求された時季に有給休暇を与えることが事業の正常な運営を妨げる場合においては、ほかの時季にこれを与えることができる
- 使用者は、労働者ごとに年次有給休暇管理簿を作成し、当該有給休暇を与えた期間中および当該期間の満了後、5年間保存しなければならない。ただし、経過措置として、当分の間は「3年間」が適用

 実際の現場において、年次有給休暇が10日以上発生した労働者に、年5日の年次有給休暇を取得させるのは、実際、難しそうですね。

 そうですね。そこで、年5日の有給休暇の確実な取得のために、使用者が時季を指定して労働者に取得させることも認められています。その場合、必ず労働者の意見を聴取し、その意見を尊重するよう努めなければなりません。一方で、すでに対象の労働者が5日間の有給休暇を取得している場合には、時季の指定を行うことはできないことも覚えておきましょう。

 条件付きで、会社から労働者に時季を指定できるということですね。

 はい。このように時季の指定はもちろん、時季の変更も認められています。また、就業規則に記載したり、労使間で協定を締結したりすることで、5日を超える部分については、計画的に休暇取得日を割り振ることや、1日単位で与えることが原則の有給休暇を、部分的に1時間単位で与えることもできます。これ以外にも、下の表のように、継続勤務年数に応じ、有給休暇を付与しなければならないことも押さえておいてくださいね。

表で覚える 継続勤務日数に対する有給休暇の付与日数

継続勤務年数	6ヵ月	1年6ヵ月	2年6ヵ月	3年6ヵ月	4年6ヵ月	5年6ヵ月	6年6ヵ月
付与日数	10日	11日	12日	14日	16日	18日	20日

問3・解説

2について、労働時間が6時間を超える場合においては少なくとも「30分」ではなく 45分、8時間を超える場合においては少なくとも「45分」ではなく、1時間の休憩時間を労働時間の途中に与えなければなりません。　　　　　　　　　　正解　2

4 就業規則

法令等に反する就業規則はNGということや、就業規則の作成や変更、届出のプロセスを押さえておきましょう。

要チェックの条文はコレ！

【第九十条（作成の手続）】
使用者は、就業規則の作成又は変更について、当該事業場に、労働者の過半数で組織する労働組合がある場合においてはその労働組合、労働者の過半数で組織する労働組合がない場合においては労働者の過半数を代表する者の意見を聴かなければならない。

【第九十一条（制裁規定の制限）】
就業規則で、労働者に対して減給の制裁を定める場合においては、その減給は、一回の額が平均賃金の一日分の半額を超え、総額が一賃金支払期における賃金の総額の十分の一を超えてはならない。

✓ 就業規則の作成などでは、労働組合などの「意見を聴く」必要あり

就業規則とは、賃金や時間などを定めた事業場ごとのルールという認識で問題ありません。

常時10人以上の労働者を使用する使用者は、就業規則を作成し、行政官庁に届出をしなければなりません。記載すべき事項については、次ページを確認してください。さらに、法令または当該事業場について適用される労働協約に反してはならないとされています。万が一これらに抵触した場合、行政長官は就業規則の変更を命ずることができます。

事業場のルールだからといって、おかしなことはできないわけですね。

はい。また、就業規則で労働者に対して減給の制裁を定める場合に、1回の減給の額が平均賃金の1日分の半額を超え、総額が一賃金支払期における賃金の総額の10分の1を超えてはなりません。そのほか、就業規則の作成または変更については、下の図のように定められています。

図で覚える 就業規則の作成・変更

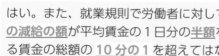

使用者 → 意見を聴く	過半数労働組合：労働者の過半数で組織
	or
	労働者の過半数を代表する者
↓	※過半数労働組合がない場合
行政官庁に届出	**周知の方法**
↓	・書面を交付すること ・その他の厚生労働省令で定める方法
労働者に周知	・常時各作業場の見やすい場所へ掲示し、または備え付ける

労働組合がある場合とない場合で、意見を聴く相手が異なるのですね。

 はい。ここでのポイントは、意見を聴くけど、同意を得る必要はないということです。たとえば、試験ではこのように問われます。

✅ 試験ではこう出る！

問. 使用者は、就業規則の作成又は変更について、当該事業場に、労働者の過半数で組織する労働組合がある場合においてはその労働組合、労働組合がない場合においては労働者の過半数を代表する者と協議し、その内容について同意を得なければならない。〇か×か。

 同意を得る必要はないんですよね。なので、×かな。

 正解です。意見を聴かなければならないが正しい字句となります。

表で覚える **就業規則に記載する事項**

- ☐ 始業・終業の時刻、休憩時間、休日、休暇、ならびに労働者を2組以上に分けて交替に就業させる場合においては就業時転換に関する事項
- ☐ 賃金（臨時の賃金などを除く）の決定、計算・支払の方法、賃金の締切り・支払の時期、ならびに昇給に関する事項
- ☐ 退職に関する事項（解雇の事由を含む）
- ☐ 退職手当の定めをする場合においては、適用される労働者の範囲、退職手当の決定、計算・支払の方法、ならびに退職手当の支払の時期に関する事項
- ☐ 臨時の賃金など（退職手当を除く）、最低賃金額の定めをする場合においては、これに関する事項
- ☐ 労働者に食費、作業用品その他の負担をさせる定めをする場合においては、これに関する事項
- ☐ 安全、および衛生に関する定めをする場合においては、これに関する事項
- ☐ 職業訓練に関する定めをする場合においては、これに関する事項
- ☐ 災害補償、および業務外の傷病扶助に関する定めをする場合においては、これに関する事項
- ☐ 表彰、および制裁の定めをする場合においては、その種類、および程度に関する事項
- ☐ 前各号に掲げるもののほか、当該事業場の労働者のすべてに適用される定めをする場合においては、これに関する事項

問4・解説

3について、就業規則を作成、または変更する際には、使用者は労働組合などに内容の「同意を得なければならない」ではなく、意見を聴かなければならないです。

正解 3

要チェックの条文はコレ！

【労働安全衛生規則・第四十三条（雇入時の健康診断）】

事業者は、常時使用する労働者を<u>雇い入れるとき</u>は、当該労働者に対し、医師による<u>健康診断</u>を行わなければならない。ただし、医師による健康診断を受けた後、<u>三月</u>を経過しない者を雇い入れる場合において、その者が当該健康診断の結果を証明する書面を提出したときは、この限りでない。

【労働安全衛生規則・第四十四条（定期健康診断）】

事業者は、常時使用する労働者（第四十五条第一項に規定する労働者を除く。）に対し、<u>一年以内</u>ごとに<u>一回</u>、定期に、医師による健康診断を行わなければならない。

【労働安全衛生法・第六十六条の四（健康診断の結果についての医師等からの意見聴取）】

事業者は、健康診断の結果（当該健康診断の項目に異常の所見があると診断された労働者に係るものに限る。）に基づき、当該労働者の健康を保持するために必要な措置について、厚生労働省令で定めるところにより、<u>医師</u>又は<u>歯科医師の意見</u>を聴かなければならない。

✓ 労働者などの健康を守るためのさまざまなルール

 実施すべき健康診断については、下の表のように定められています。

表で覚える 健康診断の主な種類

雇入時の健康診断	定期健康診断	特定業務従事者の健康診断（深夜業など）
● 事業者は、常時使用する労働者を<u>雇い入れるとき</u>は、当該労働者に対し、医師による<u>健康診断</u>を行わなければならない。 ただし、医師による健康診断を受けた後、<u>3ヵ月</u>を経過しない者を雇い入れる場合において、その者が当該健康診断の結果を証明する書面を提出したときは、この限りでない ● 医師、または歯科医師からの<u>意見聴取</u>は、健康診断が行われた日から<u>3ヵ月</u>以内に行うこと	● 事業者は、常時使用する労働者に対し、<u>1年以内ごとに1回</u>、定期に医師による<u>健康診断</u>を行わなければならない	● 常時従事する労働者に対し、当該業務への配置替えの際、および<u>6ヵ月以内ごとに1回</u>、定期に医師による<u>健康診断</u>を行わなければならない ● 自ら受けた健康診断について医師からの<u>意見聴取</u>は、当該健康診断の結果を証明する書面が事業者に提出された日から<u>2ヵ月</u>以内に行うこと

雇入時の健康診断を行わずに、健康診断の結果を証明する書面を提出する場合があるんですね。

はい。たとえば前職で健康診断を3ヵ月以内に行っている場合は、その結果を証明する書面を提出することで問題ありません。

一般的な定期健康診断のほかに、<u>深夜業など</u>に従事する労働者に対する定期健康診断があるんですか？

はい、深夜業を含む業務などに常時従事する労働者に対しては、健康にとくに留意する必要があることから、<u>6ヵ月以内ごとに1回</u>行うこととなっています。

また、<u>自ら受けた</u>医師による健康診断の結果を事業者に提出した場合、<u>2ヵ月</u>以内に医師からの<u>意見聴取</u>を実施することが定められています。

数字がいろいろ出てきて、このあたりが試験では狙われそうですね。

はい。今出てきた数字については、誤った数字を入れ替えた問題が出題されやすいので、ご注意ください。下図は、健康診断の大枠での流れです。

図で覚える 健康診断の流れ

各種の健康診断の受診

異常の所見があった場合……

医師からの意見聴取

健康診断の結果の通知

●事業者は、健康診断を受けた労働者に対し、当該健康診断の結果を通知しなければならない

健康診断結果の記録の作成・保存

●事業者は、健康診断の結果に基づき、健康診断個人票を作成して、
これを5年間保存しなければならない

これらの流れで、とくに注意したほうがいいのはどのあたりですか？

たとえば、「健康診断の結果の通知」のところで、正しくは<u>健康診断を受けた労働者に対し</u>ですが、「労働者から請求があった場合に限り」といった誤った字句がまぎれ込んでいたりします。ご注意ください。
そのほか、<u>健康診断個人票</u>は<u>5年間保存</u>することも、覚えておきましょう。

わかりました。

次に、<u>過重労働による健康障害防止策</u>の1つとして定められている「長時間にわたる労働に関する面接指導」について見ていきます。その概要は下の表のように定められています。

表で覚える **長時間にわたる労働に関する面接指導とは**

事業者は、その<u>労働時間の状況</u>その他の事項が、労働者の<u>健康の保持</u>を考慮して厚生労働省令で定める要件に該当する労働者に対し、厚生労働省令で定めるところにより、<u>医師</u>による<u>面接指導</u>を行わなければならない

面接指導の対象となる労働者の要件	● 休憩時間を除き<u>1週間当たり40時間</u>を超えて労働させた場合で、その超えた時間が<u>1ヵ月当たり80時間</u>を超え、かつ疲労の蓄積が認められる者
面接指導の実施方法	● 面接指導は、労働者の申出により行うものとする ● 事業者は、労働者から申出があったときは、遅滞なく、面接指導を行わなければならない
面接指導の結果についての医師からの意見聴取	● 面接指導の結果に基づく医師からの<u>意見聴取</u>は、面接指導が行われた後<u>遅滞なく</u>行わなければならない
面接指導結果の記録の作成	● 事業者は、面接指導の結果に基づき、面接指導の結果の<u>記録</u>を作成して、これを<u>5年間保存</u>しなければならない

面接指導って、そもそも何ですか？

<u>労働者の健康の保持</u>を考慮して、医師が問診その他の方法により心身の状況を把握し、これに応じて面接により必要な指導を行うことをいいます。このテーマでの実際の試験問題を確認してみましょう。

📝 試験ではこう出る！

問. 事業者は、その労働時間の状況その他の事項が労働者の健康の保持を考慮して規則第52条の2で定める要件に該当する労働者からの申出があったときは、遅滞なく、当該労働者に対し、規則で定めるところにより、医師による面接指導を行わなければならない。○か×か。

「<u>労働者からの申出</u>があったときは、<u>遅滞なく</u>、医師による面接指導を行わなければならない」から、○ですね。

正解です。試験対策としては、<u>面接指導の対象となる労働時間の数字</u>も覚えておきましょう。

それと、ここでも記録の保存が<u>5年間</u>となっていますが、労働基準法などに関連して<u>5年間保存</u>が定められている記録は、これ以外にもいろいろあります。次ページにまとめておきましたので、あわせて覚えておきましょう。

表で覚える 「5年間保存」が定められた記録いろいろ

> 使用者は5年間保存

労働者名簿 ／ 賃金台帳、および雇入れ ／ 解雇
災害補償 ／ 賃金 ／ 健康診断個人票
面接指導の結果の記録 ／ その他労働関係に関する重要な書類

※健康診断個人票と面接指導の結果の記録以外は、経過措置として、当分の間は「3年間」が適用

✓ 産後8週間、産後6週間などの数字を整理しておこう！

 次に、産前産後に関するルールです。労働基準法では、使用者は、「6週間（多胎妊娠の場合は14週間）以内に出産する予定の女性が休業を請求した場合においては、その者を就業させてはならない」（産前）、「産後8週間を経過しない女性を就業させてはならない」（産後）ことが定められています。また、出産や育児に関して下の表のようなルールがあります。

表で覚える 「出産・育児」に関するルール

産前産後のルール

- 産後6週間を経過した女性が請求した場合において、その者について医師が支障がないと認めた業務に就かせることは、差し支えない
- 妊娠中の女性が請求した場合においては、ほかの軽易な業務に転換させなければならない
- 妊産婦が請求した場合においては、労働基準法に定める1週間についての労働時間、1日についての労働時間を超えて労働させてはならない
- 妊産婦が請求した場合においては、時間外労働をさせてはならず、または休日に労働させてはならない
- 妊産婦が請求した場合においては、深夜業をさせてはならない

育児時間のルール

- 生後満1年に達しない生児を育てる女性は、法令で定める休憩時間のほか、1日2回それぞれ少なくとも30分、その生児を育てるための時間を請求することができる

 「妊娠中の女性」と「妊産婦」の2つの表現がありますが……。

妊産婦とは、妊娠中および産後1年を経過しない女性をいいます。ここでは産後8週間や産後6週間などの数字を覚えておいてください。

問5・解説

4は、深夜業などに従事する労働者の定期健康診断などの結果に異常の所見があった場合、医師からの意見聴取は、その結果を証明する書面が事業者に提出された日から「4ヵ月以内」ではなく、2ヵ月以内に行わなければなりません。　　　　正解　4

要チェックの条文はコレ！

【自動車運転者の労働時間等の改善のための基準・第一条（目的等）】
この基準は、自動車運転者（<u>四輪以上</u>の自動車の運転の業務に主として従事する者をいう）の労働時間等の改善のための基準を定めることにより、自動車運転者の労働時間等の<u>労働条件の向上</u>を図ることを目的とする。

2　労働関係の当事者は、この基準を理由として自動車運転者の労働条件を<u>低下</u>させてはならないことはもとより、その<u>向上</u>に努めなければならない。

3　使用者及び労働者の過半数で組織する労働組合又は労働者の過半数を代表する者は、<u>労働時間を延長</u>し、休日に労働させるための<u>時間外・休日労働協定</u>をする場合において、次の各号に掲げる事項に十分留意しなければならない。

一　労働時間を延長して労働させることができる時間は、法第三十六条第四項の規定により、一箇月について<u>四十五</u>時間及び一年について<u>三百六十</u>時間（法第三十二条の四第一項第二号の対象期間として<u>三箇月</u>を超える期間を定めて同条の規定により労働させる場合にあっては、一箇月について<u>四十二</u>時間及び一年について<u>三百二十</u>時間。以下「限度時間」という。）を超えない時間に限ることとされていること。

二　前号に定める一年についての限度時間を超えて労働させることができる時間を定めるに当たっては、事業場における<u>通常予見することのできない業務量の大幅な増加等</u>に伴い<u>臨時的</u>に当該限度時間を超えて労働させる必要がある場合であっても、法第百四十条第一項の規定により読み替えて適用する法第三十六条第五項の規定により、同条第二項第四号に関して協定した時間を含め<u>九百六十</u>時間を超えない範囲内とされていること。

三　前二号に掲げる事項のほか、労働時間の延長及び休日の労働は<u>必要最小限</u>にとどめられるべきであることその他の労働時間の延長及び休日の労働を<u>適正</u>なものとするために必要な事項については、労働基準法第三十六条第一項の協定で定める労働時間の延長及び休日の労働について留意すべき事項等に関する指針において定められていること。

✓ 「2024年問題」に関わる「労働条件の向上」が目的の基準

 ここでは、<u>自動車運転者の労働時間等の改善のための基準</u>（以下、改善基準）の目的条文から見ていきましょう。この基準はシンプルに、自動車運転者の労働時間などの<u>労働条件の向上</u>を図ることを目的としています。その背景には、長時間労働による過労運転を防止することがあります。いわゆる「2024年問題」の話です。

忙しいからといって、時間外労働や休日労働させることが普通にならないよう、逆にそれを少なくすることに努めていきましょうってことですね。

その通りです！　下表は、改善基準・第一条の概要です。

 表で覚える　**改善基準・第一条の概要**

- 自動車運転者（<u>四輪以上</u>）の労働時間などの改善のための基準を定めることにより、自動車運転者の労働時間などの<u>労働条件の向上</u>を図ることが目的
- <u>労働関係の当事者</u>は、この基準を理由として自動車運転者の<u>労働条件を低下</u>させてはならず、その<u>向上</u>に努めなければならない
- 事業場における<u>通常予見することのできない</u>業務量の大幅な増加などに伴い、<u>臨時的</u>に時間外労働及び休日労働に関する協定で定める時間外労働の限度時間を超えて労働させる必要がある場合でも、<u>960時間</u>を超えない範囲内とする
- 労働時間の延長及び休日の労働は<u>必要最小限</u>にとどめられるべきである

試験では、上の表の赤字箇所が穴埋め問題としてよく出題されますので、字句をしっかり押さえておいてくださいね。
次に、改善基準で使用されている用語の定義を理解しておきましょう。

表で覚える　**用語の定義**

拘束時間	<u>始業時刻から終業時刻まで</u>の使用者に拘束される<u>全ての時間</u>で、労働時間と<u>休憩</u>時間（仮眠時間を含む）の合計時間
休息期間	使用者の拘束を受けない期間で勤務と次の勤務との間にあって、休息期間の直前の拘束時間における疲労の回復を図るとともに、睡眠時間を含む労働者の生活時間として、その処分が労働者のまったく自由な判断に委ねられる時間 ※休憩時間や仮眠時間などとは<u>本質的に異なる</u>もの
一の運行	自動車運転者が所属する事業場を<u>出発</u>してから当該事業場に<u>帰着</u>するまで ※運転者が一の運行における最初の勤務開始から最後の勤務終了までの時間は<u>144時間</u>を超えてはならない
長距離貨物運送	<u>一の運行</u>の走行距離が<u>450キロメートル以上</u>の貨物運送
宿泊を伴う長距離貨物運送	<u>1週間</u>における運行が<u>すべて長距離貨物運送</u>で、<u>一の運行</u>における<u>休息期間</u>が<u>住所地以外の場所</u>におけるものである場合

休息期間は、勤務終了後から次の勤務までの間の時間のことですか？

 はい、たとえば月曜日の終業から、火曜日の始業までの期間です。始業、終業という表現にも慣れておくのと、特に<u>宿泊を伴う長距離貨物運送</u>とはどんなものなのか押さえておきましょう。改善基準告示を学んでいく上では、重要な例外の要件になります。

 そのためには、<u>一の運行</u>と<u>長距離貨物運送</u>も正しく理解しておく必要がありますね。<u>長距離貨物運送</u>には走行距離が定められていますが、<u>一の運行</u>には走行距離の制限はないんですか？

 <u>一の運行</u>の走行距離については特段定められていません。ですが時間の制限として、運転者が<u>一の運行</u>における最初の勤務を開始してから最後の勤務を終了するまでの時間は <u>144 時間</u> を超えてはならないと定められています。

 たとえば、運転者が所属営業所を出庫して、ほかの営業所でその日の業務を終えた場合は一の運行になりますか？

 いいえ、<u>一の運行</u>とは、運転者が所属する事業場を出発してから、運転者が所属する事業場に帰着するまでをいいます。たとえば、大阪営業所に所属の場合で、下図のように「大阪営業所→京都営業所→名古屋営業所→京都営業所→大阪営業所」と、所属の営業所を出庫して営業所を経由し、また所属の営業所に帰着する場合、大阪営業所に帰着するまでが一の運行となります。「所属する事業場」ということがポイントです。

✓ 時間外労働の大事なポイント

 3 の「『労働時間』のルール」では、労使当事者が労使協定において時間外・休日労働について定め、行政官庁に届け出た場合には、法定の労働時間を超える時間外労働、法定の休日における休日労働が認められることを解説しました。

 いわゆる「36（サブロク）協定」ですね。

この 36 協定で定める時間外労働の限度時間は、原則 1 ヵ月 <u>45 時間</u>、1 年 <u>360 時間</u>です。事業場における通常予見することのできない業務量の大幅な増加などに伴い<u>臨時的</u>に当該限度時間を超えて労働させる必要がある場合でも、自動車運転の業務については、<u>1 年</u>で <u>960 時間</u>を超えない範囲内とされています。いわゆる「2024 年問題」のトピックの 1 つです。ポイントを表でまとめましたので、確認しておきましょう。

表で覚える **36協定で定める時間外労働の限度時間**

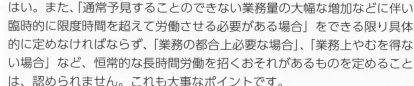

	1 ヵ月	1 年
原則	<u>45 時間</u>（<u>42 時間</u>）	<u>360 時間</u>（<u>320 時間</u>）
	※カッコ内は、対象期間が<u>3 ヵ月</u>を超える<u>1 年単位の変形労働時間制</u>により労働させる労働者の限度時間	
	1 年	
	<u>960 時間</u>以内（休日労働は含まない）	
例外	※<u>通常予見することのできない業務量</u>の大幅な増加などに伴い、<u>臨時的</u>に限度時間（1 ヵ月 <u>45 時間</u>・1 年 <u>360 時間</u>）を超えて労働させる必要がある場合であっても時間外労働および休日労働によって、改善基準告示の 1 日の最大拘束時間、1 ヵ月の拘束時間、1 年の拘束時間を超えてはならない ※自動車運転者以外の一般的な時間外労働の上限規制で適用される「時間外労働と休日労働の合計が月 100 時間未満」「時間外労働と休日労働の合計が 2 ～ 6 ヵ月の平均がすべて 1 ヵ月当たり 80 時間以内」「時間外労働が 1 ヵ月 45 時間を超えることができるのは年間 6 ヵ月以内」に関しては適用しない	

あくまで「臨時的」なんですね。

はい。また、「通常予見することのできない業務量の大幅な増加などに伴い臨時的に限度時間を超えて労働させる必要がある場合」をできる限り具体的に定めなければならず、「業務の都合上必要な場合」、「業務上やむを得ない場合」など、恒常的な長時間労働を招くおそれがあるものを定めることは、認められません。これも大事なポイントです。

それに、いくら労使協定で休日に労働できるからといっても、休日労働させる日数をできる限り少なくして、休日労働の時間もできる限り短くしないといけませんね。

労働時間の延長及び休日労働は<u>必要最小限</u>にとどめられるべきであり、適正なものとするために適切な管理が必要です。

✓ 具体例で見る時間外労働

 では具体的に見ていきましょう。下の例の場合、8時間の労働時間を超えた部分が時間外労働、超えない部分が法定労働時間です。

7時始業   20時終業

法定労働時間 （8時間）	休憩時間 （1時間）	時間外労働 （4時間）

休憩時間を除いて、法定労働時間を超えた時間が時間外労働ですね

では、1週間で見てみましょう。

7時始業   20時終業

1日目	法定労働時間 （8時間）	休憩時間 （1時間）	時間外労働 （4時間）
2日目	法定労働時間 （8時間）	休憩時間 （1時間）	時間外労働 （4時間）
3日目	法定労働時間 （8時間）	休憩時間 （1時間）	時間外労働 （4時間）
4日目	法定労働時間 （8時間）	休憩時間 （1時間）	時間外労働 （4時間）
5日目	法定労働時間 （8時間）	休憩時間 （1時間）	時間外労働 （4時間）
6日目	時間外労働 （8時間）	休憩時間 （1時間）	時間外労働 （4時間）
7日目	法定休日		

 6日目の労働時間は全部時間外労働ですか？

 ❸の「『労働時間』のルール」には、1週間の労働時間についても定められていましたよね。

 たしかに、40時間でした！

 ですから、1週間で労働時間が40時間を超えた6日目自体が時間外労働となります。仮に7日目にも労働があった場合は、7日目は休日労働となります。なお、休日労働の回数は <u>2週について1回</u> が限度です。

この時間外労働を、1年間で960時間までで管理していくんですね。

 はい。でもそれだけではありません。時間外労働を含む労働時間と休憩時間の合計時間、<u>始業時刻から終業時刻まで</u>の使用者に拘束される<u>すべての時間</u>が拘束時間となります。

図で覚える 拘束時間と休息期間などの関係

始業				終業
休息期間	拘束時間			休息期間
	法定労働時間	休憩時間	時間外労働	

 拘束時間には、休憩時間も含まれるんですね。

 はい。運転以外の点呼、会議などの労働時間はもちろん、休憩時間についても拘束時間です。覚えておきましょう。このセクションの内容は、以下のような問題が出されます。

📝 試験ではこう出る！

問.「自動車運転者の労働時間等の改善のための基準」に定める目的等についての次の文中、[　　　　]に入るべき字句として正しいものを選択肢から選びなさい。

この基準は、自動車運転者であって、[　　　　]の運転の業務の労働時間等の改善のための基準を定めることにより、自動車運転者の労働時間等の労働条件の向上を図ることを目的とする。

選択肢：1. 四輪以上の自動車　　　2. 二輪以上の自動車

 これは「四輪」だから、1ですね。

 正解です。「四輪以上の自動車の運転の業務に主として従事する者をいう」が正しい字句となります。条文の内容を確実に押さえて得点できるようになりましょう。

 はい、しっかり覚えます！

問6・解説

「自動車運転者の労働時間等の改善のための基準」の第一条1〜3の条文からの穴埋め問題です。対象としているのが<u>四輪以上の自動車</u>の運転者で、<u>労働条件の向上</u>を図ることを目的としていることをしっかり押さえておきましょう。

正解　A：2　B：1　C：2　D：1

7 拘束時間と休息期間のルール①

重要度
★★☆

押さえておきたいキーワードは、1日についての拘束時間、
ダブルカウント、休息期間。確実に理解していきましょう。

要チェックの条文はコレ！

【自動車運転者の労働時間等の改善のための基準・第四条（貨物自動車運送事業に従事する自動車運転者の拘束時間等）】

三　一日についての拘束時間は、十三時間を超えないものとし、当該拘束時間を延長する場合であっても、最大拘束時間は、十五時間とすること。ただし、貨物自動車運送事業に従事する自動車運転者に係る一週間における運行が全て長距離貨物運送（一の運行（自動車運転者が所属する事業場を出発してから当該事業場に帰着するまでをいう。）の走行距離が四百五十キロメートル以上の貨物運送をいう。）であり、かつ、一の運行における休息期間が、当該自動車運転者の住所地以外の場所におけるものである場合においては、当該一週間について二回に限り最大拘束時間を十六時間とすることができる。

四　前号の場合において、一日についての拘束時間が十四時間を超える回数をできるだけ少なくするよう努めるものとすること。

五　勤務終了後、継続十一時間以上の休息期間を与えるよう努めることを基本とし、休息期間が継続九時間を下回らないものとすること。ただし、一週間における運行が全て長距離貨物運送であり、かつ、一の運行における休息期間が、当該自動車運転者の住所地以外の場所におけるものである場合、当該一週間について二回に限り、休息期間を継続八時間とすることができる。この場合において、一の運行終了後、継続十二時間以上の休息期間を与えるものとする。

2　使用者は、貨物自動車運送事業に従事する自動車運転者の休息期間については、当該自動車運転者の住所地における休息期間がそれ以外の場所における休息期間より長くなるように努めるものとする。

✓ 拘束時間違反の見極めポイントは、「1日」の考え方にあり！

　1日についての拘束時間と休息期間を図にすると、下のようになります。

図で覚える　1日についての拘束時間と休息期間

	始業			終業
休息期間	拘束時間			休息期間
	労働時間	休憩時間	労働時間	

　拘束時間は、「13時間を超えないものとする」のが原則で、延長する場合でも「最大拘束時間は15時間とすること」と定められています。

表で覚える **1日の拘束時間と休息期間の原則**

1日の拘束時間	<u>13時間</u>以内（<u>15時間以内</u>） ※カッコ内は、延長する場合 ※14時間を超える回数をできるだけ少なくするように努める（週2回までが目安） ※1日とは、始業時間から起算した24時間
休息期間	継続<u>11時間</u>以上与えるよう努めることを基本とし、<u>9時間</u>を下回らない ※当該自動車運転者の<u>住所地における休息期間</u>がそれ以外の場所における休息期間より 　<u>長く</u>なるように努める

 「13時間00分」なら超えていないってことになるんですか？

 はい。1日の拘束時間が違反であるか否かを判断するには、それを見極める力が必要です。実際の例を見ながら見極めのコツをつかんでいきましょう。下は始業が8時で終業が21時の月曜日の運行の例です。

| 月曜日 |
| 0時　　　　　　　　　始業8時　　　　　　　　　　　　　　終業21時　　24時 |
| ├──────────┤拘束時間├──────┤ |

 この場合は、朝8時から夜21時で拘束時間が13時間なので、「違反ではない」だと思います。

 正解です。では火曜日が追加された下図の場合はどうでしょうか？

月曜日
0時　　　　　　　始業8時　　　　　　　　　　終業21時　24時
拘束時間

火曜日
0時　　　始業4時　　　　　　　　終業18時　　　　　24時
拘束時間

 火曜日の拘束時間は14時間で13時間を超えていますが、延長する場合の最大拘束時間の15時間を超えていないので、「違反ではない」です。

 実はこれは違反となります。最大のポイントは、ここでいう「1日」は<u>始業時刻から起算した24時間</u>を指す、ということです。そのため、月曜日の始業時刻8時から起算した24時間が「1日」となり、火曜日の8時までが1日です。

一方、火曜日の始業は朝4時となっていますので、そこから8時までの4時間は、月曜日の拘束時間でもあり、火曜日の拘束時間でもあります。その結果、次ページの図のように<u>**ダブルカウント**</u>が発生します。

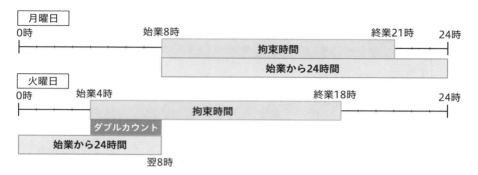

 月曜日の拘束時間は、始業8時から終業21時の13時間に、翌4時から翌8時までの4時間のダブルカウント分を足した17時間（(21時−8時) ＋4時間）となり、15時間を超えるため「違反」となるわけです。

 翌日の始業時刻が前日の始業時刻より早くなる場合は、ダブルカウントが発生するんですね。

 はい。さらに休息期間について見ていきましょう。改善基準では、勤務終了後、継続 <u>11 時間</u>以上与えるよう努めることを基本とし、<u>9 時間</u>を下回らないものとすることとなっています。先ほどの月曜日と火曜日の運行例に休息期間を入れると、下図のようになります。

 月曜日の終業が 21 時、火曜日の始業が4時ですから休息期間は7時間となり、継続 9 時間を下回らないものとする休息期間を満たしていません。

 これは違反ですね。

 <u>1 日</u>の拘束時間を <u>13 時間</u>を超えないものとし、<u>継続 11 時間以上</u>の休息期間を与えるように努めることが基本で、1 日の最大拘束時間が 15 時間で休息期間が<u>継続 9 時間</u>を下回らないものとすること、と改善基準で定められているのも 24 時間の内訳と捉えてみればわかりやすいと思います。

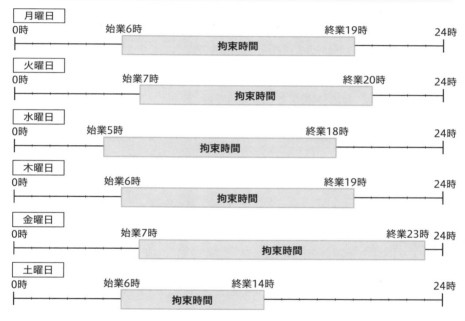

 拘束時間を 13 時間を超えて延長する場合は、14 時間を超える回数をできるだけ少なくするように努める必要があります。回数は 1 週間で 2 回までが目安で、14 時間を超える日が連続することは望ましくありません。
次に 1 週間の運行を見て、違反かどうかの判断をしてみましょう。

 下の表は、上の 1 週間の運行を集計してまとめたものです。

	始業時刻	終業時刻	拘束時間	休息期間
月曜日	6時	19時	(19時－6時)＝13時間	12時間
火曜日	7時	20時	(20時－7時)＋2時間＝15時間	9時間
水曜日	5時	18時	(18時－5時)＝13時間	12時間
木曜日	6時	19時	(19時－6時)＝13時間	12時間
金曜日	7時	23時	(23時－7時)＋1時間＝17時間	7時間
土曜日	6時	14時	(14時－6時)＝8時間	

14時間を超える回数について1週間に2回までの目安はクリアしていますし、14時間を超える日も連続していませんね。ただ、金曜日は拘束時間が17時間で最大の15時間を超えていて、休息期間も7時間で継続9時間を満たしていないので、違反ですね。

 その通りです！

✔ 宿泊を伴う長距離貨物運送のルールをチェック！

 拘束時間と休息期間には、例外として宿泊を伴う長距離貨物運送についてのルールがあります。下の表を確認しましょう。

表で覚える　宿泊を伴う長距離貨物輸送の拘束時間等

1日の拘束時間	16時間まで延長可（週2回まで） ※14時間を超える回数をできるだけ少なくするように努める（週2回までが目安） ※1日とは、始業時間から起算した24時間
休息期間	継続8時間以上（週2回まで） ※休息期間のいずれかが9時間を下回る場合は、運行終了後に継続12時間以上の休息期間を与える ※当該自動車運転者の住所地における休息期間がそれ以外の場所における休息期間より長くなるように努める

※1週間における運行がすべて長距離貨物運送（一の運行の走行距離が450km以上の貨物運送）で一の運行における休息期間が住所地以外の場所におけるものである場合

 拘束時間は週2回を限度に16時間まで延長できて、休息期間も週2回を限度に継続8時間以上でいいんですね。

 この数字も通常勤務と同じように、24時間の内訳と捉えて覚えましょう。また、休息期間のいずれかが9時間を下回る場合、一の運行終了後に継続12時間以上の休息期間を与える必要があることもポイントです。

 休息期間を短くした分、後からしっかり休息できるようにしているんですね。

 はい。では、宿泊を伴う長距離貨物運送の1週間の運行を次ページの図で見ていきましょう。月曜日に所属する事業場を出発し、金曜日に当該事業場に帰着する場合の運行です。違反するかどうか、考えてみてください。

 水曜日は拘束時間が17時間で、最大の16時間を超えているうえに、休息期間が7時間で、継続8時間以上を満たしていないので、違反なのでは？

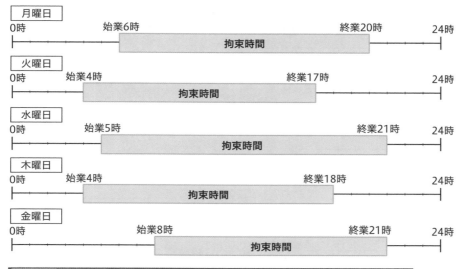

	始業時刻	終業時刻	拘束時間	休息期間
月曜日	6 時	20 時	（20時－6時）＋2時間＝16時間	8 時間
火曜日	4 時	17 時	（17時－4時）＝13時間	12 時間
水曜日	5 時	21 時	（21時－5時）＋1時間＝17時間	7 時間
木曜日	4 時	18 時	（18時－4時）＝14時間	14 時間
金曜日	8 時	21 時	（21時－8時）＝13時間	

 その通りです。長距離貨物運送は、業務の性質上、休息期間を遠隔地で確保するなどの厳しい労働環境にさらされますが、運転者の<u>住所地における休息期間</u>がそれ以外の場所における休息期間より<u>長く</u>なるように努めることも求められています。実際の試験でも、同じような部分が問われます。たとえば次のようなものです。考えてみましょう。

📝 試験ではこう出る！

問 . 次ページの図は、貨物自動車運送事業に従事する自動車運転者の1週間の勤務状況の例を示したものであるが、「自動車運転者の労働時間等の改善のための基準」（以下「改善基準告示」という。）に定める拘束時間等に関する次の記述のうち、誤っているものを1つ選びなさい。
　　　ただし、すべて1人乗務の場合とし、宿泊を伴う長距離貨物運送に該当するものとする。なお、解答にあたっては、図に示された内容及び各選択肢に記載されている事項以外は考慮しないものとする。

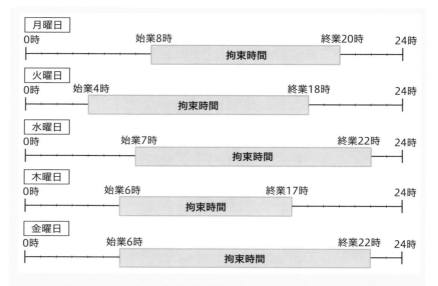

1. 1日についての拘束時間が改善基準告示に定める最大拘束時間に違反する勤務はない。
2. 1日についての拘束時間を16時間とすることができる1週間についての回数は、改善基準告示に違反していない。
3. 勤務終了後の休息期間は、改善基準告示に違反しているものはない。
4. 木曜日に始まる勤務の1日についての拘束時間は、この1週間の勤務の中で1日についての拘束時間が最も短い。

 実際の問題になると難しく感じますね……。

 大丈夫。順に考えていきましょう。まず1の選択肢については、まとめると次のようになります。

	始業時刻	終業時刻	拘束時間
月曜日	8時	20時	（20時 − 8時）+ 4時間 = 16時間
火曜日	4時	18時	（18時 − 4時）= 14時間
水曜日	7時	22時	（22時 − 7時）+ 1時間 = 16時間
木曜日	6時	17時	（17時 − 6時）= 11時間
金曜日	6時	22時	（22時 − 6時）= 16時間

最大拘束時間16時間を超える違反はないので、正しい選択肢です。
次に、2の選択肢については、「1日の拘束時間を16時間とすることがで

きる1週間の回数は2回まで」の定めに対して、月曜日、水曜日、金曜日と3回となっているので、違反しています。

そして、3の選択肢については、まとめると次の表になります。

	始業時刻	終業時刻	拘束時間	休息期間
月曜日	8時	20時	16時間	8時間
火曜日	4時	18時	14時間	13時間
水曜日	7時	22時	16時間	8時間
木曜日	6時	17時	11時間	13時間
金曜日	6時	22時	16時間	

ここから、勤務終了後の休息期間は継続8時間を確保しており、改善基準告示に違反しているものはないので、正しい選択肢です。

最後に、4の選択肢については、木曜日に始まる勤務の1日についての拘束時間は、11時間となり、この1週間の勤務の中で1日についての拘束時間が最も短いので、正しい選択肢です。そのため、正解は2です。

 わかりました！

✔ 自動車運転者の休日の取り扱い

 質問です。1週間の業務状況が右の表の場合、1週間の運行後に、日曜日を休日として取り扱う場合は、何時間必要だと思いますか？

 暦上での24時間ではないんですか？

違います。自動車運転者の<u>休日</u>の取り扱いは、休息期間＋<u>24時間以上</u>の継続した時間を与える必要があります。これを正しく理解していないと思わぬ労務トラブルに発展しかねません。ご注意ください。

	始業時刻	終業時刻
月曜日	6時	19時
火曜日	7時	20時
水曜日	5時	18時
木曜日	6時	19時
金曜日	7時	23時
土曜日	6時	14時
日曜日	休日	

 では、この運行では、土曜日の終業が14時で9時間以上の休息期間になっていますから、これに＋24時間で33時間以上が必要になるんですね。

 はい。たとえば運転者の休前日の終業点呼時に、休日明けの適切な始業時刻を指示することも必要な要素です。

269

表で覚える **休日に関するポイント①～通常勤務～**

通常勤務の場合	休息期間 = 最低 <u>9 時間</u>以上 + <u>24 時間</u> = 必要な時間・継続<u>33 時間</u>以上

> 休日は、休息期間 + 24時間以上が必要で、30時間を下回ってはいけません。また、2 日続けて休日を与える場合は、2 日目は連続24時間以上が必要です

 労働時間、時間外労働、休憩時間、拘束時間、休息期間、休日など、いろいろ時間について管理する必要があるんですね。

 運行管理者は、ほかにも管理すべき事項が多岐にわたります。ですから、正しい知識と適切な運用で、輸送の安全の確保に取り組む必要があるのです。
続けて、宿泊を伴う長距離貨物運送に該当する運行の場合についても見ていきましょう。右の表のように、土曜日と日曜日に休日を与えるものとします。この場合、休日として取り扱うには何時間必要でしょうか？

	始業時刻	終業時刻
月曜日	6 時	20 時
火曜日	4 時	17 時
水曜日	5 時	21 時
木曜日	4 時	18 時
金曜日	8 時	21 時
土曜日	休日	
日曜日	休日	

 休息期間の 9 時間 + 24 時間 + 2 日目の 24 時間で 57 時間確保できていればいいのではないのですか？

 宿泊を伴う長距離貨物運送の場合、休息期間のいずれかが <u>9 時間</u>を<u>下回る</u>場合は、一の運行終了後に<u>継続 12 時間以上</u>の休息期間を与える必要があります。覚えていますか？

 あっ、そうでした！　ということは、この場合は 9 時間じゃなくて 12 時間が必要なんですね。

 その通りです。では、一緒に計算していきましょう。

 よろしくお願いします！

表で覚える 休日に関するポイント②〜宿泊を伴う長距離貨物運送〜

| 宿泊を伴う
長距離貨物
運送の場合 | 休息期間＝最低**12時間**以上
＋**24時間**
＝必要な時間・継続**36時間**以上 |

> この場合も、30時間を下回ってはいけません。
> 2日続けて休日を与える場合に、2日目は連続
> 24時間以上が必要になるのも、通常勤務と同様です

 まず、継続12時間以上の休息期間に24時間を足すことで、土曜日の休日の条件を満たします。この時点で必要な時間は継続36時間以上です。そして2日続けて休日を与える場合、2日目は連続24時間以上ですので、さらに24時間を足します。

 ということは、12時間＋24時間＋24時間＝60時間以上、時間をあける必要があるんですね。

 その通りです。この場合、休日明けの月曜日の始業時間はどうなるか、わかりますか？

 金曜日の終業時刻が21時で、その12時間後が土曜日の朝9時。その24時間後のさらに24時間後になるから、休日明けの月曜日は朝9時以降でないと始業できません！

 その通りです。休日に関しても数字をしっかりと覚えて、いろいろなパターンでも解答できるようになりましょう。もちろん、実務上でも大切な知識になりますので、しっかりと覚えておきましょう。

 わかりました！

問7・解説

（1）について、1日の拘束時間は原則**13時間**、延長する場合であっても最大の拘束時間は**15時間**と定められています。（2）について、宿泊を伴う長距離貨物運送の場合は当該1週間について2回に限り最大拘束時間を**16時間**にできます。（3）について、1日についての拘束時間が**14時間**を超える回数をできるだけ少なくするよう努める、とされています。

<u>正解　A：5　B：7　C：8　D：6</u>

要チェックの条文はコレ！

【自動車運転者の労働時間等の改善のための基準・第四条（貨物自動車運送事業に従事する自動車運転者の拘束時間等）】

一 拘束時間は、<u>一箇月</u>について<u>二百八十四時間</u>を超えず、かつ、<u>一年</u>について<u>三千三百時間</u>を超えないものとすること。ただし、<u>労使協定</u>により、<u>一年について六箇月まで</u>は、一箇月について<u>三百十時間</u>まで<u>延長</u>することができ、かつ、<u>一年</u>について三千四百時間まで延長することができるものとする。

二 前号ただし書の場合において、一箇月の拘束時間が<u>二百八十四時間</u>を超える月が<u>三箇月</u>を超えて連続しないものとし、かつ、一箇月の<u>時間外労働及び休日労働</u>の合計時間数が<u>百時間未満</u>となるよう努めるものとすること。

✓ 年間に「何ヵ月」まで、「何時間」の範囲内で延長できる？

 1ヵ月についての拘束時間は、下のように定められています。この数字は、確実に覚えるようにしてください。

表で覚える **1カ月と1年の拘束時間の原則と例外**

原則	1ヵ月：<u>284時間以内</u>　かつ　1年：<u>3,300時間以内</u>
例外 （労使協定がある場合）	1ヵ月：<u>310時間以内</u>　かつ　1年：<u>3,400時間以内</u> ※1ヵ月の拘束時間が<u>284時間</u>を超える月が<u>3ヵ月</u>を超えて連続しないものとし、かつ、1ヵ月の<u>時間外労働及び休日労働</u>の合計時間数が<u>100時間未満</u>となるよう努めること

 まず、「原則として1ヵ月<u>284時間</u>を超えず、かつ、1年について<u>3,300時間</u>を超えないものとする」がポイントです。284時間×12ヵ月＝3,408時間ですから、たとえ1ヵ月で284時間を超えなくても、12ヵ月ずっと284時間では、年間で3,300時間を超えてしまいます。ですから「かつ」という言葉が入っているのです。

 すべて上限値で設定できないのですね。労使協定があるときの延長について、もう少し詳しく教えてください。

 大前提として拘束時間の延長にあたっては、労使間で次ページ上の事項について取り決めを交わし、同意の上で延長することとなっています。

表で覚える 拘束時間を延長するための労使協定で定める事項

- 協定の対象者
- 1年について各月及び年間合計の拘束時間
- 協定の有効期間
- 協定変更の手続など

労使協定がある場合、1年のうち6ヵ月までは1ヵ月について284時間を超えて310時間まで延長することができ、かつ、1年については3,400時間まで延長することができます。ただしこの場合でも、1ヵ月の拘束時間が284時間を超える月が3ヵ月を超えて連続しないものとし、かつ、1ヵ月の時間外労働および休日労働の合計時間数が100時間未満とするように努める必要があります。

ここでも「かつ」で同時に管理する数字がいくつもある上に、上限値で設定すると284時間×6ヵ月+310時間×6ヵ月＝3,564時間になりますから、3,400時間を超えてしまいますね。

すべて上限値で設定することは、そもそも労働時間などの労働条件の向上を図ることからはかけ離れたことですから、NGであるべきなのです。
ではここで、1ヵ月についての拘束時間が違反か否かの判断力を磨くために、実際の例でトレーニングをしていきましょう。下の表を見てください。

	4月	5月	6月	7月	8月	9月	10月	11月	12月	1月	2月	3月	1年間合計
拘束時間	310時間	245時間	270時間	310時間	310時間	260時間	285時間	295時間	310時間	310時間	250時間	245時間	3,400時間

1年間の合計は3,400時間だから、1年については違反ではないですね。そして、1ヵ月の拘束時間は、上限の310時間の月は、赤枠の4月、7月、8月、12月、1月の5ヵ月ですから、「1年のうち6ヵ月まで310時間まで延長できる」のルールを満たしています。なので、違反ではない！

いいえ、不正解です。10月から1月までの拘束時間はどの月も284時間を超えています。これでは、「1ヵ月の拘束時間が284時間を超える月が3ヵ月を超えて連続しないこと」を満たしていません。また、310時間まで延長できる月については、赤枠の月だけでなく10月、11月も該当し、1年のうち7ヵ月となっています。ですから「1年のうち6ヵ月まで310時間まで延長できる」のルールを満たしていません。

確かに。単に数字を見るだけではなく、すべての条件と照らし合わせて確認しないとダメですね。注意します。

試験では、こうした1年間の拘束時間の表を見て、改善基準に適合するか否か問われます。たとえばこんな具合です。

📝 試験ではこう出る！

問. 下表は、貨物自動車運送事業に従事する自動車運転者（隔日勤務に就く運転者以外のもの。）の1年間における各月の拘束時間の例を示したものであるが、当該例は「自動車運転者の労働時間等の改善のための基準」に適合する。〇か×か。ただし、「拘束時間の延長に関する労使協定」があるものとする。

	4月	5月	6月	7月	8月	9月	10月	11月	12月	1月	2月	3月	1年間合計
拘束時間	295時間	284時間	245時間	267時間	300時間	260時間	250時間	295時間	310時間	300時間	284時間	310時間	3,400時間

むむむ……。難しいですね。教えてください。

わかりました。まず「拘束時間の延長に関する労使協定」があることから1年間の拘束時間については、3,400時間ですが、表では3,400時間を超えていないので、違反ではありません。

次に、1ヵ月の拘束時間で最も大きい月は、12月と3月の310時間です。延長は最大310時間まで可能ですので、これも違反はありません。そして、「1ヵ月についての拘束時間について284時間を超え、310時間まで延長できる月」は、4月、8月、11月、12月、1月、3月の6ヵ月となっており、1年のうち6ヵ月を超えていないので、これも違反はありません。さらに、1ヵ月の拘束時間が284時間を超える月が、3ヵ月を超えて連続していませんから、これも違反はありません。

ですから「自動車運転者の労働時間等の改善のための基準」に適合するものとなり、正解は〇となります。

焦らず1つひとつ確認すると解答できそうですね。

このテーマに限らず、いろいろな要素が絡んでくるものについて、正しいか誤っているかを答える場合には、確認すべきことをしっかりと洗い出した上で、それらを順番に1つひとつ確認していくと、漏れなく確実にチェックでき、正解を導き出すことができます。

わかりました！

✔ 拘束時間に関する時間外労働と休日労働

 次に、先ほどの「試験ではこう出る！」で挙げた1年間における各月の拘束時間の例に時間外労働と休日労働の時間を追加して考えてみましょう。

	4月	5月	6月	7月	8月	9月	10月	11月	12月	1月	2月	3月	1年間合計
拘束時間	295時間	284時間	245時間	267時間	300時間	260時間	250時間	295時間	310時間	300時間	284時間	310時間	3,400時間
時間外労働および休日労働	79時間	68時間	29時間	51時間	84時間	44時間	34時間	79時間	94時間	84時間	68時間	94時間	808時間

 「1ヵ月の時間外労働及び休日労働の合計時間数が100時間未満となるよう努めるものとする」を満たしていますね。

 そして、⑥で学習した「時間外労働及び休日労働に関する協定で定める時間外労働の限度時間を超えて労働させる必要がある場合でも、960時間を超えない範囲内（休日労働を除く）」についても、時間外および休日の労働の合計が808時間なので、違反はありません。ですので、このケースでは違反なしです。なお、1ヵ月単位では休日労働を含めて計算しますが、年単位では休日労働の時間を除いて960時間と対比することも重要です。時間外および休日労働に関する取り決めを、再度確認しておきましょう。

表で覚える 時間外および休日労働に関する取り決めのポイント

● 事業場における通常予見することのできない業務量の大幅な増加などに伴い、臨時的に時間外労働及び休日労働に関する協定で定める時間外労働の限度時間を超えて労働させる必要がある場合でも、960時間を超えない範囲内とする

ここにきて⑥で学習した内容も出てくるのですね。

 拘束時間と時間外労働は密接な関わりがある上に、自動車運転者の労働においては、さまざまなルールが重なりあう複雑なものとなっています。合わせて覚えておきましょう。

問8・解説

拘束時間は、1ヵ月で284時間、1年で3,300時間を超えないものと定められています。ただし、労使協定があるときは、1年のうち6ヵ月までは拘束時間を、1ヵ月で310時間、1年で3,400時間まで延長できます。また、1ヵ月の拘束時間が284時間を超える月は、3ヵ月を超えて連続しないものとされています。

正解　A：1　B：5　C：3　D：6

9 運転時間

重要度 ☆☆☆

運転時間の基準の「数字」を押さえ、違反か否かを正しく計算できるようになりましょう。

要チェックの条文はコレ！

【自動車運転者の労働時間等の改善のための基準・第四条（貨物自動車運送事業に従事する自動車運転者の拘束時間等）】

六　運転時間は、二日（始業時刻から起算して四十八時間をいう。）を平均し一日当たり<u>九時間</u>、<u>二週間</u>を<u>平均</u>し一週間当たり<u>四十四時間</u>を超えないものとすること。

✓ 運転時間に違反がないかを確認する計算式とは？

まず、運転時間については、下の表のように定められています。

表で覚える　運転時間

- 2日（始業時刻から起算して48時間をいう）を平均し、1日あたり<u>9時間</u>
- 2週間を平均して、1週間あたり<u>44時間</u>を超えないものとすること

「2日を平均して1日あたり」ってどういうことですか？

実際の例で解説していきましょう。ここでは<u>特定日・特定日の前日・特定日の翌日</u>の<u>運転時間</u>を下記の計算式に当てはめていきます。

$$\text{2日を平均した1日あたりの運転時間} = \begin{array}{l} \langle 1 \rangle \left(\dfrac{\text{特定日の前日}}{\text{の運転時間}} + \dfrac{\text{特定日}}{\text{の運転時間}} \right) \div 2\text{日} \\[2ex] \langle 2 \rangle \left(\dfrac{\text{特定日}}{\text{の運転時間}} + \dfrac{\text{特定日の翌日}}{\text{の運転時間}} \right) \div 2\text{日} \end{array}$$

〈1〉と〈2〉とも <u>9時間</u>を超えないものとすること

特定日って何ですか？

運転時間を計算する際に起算する日と考えてください。

わかりました！

では、この計算式を使って、次ページのケースが違反か否かを見ていきましょう。

	1日目 （特定日の前日）	2日目 （特定日）	3日目 （特定日の翌日）
運転時間	10時間	9時間	9時間

 　2日目が「特定日」ですので前ページの計算式〈1〉で「(1日目の運転時間10時間＋2日目の運転時間9時間)÷2日＝9.5時間」が導き出せます。

 9時間を超えているので、改善基準に違反していますよね？

いいえ、これは「特定日」と「その前日」の運転時間を計算しただけで、〈2〉の「特定日」と「その翌日」の運転時間の計算も必要です。
それによって、「(2日目の運転時間9時間＋3日目の運転時間9時間)÷2日＝9時間」という数字が導き出せます。

$$\begin{array}{l}\text{2日を}\\\text{平均した}\\\text{1日あたりの}\\\text{運転時間}\end{array} = \begin{array}{l}\langle 1\rangle\left(\dfrac{\text{1日目の運転時間}}{\text{10 時間}} + \dfrac{\text{2日目の運転時間}}{\text{9 時間}}\right) \div \text{2 日} = 9.5\text{ 時間}\\[2em]\langle 2\rangle\left(\dfrac{\text{2日目の運転時間}}{\text{9 時間}} + \dfrac{\text{3日目の運転時間}}{\text{9 時間}}\right) \div \text{2 日} = 9\text{ 時間}\end{array}$$

 　この計算結果がいずれも9時間を超えている場合は「違反」となりますが、どちらか一方のみが9時間を超えていても違反にはなりません。
では次に、下の表の1週間の運行例で見ていきましょう。この場合は、すべての日を特定日として考えていきますが、1日目の前日は記載がないので、まずは2日目を特定日とした場合から計算します。

第1週		1日	2日	3日	4日	5日	6日	休日	週の合計時間
	各日の運転時間	4時間	5時間	4時間	9時間	10時間	9時間	―	41時間

① $\begin{array}{l}\text{2日目を}\\\text{特定日}\\\text{とした}\\\text{場合}\end{array} = \begin{array}{l}\langle 1\rangle\left(\dfrac{\text{1日目の運転時間}}{\text{4 時間}} + \dfrac{\text{2日目の運転時間}}{\text{5 時間}}\right) \div \text{2 日} = 4.5\text{ 時間}\\[2em]\langle 2\rangle\left(\dfrac{\text{2日目の運転時間}}{\text{5 時間}} + \dfrac{\text{3日目の運転時間}}{\text{4 時間}}\right) \div \text{2 日} = 4.5\text{ 時間}\end{array}$

 どちらも9時間を超えていないので、改善基準に違反していないですね。

 はい。同様に3日目と4日目を特定日とした場合についても計算します。

3日目を特定日とした場合 $=$ 〈1〉$\left(\dfrac{2日目の運転時間}{5時間} + \dfrac{3日目の運転時間}{4時間}\right) ÷ 2日 = 4.5$ 時間

〈2〉$\left(\dfrac{3日目の運転時間}{4時間} + \dfrac{4日目の運転時間}{9時間}\right) ÷ 2日 = 6.5$ 時間

 4日目を特定日とした場合 $=$ 〈1〉$\left(\dfrac{3日目の運転時間}{4時間} + \dfrac{4日目の運転時間}{9時間}\right) ÷ 2日 = 6.5$ 時間

〈2〉$\left(\dfrac{4日目の運転時間}{9時間} + \dfrac{5日目の運転時間}{10時間}\right) ÷ 2日 = 9.5$ 時間

 この場合も改善基準に違反していないですね？

 はい。次に5日目を特定日とした場合について見ていきましょう。

 5日目を特定日とした場合 $=$ 〈1〉$\left(\dfrac{4日目の運転時間}{9時間} + \dfrac{5日目の運転時間}{10時間}\right) ÷ 2日 = 9.5$ 時間

〈2〉$\left(\dfrac{5日目の運転時間}{10時間} + \dfrac{6日目の運転時間}{9時間}\right) ÷ 2日 = 9.5$ 時間

どちらも9時間を超えているので、改善基準に違反しています。

その通りです。試験ではこのように1週間の運行例をもとに、すべての日を特定日とした場合について、2日を平均し1日あたり9時間を超えているか否かを問うという問題が出題されます。

試験中にすべてを計算するのは大変そうですね。

実はすべてを計算する必要はないのです。改善基準に違反している場合というのは「9時間を超えた日があること」が前提です。ですから、<u>9時間を超えている日の前後のみ</u>計算することで、違反か否かを確認することができます。
この例でいえば、9時間を超えているのは5日目だけですね（前ページ）。なので、5日目を特定日として計算するだけでよいのです。逆に9時間を超えない日を計算したところで、改善基準に違反しようがありませんからね。

 なるほど！ それはわかりやすいですね！！

 次に、2週間を平均した1週間あたりの運転時間について見ていきましょう。改善基準では2週間を平均して1週間あたり<u>44時間</u>を超えないものとすることと定められています。

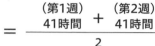

2週間を平均した 1週間あたりの運転時間 ＝ （第1週の合計運転時間 ＋ 第2週の合計運転時間）/ 2

1週間当たり<u>44時間</u>を超えないものとすること

 上記の計算式で 277 ページの 1 週間の運行例で計算していくと、次のような計算が導き出せます（第 2 週の合計運転時間も 41 時間とする）。

2週間を平均した 1週間あたりの運転時間 ＝ （（第1週）41時間 ＋ （第2週）41時間）/ 2 ＝ 41時間

起算日から 2 週間ごとで区切るため、
4 週目まである場合は、1 週目と 2 週目、
3 週目と 4 週目が、それぞれセットになります

41 時間ということは 44 時間を超えていないので違反していないですね。

 はい。これについては起算日から 2 週間ごとに区切りますので、仮に 3 週目と 4 週目があった場合、2 週目と 3 週目の組み合わせで計算せずに、3 週目と 4 週目の組み合わせで計算することも覚えておいてください。

試験では、同じテーマで条文からの出題もあります。

📝 試験ではこう出る！

問. 次の空欄に入るべき字句を選択肢から選びなさい。

運転時間は、2 日（　　A　　から起算して 48 時間をいう。）を平均し 1 日当たり 9 時間、2 週間を平均し 1 週間当たり　　B　　を超えないものとすること。

選択肢　1．乗務開始　　2．始業時刻　　3．40 時間　　4．44 時間

確か……A は始業時刻、B は 44 時間ですか？

正解です。まずは数字を確実に覚えておくと、条文からの出題や計算問題にも対応できます。

問 9・解説

2 について、4 日目を特定日とした場合、（3 日目・9 時間＋ 4 日目・10 時間）÷ 2、（4 日目・10 時間＋ 5 日目・9 時間）÷ 2 のどちらも <u>9.5</u> 時間となり、9 時間を超えているので、違反しています。

正解　2

10 連続運転時間・中断時間

重要度 ☆☆☆

続いて、連続して運転した場合や運転を中断した場合の規定について学んでいきましょう。実務上でも大事な内容です。

要チェックの条文はコレ！

【自動車運転者の労働時間等の改善のための基準・第四条（貨物自動車運送事業に従事する自動車運転者の拘束時間等）】

七　連続運転時間（一回がおおむね<u>連続十分以上</u>で、かつ、合計が<u>三十分以上</u>の運転の<u>中断</u>をすることなく連続して運転する時間をいう。）は、<u>四時間</u>を超えないものとすること。ただし、高速自動車国道又は自動車専用道路のサービスエリア又はパーキングエリア等に駐車又は停車できないため、<u>やむを得ず連続運転時間が四時間を超える場合</u>には、連続運転時間を<u>四時間三十分</u>まで<u>延長</u>することができるものとする。

八　前号に定める運転の中断については、原則として<u>休憩</u>を与えるものとする。

✓ 連続運転時間と中断時間が適正かを計算する方法

連続運転時間は、下の表のように定められています

表で覚える 連続運転時間の原則と例外

原則	<u>4時間</u>を超えないものとすること 1回がおおむね<u>連続10分以上</u>かつ、合計が<u>30分以上</u>の運転の中断。 ただし、1回が<u>10分未満</u>の運転の中断は、<u>3回以上連続</u>してはならない ※運転の中断については、原則として<u>休憩</u>を与えるものとする（下の例外でも同様）
例外	高速道路等のサービスエリアまたはパーキングエリアなどに、駐車または停車できないため、やむを得ず連続運転時間が<u>4時間</u>を超える場合、連続運転時間を<u>4時間30分</u>まで<u>延長</u>することができる

運転時間は連続して<u>4時間</u>を超えないようにしないといけないんですね？

はい。そして4時間以内または4時間の運転直後に<u>30分</u>以上の運転の<u>中断</u>が必要です。

「おおむね連続10分以上」ってどういうことですか？

運転の中断は原則<u>10分以上</u>とする趣旨ですから、たとえば下の表のように、10分未満の運転の中断が<u>3回以上連続</u>する場合などは、「おおむね連続10分以上に該当しない」ということです。

運転①	休憩①	運転②	休憩②	運転③	休憩③	運転④	休憩④
1時間	9分	1時間	9分	1時間	9分	1時間	3分

運転の中断は、1回がおおむね連続10分以上とした上で分割できるけど、1回が10分未満の運転の中断は、3回以上連続してはいけないんですね。

 はい。たとえば次のケースでも、5分の中断は「おおむね連続10分以上」ではないため、認められません。

運転①	休憩①	運転②	休憩②	運転③	休憩③
1時間	15分	1時間	10分	2時間	5分

 わかりました！

 では、実際のケースで考えていきましょう。下の表を見てください。

乗務開始	運転①	休憩①	運転②	休憩②	運転③	休憩③	運転④	休憩④	運転⑤	休憩⑤	運転⑥	休憩⑥	運転⑦	乗務終了
	1時間	15分	2時間	10分	1時間	15分	1時間	1時間	1時間30分	10分	1時間	5分	30分	

 このケースでは、乗務開始から運転①・運転②・運転③の連続運転時間の合計が4時間となります。

 それって連続運転時間の限度ですよね。

 その通りです。そして運転③までと運転③直後に、複数回にわたり、休憩による連続運転の中断が行われています。この中断時間の合計が30分以上であれば、改善基準に違反していません。計算してみましょう。

連続運転時間 = 運転① 1時間 + 運転② 2時間 + 運転③ 1時間 = 4時間

中断時間 = 休憩① 15分 + 休憩② 10分 + 休憩③ 15分 = 40分

 休憩①と休憩②と休憩③の中断の合計時間は40分です。なので、改善基準に違反していませんね。

 はい。なので、この時点で連続運転時間の中断が適切に実施されています。次に、運転④の区分を見ていきましょう。ここでは、運転④の直後に、休憩④による中断が1時間なされています。なので、この時点でも適切に連続運転の中断が行われている、となります。

連続運転時間 = 運転④ 1時間   中断時間 = 休憩④ 1時間

この場合、運転時間は1時間ですけど、4時間時点まで区分しなくていいんですか？

 その必要はありません。なぜなら、ここでのポイントは、<u>30分以上の中断をしているか</u>ということだからです。休憩④は1時間なので「30分以上」の基準をクリアしているわけです。連続運転時間のカウントは、運転の中断が合計30分に達したところでリセットされます。そして、またそこから新たな連続運転時間が開始されることになるのです。

 なるほど！

 では次に、運転⑤・運転⑥・運転⑦の区分を見ていきましょう。
ここでは、運転⑤・運転⑥・運転⑦の連続運転時間の合計時間が3時間となり、そのまま乗務を終了しています。こういう場合は、「改善基準に違反していない」となります。

| 連続運転時間 | = | 運転⑤ 1時間30分 | + | 運転⑥ 1時間 | + | 運転⑦ 30分 | = 3時間 |

| 中断時間 | = | 休憩⑤ 10分 | + | 休憩⑥ 5分 （有効でないため0分扱い） | = 10分 |

 1回が連続10分以上の中断と定められているのに、この区分では5分しか中断できていません。
この場合は違反じゃないんですか？

 違反ではありません。たしかに5分の中断は、適切な中断として認められていません。ですが、この区分では連続運転時間の合計は3時間です。そもそも4時間に達していないことから、問題はないという判断になります。

 わかりました！

 今度は、違反となる場合について見ていきましょう。まず1つ目のケースです。

乗務開始	運転⑤	休憩⑤	運転⑥	休憩⑥	運転⑦	乗務終了
	1時間30分	25分	1時間	5分	2時間	

運転⑤・運転⑥・運転⑦の連続運転時間の合計は4時間30分となります。この間の休憩⑤と休憩⑥で30分の中断がなされていれば、改善基準に違反はありません。

 休憩⑤と休憩⑥の中断時間の合計は30分ありますが、休憩⑥は5分ですから、基準の10分以上に達しておらず、違反ですよね？

 その通りです。休憩⑥は有効な中断でないことから、0分扱いになり、休憩⑤と休憩⑥の中断時間の合計は25分となります。よって4時間30分の連続運転時間に対し、25分の中断しかしていないため、改善基準に違反している、ということになります。

| 連続運転時間 | = | 運転⑤ 1時間30分 | + | 運転⑥ 1時間 | + | 運転⑦ 2時間 | = 4時間30分 |

| 中断時間 | = | 休憩⑤ 25分 | + | 休憩⑥ 5分 （有効でないため0分扱い） | = 25分 |

 では、次のケースはどうでしょうか？

乗務開始	運転⑤	休憩⑤	運転⑥	休憩⑥	運転⑦	乗務終了
	1時間	10分	1時間	10分	2時間	

 運転⑤・運転⑥・運転⑦の連続運転時間の合計は4時間、休憩⑤休憩⑥の合計時間は20分です。そして、そのまま乗務終了となります。

| 連続運転時間 | = | 運転⑤ 1時間 | + | 運転⑥ 1時間 | + | 運転⑦ 2時間 | = 4時間 |

| 中断時間 | = | 休憩⑤ 10分 | + | 休憩⑥ 10分 | = 20分 |

 連続運転時間4時間に対して、中断時間が20分だから、違反ですか？

 いいえ、連続運転の中断は乗務終了でも有効です。ですからこの場合は、連続運転時間4時間経過直後に「乗務終了」という方法で適切に連続運転を中断したということになります。

そういうことですか！　わかりました！

では、試験でどう問われるかを見ていきましょう。

📋 **試験ではこう出る！**

問. 下の表は、貨物自動車運送事業に従事する自動車運転者の運転時間及び休憩時間の例を示したものであるが、連続運転の中断方法として「自動車運転者の労働時間等の改善のための基準」に適合している。〇か×か。

乗務開始	運転	休憩	運転	休憩	運転	休憩	運転	休憩	運転	休憩	運転	休憩	運転	乗務終了
	1時間	10分	1時間30分	15分	30分	5分	1時間30分	1時間	2時間	10分	1時間30分	10分	30分	

むむむ……、ギブアップです！ 先生、教えてください！

わかりました。

1回目、2回目、3回目、4回目の連続運転時間の合計は、4時間30分です。また、1回目、2回目の中断時間の合計は、25分です。そして3回目の休憩が5分ですから、これは有効な中断とは認められないため、0分扱いとなります。

$$\boxed{連続運転時間} = \overset{運転①}{1時間} + \overset{運転②}{1時間30分} + \overset{運転③}{30分} + \overset{運転④}{1時間30分} = 4時間30分$$

$$\boxed{中断時間} = \overset{休憩①}{10分} + \overset{休憩②}{15分} + \underset{（有効でないため0分扱い）}{\overset{休憩③}{5分}} = 25分$$

よって4時間30分の連続運転時間に対して、25分の中断しか実施されていないため、改善基準に違反している、ということになります。ですから正解は×です。

わかりました！

✓ 高速道路などのサービスエリアに駐車や停車ができない例外

連続運転時間には、高速道路などのサービスエリアなどに駐車や停車ができず、<u>やむを得ず連続運転時間が4時間を超える場合</u>に、連続運転時間を<u>4時間30分</u>まで延長できる例外もあります。

夜中のサービスエリアにトラックが並んでいることもありますね。

ですが、サービスエリアが常態的に混雑していることを知りながら、連続運転時間が4時間を超えるような運行計画をあらかじめ作成することは趣

旨に反するので、運転の中断時に適切に休憩が確保できる、余裕を持った運行計画が求められています。

 なるほど。

 ほかにも例外として、<u>予期し得ない事象</u>への対応時間を拘束時間、運転時間および連続運転時間から除くことができます。

 予期し得ない事象ってどんなことですか？

 運転中に、事故の発生に遭遇して道路渋滞が生じて3時間の運行の遅延が生じた場合などで、その3時間は下の表のように除くことができます。

表で覚える　予期し得ない事象と遭遇した場合の対応

- 運転中に乗務している車両が予期せず故障した
- 運転中に予期せず乗船予定のフェリーが欠航した
- 運転中に災害や事故の発生に伴い、道路が封鎖された、または道路が渋滞した
- 異常気象（警報発表時）に遭遇し、運転中に正常な運行が困難となった

※業務等の記録上の記録に加え、客観的な記録（公的機関のホームページの情報等）が必要
※勤務終了後、通常通りの休息期間（継続11時間以上与えるよう努めることを基本とし、継続9時間を下回らない）を与える
※1ヵ月の拘束時間からは予期し得ない事象への対応時間を除けない

実際の時間	予期し得ない事象への対応時間	改善基準告示の適用となる時間
拘束時間：18時間		拘束時間：15時間
運転時間：12時間	3時間 =除くことができる！ ⇒	運転時間：9時間
連続運転時間：7時間		連続運転時間：4時間

 サービスエリアに駐車できないとか、異常気象や災害で立ち往生なんていうニュースも聞かれますものね。

 こういった例外は、昨今の状況に応じた例外ともいえますね。

問10・解説

連続運転時間は、1回がおおむね連続<u>10</u>分以上で、かつ、合計が<u>30</u>分以上の運転の中断をすることなく連続して運転する時間になります。これは、<u>4時間</u>を超えないものとしなければなりません。また、サービスエリア、またはパーキングエリアなどに、駐車または停車できないため、やむを得ず連続運転時間が<u>4時間</u>を超える場合には、連続運転時間を<u>4時間30分</u>まで延長することができます。

正解　A：1　B：3　C：6　D：7

11 拘束時間と休息期間の特例

重要度
☆☆☆

自動車運転者の拘束時間及び休息期間には、4つの特例が
あります。各内容と登場する数字を確実に覚えておきましょう。

要チェックの条文はコレ！

【自動車運転者の労働時間等の改善のための基準・第四条（貨物自動車運送事業に従事する自動車運転者の拘束時間等）】

4一　業務の必要上、勤務の終了後継続**九時間**（宿泊を伴う長距離貨物運送の場合は継続八時間）以上の休息期間を**与えることが困難な場合**、次に掲げる要件を満たすものに限り、当分の間、一定期間（一箇月程度を限度とする。）における**全勤務回数の二分の一**を限度に、休息期間を拘束時間の途中及び拘束時間の経過直後に**分割**して与えることができるものとする。

　　イ　分割された休息期間は、一回当たり**継続三時間以上**とし、**二分割**又は**三分割**とすること。

　　ロ　一日において、二分割の場合は**合計十時間以上**、三分割の場合は**合計十二時間以上**の休息期間を与えなければならないこと。

　　ハ　休息期間を三分割とする日が連続しないよう努めるものとする。

4四　自動車運転者がフェリーに乗船している時間は、原則として**休息期間**とし、この条の規定により与えるべき休息期間から当該時間を**除く**ことができること。ただし、当該時間を除いた後の休息期間については、第二号の場合を除き、フェリーを下船した時刻から終業の時刻までの時間の**二分の一**を下回ってはならない。

✓ 拘束時間及び休息期間の特例とは？

自動車運転者の拘束時間、および休息期間については、次ページの表にある4つの特例が定められています。ここでは、原則のほかに、特例として表のようなパターンもあるということを認識しておきましょう。

休息期間を分割して与えることができるとあります。詳しく知りたいです。

わかりました。順に見ていきましょう。まず前提として、休息期間の分割は、<u>全勤務回数の2分の1</u>を限度に可能です。ほかにも分割するためのルールについては、数字を中心に押さえておきましょう。

わかりました。

ではまず、休息期間を2分割した場合は、次ページ下の図のイメージです。

休息期間が2回ありますね。

表で覚える **拘束時間、および休息期間の4つの特例**

特例1	休息期間の分割の特例 業務の必要上、勤務の終了後継続9時間（宿泊を伴う長距離貨物運送の場合は継続8時間）以上の休息期間を与えることが困難な場合	● 一定期間（1ヵ月程度を限度）における<u>全勤務回数</u>の<u>2分の1</u>を限度に休息期間を拘束時間の途中および拘束時間の経過直後に分割して与えることができる ● 分割された休息期間は、1回当たり<u>継続3時間以上</u>とし、<u>2分割</u>または<u>3分割</u>とすること ● 1日において、2分割の場合は<u>合計10時間以上</u>、3分割の場合は<u>合計12時間以上</u>の休息期間を与えなければならない ● 休息期間を3分割とする日が連続しないよう努めるものとする
特例2	2人乗務の特例 自動車運転者が同時に<u>1台</u>の<u>自動車</u>に<u>2人以上乗務</u>する場合	● 車両内に<u>身体を伸ばして休息できる設備</u>があるときは最大拘束時間を<u>20時間</u>まで<u>延長</u>するとともに休息期間を<u>4時間</u>まで<u>短縮</u>できる ● ただし、当該設備が自動車運転者の休息のための<u>ベッド</u>またはこれに準ずるものとして<u>厚生労働省労働基準局長が定める設備</u>（車両内ベッドが長さ198cm以上、かつ、幅80cm以上の連続した平面であり、かつ、クッション材などにより走行中の路面等からの衝撃が緩和されるもの）に該当する場合で、かつ、勤務終了後、<u>継続11時間以上</u>の休息期間を与える場合は最大拘束時間を<u>24時間</u>まで<u>延長</u>できる ● 当該車両内ベッドにおいて8時間以上仮眠する場合には、当該拘束時間を28時間まで延長できる。この場合、勤務終了後、継続11時間以上の休息期間を与えるものとする
特例3	隔日勤務の特例 業務の必要上やむを得ない場合	● 2暦日についての拘束時間が<u>21時間</u>を超えず、かつ、勤務終了後、<u>継続20時間以上</u>の休息期間を与える場合に限り、自動車運転者を隔日勤務に就かせることができる ● ただし、厚生労働省労働基準局長が定める<u>仮眠施設</u>において、<u>夜間4時間以上の仮眠</u>を与える場合には、2週間についての拘束時間が<u>126時間</u>を超えない範囲において当該2週間について<u>3回を</u>限度に2暦日の拘束時間を<u>24時間</u>まで<u>延長</u>できる
特例4	フェリーに乗船する場合の特例	● 自動車運転者がフェリーに乗船している時間は、原則として休息期間とし、与えるべき休息期間から当該時間を<u>除く</u>ことができる ● ただし、当該時間を除いた後の休息期間については、フェリーを下船した時刻から終業の時刻までの時間の<u>2分の1</u>を下回ってはならない ※フェリー乗船時間が8時間を超える場合、原則としてフェリー下船時刻から次の勤務が開始される

始業		終業		始業
拘束時間 （7時間）	休息期間 （3時間）	拘束時間 （6時間）	休息期間 （7時間）	

 2分割では<u>合計10時間以上</u>の休息期間を与えなければならないので、このケースは「3時間＋7時間」で基準を満たしています。次は3分割です。

始業				終業	始業
拘束時間 （5時間）	休息期間 （3時間）	拘束時間 （4時間）	休息期間 （3時間）	拘束時間 （6時間）	休息期間 （6時間）

3分割だから、合計12時間以上の休息期間が必要ですよね。休息期間は「3時間＋3時間＋6時間＝12時間」ですから、基準を満たしてはいます。でも全然まとまって眠れなさそうですね。

そうですね。継続した休息期間を確保することが重要で、休息期間を分割することは本来好ましいものではありません。そのため、できる限り避けるべきとされていることに十分留意することが必要です。

わかりました！

ではこういう分割では、どうでしょうか？

始業						終業	始業
拘束時間 （3時間）	休息期間 （3時間）	拘束時間 （3時間）	休息期間 （3時間）	拘束時間 （3時間）	休息期間 （3時間）	拘束時間 （5時間）	休息期間 （3時間）

これは……4分割になっているから基準を満たしていないですよね？

その通りです。そもそも基準に合っていません。ではもう1つ、次のような場合はどうでしょうか？

始業				終業	始業
拘束時間 （5時間）	休息期間 （3時間）	拘束時間 （4時間）	休息期間 （3時間）	拘束時間 （3時間）	・休息期間 （4時間）

3分割だと合計12時間以上の休息期間が必要ですが、「3時間＋3時間＋4時間＝10時間」しかないですから、基準を満たしていません。

正解です。では次に、フェリーに乗船した場合についてです。

始業	乗船中		終業	始業
	休息期間① （8時間）	拘束時間 （4時間）	休息期間② （2時間）	
フェリー乗船		フェリー下船		

フェリー乗船中は休息期間なんですね。前ページにあった「与えるべき休息期間から当該時間を除くことができる」ってどういうことですか？

「継続9時間以上の休息期間」が与えるべき休息期間を指します。そしてそこから、図でいうところの乗船中の休息期間①の8時間を除くことができる

ということです。継続 9 時間以上の休息期間から乗船中の休息期間①の 8 時間を除くと 1 時間です。そのため、休息期間②は 1 時間以上必要になりますが、図のケースでは休息期間②は 2 時間ですので、確保できています。

与えるべき休息期間		乗船中の休息期間		減算後の休息期間		
9時間	−	休息期間① 8時間	=	1時間	⇒	休息期間② 1時間以上必要

 当該時間を除いた後の休息期間については、「フェリーを下船した時刻から終業の時刻までの時間の **2 分の 1** を下回ってはならない」というのもわかりにくいです。

 これは、「当該時間を除いた後の休息期間」が休息期間②のことです。そしてフェリーの下船時刻から休息期間②までの拘束時間が 4 時間で、その 2 分の 1 は 2 時間ですね。ですから、休息期間②は 2 時間を下回ってはならないということです。図のケースでは、2 時間を下回っていません。

 わかりました！

 ほかにも、2 人乗務の特例や隔日勤務の特例もありますが、このあたりは 287 ページの数字を押さえておけば試験対策上、問題ありません。では、実際の問題を見てみましょう。

📝 試験ではこう出る！

問. 業務の必要上やむを得ない場合には、当分の間、2 暦日についての拘束時間が 21 時間を超えず、かつ、勤務終了後、継続 20 時間以上の休息期間を与える場合に限り、自動車運転者を隔日勤務に就かせることができる。ただし、厚生労働省労働基準局長が定める施設において、夜間 4 時間以上の仮眠を与える場合には、2 週間についての拘束時間が 126 時間を超えない範囲において、当該 2 週間について 3 回を限度に、2 暦日の拘束時間を 24 時間まで延長することができる。○か×か。

 これは○かな？

 正解です！　業務の必要上やむを得ない場合には、自動車運転者を隔日勤務に就かせることができます。

問 11・解説

3 のようなケースの場合、1 日において、2 分割の場合は合計 11 時間以上ではなく 10 時間以上、3 分割の場合は合計 12 時間以上の休息期間を与えなければならない、と定められています。

正解　3

289

一問一答・チャレンジ問題！

この章で学んだ内容を一問一答形式で確認していきましょう。正しいものには○、誤っているものには×をつけていってください。解けなかった問題などには□にチェックを入れ、あとで見直しましょう。

重要度：★★＞★＞無印

□□ **1** ★ 使用者は、労働者の国籍、信条または社会的身分を理由として、賃金、労働時間その他の労働条件について、差別的取扱いをしないように努めなければならない。

□□ **2** ★ 「平均賃金」とは、これを算定すべき事由の発生した日以前3ヵ月間にその労働者に対し支払われた賃金の総額を、その期間の所定労働日数で除した金額をいう。

□□ **3** ★ 「労働者」とは、職業の種類及び賃金の支払いの有無を問わず、事業又は事業所（以下「事業」という。）に使用されるすべての者をいう。

□□ **4** ★ 使用者は、労働者の同意が得られた場合においては、労働契約の不履行についての違約金を定め、又は損害賠償額を予定する契約をすることができる。

□□ **5** ★ 使用者は、労働契約の締結に際し、労働者に対して賃金、労働時間その他の労働条件を明示しなければならない。この明示された労働条件が事実と相違する場合においては、労働者は、即時に労働契約を解除することができる。

□□ **6** ★ 使用者は、労働者を解雇しようとする場合においては、労働基準法第20条の規定に基づき、少なくとも14日前にその予告をしなければならない。14日前に予告をしない使用者は、14日分以上の平均賃金を支払わなければならない。

□□ **7** ★★ 労働基準法第20条の規定は、法に定める期間を超えない限りにおいて、「日日雇い入れられる者」、「2ヵ月以内の期間を定めて使用される者」、「季節的業務に4ヵ月以内の期間を定めて使用される者」又は「試の使用期間中の者」のいずれかに該当する労働者については適用しない。

□□ **8** ★ 労働者が、退職の場合において、使用期間、業務の種類、その事業における地位、賃金又は退職の事由（退職の事由が解雇の場合にあっては、その理由を含む。）について証明書を請求した場合においては、使用者は、遅滞なくこれを交付しなければならない。

解説と解答

労働基準法の分野では、細かい「数字」まで問われます。一問一答でしっかり再確認をしましょう。問21 ～ 26は確実に覚えておきたいポイントなので、繰り返しチェックするのがオススメです。

差別的取扱いをしてはならないと定められており、「～しないように努めなければならない」ではありません。 (1参照) ✕

平均賃金とは、算定すべき事由の発生した日以前3ヵ月間にその労働者に対し支払われた賃金の総額を、その期間の総日数で除した金額をいいます。設問に書かれている「所定労働日数」で除した金額ではありません。 (1参照) ✕

労働者とは、職業の種類を問わず、事業に使用される者で、賃金を支払われる者をいいます。設問は、「賃金の支払いの有無を問わず」の部分が誤りです。 (1参照) ✕

設問にある「違約金を定め、又は損害賠償額を予定する契約」は、たとえ「労働者の同意」が得られた場合であっても、禁止されています。 (1参照) ✕

設問にあるように、明示された労働条件が事実と相違する場合においては、労働者は、即時に労働契約を解除することができます。「少なくとも30日前に使用者に予告したうえ」ではないのでご注意ください。 (1参照) ○

労働者を解雇しようとする場合においては、少なくとも30日前にその予告をする必要があり、予告をしない場合は、30日分以上の平均賃金を支払う必要があります。設問の「14日」の数字が誤りです。 (2参照) ✕

設問にある「日日雇い入れられる者」「2ヵ月以内の期間を定めて使用される者」「季節的業務に4ヵ月以内の期間を定めて使用される者」又は「試の使用期間中の労働者」に対しては、解雇予告の規定は適用されません。 (2参照) ○

労働者が、設問にある退職時等の証明書を請求した場合、使用者は遅滞なく当該書類を交付する必要があります。 (2参照) ○

□□ **9** ★★ 使用者は、労働者が業務上負傷し、又は疾病にかかり療養のために休業する期間及びその後 30 日間並びに産前産後の女性が労働基準法第 65 条の規定によって休業する期間及びその後 30 日間は、解雇してはならない。

□□ **10** ★ 使用者は、その雇入れの日から起算して 6 ヵ月間継続勤務し全労働日の 7 割以上出勤した労働者に対して、継続し、又は分割した 10 労働日の有給休暇を与えなければならない。

□□ **11** ★ 使用者は、法令の規定による有給休暇を労働者の請求する時季に与えなければならない。ただし、請求された時季に有給休暇を与えることが事業の正常な運営を妨げる場合においては、他の時季にこれを与えることができる。

□□ **12** ★ 使用者が、労働基準法の規定により労働時間を延長し、又は休日に労働させた場合においては、その時間又はその日の労働については、通常の労働時間又は労働日の賃金の計算額の 2 割 5 分以上 5 割以下の範囲内でそれぞれ政令で定める率以上の率で計算した割増賃金を支払わなければならない。ただし、当該延長して労働させた時間が 1 ヵ月について 60 時間を超えた場合においては、その超えた時間の労働については、通常の労働時間の賃金の計算額の 5 割以上の率で計算した割増賃金を支払わなければならない。

□□ **13** ★ 使用者は、当該事業場に、労働者の過半数で組織する労働組合がある場合においてはその労働組合、労働者の過半数で組織する労働組合がない場合においては労働者の過半数を代表する者との書面による協定をし、これを行政官庁に届け出た場合においては、法定労働時間又は法定休日に関する規定にかかわらず、その協定で定めるところによって労働時間を延長し、又は休日に労働させることができる。ただし、法令で定める健康上特に有害な業務の労働時間の延長は、1 日について 2 時間を超えてはならない。

□□ **14** ★★ 使用者は、労働者に、休憩時間を除き 1 週間について 40 時間を超えて、労働させてはならない。また、1 週間の各日については、労働者に、休憩時間を含め 1 日について 8 時間を超えて、労働させてはならない。

設問にある療養や産前産後の休業期間中や、<u>その後30日間</u>は、当該労働者を解雇することはできません。 （**2**参照） ○

使用者は、その雇入れの日から起算して6ヵ月間継続勤務し全労働日の<u>8割</u>以上出勤した労働者に対して、有給休暇を与える必要があります。設問の「7割」の数字が誤りです。 （**3**参照） ✕

原則として、<u>労働者の請求</u>する時季に<u>有給休暇</u>を与える必要があります。ただし、例外として、設問にあるように「事業の正常な運営を妨げる場合」においては、他の時季にこれを与えることができます。 （**3**参照） ○

時間外労働に対して、<u>2割5分以上5割以下</u>の範囲内で割増賃金を支払う必要があります。また、<u>1ヵ月60時間</u>を超える時間外労働に対しては、<u>5割以上</u>の率で計算した割増賃金を支払う必要があります。 （**3**参照） ○

使用者と、設問にある条件を満たした労働組合、又は労働者の過半数を代表する者との間で「労使協定」を締結した場合において、労働時間を<u>延長</u>し、又は<u>休日</u>に労働させることができます。ただし有害な業務などの労働時間の延長は、1日について<u>2時間</u>を超えることはできません。 （**3**参照） ○

1週間の各日については、労働者に、<u>休憩時間を除き</u>1日について<u>8</u>時間を超えて、労働させてはならないと定められています。設問の「休憩時間を含め」が誤りです。 （**3**参照） ✕

最初は解けなくても大丈夫です！
テキストを見ながら、内容を把握していきましょう！

□□ **15** 常時 10 人以上の労働者を使用する使用者は、始業及び終業の時刻、休憩時間、休日、休暇に関する事項等法令に定める事項について就業規則を作成し、行政官庁に届け出なければならない。

□□ **16** ★ 使用者は、労働基準法及びこれに基づく命令の要旨、就業規則、時間外労働及び休日労働に関する協定等を、常時各作業場の見やすい場所へ掲示し、又は備え付けること、書面を交付することその他の厚生労働省令で定める方法によって、労働者に周知させなければならない。

□□ **17** ★ 使用者は、6 週間（多胎妊娠の場合にあっては、14 週間）以内に出産する予定の女性が休業を請求した場合においては、その者を就業させてはならない。また、産後 8 週間を経過しない女性を就業させてはならない。ただし、産後 6 週間を経過した女性が請求した場合において、その者について医師が支障がないと認めた業務に就かせることは、差し支えない。

□□ **18** ★ 事業者は、常時使用する労働者を雇い入れるときは、当該労働者に対し、労働安全衛生規則（以下、「衛生規則」という。）に定める既往歴及び業務歴の調査等の項目について医師による健康診断を行わなければならない。ただし、医師による健康診断を受けた後、6 ヵ月を経過しない者を雇い入れる場合において、その者が当該健康診断の結果を証明する書面を提出したときは、当該健康診断の項目に相当する項目については、この限りでない。

□□ **19** ★ 事業者は、常時使用する労働者（深夜業を含む業務等衛生規則に定める業務に従事する労働者を除く。）に対し、1 年以内ごとに 1 回、定期に、衛生規則に定める所定の項目について医師による健康診断を行わなければならない。

□□ **20** 事業者は、衛生規則で定めるところにより、深夜業に従事する労働者が、自ら受けた健康診断の結果を証明する書面を事業者に提出した場合において、その健康診断の結果（当該健康診断の項目に異常の所見があると診断された労働者に係るものに限る。）に基づく医師からの意見聴取は、当該健康診断の結果を証明する書面が事業者に提出された日から 2 ヵ月以内に行わなければならない。

常時 <u>10 人以上</u>の労働者を使用する場合、<u>就業規則</u>を作成し、行政官庁に届け出る必要があります。（**4** 参照） ○

設問に挙げられている事項は、それが記されているものを見やすい場所へ掲示するなどの方法で、労働者へ<u>周知</u>する必要があります。（**4** 参照） ○

原則として産後 <u>8 週間</u>を経過しない女性を就業させてはならないと定められていますが、例外として、産後 <u>6 週間</u>を経過した女性が<u>請求</u>した場合であって、<u>医師が支障がないと認めた業務</u>に就かせることは可能です。（**5** 参照） ○

医師による健康診断を受けた後、<u>3 ヵ月</u>を経過しない者を雇い入れる場合において、その者が当該健康診断の結果を証明する書面を提出したときは、当該健康診断の項目に相当する項目については適用されません。設問の「6 ヵ月」が誤りです。（**5** 参照） ×

常時使用する労働者（深夜業を含む業務等衛生規則に定める業務に従事する労働者を除く。）に対し、<u>1 年以内</u>ごとに 1 回、定期に、医師による<u>健康診断</u>を行う必要があります。（**5** 参照） ○

深夜業に従事する労働者において、医師からの<u>意見聴取</u>は、設問にあるように、当該健康診断の結果を証明する書面が事業者に提出された日から <u>2 ヵ月</u>以内に行う必要があります。（**5** 参照） ○

人数や期間などの数字に関する知識もよく問われます。正解を導き出せるように、条文の内容とともに、1 つひとつの数字もしっかりと覚えていきましょう

☐☐ **21** ★★ 拘束時間とは始業時刻から終業時刻までの時間で、労働時間と休憩時間（仮眠時間を含む。）の合計をいう。

☐☐ **22** ★★ 1日についての拘束時間は13時間を超えないものとし、当該拘束時間を延長する場合であっても、最大拘束時間は15時間とすること。ただし、貨物自動車運送事業に従事する自動車運転者に係る1週間における運行が全て長距離貨物運送（一の運行（自動車運転者が所属する事業場を出発してから当該事業場に帰着するまでをいう。）の走行距離が450キロメートル以上の貨物運送をいう。）であり、かつ、一の運行における休息期間が、当該自動車運転者の住所地以外の場所におけるものである場合においては、当該1週間について2回に限り最大拘束時間を16時間とすることができる。

☐☐ **23** ★★ 拘束時間は、1ヵ月について284時間を超えず、かつ、1年について3,300時間を超えないものとすること。ただし、労使協定により、1年について6ヵ月までは、1ヵ月について310時間まで延長することができ、かつ、1年について3,400時間まで延長することができるものとする。

☐☐ **24** ★★ 使用者は、トラック運転者の運転時間は、2日（始業時刻から起算して48時間をいう。）を平均し1日当たり8時間、2週間を平均し1週間当たり44時間を超えないものとする。

☐☐ **25** ★ 連続運転時間（1回がおおむね連続5分以上で、かつ、合計が30分以上の運転の中断をすることなく連続して運転する時間をいう。）は、4時間を超えないものとすること。ただし、高速自動車国道等のサービスエリア又はパーキングエリア等に駐車又は停車できないため、やむを得ず連続運転時間が4時間を超える場合には、連続運転時間を4時間30分まで延長することができるものとする。

☐☐ **26** ★ トラック運転者が勤務の中途においてフェリーに乗船する場合における拘束時間及び休息期間は、フェリー乗船時間（乗船時刻から下船時刻まで）については、原則として、休息期間として取り扱うものとし、この休息期間とされた時間を改善基準第4条の規定及び特例基準により与えるべき休息期間の時間から減ずることができるものとする。ただし、その場合においても、減算後の休息期間は、2人乗務の場合を除き、フェリー下船時刻から勤務終了時刻までの間の時間の3分の1を下回ってはならない。

拘束時間とは、設問に述べられている通り、始業時刻から終業時刻までの時間で、労働時間と休憩時間（仮眠時間を含む。）の合計をいいます。「休憩時間を除く」時間ではないのでご注意ください。

（**6** 参照）

○

1 日についての拘束時間は、原則 13 時間以内です。延長する場合であって最大 15 時間になります。ただし、宿泊を伴う長距離貨物運送の場合においては、当該 1 週間について 2 回に限り最大拘束時間を 16 時間とすることができます。

（**7** 参照）

○

1 ヵ月についての拘束時間は、原則 284 時間を超えず、かつ 1 年について 3,300 時間以内です。労使協定により、1 年について 6 ヵ月までは、1 ヵ月について 310 時間まで延長することができ、かつ、1 年について 3,400 時間まで延長することができます。

（**8** 参照）

○

運転時間は、2 日（＝始業時刻から起算して 48 時間）を平均し 1 日当たり 9 時間、2 週間を平均し 1 週間当たり 44 時間以内です。設問の「1 日当たり 8 時間」が誤りです。

（**9** 参照）

×

連続運転時間は、1 回がおおむね連続 10 分以上で、かつ、合計が 30 分以上の運転の中断をすることなく連続して運転する時間をいいます。「5 分以上」ではありません。

（**10** 参照）

×

この場合において、フェリー下船時刻から勤務終了時刻までの間の時間の 2 分の 1 を下回ってはならないことが定められています。設問の「3 分の 1」が誤りです。

（**11** 参照）

×

「ただし、」を見つけたら、 「原則と例外あり」と心得よ！

　本来「しなければならない」と定められている原則が、ある条件を満たすことで、「例外が適用される」パターンがあります。

　それを教えてくれるキーワードが「ただし、」です。この言葉を見つけたら、それ以降、原則に対する「例外」が述べられていると考えてよいでしょう。

　さらに、「ただし、」以降も、２つの内容に区別されます。最初に書かれているのが、①例外の条件。それに続くのが、②その条件を満たした場合に適用できるものです。

　以下、実際の試験の問題文で構造を確認してみましょう。

問題文中の「原則」と「例外」の見方

試験問題文

原則	事業者は、初任運転者に対する特別な指導について、当該事業者において初めて事業用自動車に乗務する前に行うこと

例外	❶ ただし、やむを得ない事情がある場合は	「例外」の条件
	❷ 乗務を開始した後、1ヵ月以内で実施すること	条件を満たした場合に適用される内容

　このように、「原則」と「例外」、そして、その例外が適用される「条件」を整理することで、問題文をスムーズに理解することが可能になります。

第 **5** 章

実務上の知識及び能力

本章では主に「実務上の知識及び能力」について学習します。扱われる内容は、ほかの章で学んだ知識との関連が深く、試験ではとくに第1章の内容（点呼など）からの出題も多くなっています。ほかの章の知識をさらに深めるという意識で学習していくのがオススメです。

□□ **問1**

問題の解説は**p.311**へGO！

自動車の走行時に働く力及び運転中の人間の視覚と視野等に関する次の記述の
うち、【適切でないものをすべて】選びなさい。

1．自動車がカーブを走行するとき、自動車の重量及びカーブの半径が同一
   の場合には、速度が2倍になると遠心力の大きさも2倍になることか
   ら、カーブを走行する場合の横転などの危険性について運転者に対し指
   導する必要がある。

2．前方の自動車を大型車と乗用車から同じ距離で見た場合、それぞれの視
   界や見え方が異なり、運転席が高い位置にある大型車の場合は車間距離
   に余裕がないように感じ、乗用車の場合は車間距離に余裕があるように
   感じやすくなる。したがって、運転者に対して、運転する自動車による
   車間距離の見え方の違いに注意して、適正な車間距離をとるよう指導す
   る必要がある。

3．自動車の夜間の走行時においては、自車のライトと対向車のライトで、
   お互いの光が反射し合い、その間にいる歩行者や自転車が見えなくなる
   ことがあり、これを蒸発現象という。蒸発現象は暗い道路で特に起こり
   やすいので、夜間の走行の際には十分注意するよう運転者に対し指導す
   る必要がある。

4．自動車が追越しをするときは、前の自動車の走行速度に応じた追越し距
   離、追越し時間が必要になる。前の自動車と追越しをする自動車の速
   度差が小さい場合には追越しに長い時間と距離が必要になることから、
   無理な追越しをしないよう運転者に対し指導する必要がある。

最初は3分程度で「見る」でOKです！
テキストを読む前に、どんな問題が
出るかを知っておくことで、
理解が深まります

□□ **問2**

問題の解説はp.313へGO！

自動車の走行時に生じる諸現象とその主な対策に関する次の文中、A、B、C、Dに入るべき字句を【下の枠内の選択肢（1〜6）から】選びなさい。

ア ［　　A　　］とは、雨の降りはじめに、路面の油や土砂などの微粒子が雨と混じって滑りやすい膜を形成するため、タイヤと路面との摩擦係数が低下し急ブレーキをかけたときなどにスリップすることをいう。これを防ぐため、雨の降りはじめには速度を落とし、車間距離を十分にとって、不用意な急ハンドルや急ブレーキを避けるよう運転者に対し指導する必要がある。

イ ［　　B　　］とは、タイヤの空気圧不足で高速走行したとき、タイヤに波打ち現象が生じ、セパレーション（剥離）やコード切れ等が発生することをいう。これを防ぐため、タイヤの空気圧が適当であることを、日常点検で確認するよう運転者に対し指導する必要がある。

ウ ［　　C　　］とは、フット・ブレーキを使い過ぎると、ブレーキ・ドラムやブレーキ・ライニングが摩擦のため過熱することにより、ドラムとライニングの間の摩擦力が低下し、ブレーキの効きが悪くなることをいう。これを防ぐため、長い下り坂などでは、エンジン・ブレーキ等を使用し、フット・ブレーキのみの使用を避けるよう運転者に対し指導する必要がある。

エ ［　　D　　］とは、路面が水でおおわれているときに高速で走行するとタイヤの排水作用が悪くなり、水上を滑走する状態になって操縦不能になることをいう。これを防ぐため、日頃よりスピードを抑えた走行に努めるべきことや、タイヤの空気圧及び溝の深さが適当であることを日常点検で確認することの重要性を、運転者に対し指導する必要がある。

1．スタンディング・ウェーブ現象	2．ベーパー・ロック現象
3．ハイドロプレーニング現象	4．ウエット・スキッド現象
5．クリープ現象	6．フェード現象

実際の運転中に起き得ることについても、試験では問われます。運転経験などから比較的理解しやすい内容ですので、しっかりと覚えて得点できるようになりましょう

交通事故及び緊急事態が発生した場合における運行管理者又は事業用自動車の運転者の措置に関する次の記述のうち、【適切なものを2つ】選びなさい。

1．大型トラックに荷物を積載して運送中の運転者から、営業所の運行管理者に対し「現在走行している地域一帯に大雪注意報が発令されており、雪が強く降り続いて視界が悪くなってきたので一時運転を中断している。」との連絡があった。連絡を受けた運行管理者は、「営業所では判断できないので、運行する経路を運転者自ら判断し、また、運行することが困難な状況に至った場合は、適当な待避場所を見つけて運転者自らの判断で運送の中断等を行うこと」を指示した。

2．運転者は、中型トラックで走行中にオートバイと接触事故を起こした。オートバイの運転者が足を負傷し自力で動けなかったので、当該運転者を救護するため歩道に移動させた。その後、事故現場となった当該道路における危険を防止する必要があると考え、双方の事故車両を道路脇に移動させ、発炎筒を使用して後続車に注意を促すとともに、救急車の手配と警察への通報を行い、運行管理者に連絡し、到着した警察官に事故について報告した。

3．運転者は、大型トラックで踏切を通過する際、後輪が脱輪して運行不能となり、踏切内で立ち往生してしまった。このため、当該運転者は直ちに踏切支障報知装置の非常ボタンを押すとともに、発炎筒を使用して列車の運転士等に踏切内に当該トラックが立ち往生していることを知らせた。その後、当該トラックを踏切の外に移動させるための措置を講じた。

4．運転者は、中型トラックで高速自動車国道を走行中、大地震が発生したのに気づき当該トラックを路側帯に停車させ様子を見ていた。この地震により高速自動車国道の車両通行が困難となったので、当該運転者は、運行管理者に連絡したうえで、エンジンキーを持ってドアをロックして当該トラックを置いて避難した。

問題文が多いと読むだけでも大変ですが、焦らず落ち着いて読み進めていきましょう

近年普及の進んできた安全運転支援装置等に関する次の文中、 A、 B、 C、 D に入るべき字句を【下の枠内の選択肢（1〜6）から】選びなさい。

　　　 A 　　は、走行車線を認識し、車線から逸脱した場合あるいは逸脱しそうになった場合には、運転者が車線中央に戻す操作をするよう警報が作動する装置

　　　 B 　　は、レーダー等により先行車との距離を常に検出し、追突の危険性が高まったら、まずは警報し、運転者にブレーキ操作を促し、それでもブレーキ操作をせず、追突、若しくは追突の可能性が高いと車両が判断した場合において、システムにより自動的にブレーキをかけ、衝突時の速度を低く抑える装置

　　　 C 　　は、急なハンドル操作や積雪がある路面の走行などを原因とした横転の危険を、運転者へ警告するとともに、エンジン出力やブレーキ力を制御し、横転の危険を軽減させる装置

　　　 D 　　は、交通事故やニアミスなどにより急停止等の衝撃を受けると、その前後の映像とともに、加速度等の走行データを記録する装置（常時記録の機器もある。）

1．衝突被害軽減ブレーキ	2．映像記録型ドライブレコーダー
3．ふらつき注意喚起装置	4．車線逸脱警報装置
5．デジタル式運行記録計	6．車両安定性制御装置

安全な運行を支援する装置に関する知識も、覚えておきたい内容です。テキストを読み、問題を解いて理解を深めておきましょう

交通事故防止対策に関する次の記述のうち、【適切なものをすべて】選びなさい。

1. 適性診断は、運転者の運転能力、運転態度及び性格等を客観的に把握し、運転の適性を判定することにより、運転に適さない者を運転者として選任しないようにするためのものであり、ヒューマンエラーによる交通事故の発生を未然に防止するための有効な手段となっている。

2. 飲酒は、運転に欠かせない視力、反応時間、運動機能、注意力、集中力、判断力、平衡感覚等を大きく損なわせるため、飲酒による運転への影響を運転者に指導することは、事故防止対策の有効な手段である。

3. 指差呼称は、運転者の錯覚、誤判断、誤操作等を防止するための手段であり、信号や標識などを指で差し、その対象が持つ名称や状態を声に出して確認することをいうが、安全確認に重要な運転者の意識レベルは、個人差があるため有効な交通事故防止対策の手段となっていない。

4. 交通事故は、そのほとんどが運転者等のヒューマンエラーにより発生するものである。したがって、事故惹起運転者の社内処分及び再教育に特化した対策を講ずることが、交通事故の再発を未然に防止するには最も有効である。そのためには、発生した事故の調査や事故原因の分析よりも事故惹起運転者及び運行管理者に対する特別講習を確実に受講させる等、ヒューマンエラーの再発防止が中心の対策に努めるべきである。

事業用自動車の運転者の健康管理に関する次の記述のうち、【適切なものをすべて】選びなさい。

1. 事業者は、深夜（夜11時出庫）を中心とした業務に常時従事する運転者に対し、法に定める定期健康診断を1年に1回、必ず、定期に受診させるようにしている。しかし、過去の診断結果に「異常の所見」があった運転者及び健康に不安を持ち受診を希望する運転者に対しては、6ヵ月ごとに受診させている。

2. 事業者が、自社指定の医師による定期健康診断を実施したが、一部の運転者からは当該医師による健康診断ではなく他の医師による健康診断を受診したい旨の希望があった。そこで、自社で実施した健康診断を受診しなかった運転者には、他の医師が行う当該健康診断に相当する健康診断を受け、その結果を証明する書面を提出するようにさせた。

3. 漫然運転や居眠り運転の原因の一つとして、睡眠時無呼吸症候群と呼ばれている病気がある。この病気は、狭心症や心筋梗塞などの合併症を引

き起こすおそれがあるので、事業者は、日頃から運転者に対し、睡眠時無呼吸症候群の症状などについて理解させ、早期発見・早期治療に取り組んでいる。

4. 常習的な飲酒運転の背景には、アルコール依存症という病気があるといわれている。この病気は専門医による早期の治療をすることにより回復が可能とされており、一度回復すると飲酒しても再発することはないので、事業者は、アルコール依存症から回復した運転者に対する飲酒に関する指導を特別に行うことはしていない。

☐☐ **問7** 問題の解説はp.335へGO！

点呼の実施に関する次の記述のうち、【適切なものをすべて】選びなさい。

1. 運行管理者が業務前の点呼において、運転者の酒気帯びの有無を確認するためアルコール検知器（国土交通大臣が告示で定めたもの。以下同じ。）を使用し測定をした結果、アルコールを検出したが、道路交通法施行令第44条の3（アルコールの程度）に規定する呼気中のアルコール濃度1リットル当たり0.15ミリグラム未満であったので、事業用自動車の運行の業務に従事させた。

2. 運行管理者は、業務前の点呼において、運転者から「事業用自動車の日常点検を実施したところ、左のブレーキランプのレンズが破損していた。整備管理者に報告したが、このままの状態では運行できないとの指示があった。」との報告を受けた。そこで、当該運行管理者は、整備管理者に確認を行い、代車を出して事業用自動車の運行の業務を開始させることとした。

3. 運行管理者が業務前の点呼において、運転者の健康状態等について顔色、動作、声等を確認したところ、普段の状態とは違っており、健康状態に問題があり安全な運転に支障があると感じた。本人から聞いたところ、「昨日から熱があるが、風邪薬を飲んでいるので安全な運転に支障はない。」との報告があった。当該運行管理者は、代わりとなる運転者がいなかったこともあり、当該運転者を事業用自動車の運行の業務に従事させた。

4. 運行管理者が業務前の点呼において、運転者に対して酒気帯びの有無を確認しようとしたところ、営業所に設置されているアルコール検知器が停電により全て使用できなかったことから、当該運行管理者は、運転者に携帯させるために営業所に備えてある携帯型アルコール検知器を使用して酒気帯びの有無を確認した。

□□ 問8   問題の解説はp.341へGO！

荷主から貨物自動車運送事業者に対し、往路と復路において、それぞれ荷積みと荷下ろしを行うよう運送の依頼があった。これを受けて、運行管理者は次に示す「当日の運行計画」を立てた。

この事業用自動車の運行に関する次のア〜ウについて解答しなさい。なお、解答にあたっては、「当日の運行計画」及び各選択肢に記載されている事項以外は考慮しないものとする。

「当日の運行計画」

往路

○A営業所を出庫し、30キロメートル離れたB地点まで平均時速30キロメートルで走行する。

○B地点にて20分間の荷積みを行う。

○B地点から165キロメートル離れたC地点までの間、一部高速自動車国道を利用し、平均時速55キロメートルで走行して、C地点に12時に到着する。20分間の荷下ろし後、1時間の休憩をとる。

復路

○C地点にて20分間の荷積みを行い、13時40分に出発し、60キロメートル離れたD地点まで平均時速30キロメートルで走行する。D地点で30分間の休憩をとる。

○休憩後、D地点からE地点まで平均時速25キロメートルで走行して、E地点に18時10分に到着し、20分間の荷下ろしを行う。

○E地点から20キロメートル離れたA営業所まで平均時速30キロメートルで走行し、19時10分に帰着する。

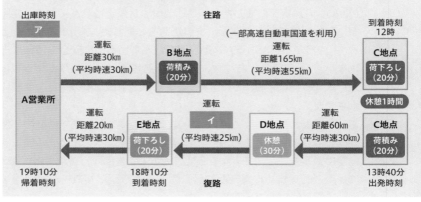

ア．C地点に12時に到着させるためにふさわしいA営業所の出庫時刻 ア について、次の①～④の中から【正しいものを1つ】選びなさい。
　　①　7時00分　　②　7時20分　　③　7時40分　　④　8時00分

イ．D地点とE地点間の距離 イ について、次の①～④の中から【正しいものを1つ】選びなさい。
　　①　45キロメートル　　②　50キロメートル
　　③　55キロメートル　　④　60キロメートル

ウ．当日の全運行において、連続運転時間は「自動車運転者の労働時間等の改善のための基準」に照らし、違反しているか否かについて、次の①～②の中から【正しいものを1つ】選びなさい。
　　①　違反していない　　　②　違反している

いよいよラストの問題です。
試験では、実際の運行に即した
計算問題も出されますが、
落ち着いて考えれば解答できます。
基本を押さえて得点源にしましょう！

自動車に働く3つの自然の力や、3つの停止距離、運転中の物の見え方などについて、特性と指導方法を理解しておきましょう。

覚えるのはコレだけ！

・慣性力　・遠心力　・衝撃力　・停止距離　・空走距離　・制動距離
・視野　・明順応　・暗順応　・距離の錯覚
・二輪車との衝突事故を防止するための注意点　・蒸発現象　・眩惑現象

✓ 押さえておきたい自動車に働く3つの「自然の力」

 ここからは自動車の運転で注意したいさまざまな現象を確認します。まずは、自動車に働く自然の力です。大きく次の3つがあります。

表で覚える 自動車には3つの自然の力が働く

① 慣性力	・動いているものは動き続けようとする性質を慣性といい、それによって生じる力 ・慣性力は自動車の重量に比例し、重量が増加するほど、制動距離が長くなる
② 遠心力	・円の中心から遠ざかる方向に働く力 ・カーブの半径が小さいほど、遠心力が大きくなる ・カーブの半径が2分の1になると、遠心力は2倍になる ・速度の2乗に比例し、速度が2倍になると4倍に、速度が3倍になると9倍になる ・自動車の重量およびカーブの半径が同一の場合に、速度を2分の1に落として走行すると、遠心力の大きさは4分の1になる
③ 衝撃力	・物体がほかの物体に衝突したときに受ける力 ・双方がともに時速50キロメートルの速度で衝突した場合、時速100キロメートルで固定物に衝突するに等しい ・時速60キロメートルで固定物に衝突すると、高さ14メートルから落下したときの衝撃に等しい ・速度の2乗に比例し、速度が2倍になると4倍に、速度が3倍になると9倍になる

 慣性力って、重量が重いと止まりにくいっていうことですよね？

 その認識で問題ありません。次の遠心力は、速度が2倍になると4倍になりますが、試験では「速度が2倍になると遠心力も2倍になる」と誤った数字に入れ替えて出題されたりします。また、カーブを走行する場合の横転などの危険性について、運転者に対しての指導も必要です。

衝撃力も遠心力と同じく、速度の2乗に比例するんですね？

はい。逆に速度が2分の1になれば、衝撃力は**4分の1**になります。
次に確認したいのが、①停止距離・②空走距離・③制動距離です。

| 表で覚える | **3種類の「距離」** |

 ① 停止距離
- 空走距離 ＋ 制動距離

 ② 空走距離
- 人が危険を感じ、ブレーキを踏み、実際に車に力がかかるまで走行する距離

③ 制動距離
- ブレーキがききはじめ、実際に止まるまでの距離
- 速度が<u>速く</u>なるほど、制動距離は<u>長く</u>なり、速度の<u>2乗に比例</u>する

| 指導の際は…… | 前車への追突の危険が発生しても安全に停止できるよう、<u>停止距離</u>と同程度の車間距離を保って運転するよう指導 |

 空走距離と制動距離を足したものが、停止距離なんですね。

 はい。空走距離については、危険を感じて判断するまでの反応時間は、「疲れていると長くなる」ことを覚えておきましょう。また、試験では、制動距離の説明と字句を入れ替えて出題されたりしますので、ご注意ください。

制動距離も、速度の2乗に比例するんですね？

はい、ですから、前車への追突の危険が生じた場合でも安全に停止できるよう、<u>停止距離</u>と同程度の車間距離を保つことを運転者に指導する必要があります。また、追越しの場合、追越しをする自動車と前の自動車との速度差が<u>小さい</u>と、追越しに<u>長い</u>時間と距離が必要になります。そのため、無理な追越しをしないよう運転者に指導しなければなりません。
ここで距離に関する試験問題を確認しておきましょう。

📝 試験ではこう出る！

問. 他の自動車に追従して走行するときは、常に「秒」の意識をもって自車の速度と制動距離（ブレーキが効きはじめてから止まるまでに走った距離）に留意し、前車への追突の危険が発生した場合でも安全に停止できるよう、制動距離と同程度の車間距離を保って運転するよう指導している。○か×か。

 あっ、これは「制動距離」ではないですね。なので×です！

 正解。追突の危険が発生した場合でも安全に停止できるよう、少なくとも<u>停止距離</u>と同程度の車間距離を保って運転するよう指導します。

✔ 運転中の「物の見え方」を理解しておこう

 次は視覚と視野についてです。

| 表で覚える | **視覚と視野の特徴** |

| 視覚
・
視野 | • 高速運転をすると視力が低下し、とくに<u>近く</u>のものが見えにくくなり、
　視野が<u>狭く</u>なる
• 静止しているときの視野は、両目約200度、片目約160度
• 速度が速くなればなるほど視野は狭くなり、周辺の景色が視界から消え、
　物の形を正確に捉えることができなくなる

　指導の際は…… 速度が速くなるほど、車の周辺の危険要因の発見が遅れ、
　事故につながる恐れが高まることを理解させる |

 視覚・視野については、速度が速くなれば低下するんですね。

はい。とくに近くのものが見えにくくなります。試験ではこれとは逆に「遠くのものが見えにくくなる」と誤った字句と入れ替えて出題されたりします。また、止まっているものを見る静止視力より、動いているものを見る動体視力のほうが低下することや、疲労や加齢によっても視力は低下することも覚えておきましょう。

視覚に関連して、<u>明順応</u>と<u>暗順応</u>と、距離の錯覚についても理解しておきましょう。

| 表で覚える | **明順応と暗順応** |

| 明順応 | • 暗いところ（トンネルなど）から明るいところへ出た場合に、
　まぶしさが次第に薄れ、明るさに慣れて物が見えるようになること |

| 暗順応 | • 明るいところから暗いところへ入った場合に、目が慣れて、
　次第に物が見えるようになること
• 暗順応のほうが、慣れるまでに時間がかかる
　指導の際は…… 暗いトンネルなどに入る場合は、速度を落とすように指導 |

| 表で覚える | **距離の錯覚** |

| 大型車 | • 大型車は、運転席の位置が高いため、実際より<u>車間距離</u>に<u>余裕</u>があるように感じる |

| 二輪車 | • 二輪車は、死角に入りやすいため、その存在に気づきにくい
• 二輪車は、速度が実際より<u>遅く</u>感じたり、距離が<u>遠く</u>に見えたりする特性がある
　指導の際は…… 適切な車間距離をとるように指導 |

距離の錯覚についてですが、大型車は運転席の位置が高いため、実際より車間距離に余裕があるように感じる特性があります。試験ではそれとは逆に「余裕がないように感じる」と誤った字句と入れ替えて出題されたりしますので、ご注意ください。

 二輪車の場合、その速度を実際より遅く感じたり、距離が遠くに見えたりするのも、距離の錯覚ってことですよね。

 そうです。二輪車での距離の錯覚に関する試験問題では、逆に「速く感じる」と誤った字句と入れ替えて出題されたりします。ご注意ください。
最後に、夜間の見え方について、注意が必要な現象を見ていきましょう。

 夜間に注意したい2つの現象

❶ 蒸発現象	• 夜間走行中、自車のライトと対向車のライトで、お互いの光が反射し合い、その間にいる歩行者や自転車が見えなくなる現象
	指導の際は…… 暗い道路でとくに起こりやすいので、夜間の走行の際には十分注意するように指導
❷ 眩惑現象	• 夜間対向車のライトを直接目に受けると、まぶしさのために、一瞬視力を失った状態になること
	指導の際は…… 視線をやや左前方へ移すことで対処するなど、夜間の走行の際には十分注意するように指導

 どちらの現象も「見えなくなる」という危険があるんですね。

 はい。ですから、夜間の運転についての指導では、①見えにくい時間帯に自車の存在を知らせるため早めの前照灯の点灯、②より広範囲を照射する走行用前照灯（ハイビーム）の積極的な活用、③ほかの道路利用者を眩惑させないよう、適切なすれ違い用前照灯（ロービーム）への切替えの励行などが求められることも押さえておきましょう。

 わかりました！

問1・解説

1の「速度が2倍になると遠心力の大きさも2倍」が間違いで、速度が2倍になると、遠心力は4倍になります。2はそれぞれ反対の記述になっていて、運転席が高い位置にある大型車は、車間距離に余裕があるように感じ、乗用車は余裕がないように感じやすくなります。

正解　1、2

2 自動車の運転における現象

自動車の走行時に生じる諸現象は、その特性をキーワードに
覚えましょう。それぞれの指導方法も要チェックです。

覚えるのはコレだけ！

・ハイドロプレーニング現象　・ウエット・スキッド現象　・フェード現象
・ベーパー・ロック現象　・スタンディング・ウェーブ現象

✓ 走行時に生じる現象にはどのようなものがあるか

 自動車の走行時には、さまざまな現象が生じます。それらについて確認し
ていきましょう。主な現象は下表の通りです。

表で覚える 自動車の走行時に生じるさまざまな現象

ハイドロ プレーニング 現象	・路面が水で覆われているときに高速で走行すると、タイヤが水上スキーのように水の膜の上を滑走すること **指導の際は……** 日頃よりスピードを抑えた走行に努めるべきことや、タイヤの空気圧、および溝の深さが適当であることを日常点検で確認することを指導
ウエット・ スキッド 現象	・雨の降りはじめに、タイヤと路面の間に滑りが生じて、自動車の方向が急激に変わったり、流されたり、またはスリップしたりすること **指導の際は……** 速度を落とし、車間距離を十分とって、不用意な急ハンドルや急ブレーキを避けるように指導
フェード 現象	・フット・ブレーキを使いすぎるとブレーキ・ドラムやブレーキ・ライニングが摩擦のため過熱することにより、ドラムとライニングの間の摩擦力が減り、ブレーキの効きが悪くなること **指導の際は……** 下り坂などではエンジン・ブレーキなどを使用し、フット・ブレーキのみの使用を避けるように指導
ベーパー・ ロック 現象	・急な下り坂などでフット・ブレーキを使いすぎると、ブレーキ・ドラムやブレーキ・ライニングが過熱して、その熱がブレーキ液に伝わり、ブレーキ液内に気泡が発生してブレーキが効かなくなること **指導の際は……** 下り坂などでは、エンジン・ブレーキなどを使用し、フット・ブレーキのみの使用を避けるように指導
スタンディング・ ウェーブ 現象	・タイヤの空気圧不足で高速走行したとき、タイヤの接地部分に波打ち現象が生じ、セパレーションやコード切れが発生すること ・タイヤの空気圧が低すぎる場合には、疲労磨耗を招くだけでなく、燃費の悪化をもたらす **指導の際は……** 空気圧が適当であることを、日常点検で確認するように指導

聞き慣れない言葉と特殊な現象で、覚えにくそうですね。もっと簡単に覚えられるといいんですけど……。

それぞれの現象がどういった**特性**であるか、また、それらを防ぐためにどのような**指導**が必要か問われますので、前ページの表の内容は確実に覚える必要があります。ただ、下のようにキーワードを設定することで、各現象を覚えるのが容易になりますよ。

表で覚える 「現象」を効率的に覚えるためのキーワード

ハイドロ プレーニング現象	ウエット・ スキッド現象	フェード現象	ベーパー・ ロック現象	スタンディング・ ウェーブ現象
滑走	雨の降りはじめ	摩擦	気泡	波打ち

たとえば、「ベーパー」とは「蒸気や気泡」という意味です。気泡によって制動力の伝達が「ロックされる」のがベーパー・ロック現象です。また、「フェード」とは「色あせる、花がしぼむ」という意味ですから、摩擦で色がはげるイメージを持つとわかりやすいと思います。

✅ **試験ではこう出る！**

問. 次の空欄に入るべき字句を選択肢から選びなさい。

　[　　　　　]とは、フット・ブレーキを使い過ぎると、ブレーキ・ドラムやブレーキ・ライニングなどが過熱してその熱がブレーキ液に伝わり、液内に気泡が発生することによりブレーキが正常に作用しなくなり効きが低下することをいう。これを防ぐため、長い下り坂などでは、エンジン・ブレーキ等を使用し、フット・ブレーキのみの使用を避けるよう運転者に対し指導する必要がある。

　選択肢：1. ベーパー・ロック現象　2. フェード現象

「気泡」ときたら、ベーパー・ロック現象だから、正解は1です！

それでは、そうです。ちなみに、2のフェード現象のキーワードは「摩擦」です。

問2・解説

枠内2の「ベーパー・ロック現象」とは、ブレーキが使い過ぎにより摩擦で過熱してブレーキ液内に気泡が発生し、ブレーキが効きにくくなることです。枠内5の「クリープ現象」とは、アクセルを踏んでいなくても、自動車が動き出すことです。

<u>正解　A：4　B：1　C：6　D：3</u>

覚えるのはコレだけ！

・大地震が発生した場合の措置
・踏切内で立ち往生した場合の措置
・事故が発生した場合の措置

✓ 大地震で自動車を置いて避難するとき、ロックはしていく？

ここでは緊急事態が起こった場合の措置を見ていきます。
まず大地震です。その場合の措置は下の表のように定められています。

表で覚える　大地震が発生した場合の措置

大地震が発生したら……

⚠ 避難のために自動車を使用しない

⚠ 急ハンドルや急ブレーキを避け、できるだけ安全な方法で
　道路の左側に寄せて停止

⚠ カーラジオなどで地震情報や交通情報を聞き、その情報や周囲の状況に応じて
　行動する

⚠ 自動車を置いて避難するときは、できるだけ道路外の場所に移動させる

⚠ やむを得ず道路上に自動車を置いて避難するときは……

　①エンジンを止める　　　　　　③窓を閉める
　②エンジンキーは付けたままにする　④ドアはロックしない

緊急時における体制確立や
対応マニュアルを策定し、
措置について指導する必要があります

道路上に自動車を置いて避難するときは、エンジンキーはつけたままで、
ドアはロックしないんですね。

これは、緊急車両などの通行や避難に際して、誰でも移動させられるよう
にするためです。試験では「エンジンキーを抜き、ドアをロックする」と
誤った字句と入れ替えて出題されますので、ご注意ください。

災害には大雨や大雪などもあると思いますが、そうした場合の措置はどのようになっているのですか？

 <u>大雨</u>、<u>大雪</u>、<u>暴風雨</u>などの<u>異常気象</u>の場合、運転者は<u>運行管理者</u>の指示に従うことになっています。

 運行管理者は、この場合、何をしたらいいんですか？

 異常気象に関して情報収集し、運行中の運転者に対して運行の中止、運転方法、退避所の指定などについて<u>適切な指示</u>を行うことが求められます。

図で覚える **異常気象の場合の運行管理者の役割**

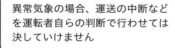
異常気象
- 大雨
- 大雪
- 暴風雨　…など

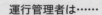
運行管理者は……

☐ 異常気象に関する 情報収集

☐ 運行中の運転者への 適切な指示
　：運行中止、運転方法、退避所の指定
　　　　　　　　　　　　　　　…など

異常気象の場合、運送の中断などを運転者自らの判断で行わせては決していけません

 試験では、「運送の中断等を<u>運転者自らの判断</u>で行わせる」という誤った選択肢になっていることがあります。実際の試験問題を見てみましょう。

📝 試験ではこう出る！

問. 大型トラックに荷物を積載して運送中の運転者から、営業所の運行管理者に対し「現在走行している地域一帯に大雨注意報が発令されており、雨が強く降り続いて視界が悪くなってきたので一時運転を中断している。」との連絡があった。連絡を受けた運行管理者は、こちらでは何もできないと判断し、運行する経路を運転者自ら判断し、また、運行することが困難な状況に至った場合は、適当な待避場所を見つけて運送の中断等を運転者自らの判断で行わせることとした。〇か×か。

 大雨、大雪、暴風雨などの異常気象のときは、運行管理者が運行中の運転者に対して適切な指示を行う……だから、×ですね。

 その通りです。

✔ **踏切内での立ち往生では、トラックの移動は最後！**

次に、踏切内で立ち往生した場合についてです。

図で覚える **踏切内で立ち往生した場合の措置**

踏切内で立ち往生

❶ ただちに、踏切支障報知装置の非常ボタンを押す

❷ 発炎筒を使用して、列車の運転士などに、踏切内に当該トラックが立ち往生していることを知らせる

❸ トラックを踏切の外に移動させるための措置を講じる

トラックの移動が最後なんですね。

はい。試験では、これとは逆の「列車が接近し、視認できるようになるまでは自動車を踏切の外に移動することに努める」と誤った字句で出題されたりしますので、ご注意ください。

わかりました！

✔ **事故が発生した場合は、現場を離れない！**

最後は事故が発生した場合の措置です。次ページの図にある手順で対応することが求められます。

あっ、これは第3章の **5** で学んだ「交通事故の措置」のおさらいでもありますね。

そうですね。その際に学んだ、故障などで自動車を運転することができなくなった場合に、それを知らせるための「表示方法」もあわせて復習しておきましょう。

あれ？　どんな内容だったっけ……。

停止表示器材を、後方から進行してくる自動車の運転者が見やすい位置に置いて行うものとする、でしたね。大事なポイントでもありますから、改めてしっかりと覚えておきましょう。

図で覚える 事故が発生した場合の措置

事故が発生

1 運転者は直ちに車両の運転を停止

2 負傷者を救護

3 道路における危険を防止

4 警察官に報告

事故が発生した場合、現場を
離れてはいけません！

 上図とあわせて、第3章 **5** で学んだ故障などの場合の措置や、交通事故の場合の警察官への報告事項などもしっかり覚えます！

 ちなみに、事故が発生した場合、現場を離れてはいけないというルールがあります。

 その部分を試験で問われたりするんですか？

 その通りです。試験では、「配送先が近くでありすぐに戻れると思い、一時事故現場を離れた」や「相手方の運転者との話し合いの結果、事故はお互いの過失によるものであることから、自動車の修理費用についてはお互いが自己負担することとし、警察官には事故の報告をしないことにした」といった誤った字句で出題されたりしますので、ご注意ください。

 わかりました！

問3・解説

1について、異常気象の際、運行経路や運行の中断に関する適切な指示は運行管理者の仕事で、運転者に判断させることを指示してはいけません。4は、やむを得ず道路上に自動車を置いて避難するときの対応の記述で、①エンジンを止め、②エンジンキーは付けたままにし、③窓を閉め、④ドアはロックしません。　　　　正解　2、3

4 運転支援装置等

重要度 ☆☆☆ 運転支援装置について、名称とそれぞれの説明は確実に覚えること。また、各装置の指導での活用も押さえておきましょう。

覚えるのはコレだけ！

- ・車線逸脱警報装置　・衝突被害軽減ブレーキ　・車両安定性制御装置
- ・映像記録型ドライブレコーダー　・デジタル式運行記録計

✓ 各装置のそれぞれの特性を正確に覚えよう！

試験では、運転支援装置等の名称と説明を紐づける形式で出題されます。それぞれの特性を理解しておきましょう。

表で覚える 押さえておきたい「運転支援装置等」

車線逸脱警報装置	走行車線を認識し、車線から逸脱した場合、あるいは逸脱しそうになった場合には、運転者が車線中央に戻す操作をするように警報が作動する装置
衝突被害軽減ブレーキ	レーダーなどにより先行車との距離をつねに検出し、追突の危険性が高まった場合、まずは警報し、運転者にブレーキ操作を促し、それでもブレーキ操作をせずに追突、もしくは追突の可能性が高いと車両が判断した場合には、システムにより自動的にブレーキをかけ、衝突時の速度を低く抑える装置
車両安定性制御装置	急なハンドル操作や積雪がある路面の走行などを原因とした横転の危険を運転者へ警告するとともに、エンジン出力やブレーキ力を制御して、横転の危険を軽減させる装置
映像記録型ドライブレコーダー	交通事故やニアミスなどにより、急停止などの衝撃を受けると、その前後の映像とともに加速度などの走行データを記録する装置（常時記録の機器もある） **指導での活用** • 事故時の映像だけでなく、運転者のブレーキ操作やハンドル操作などの運転状況を記録し、解析診断することで、運転のクセなどを読み取ることができるものがあり、運転者の安全運転の指導に役立つ
デジタル式運行記録計	運行記録計の1種で車両の運行にかかる速度・時間などを自動的にメモリーカードなどに記録する装置 **指導での活用** • 運行管理者は、デジタル式運行記録計の記録図表などを用いて、最高速度超過はないか、また、急発進、急減速の有無についても確認し、その記録データをもとに運転者に対して安全運転、経済運転の指導を行う • 運行記録計により記録される「瞬間速度」、「運行距離」、および「運行時間」などにより、運行の実態を分析して安全運転などの指導を図る資料として活用する • ドライブレコーダーによる危険度の高い運転やヒヤリ・ハットの映像記録と、デジタル式運行記録計の速度・加速度などのデータを連携させて、運転行動全体の的確な把握や、運行管理の改善などに役立てる

運転支援装置などの名称と説明は、合致しやすいですね。

ただし、油断は禁物です！

試験では、たとえば「衝突被害軽減ブレーキ」の場合、「いかなる走行条件においても衝突を確実に回避できるもの」といった誤った字句で出題されたり、「映像記録型ドライブレコーダー」の説明を「デジタル式運行記録計」と入れ替えて出題されたりします。ご注意ください。

実際の試験問題で確認してみましょう。

試験ではこう出る！

問. 衝突被害軽減ブレーキは、いかなる走行条件においても前方の車両等に衝突する危険性が生じた場合に確実にレーダー等で検知したうえで自動的にブレーキが作動し、衝突を確実に回避できるものである。当該ブレーキが備えられている自動車に乗務する運転者に対しては、当該ブレーキ装置の故障を検知し表示による警告があった場合の対応を指導する必要がある。〇か×か。

 これは今、先生がおっしゃった内容ですね。なので×です。

 その通りです。衝突被害軽減ブレーキは、「いかなる走行条件においても前方の車両等に衝突する危険性が生じた場合に、確実にレーダーなどで検知したうえで自動的にブレーキが作動し、衝突を確実に回避できるもの」ではなく、あくまで<u>衝突時の速度を低く抑える装置</u>です。

 なるほど。試験対策として、そのほか、何かありますか？

これらの装置の指導での活用についても、しっかり押さえておきましょう。具体的には、「映像記録型ドライブレコーダー」や「デジタル式運行記録計」によって得た情報を安全運転の指導などに活用することや、装置の特性や使用方法について運転者へ教育する、などです。

 わかりました！

問4・解説

枠内3の「ふらつき注意喚起装置」は、運転者のハンドル操作のふらつきから居眠りなどを検知し、注意を促す装置です。枠内5の「デジタル式運行記録計」とは、運行記録計の1種で車両の運行にかかる速度・時間などを自動的にメモリーカードなどに<u>記録</u>する装置です。
　　　　　　　　　　　　　　　　　　　正解　A：4　B：1　C：6　D：2

5 事故防止

重要度 ☆☆☆
交通事故の発生要因や、起こりやすい場合を知り、防止のための有効な手段にどのようなものがあるのかを理解しましょう。

覚えるのはコレだけ！

・PDCAサイクル　・ヒヤリ・ハット　・事故の特徴　・事故防止に有効な手段

✓ 交通事故はどんな場合に起こりやすいのか？

 交通事故の防止対策を効率的かつ効果的に講じていくためには、事故情報を多角的に<u>分析</u>し、事故実態を<u>把握</u>した上で、次のような PDCA サイクルを繰り返すことが必要となります。

図で覚える　事故防止のためのPDCAサイクル

計画段階から危険除去を可能な限り行い、その上で機械・設備による工学的対策、さらには教育訓練・作業管理などの管理的対策を実施していくという流れが理想です

 これが事故防止の基本的な考え方ってことですか？

 はい。交通事故の多くは、見かけ上、運転者の運転操作ミスや交通違反などの<u>人的要因</u>によって発生していますが、そこには、運転操作ミスや交通違反などにつながる<u>背景要因</u>が潜んでいることがあります。
ですから、事故防止を着実に推進するためには、事故の背景にある運行管理、その他の要因を総合的に<u>調査・分析</u>することが重要です。
決して、事故惹起運転者の社内処分および再教育に特化した対策が最重要なわけではないことを覚えておきましょう。

 なるほど。

 そのほか、事故防止の対策としては、<u>ヒヤリ・ハット</u>を減らしていくことも欠かせません。ヒヤリ・ハットとは、文字通り、幸いにも大事故にはつながらなかったものの、一歩間違えればそうなりかねず、ヒヤリとしたり、ハッとしたりする出来事のことです。

自動車の運転中であれば、ほかの自動車とかと衝突または接触しそうになってヒヤッとした……みたいな状態ですかね？

 その通りです。<u>ハインリッヒの法則</u>によると、1件の重大災害（死亡・重症）が発生する背景には29件の軽微事故と300件のヒヤリ・ハットがあるとされています。
交通事故でも、1件の重大な事故（死亡・重傷事故など）が発生する背景には多くのヒヤリ・ハットがあるとされています。

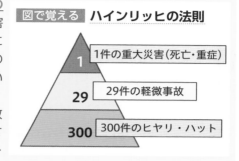

図で覚える **ハインリッヒの法則**

1	1件の重大災害（死亡・重症）
29	29件の軽微事故
300	300件のヒヤリ・ハット

 ということは、ヒヤリ・ハットを減少させることが、事故防止に有効ってことですね。

 はい。ここで、事故が起こりやすい場合について確認しましょう。それをまとめたのが下の表です。

表で覚える **どんな場合に交通事故が起こりやすいのか？**

事故の主な要因	・<u>追突</u>が事故の<u>約半数</u>を占める。次いで出会い頭の事故が多い 指導の際は…… 適正な車間距離の確保や、前方不注意の危険性などに関する指導を徹底する ・<u>漫然運転</u>、脇見運転、安全不確認により発生 ・人的要因、<u>ヒューマンエラー</u>によるもの 指導の際は…… ヒューマンエラーによる交通事故の発生を未然に防止する必要があることを指導する
時間帯別事故件数	・10時～11時の日中の事故が多い
時間帯別死亡事故件数	・早朝4時～5時がもっとも多く、0時以降の早朝・深夜に多発
対歩行者・対自転車の年齢別死者数	・割合として<u>65歳</u>以上の高齢者が多い 指導の際は…… 運転者に対し、高齢の歩行者などは、身体的機能の低下により危険の発見回避が遅れることなどを考慮して運転するように指導する

 主な発生要因としては、<u>追突事故</u>が約半数を占めるんですね。その次が出会い頭の事故か……。

はい、試験ではたとえば、「出会い頭の衝突がもっとも多い」など、誤った字句で出題されたりしますので、正しく覚えるようにしましょう。

また、人的要因、ヒューマンエラーによる事故が多いことも重要です。そのほか、事故そのものの発生は日中に多いのですが、死亡事故に限っては早朝・深夜に多いことも押さえておきましょう。

 65歳以上の歩行者が死亡する事故も多いんですね。

 はい。こうした「どんな場合に交通事故が起こりやすいのか」を踏まえた上で、事故防止の有効な手段として、次のものが挙げられます。

表で覚える 事故防止のための有効な手段

衝突被害軽減ブレーキ	レーダーなどにより先行車との距離をつねに検出し、追突の危険性が高まった場合、まずは警報し、運転者にブレーキ操作を促し、それでもブレーキ操作をせずに追突、もしくは追突の可能性が高いと車両が判断した場合には、システムにより自動的にブレーキをかけ、衝突時の速度を低く抑える装置 指導の際は…… 運転者に対し、機能などを正しく理解させる
速度抑制装置	トラックが時速90キロメートルを超えて走行しないよう、燃料の供給を調整し、かつ自動車の速度の制御を円滑に行うためのもの 指導の際は…… 運転者に対し、機能などを正しく理解させる
適性診断	運転者の運転行動、運転態度、および性格などを客観的に把握し、安全運転にとって好ましい方向へ変化するよう動機づけすることにより、運転者自身の安全意識を向上させるためのもの
指差呼称	運転者の錯覚、誤判断、誤操作などを防止するための手段であり、道路の信号や標識などを指で差し、その対象が持つ名称や状態を声に出して確認することをいい、安全確認に重要な運転者の意識レベルを高めるもの
教育研修	下記の手法を取り入れ、進めていく • 知識を普及させることに重点を置く手法 • 問題を解決することに重点を置く手法 • グループ討議や「参加体験型」研修など、運転者が参加する手法 • 飲酒による運転への影響を指導
シートベルトの確実な着用	指導の際に下記の情報について、周知徹底する • シートベルト非着用時の致死率は、着用時の致死率より高い • 自動車乗車中死者のシートベルト非着用者の割合は、全体の約40%を占めている • 自分の手足で支えられる力は、自分の体重の2〜3倍が限度（自動車が時速7キロメートルで衝突した力に相当）。そのため、危険から自分を守るためにシートベルトの着用が必要

衝突被害軽減ブレーキや速度抑制装置については、運転者に対して機能などを正しく理解させることがポイントです。

 たしかに、装置がただ付いているだけで、その機能を理解していない……となると使いこなせないですもんね。

 速度抑制装置については、時速90キロメートルの数字を押さえておきましょう。試験では誤った数字と入れ替えて出題されたりしますので、ご注意ください。

それと、適性診断は、ヒューマンエラーによる交通事故の発生を未然に防止するための有効な手段です。「運転に適さない者を運転者として選任しないためのものではない」ことを押さえておきましょう。

飲酒による運転への影響を指導することも有効な手段なんですね。

 はい。飲酒は、運転に欠かせない視力、反応時間、運動機能、注意力、集中力、判断力、平衡感覚などを大きく損なわせることから、飲酒による運転への影響を運転者に指導することは、事故防止対策の有効な手段です。ではここで、実際の試験問題を確認しておきましょう。

📝 **試験ではこう出る！**

問. 指差呼称は、運転者の錯覚、誤判断、誤操作等を防止するための手段であり、信号や標識などを指で差し、その対象が持つ名称や状態を声に出して確認することをいうが、安全確認に重要な運転者の意識レベルは個人差があるため、有効な交通事故防止対策の手段となっていない。○か×か。

 指差呼称は「有効な交通事故防止の手段となっていない」ってなってるから、×ですね。

 正解です。指差呼称は、運転者の錯覚、誤判断、誤操作などを防止するための手段であり、安全確認に重要な運転者の意識レベルを高めるなど、交通事故防止対策に有効な手段の1つとして活用されています。

問5・解説

1の適性診断は、「運転に適さない者を運転者として選任しないようにするためのもの」ではありません。3の指差呼称は、有効な交通事故防止対策の手段となっています。4の交通事故の再発防止には、「事故惹起運転者の社内処分及び再教育に特化した対策を講ずること」よりも、発生した事故の調査や事故原因の分析が重要です。　正解　2

6 運転者の健康管理

重要度
★★☆

運転に支障を及ぼす疾患の種類と特徴、事業者に課せられて
いる各健康診断の内容を理解しましょう。

覚えるのはコレだけ！

- ・生活習慣病　・睡眠時無呼吸症候群　・アルコール依存症
- ・脳血管疾患　・健康診断

✓ 運転に支障を及ぼす疾患には、どのようなものがあるか

 近年、脳卒中や心臓病などに起因した運転中の突然死による事故が増加傾向にあります。そして、こうした脳卒中や心臓病などの発症には、暴飲暴食や運動不足などの生活習慣が大きく関係しているとされ、生活習慣病と呼ばれています。その予防や改善には、定期的な健康診断の結果に基づいた生活習慣の改善が欠かせません。

 健康診断の重要性を実感しますね。

 本当にその通りで、実際、自動車の運転中に、心臓疾患（心筋梗塞、心不全など）や大血管疾患（急性大動脈解離、大動脈瘤破裂など）が起こると、ショック状態、意識障害、心停止などを生じ、運転者が事故を回避するための行動をとることができなくなり、重大事故を引き起こすおそれがあります。こうした健康起因事故を防止するためにも、発症する前の早期発見や予防が非常に重要なのです。
今挙げた心臓疾患や大血管疾患以外の、自動車の運転に支障を及ぼすおそれのある疾患については、次ページの通りです。

 睡眠時無呼吸症候群は強い眠気だけでなく、合併症を引き起こすこともある怖い病気なんですね。

 だからこそ、スクリーニング検査を実施し、早期発見し、早期治療する必要があります。
次ページの表は各疾患について試験に出やすい内容をまとめていますので、しっかり覚えてくださいね。実際の試験では、たとえば睡眠時無呼吸症候群であれば、「狭心症や心筋梗塞などの合併症を引き起こすおそれはない」「容易に自覚症状を感じやすい」「自覚症状を感じていると自己申告をした運転者に限定して、SASスクリーニング検査を実施している」などの誤った字句で出題されたりします。

表で覚える **自動車の運転に支障を及ぼすおそれのある疾患**

睡眠時無呼吸症候群（SAS）

ポイント

- 睡眠中に呼吸が止まる、<u>日中の強い眠気</u>などの症状
- <u>漫然運転や居眠り運転</u>の原因の1つ
- 狭心症や心筋梗塞などの<u>合併症</u>を引き起こすおそれがある
- 自覚症状を<u>感じにくい</u>

対策

- 運転者に対して雇入時、その後は<u>3年に1度</u>を目安として定期的に医療機器によるSASスクリーニング検査を実施
- 日頃から運転者に対し、睡眠時無呼吸症候群の症状などについて理解させ、<u>早期発見</u>・<u>早期治療</u>に取り組む
- 診断された場合は、残業を控えるなど業務上での負荷の軽減や、睡眠時間を多くとる
- 過度な飲酒を控えるなどの生活習慣の改善によって、業務が可能な場合があるので、医師と相談して慎重に対応する

アルコール依存症

ポイント

- 常習的な<u>飲酒運転</u>の背景
- 専門医による早期の治療をすることにより<u>回復</u>が可能
- 一度回復しても飲酒することにより<u>再発</u>することがある

対策

- アルコール依存症から回復した運転者に対しても飲酒に関する<u>指導</u>を行う必要がある

脳血管疾患

ポイント

- 脳血管疾患には、脳梗塞、脳出血、くも膜下出血がある
- 意識の異常、視野が半分になるなどの眼の異常などの症状
- 原因は高血圧などの生活習慣に起因する脳動脈硬化や、脳動脈瘤の破裂
- 脳健診で異常を発見することでしか予防ができないものもある（容易に発見できない）

対策

- 運転者の健康状態や疾患につながる生活習慣の適切な<u>把握</u>・<u>管理</u>に努める
- 脳血管疾患の症状について理解させ、そうした症状があった際にすぐに<u>申告</u>させるように努める
- 日頃から運転者の健康状態を把握し、点呼において、意識の異常、目の異常、めまい、頭痛、言葉の異常、手足の異常等の申告、またはその症状が見られたら、脳血管疾患の初期症状とも考えられるため、すぐに専門医療機関で<u>受診</u>させる
- 所見に応じた精密検査を受けさせて、その結果を常に把握するとともに、医師から結果に基づく運転者の乗務に係る<u>意見</u>を聴取する

> これらの3つの疾患に関する基本的な知識と対応方法については、試験でも問われることがあります。ポイントを押さえて確実に得点できるようにしましょう！

325

ここで睡眠時無呼吸症候群に関する実際の試験問題を見てみましょう。

試験ではこう出る！

問. 漫然運転や居眠り運転の原因の一つとして、睡眠時無呼吸症候群（SAS）と呼ばれている病気がある。この病気は、狭心症や心筋梗塞などの合併症を引き起こすおそれはないが、安全運転を続けていくためには早期の治療が不可欠であることから、事業者は、運転者に対し SAS の症状などについて理解させるよう指導する必要がある。〇か×か。

「指導をする必要がある」だから、〇のような気もしますけど……。

残念。×です。睡眠時無呼吸症候群は、狭心症や心筋梗塞などの合併症を<u>引き起こすおそれがあり</u>ます。

本当に内容を正確に押さえておく必要がありますね。それと、アルコール依存症については、早期治療で回復はするけど、再発もするんですね。

そのため、ほかの運転者同様に、アルコール依存症から回復した運転者に対しても、飲酒に関する指導を行う必要があります。また、事業者は、飲酒で摂取したアルコールの処理に必要な時間の目安をもとに、酒類の飲み方などの指導も必要です。下記は、アルコール飲料における、摂取後の分解処理までの時間が概ね<u>**4時間**</u>の量です。確認しましょう。

- ビール 5％＝ 500mℓ（ロング缶 1 本）
- 日本酒 15％＝ 180mℓ（1 合）
- ウイスキー 43％＝ 60mℓ（ストレートでダブル 1 杯）
- 焼酎 25％＝ 100mℓ（ストレートで小コップ半分）
- ワイン 12％＝ 200mℓ（小グラス 2 杯）
- チューハイ 7％＝ 350mℓ（ショート缶 1 本）

試験では、「一度回復すると飲酒しても再発しない」「飲酒に関する指導を特別に行っていない」「アルコール依存症から回復した運転者に限定して指導をする」など、誤った字句で出題されますのでご注意ください。

脳血管疾患は、すぐに専門医療機関で受診させることが必要ですね。

健康起因事故を起こした運転者の疾病で、心臓疾患の次に多いのが、脳血管疾患です。だからこそ事業者は、脳血管疾患や心臓疾患などについては、それに係る外見上の<u>前兆や自覚症状</u>などを確認し、総合的に判断して必要と認められる場合には、運転者に医師の診断等を<u>受診</u>させます。そして所見に応じた精密検査を受けさせ、その結果をつねに<u>把握</u>することが求められます。さらに、医師から、結果に基づく運転者の乗務に係る<u>意見</u>を聴取する必要もあります。

健康起因事故というのは、運転中に体調不良になったことで事故を引き起こすってことですよね？
実際、運転中に体調不良を感じたらどうすればいいのですか？

 速やかに<u>安全な場所</u>に事業用自動車を<u>停止</u>させ、運行管理者に<u>連絡</u>し、<u>指示</u>を受けます。事業者は運転者に、この対処手順の指導が必要です。

 つまり、そうなったときの対応について、事前に指導するんですね。

 はい。試験では「体調の状況を運転者が自ら判断し決定するよう指導している」「自らの判断で運行を再開するよう指示した」と誤った字句で出題されることがしばしばあります。

✓ 運転者の健康管理の要となる「業務前点呼」と「健康診断」

 ここで、事業者が担う健康管理の法的義務をまとめておきましょう。

表で覚える **事業者に課された「健康管理」の法的義務**

- 乗務員等の健康状態の<u>把握</u>
- <u>業務前点呼</u>で、疾病などで安全な運転をすることができないおそれの有無などを確認
- 安全な運行の業務やそのための補助ができないおそれがある乗務員等を、事業用自動車の運行の業務に従事させてはならない
- 雇入時の健康診断、および定期健康診断の実施

 <u>業務前点呼</u>は第1章の「貨物自動車運送事業法関係」で、<u>健康診断</u>は第4章「労働基準法関係」で学びましたね。

 「業務前点呼」では、疾病などで安全な運転をすることができないおそれの有無などについて確認します。安全な運転ができないおそれのある乗務員等を事業用自動車の運行の業務に従事させてはいけません。試験ではたとえば、「自らの判断で適宜、休憩をとるなどして運行するよう指示し、出庫させた」など誤った字句で出題されたりしますので、ご注意ください。
「健康診断」については、労働基準法のところで学びましたね。
試験対策としては、「正しく覚える」につきます。たとえば、深夜業に従事する運転者に対しては、<u>6ヵ月以内ごとに1回</u>、定期に医師による<u>健康診断</u>を行わなければならないとなっていますが、試験では「1年に1回」と誤った数字と入れ替えて出題されたりします。

労働基準法で定められている3つの「健康診断」

① 雇入時の健康診断	② 定期健康診断	③ 特定業務従事者の健康診断（深夜業等）
事業者は、常時使用する労働者を<u>雇い入れるとき</u>は、当該労働者に対し医師による<u>健康診断</u>を行わなければならない	事業者は、常時使用する労働者に対し、<u>1年以内ごとに1回</u>、定期に医師による<u>健康診断</u>を行わなければならない	常時従事する労働者に対し、当該業務への配置替えの際及び<u>6ヵ月以内ごとに1回</u>、定期に医師による<u>健康診断</u>を行わなければならない

健康診断結果の記録の作成

事業者は、健康診断の結果に基づき、<u>健康診断個人票</u>を作成して、これを<u>5年間保存</u>しなければならない

「実務上の知識」には、ほかの章で学んだことが含まれます。大事な知識ですので、しっかりと理解し、身につけましょう！

 健康診断で異常の所見があった場合、どうするんでしたっけ？

その場合、事業者には大きく次の2つが求められます。

表で覚える **健康診断の結果に異常の所見があった場合**

- <u>事業者</u>は、<u>医師</u>に対し、その運転者の<u>乗務の可否</u>、<u>乗務させる場合の配慮事項</u>などについて、<u>意見</u>を求めなければならない（健康診断個人票の医師の意見欄に記入してもらう）
- 健康上の問題点をはっきりさせるために、必要に応じて、さらに<u>精密検査</u>などを受けるよう、運転者に指導することが望まれる

 乗務の可否や、乗務させる場合の配慮事項について、医師からの意見が必要なんですね。

 はい。ここでも試験では、「直ちに入院治療の必要はないが、より軽度な勤務において経過観察することが必要との所見が出されたが、繁忙期であったことから、運行管理者の判断で短期間に限り従来と同様の乗務を続けさせた」など、誤った選択肢が出題されたりしますので、正しく覚えるようにしてください。

 実際に異常の所見があって、その治療のために入院した運転者が職場復帰する場合、事業者がしなければならないことは何ですか？

その場合も、<u>医師からの意見の聴取</u>が必要です。試験で「医師から乗務に係る意見を聴取することなく、運転者の顔色などを確認のうえ大丈夫と判断して、乗務させた」という問題文になっていたら、これは誤りです。「医師からの意見の聴取は必須」と覚えておきましょう。

 ちなみに、運転者が個人で健康診断を受けた場合、それで代用できますか？

 はい。健康診断の例外として、指定された医師でなくても、かかりつけ医による健康診断もその結果を提出することで、<u>代用</u>できます。

表で覚える　健康診断の例外

- 運転者が自ら受けた健康診断（人間ドックなど）であっても、法令で必要な定期健康診断の項目を充足している場合は、法定健診として<u>代用</u>することができる

- 事業者が指定する医師による定期健康診断ではなく、ほかの医師による健康診断に相当する健康診断を受診した場合は、その結果を証明する書面を<u>提出</u>する

- 運転者が自ら受けた健康診断の結果を提出したものについても、<u>5年間保存</u>する

 試験では、この内容とは反対の「法令で必要な定期健康診断の項目を充足している場合であっても、法定健診として代用することができない」という内容で出題されたりしますが、当然、これは間違いです。

 なるほど。「代用できる」をしっかりインプットですね！

 そのほか、運転者への健康管理の指導では、運転者が医師の<u>診察</u>を受ける際に、自身が職業運転者で勤務時間が不規則であることを伝えることや、<u>薬を処方</u>されたときは、服薬のタイミングと、運転に支障をおよぼす<u>副作用の有無</u>について確認するといったことを徹底させます。実際、かぜ薬や解熱剤は、眠気を誘う成分が含まれていることがありますから、それが含まれていないものを処方してもらうよう、運転者に指導することも不可欠です。

 大事な内容ばかりですね。しっかり覚えます！

問6・解説

1のケースでは、深夜帯に勤務があるため定期健康診断は、「1年に1回」ではなく<u>6ヵ月以内ごとに1回</u>、必ず受診させなければいけません。4のアルコール依存症は、一度回復しても飲酒することにより<u>再発する</u>ことがあります。　　　　正解　2、3

7 実務上の点呼

1章で学んだ点呼の知識と、実際の点呼の事例から出題されます。点呼に関するさまざまなルールを確実に覚えましょう。

覚えるのはコレだけ！

・点呼の事例　・誤った選択肢のパターン

✔ 点呼の事例のポイントを押さえてインプットしよう

 点呼については、第1章の「貨物自動車運送事業法関係」でも学習しましたが、本章の「実務上の知識及び能力」の分野でも出題されます。
ここでは実務上の点呼について確認していきましょう。

 「貨物自動車運送事業法関係」と「実務上の知識及び能力」では、点呼に関する試験問題にどのような違いがあるんですか？

 貨物自動車運送事業法関係では、法で定められた基本的な知識について問われますが、実務上の知識及び能力では、そうした知識を実務上の事例に置き換えて問われます。

 ということは、点呼について理解しておくと、貨物自動車運送事業法関係と実務上の知識及び能力からの問題を2問解ける可能性があるってことですよね？

 はい。効率的な学習のポイントは、第1章で学んだ「点呼」についての知識を復習しつつ、実際の点呼の事例を学ぶことで理解を深めていくことです。ここで質問です。業務前の点呼においてアルコール検知器を使用するのはなぜでしたっけ？

 酒気帯びの有無を確認するためのもの、ですよね？

 その通りです。では、事業用自動車の運行の業務に従事させてはならない場合の酒気帯びとは、呼気中のアルコール濃度がどれくらいでしたか？

 あっ、0.00mgですね。

 よくできました！　点呼でアルコール検知器を使用するのは、道路交通法施行令で定める呼気中のアルコール濃度1ℓ当たり0.15mg以上であるか否かを判定するためのものではなく、0.00mgかどうかをチェックするためのものなのです。

試験では、「道路交通法施行令で定める呼気 1ℓ 当たり 0.15mg 以上であるか否かを判定するためである」と、誤った字句で出題されそうですね。

 まさにその通りで、たとえばこんな感じに出題されます。

🗒 試験ではこう出る！

問. 業務前の点呼における酒気帯びの有無を確認するため、アルコール検知器を使用しなければならないとされているが、アルコール検知器を使用する理由は、身体に保有しているアルコールの程度を測定し、道路交通法施行令で定める呼気 1ℓ 当たり 0.15mg 以上であるか否かを判定するためである。〇か×か。

これは×です！

 よくできました！　アルコール検知器を使用する理由は、「身体に保有している酒気帯びの有無」を確認するためのものです。問題文にある「道路交通法施行令で定める呼気 1ℓ 当たり 0.15mg 以上であるか否かを判定する」ためのものではありませんよね。ですから、正解は×となります。
ここで、「実務上の知識及び能力」の試験対策として、押さえておきたい「点呼」のポイントを見ていきましょう。まず、下の3つです。

表で覚える　**押さえておきたい「点呼」のポイント①**

❓ **同社のほかの営業所で終了する運行の場合**

☐ A営業所の運行管理者は、所属する運転者に乗務が同社のB営業所で終了する運行を指示
☐ B営業所に設置してあるアルコール検知器を使用
☐ 運転者は、当該検知器による測定結果をA営業所の運行管理者に電話で報告
☐ 測定にはB営業所の運行管理者が立ち会う

❓ **交替運転者を同乗させての運行の場合**

☐ 業務前の点呼については、出庫時から運転を開始する運転者と同乗する交替運転者に対し、所属する営業所において対面により、又は対面による点呼と同等の効果を有するものとして国土交通大臣が定める方法で行う

❓ **停電などで、営業所に設置されているアルコール検知器が使用できない場合**

☐ 運転者に携帯させるために営業所に備えてある携帯型アルコール検知器を使用して、酒気帯びの有無を確認する

1つ目の「ほかの営業所で終了する運行の場合」、その「ほかの営業所」の運行管理者が<u>立ち会う</u>んですね。

 電話での点呼を実際に行うのは「所属する営業所」の運行管理者ですが、その際、「ほかの営業所」の運行管理者の立ち会いが必要です。

 2つ目の「交替運転者を同乗させての運行の場合」、出庫時に<u>両者とも対面</u>で行うんですね。

 はい。そのケースでは、点呼の場所もポイントです。試験では「運転を交替する地点として指示した地点において行う」といった誤った字句で出題されたりしますので、ご注意ください。

 3つ目の「停電」のケースで営業所に設置されているアルコール検知器が使用できない場合、携帯用アルコール検知器を使用してもいいんですね？

 はい。停電や故障時に備えての予備のアルコール検知器でも有効です。ただし、条件は「営業所に備えてある」です。
試験でよく出題される誤った字句のパターンとしては、「同等の性能を有したものであれば、営業所に備えられたものでなくても使用できる」や「運転者が個人的に購入した同等の性能を有するアルコール検知器を使用した」などがあります。ご注意ください。

 わかりました。

 押さえておきたい点呼のポイントはあと3つあります。次ページの表を見ながら1つひとつ確認していきましょう。どれも大事なポイントです。

 2つ目の「健康管理」については、この章の **6** でも学びましたよね。ここでは点呼においての健康管理の注意点を学習するわけですね。

 はい。業務前点呼では、疾病、疲労などにより安全な運転をすることができないおそれがあるか否かの確認は必ず行わなければなりません。試験では、「本人から体調不良などの申し出があるときには行っている」という誤った字句との入れ替えで出題されたりします。こうした選択肢があったら、当然、誤りです。ご注意ください。
また、日常点検の実施状況によっても事業用自動車の運行の業務に従事させてはならない場合があります。たとえば日常点検を実施したところ、左のブレーキランプのレンズの破損などにより車両が運行できない状態であれば、運行の業務に従事させてはいけません。この場合は整備管理者に確認を行い、代車で運行するなどの措置が求められます。

表で覚える **押さえておきたい「点呼」のポイント②**

? 以前に、運転者が自動車運転免許の効力の停止の処分を受けているにもかかわらず、事業用自動車を運転していた事案が発覚した場合、その再発防止のためにすることは？

- 運行管理規程に業務前の点呼における実施事項として、<u>自動車運転免許証の提示、および確認</u>について明記し、再発防止を図る

? 健康管理でのポイントは？

- 健康診断の結果などから異常の所見がある運転者、または就業上の措置を講じた運転者が一目でわかるように、個人のプライバシーに配慮しながら点呼記録表の運転者の氏名の横に注意喚起のマークを付記するなどして、これを点呼において活用する

- 業務前の点呼における疾病、疲労などにより安全な運転をすることができないおそれがあるか否かの確認は必ず行う

- 安全な運転ができないおそれのある場合は、<u>事業用自動車の運行の業務に従事させてはならない</u>

? 運行管理者の補助者が、業務前点呼において、運転者が、疾病、疲労その他の理由により安全な運転をすることができないおそれがあると判断した場合、補助者のすべきことは？

- 直ちに運行管理者に<u>報告</u>を行い、運行の可否の決定などについて<u>指示を仰ぎ</u>、その結果に基づき各運転者に対し<u>指示</u>を行わなければならない

3つ目の「運行管理者の補助者が、業務前点呼において、運転者が疾病、疲労その他の理由により安全な運転をすることができないおそれがあると判断した場合」では、試験対策のポイントはどのあたりになりますか？

ポイントは、その手順です。補助者は、①直ちに運行管理者に<u>報告</u>を行い、②運行の可否の決定などについて<u>指示を仰ぎ</u>、③その結果に基づき各運転者に対し<u>指示</u>を行う、という流れをしっかり押さえておきましょう。
試験での誤った字句パターンには、「運行管理者の補助者は、業務前点呼において運転者が疾病、疲労その他の理由により安全な運転ができないおそれがあると判断したが、本人から時間が経てば大丈夫との申告があったため、そのまま事業用自動車の運行の業務に従事させた」というのがあります。そのまま運行の業務に従事させることもNGですし、運行管理者に報告などをせずに補助者の判断で指示した点も誤りです。

わかりました！

✓ 誤った選択肢のパターンに引っかかるな！

 最後に、試験での点呼に関する出題でよくある「誤った選択肢のパターン」をご紹介しておきましょう。
どこが誤りなのかを、よくチェックしてみてくださいね！

表で覚える 点呼に関する「誤った選択肢のパターン」

✕ 誤りを含む選択肢	解説
運行管理者の補助者は、業務前点呼において、運転者が疾病、疲労その他の理由により安全な運転をすることができないおそれがあると判断したが、本人から時間が経てば大丈夫との申告があったため、そのまま事業用自動車の運行の業務に従事させた。	疾病、疲労、睡眠不足その他の理由により安全な運転をし、またはその補助をすることができないおそれがある乗務員等を事業用自動車の運行の業務に従事させてはならないと定められています。
業務後の点呼において、業務を終了したら当該業務に係る事業用自動車、道路及び運行の状況の報告は、特に異常がない場合には運転者から求めないこととしており、点呼記録表に「異常なし」と記録している。	業務後の点呼において、とくに異常がない場合であっても、当該乗務に係る事業用自動車、道路、および運行の状況について報告を求める必要があります。
事業用自動車の運転者が、運行中に、道路のガードレールに接触するという物損事故を起こしたため、警察官の事故処理に立ち会った後に所属する営業所に帰着した。業務後の点呼において、運転者から当該事故の報告を受けたが物損事故であることから、点呼記録表に記録しなかった。	運行管理者は業務後の点呼において、運転者に対し、事業用自動車の状態や運行状況について報告を求め、記録する必要があります。事故が発生した場合には、物損、人身問わず記録する必要があります。
業務前の点呼で運転者の酒気帯びの有無を確認しようとしたところ、アルコール検知器が故障により作動しなかったことから、当該運転者からの前日の飲酒の有無の報告と、当該運転者の顔色、呼気の匂い、応答の声の調子などによる確認から、酒気を帯びていないと判断できたので当該運転者を事業用自動車の運行の業務に従事させた。	アルコール検知器を営業所ごとに備え、常時有効に保持するとともに、酒気帯びの有無について確認を行う場合には、運転者の状態を目視などで確認するほか、当該運転者の属する営業所に備えられたアルコール検知器を用いて行う必要があります。
A営業所（全国貨物自動車運送適正化事業実施機関が設定している安全性優良事業所ではない営業所）では、運行管理者が運転者に対する業務前点呼はアルコール検知器を使用し対面により行っており、帰着後の運転者への業務後点呼は、運行管理者が営業所に不在の場合には電話で実施している。	この場合、対面により、又は対面による点呼と同等の効果を有するものとして国土交通大臣が定める方法で点呼を実施する必要があります。運行管理者が営業所に不在の場合は「運行上やむを得ない場合」に該当しないからです。

334

✕ 誤りを含む選択肢	解説
運行管理者は、業務開始及び業務終了後の運転者に対し、原則、対面により、又は対面による点呼と同等の効果を有するものとして国土交通大臣が定める方法で点呼を実施しなければならないが、遠隔地で業務が開始又は終了する場合、車庫と営業所が離れている場合、又は運転者の出庫・帰着が早朝・深夜であり点呼を行う運行管理者が営業所に出勤していない場合など、運行上やむを得ず、対面での点呼が実施できないときには、電話、その他の方法で行っている。	この場合、対面により、又は対面による点呼と同等の効果を有するものとして国土交通大臣が定める方法で点呼を実施する必要があります。なぜなら、車庫と営業所が離れている場合、または運転者の出庫・帰着が早朝・深夜であり点呼を行う運行管理者が営業所に出勤していない場合などは、「運行上やむを得ない場合」に該当しないからです。
配送業務である早朝の業務前点呼で、これから事業用自動車の運行の業務に従事する運転者の目が赤く眠そうな顔つきであったため、本人に報告を求めたところ、連日、就寝が深夜2時頃と遅く寝不足気味ではあるが、何とか運行の業務に従事できるとの申告があった。このため運行管理者は、当該運転者に対し途中で眠気などがあったときには、自らの判断で適宜休憩を取るなどして運行するよう指示し、出庫させた。	運転者から睡眠不足である旨の申告があった場合は、当該運転者を事業用自動車の運行の業務に従事させてはなりません。また、事業者が改善基準告示を遵守した休息期間を設け、運行の指示をしている場合であっても、運転者に対して、事業用自動車の運行の業務の前日にはきちんと睡眠をとるよう指導を行うなどの対応が必要です。
A営業所においては、運行管理者は昼間のみの勤務体制となっている。しかし、運行管理者が不在となる時間帯の点呼が当該営業所における点呼の総回数の7割を超えていることから、その時間帯における点呼については、事業者が選任した複数の運行管理者の補助者に実施させている。運行管理者は、点呼を実施した当該補助者に対し点呼の実施内容の報告を求めるなど十分な指導及び監督を行っている。	左の選択肢では、補助者により実施した点呼が、総回数の7割を超えています。補助者が実施できる点呼の数は、総回数の3分の2（約6割6分）までです。少なくとも3分の1（約3割3分）以上は、運行管理者によって実施する必要があります。

 誤りを含む選択肢をこうやって並べてもらえると、試験で引っかかりやすいポイントが、なんとなく見えてきますね。
問題を解くときや解説を読むときにも、選択肢のどこが誤っているのかをしっかり意識するようにします。

問7・解説

1の業務前の点呼での酒気帯びの有無の確認では、1リットル当たり0.15ミリグラム未満であっても事業用自動車の運行の業務に従事させてはなりません。また、同じ業務前の点呼で3のように、安全な運転ができないおそれのある場合も、事業用自動車の運行の業務に従事させてはなりません。　　　　正解　2、4

8 運行計画

重要度
☆☆☆

「距離・時間・速度」を求める3つの計算式をインプットし、運行計画表から距離・時間・速度を求められるようになりましょう。

覚えるのはコレだけ！

・走行時間　　・平均速度　　・走行距離

✓ 3つの計算式を使って時間・速度・距離を求める

 ここでは、実際の運行計画に基づいて、時間・速度・距離の求め方を学んでいきましょう。その際に用いる計算式は次の通りです。

表で覚える　時間・速度・距離を求める計算式

走行時間	= 距離（km）÷ 時速（km／時）
平均速度	= 走行距離 ÷ 時間
走行距離	= 時速 × 時間

 まず、下のケースでのA営業所からB地点までの走行時間を求めていきましょう。走行時間の計算式は距離÷時速でしたね。

 計算式は、距離30km÷時速30kmとなるから、1時間ですね。

 正解です。この場合は割り切れる数字ですが、中には3.33…のような割り切れない数字のケースもあります。その場合は、0.33…を3分の1と考え、60分の3分の1ですから20分となります。
次は走行距離です。下の場合のB地点からC地点までの走行距離を求めていきましょう。

 走行距離を求める場合は、時速×時間の計算式ですよね。時速は25kmで、

時間は16時にB地点を出て18時にC地点に到着だから、18時－16時で2時間。なので、計算式は時速25km×2時間となって、B地点からC地点までの走行距離は50kmです。

その通りです。次に下のケースでの平均速度を求めてみましょう。平均速度を求める計算式は<u>走行距離÷時間</u>でしたね。

この場合、C地点からD地点までの走行時間は、21時－19時で2時間になって、走行距離が60kmだから、走行距離60km÷2時間で、平均時速は30kmですか？

正解です。このように、実際の運行計画に照らして時間・速度・距離を求める問題では、この3つの計算式を使いこなすことで、確実に得点することができます。

次に、下の運行計画表の「距離ア」と「帰着時刻イ」を一緒に求めていきましょう。

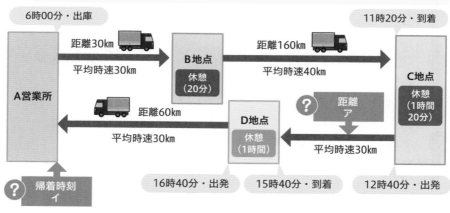

まず、復習もかねて、3つの計算式を使って上の図で示されていない数字を求めていきましょう。まず、A営業所からB地点までの走行時間はどれくらいでしょうか？

走行時間＝距離÷時速だから、距離30km÷時速30kmで、A営業所からB地点までの走行時間は1時間です。

正解です。なので、B地点の到着時刻は、A営業所の出発時刻が6時00分ですから、そこに1時間プラスで7時00分となります。

B地点への到着時刻

(出発) **6時00分** ＋ (走行時間) **1時間** ＝ (到着) **7時00分**

 次に、B地点の出発時刻ですが、そこでの休憩の時間が20分あるので、7時20分となります。

B地点の出発時刻

(到着) **7時00分** ＋ (休憩) **20分** ＝ (出発) **7時20分**

 では、C地点の出発時刻は12時40分と図に示されていますが、この数字はどうやって導き出されたものかわかりますか？

 えっと……、C地点には11時20分に到着して、そこで休憩が1時間20分あるので、11時20分＋1時間20分で、12時40分出発ですかね？

 はい、その通りです。

C地点の出発時刻

(到着) **11時20分** ＋ (休憩) **1時間20分** ＝ (出発) **12時40分**

 さあ、ここからいよいよ「距離ア」を求めていきましょう。走行距離を出す計算式は、「時速×時間」でしたね。時速は30kmで、走行時間はC地点を12時40分に出発し、D地点の到着が15時40分ですから3時間です。となると、走行距離は？

 時速30km×3時間で、90kmですね。

距離ア

(時速) **30km** × (走行時間) **3時間** ＝ (走行距離) **90km**

 正解です。そして、残っているのは、「帰着時刻イ」ですね。
D地点を出発した時刻は示されているので、そこに、A営業所までの走行時間を足せば帰着時刻を求めることができますね。走行時間を求める計算式は覚えてますか？

距離÷時速です。距離と時速は示されているので、距離60km÷時速30km
で、走行時間は2時間ですね。

D地点からA営業所までの走行時間

距離 60km ÷ 時速 30km = 走行時間 2時間

その通りです。そして、D地点を出発したのが16時40分なので、そこ
に走行時間の2時間を足すと、18時40分で、これが「帰着時刻イ」にな
ります。

帰着時刻イ

出発 16時40分 + 走行時間 2時間 = 帰着時刻 18時40分

最初に学んだ計算式を使っていけば、意外と簡単に解答を導き出せるんで
すね。

はい。ただ、計算に時間はかかるものの、配点は他の問題と同じ1点です。
なので、試験の時間配分にはご注意ください。
ちなみに実際の試験では、たとえば今のケースであれば、こういう形式で
出題されます。

📝試験ではこう出る！

問.C地点とD地点の間の距離について、次の①〜③の中から正しいもの
を1つ選びなさい。
　①. 60キロメートル　②. 90キロメートル　③. 130キロメートル

C地点とD地点の間の距離は、先ほど求めた「距離ア」だから90キロメー
トルですね。なので②が正解ですね。

はい。同じように「帰着時刻イ」については、下のような形式で出題され
ます。

📝試験ではこう出る！

問.当該運転者がA営業所に帰着する時刻について、次の①〜③の中から
正しいものを1つ選びなさい。
　①. 17時40分　②. 18時40分　③. 20時00分

A営業所に帰着する時刻は18時40分ですから、正解は②ですね。

その通りです。こうした問題形式のほか、運行計画表に関連した内容を問

うような出題もあります。たとえば、次のような問題です（ここでの運行計画表は、337ページの図のものとする）。

📝 **試験ではこう出る！**

問. 運行管理者として運転者に対し、運送の指示をするため、337ページの運行計画を立てた。

当日の全運行において、連続運転時間は「自動車運転者の労働時間等の改善のための基準」に照らし、違反しているか否かについて、選択肢から正しいものを1つ選びなさい。なお、解答にあたっては、「当日の運行計画を策定するための前提条件」に記載されている事項以外は考慮しないものとする。

選択肢：1．違反している　　2．違反していない

「自動車運転者の労働時間等の改善のための基準」（以下、改善基準）って、第4章で学びましたね。

その通りです。では、改善基準では、連続運転時間についてどのように定められていたか覚えていますか？

たしか、「4時間を超えないものとする」ということを守るために、「1回がおおむね連続10分以上、かつ、合計30分以上の運転の中断」が必要でしたよね。

よく覚えていましたね。このケースでは（337ページ図参照）、A営業所から出発し、B地点までの運転時間が1時間。B地点で20分の休憩による中断の後、B地点からC地点までの運転時間が4時間です。

つまり、A営業所からC地点まで連続運転時間が4時間を超えています。そのうち、中断は20分のみです。

4時間を超えないよう、それまでに30分以上の中断が必要ですから、このケースは改善基準に違反しています。ですから、1が正解となります。

なるほど。計算した上で法律違反がないかを考えるんですね。しっかり覚えて解答できるようにします。

これで試験の必修ポイントの解説が終わりました。

続いてイントロ練習問題や一問一答などにトライして、解けなかった内容は、テキストを読み返して1つひとつ覚えていきましょう。

テキスト解説を読み終わったら、章の最初にある「イントロ練習問題」にチャレンジしましょう！「練習問題を3分程度で見る→テキスト解説を読む→練習問題を解く」の流れで進めることで、知識が確実に身につきます！

問8・解説

【アの計算手順】
① A→B間の走行時間：距離30km÷時速30km＝1時間
② B→C間の走行時間：距離165km÷時速55km＝3時間
③ B地点出発時刻：12時［C地点到着時刻］－3時間［B→C間の走行時間］
　　　　　　　　　　＝9時
④ B地点到着時刻：9時［B地点出発時刻］－20分［B地点での荷積み時間］
　　　　　　　　　　＝8時40分
⑤ ア［A営業所出庫時刻］：8時40分［B地点到着時刻］－1時間＝7時40分

【イの計算手順】
① C→D間の走行時間：距離60km÷時速30km＝2時間
② D地点到着時刻：13時40分［C地点出発時刻］＋2時間［C→D間の走行時間］
　　　　　　　　　　＝15時40分
③ D地点出発時刻：15時40分［D地点到着時刻］＋30分［D地点での休憩時間］
　　　　　　　　　　＝16時10分
④ 「当日の運行計画」により、E地点への到着時刻：18時10分
⑤ D→E間の走行時間：18時10分－16時10分＝2時間
⑥ イ［D→E間の距離］：時速25km［D→E間の平均時速］×2時間＝50km

【違反の有無の確認手順】
① A営業所からB地点までの運転時間が1時間、B地点からC地点までの運転時間が3時間。この時点で連続運転時間は4時間。
② C地点での荷下ろしによる中断が20分、休憩による中断が1時間、荷積みによる中断が20分となり、連続運転時間4時間を超えておらず、C地点で適切に中断をしているため、<u>往路は改善基準に違反していない</u>。
③ C地点からD地点までの運転時間が2時間、D地点で休憩による中断が30分。この時点で連続運転時間はリセットされ、新たな連続運転時間のカウントが開始される。
④ D地点からE地点までの運転時間が2時間。
⑤ E地点からA営業所までの走行時間は距離20km÷時速30km＝40分。
⑥ D地点からA営業所までの走行時間は2時間40分のため、<u>復路も改善基準に違反していない</u>。
　　　　　　　　　　　　　　　　　　正解　ア：③　イ：②　ウ：①

一問一答・チャレンジ問題！

この章で学んだ内容を一問一答形式で確認していきましょう。正しいものには○、誤っているものには×をつけていってください。解けなかった問題などには□にチェックを入れ、あとで見直しましょう。

重要度：★★＞★＞無印

□□ **1** ★ 四輪車を運転する場合、二輪車との衝突事故を防止するための注意点として、①二輪車は死角に入りやすいため、その存在に気づきにくく、また、②二輪車は速度が実際より速く感じたり、距離が近くに見えたりするという特性がある。したがって、運転者に対してこのような点に注意するよう指導する必要がある。

□□ **2** ★ 車両の重量が重い自動車は、スピードを出すことにより、カーブでの遠心力が大きくなるため横転などの危険性が高くなり、また、制動距離が長くなるため追突の危険性も高くなる。このため、法定速度を遵守し、十分な車間距離を保つことを運転者に指導する必要がある。

□□ **3** ★ 自動車の夜間の走行時において、自車のライトと対向車のライトで、お互いの光が反射し合い、その間にいる歩行者や自転車が見えなくなる現象をクリープ現象という。

□□ **4** ★★ ベーパー・ロック現象とは、フット・ブレーキを使い過ぎると、ブレーキ・ドラムやブレーキ・ライニングなどが摩擦のため過熱して、その熱がブレーキ液に伝わり、液内に気泡が発生することによりブレーキが正常に作用しなくなり、効きが低下することをいう。これを防ぐため、長い下り坂などでは、エンジン・ブレーキ等を使用し、フット・ブレーキのみの使用を避けるよう運転者に対し指導する必要がある。

□□ **5** ★★ 事業用自動車の運転者が運転中、交差点内で接触事故を起こした。当方及び相手方の運転者にけがはなく、双方の自動車の損傷も軽微なものであった。相手方の運転者との話し合いの結果、事故はお互いの過失によるものであることから、自動車の修理費用についてはお互いが自己負担することとし、警察官には事故の報告をしないことにした。

□□ **6** ★ 中型トラックが配送のため走行中、歩行者と接触する事故を起こし、歩行者が負傷した。当該トラックの運転者は、ただちに、救急車の出動を要請するとともに、警察署に交通事故発生を報告した。救急車が到着して歩行者を病院に搬送した後に、運転者は、通報の際警察官から事故現場を離れないよう言われていたが、警察官の到着が遅れていたので、配送先が近くでありすぐに戻れると思い、一時事故現場を離れた。運送終了後直ちに事故現場に戻り、警察官の指示に従った。

解説と解答

実務上の知識及び能力の分野をしっかり押さえることは、運行管理者として適切な指導をしていくのに不可欠です。一問一答で、最低限覚えておく必要がある内容を確認していきましょう。

設問中の②の部分が誤りで、正しくは「二輪車は速度が実際より<u>遅く</u>感じたり、距離が<u>遠く</u>に見えたりする特性」があります。　　　　　　　　　　（**1** 参照）

×

遠心力は速度の<u>2乗</u>に比例して大きくなります。そのため、スピードを出すと横転などの危険性が高くなります。また、制動距離も速度が速くなるほど<u>長く</u>なり、追突の危険性が高くなります。ですから、法定速度を遵守し、十分な車間距離を保つことを運転者に指導する必要があります。　　　　　　　（**1** 参照）

○

クリープ現象ではなく、正しくは<u>蒸発現象</u>です。クリープ現象は、アクセルを踏んでいなくても、自動車が動き出すことです。　　　　　　　　　　（**1** 参照）

×

<u>フット・ブレーキを使い過ぎる</u>と、ブレーキ液内に<u>気泡が発生</u>します。これによりブレーキが正常に作用しなくなり効きが低下することを、<u>ベーパー・ロック現象</u>といいます。ですから、長い下り坂などでは、エンジン・ブレーキなどを使用し、フット・ブレーキのみの使用を避けるよう、運転者に対し指導する必要があります。　　　　　　　　　　　　　　　　　　　　　　（**2** 参照）

○

運転者にけがはなく、双方の自動車の損傷も軽微なものであっても、警察官には<u>事故の報告</u>をする必要があります。　　　　　　　　　　　　　　（**3** 参照）

×

事故が発生した場合、<u>事故現場を離れる</u>ことは認められません。「すぐに戻れるから離れた」といった誤った字句で出題されることがあるのでご注意ください。　　　　　　　　　　　　　　　　　　　　　　　　　　　　　（**3** 参照）

×

343

☐☐ **7** ★★ 映像記録型ドライブレコーダーは、交通事故やニアミスなどにより急停止等の衝撃を受けると、その前後の映像とともに、加速度等の走行データを記録する装置である（常時記録の機器もある）。

☐☐ **8** ★ 交通事故の多くは、見かけ上運転者の運転操作ミスや交通違反等の人的要因によって発生しているが、その背景には、運転操作を誤ったり、交通違反せざるを得なかったりすることに繋がる背景要因が潜んでいることが少なくない。したがって、事業用自動車による事故防止を着実に推進するためには、事故の背景にある運行管理その他の要因を総合的に調査・分析することが重要である。

☐☐ **9** ★ 指差呼称は、運転者の錯覚、誤判断、誤操作等を防止するための手段であり、道路の信号や標識などを指で差し、その対象が持つ名称や状態を声に出して確認することをいい、安全確認に重要な運転者の意識レベルを高めるなど、交通事故防止対策に有効な手段の１つとして活用されている。

☐☐ **10** 輸送の安全に関する教育及び研修については、知識を普及させることに重点を置く手法に加えて、問題を解決することに重点を置く手法を取り入れるとともに、グループ討議や「参加体験型」研修等、運転者が参加する手法を取り入れることも交通事故防止対策の有効な手段となっている。

☐☐ **11** ★★ 適性診断は、運転者の運転行動、運転態度及び性格等を客観的に把握し、安全運転にとって、好ましい方向へ変化するよう動機づけすることにより、運転者自身の安全意識を向上させるためのものであり、ヒューマンエラーによる交通事故の発生を未然に防止するための有効な手段となっている。

☐☐ **12** ★ 事業者は、深夜業（22時〜5時）を含む業務に常時従事する運転者に対し、法令に定める定期健康診断を6ヵ月以内ごとに1回、必ず定期的に受診させなければならない。

☐☐ **13** ★ 一部の運転者から、事業者が指定する医師による定期健康診断ではなく他の医師による当該健康診断に相当する健康診断を受診し、その結果を証明する書面を提出したい旨の申し出があったが、事業者はこの申し出を認めなかった。

☐☐ **14** ★ 事業者は、脳血管疾患の予防のため、運転者の健康状態や疾患につながる生活習慣の適切な把握・管理に努めるとともに、法令により義務づけられている定期健康診断において脳血管疾患を容易に発見することができることから、運転者に確実に受診させる必要がある。

設問の記述は、映像記録型ドライブレコーダーに関する説明なので、○です。「デジタル式運行記録計」の説明に入れ替えて出題されることがあるので、それぞれの内容を再確認しておきましょう。 （**4** 参照）

○

交通事故の多くは、人的要因によって発生しています。なぜそのミスが起こったのかなどの事故の背景にある運行管理その他の要因を、総合的に調査・分析することが重要です。 （**5** 参照）

○

指差呼称は、設問にある通り、信号や標識などを指で差し、声に出して確認することです。運転者の錯覚、誤判断、誤操作などを防止するための手段であり、交通事故防止対策に有効な手段の１つです。 （**5** 参照）

○

輸送の安全に関する教育及び研修では、設問にある通り、グループ討議や参加体験型研修などの運転者が参加する手法を取り入れることも交通事故防止対策の有効な手段です。 （**5** 参照）

○

適性診断の目的は、設問に述べられている通りであり、「運転に適さない者を選任しないようにするためのもの」ではありません。そして、その目的に沿って実施することで、交通事故の発生を未然に防止するための有効な手段となっています。 （**5** 参照）

○

深夜業に常時従事する運転者に対する定期健康診断は、6ヵ月以内ごとに１回、定期的に受診させる必要があります。「１年以内」ではないのでご注意ください。 （**6** 参照）

○

運転者が自ら受けた健康診断（人間ドックなど）であっても、法令で必要な定期健康診断の項目を充足している場合は、法定健診として代用することができます。 （**6** 参照）

×

脳血管疾患は、定期健康診断では容易に発見することができません。日ごろから運転者の健康状態を把握するほか、運転者に対しては脳血管疾患の症状を理解させ、そうした症状が生じたときには申告させるなどして医療機関への受診につなげるなどの対応が必要です。 （**6** 参照）

×

□□ **15** ★ 事業者は、運転者が軽症度の睡眠時無呼吸症候群（SAS）と診断された場合は、残業を控えるなど業務上での負荷の軽減や、睡眠時間を多く取る、過度な飲酒を控えるなどの生活習慣の改善によって、業務が可能な場合があるので、医師と相談して慎重に対応する必要がある。

□□ **16** ★★ Ａ営業所（全国貨物自動車運送適正化事業実施機関が設定している安全性優良事業所ではない営業所）では運行管理者が、運転者に対する業務前点呼はアルコール検知器を使用し対面により行っており、帰着後の運転者への業務後点呼は、運行管理者が営業所に不在の場合には電話で実施している。

□□ **17** ★★ 事業用自動車の運転者が運行中に道路のガードレールに接触するという物損事故を起こしたため、警察官の事故処理に立ち会った後に所属する営業所に帰着した。業務後の点呼において、運転者から当該事故の報告を受けたが、物損事故であることから、点呼記録表に記録しなかった。

□□ **18** ★★ 複数日にわたる事業用トラックの運行で、２日目は業務前及び業務後の点呼のいずれも対面により、又は対面による点呼と同等の効果を有するものとして国土交通大臣が定める方法で行うことができない業務のため、携帯電話により中間点呼を実施し、その結果特に問題がなかったので点呼記録表に記録しなかった。しかし、業務後の点呼についてはその結果を点呼記録表に記録した。

□□ **19** ★★ Ａ営業所においては、運行管理者は昼間のみの勤務体制となっている。しかし、運行管理者が不在となる時間帯の点呼が当該営業所における点呼の総回数の６割を超えていないことから、その時間帯における点呼については、事業者が選任した複数の運行管理者の補助者に実施させている。

□□ **20** ★ 目的地までの距離が 30km、平均時速 60km で走行した場合の走行時間は、２時間である。

睡眠時無呼吸症候群への対策としては、運転者に対し、雇入時と、その後は3年に1度を目安として、定期的に医療機器によるSASスクリーニング検査を実施することや、日頃から睡眠時無呼吸症候群の症状などについて理解させ、早期発見・早期治療に取り組む必要があります。　　　　　　　　　　（6 参照）

○

設問のケースでは、対面、または対面による点呼と同等の効果を有するものとして国土交通大臣が定める方法による点呼を実施する必要があります。「運行上やむを得ない場合」には、電話、そのほかの方法での点呼が認められていますが、設問の「運行管理者が営業所に不在」というのは、それに該当しません。
（7 参照）

×

運行管理者は業務後の点呼では、運転者に対し、事業用自動車の状態や運行状況について報告を求め、記録する必要があります。また、事故が発生した場合には、物損、人身問わず記録する必要があります。　　　　　　　　（7 参照）

×

中間点呼を実施し、その結果特に問題がなかったとしても、点呼の記録は必ず行います。「記録をしなくてもよい」という例外はありません。　　　　（7 参照）

×

点呼総回数の3分の2（約6割6分）までは、補助者が実施することができます。設問のケースでは、運行管理者が不在となる時間帯の点呼が総回数の6割を超えていないことから、補助者に実施させることは問題ありません。　　（7 参照）

○

走行時間＝距離÷時速で求めるため、0.5時間＝30分です。　　　（8 参照）

×

> テキストを読んで一問一答にチャレンジして、
> 自信を持って解答できなかった問題や
> 間違えた問題は、必ず復習しておきましょう。
> 試験直前期に見直すこともオススメです！

「問題文」にある解答のヒントを
読み取る力を鍛えよう！

　本試験の、問題数（選択肢数：30問×4肢＝120肢）に対する試験時間（90分）を単純計算すると、90分÷120肢＝0.75分（＝45秒）。つまり、一問一答を1問45秒のペースで解き続けなければいけません。「そんなの不可能だ！」とは思わないでくださいね。解答テクニックは実はシンプル。最初に示される「問題文」から情報を読み取っていけばいいのです。たとえば、次の問題文を読んでみてください。

> 「一般貨物自動車運送事業者（以下「事業者」という。）の事業計画の変更に関する次の記述のうち、誤っているものを1つ選びなさい。」

　ここからは、次の3つの情報が読み取れます。
　①選択肢：4肢の中に1つだけ「誤っているもの」がある
　②問題のテーマ：「事業計画の変更」について
　③誤った選択肢のパターン：字句の入れ替えがありそうだ
　問題文からテーマが「事業計画の変更」だとわかれば、「認可⇔届出」、「あらかじめ⇔遅滞なく」などの字句の入れ替えが行われていることが予測できます。あとは、4肢から誤っている字句を含むものを1つ探し出せばいいわけです。うまくいけば4肢すべてを読まずに次の問題に移行することができ、時間の短縮となります。

　こうしたことを試験当日にスムーズに行えるようになるためには、本書で学習する際に、次のことをしっかり意識するようにしましょう。

本番力を鍛えるための本書の活用法

その1 「試験ではこう出る！」などで、
誤った選択肢のパターンを徹底的に身につける

その2 8ページの「オススメ勉強法」に記載の「ステージ③メイン学習」において、
問題文から情報を読み取るトレーニングをする

予想模擬試験

●使い方
問題は次ページから始まります。本番同様に時間を計り、本試験を受検している意識で集中して取り組みましょう。解答欄は第1回のものは375ページに、第2回のものは401ページにあります。解答の際は本書から切り離すなどしてお使いください（ダウンロードも可能です➡解答欄参照）。

●試験時間
各回90分

●解答＆解説
第1回　403 ～ 414 ページ
第2回　415 ～ 426 ページ

ここまでの学習で、運行管理者試験で問われる内容がかなり把握できたかと思います。現状でどこまで知識が身についているのかを模擬試験でチェックしてみましょう。解けない問題があったら復習のチャンス！　苦手箇所を繰り返し学習することで、高得点につなげていけます。

第1回予想模擬試験

1. 貨物自動車運送事業法関係

問1 一般貨物自動車運送事業に関する次の記述のうち、【正しいものを1つ】選びなさい。なお、解答にあたっては、各選択肢に記載されている事項以外は考慮しないものとする。

1. 一般貨物自動車運送事業を経営しようとする者は、国土交通大臣の認可を受けなければならない。

2. 貨物自動車利用運送とは、一般貨物自動車運送事業、特定貨物自動車運送事業又は貨物軽自動車運送事業を経営する者が他の一般貨物自動車運送事業、特定貨物自動車運送事業又は貨物軽自動車運送事業を経営する者の行う運送（自動車を使用して行う貨物の運送に係るものに限る。）を利用してする貨物の運送をいう。

3. 特別積合せ貨物運送とは、特定の者の需要に応じて有償で自動車を使用し、営業所その他の事業場（以下「事業場」という。）において、限定された貨物の集貨を行い、集貨された貨物を積み合わせて他の事業場に運送し、当該他の事業場において運送された貨物の配達に必要な仕分を行うものであって、これらの事業場の間における当該積合せ貨物の運送を定期的に行うものをいう。

4. 国土交通大臣が標準運送約款を定めて公示した場合（これを変更して公示した場合を含む。）において、一般貨物自動車運送事業者が、標準運送約款と同一の運送約款を定め、又は現に定めている運送約款を標準運送約款と同一のものに変更したときは、その運送約款については、国土交通大臣の認可を受けたものとみなす。

問2 次の記述のうち、貨物自動車運送事業の運行管理者の行わなければならない業務として【誤っているものを1つ】選びなさい。なお、解答にあたっては、各選択肢に記載されている事項以外は考慮しないものとする。

1. 運転者等に対して、法令の規定により点呼を行い、報告を求め、確認を行い、及び指示をしたときは、運転者等ごとに点呼を行った旨、報告、確認及び指示の内容並びに法令で定める所定の事項を記録し、かつ、その記録を1年間保存すること。

2．事業用自動車に係る事故が発生した場合には、法令の規定により「事故の発生場所」等の所定の事項を記録し、及びその記録を3年間保存すること。

3．事業用自動車に備えられた非常信号用具及び消火器の取扱いについて、当該事業用自動車の乗務員等に対する適切な指導を行うこと。

4．休憩又は睡眠のための時間及び勤務が終了した後の休息のための時間が十分に確保されるように、国土交通大臣が告示で定める基準に従って、運転者の勤務時間及び乗務時間を定め、当該運転者にこれらを遵守させること

問3 貨物自動車運送事業輸送安全規則に定める貨物自動車運送事業者の過労運転の防止についての次の文中、A、B、C、Dに入るべき字句として【いずれか正しいもの】を選びなさい。

1．一般貨物自動車運送事業者等は、事業計画に従い業務を行うに必要な員数の事業用自動車の運転者又は特定自動運行保安員を常時選任しておかなければならず、この場合、選任する運転者は、日々雇い入れられる者、　A　以内の期間を定めて使用される者又は試みの使用期間中の者（14日を超えて引き続き使用されるに至った者を除く。）であってはならない。

2．貨物自動車運送事業者は、運転者、特定自動運行保安員及び事業用自動車の運行の業務の補助に従事する従業員（以下「乗務員等」という。）が有効に利用することができるように、休憩に必要な施設を整備し、及び乗務員等に睡眠を与える必要がある場合にあっては睡眠に必要な施設を整備し、並びにこれらの施設を、　B　しなければならない。

3．貨物自動車運送事業者は、乗務員等の　C　に努め、疾病、疲労、睡眠不足その他の理由により安全な運転をし、又はその補助をすることができないおそれがある乗務員等を事業用自動車の運行の業務に従事させてはならない。

4．一般貨物自動車運送事業者等は、運転者が長距離運転又は夜間の運転に従事する場合であって、　D　により安全な運転を継続することができないおそれがあるときは、あらかじめ、当該運転者と交替するための運転者を配置しておかなければならない。

A　① 1ヵ月　　　　　　　　　② 2ヵ月

B　① 維持するための要員を確保　② 適切に管理し、及び保守

C　① 運転履歴の把握　　　　　② 健康状態の把握

D　① 疲労等　　　　　　　　　② 酒気帯び

問4 貨物自動車運送事業の事業用自動車の運転者等に対する点呼についての法令等の定めに関する次の記述のうち、【正しいものをすべて】選びなさい。なお、解答にあたっては、各選択肢に記載されている事項以外は考慮しないものとする。

1. 業務前の点呼は、対面により、又は対面による点呼と同等の効果を有するものとして国土交通大臣が定める方法（運行上やむを得ない場合は電話その他の方法。）により行い、①運転者に対しては酒気帯びの有無、②運転者に対しては疾病、疲労、睡眠不足その他の理由により安全な運転をすることができないおそれの有無、③道路運送車両法の規定による点検の実施又はその確認について報告を求め、及び確認を行い、並びに事業用自動車の運行の安全を確保するために必要な指示をしなければならない。

2. 業務後の点呼は、対面により、又は対面による点呼と同等の効果を有するものとして国土交通大臣が定める方法（運行上やむを得ない場合は電話その他の方法。）により行い、当該業務に係る事業用自動車、道路及び運行の状況並びに他の運転者等と交替した場合にあっては、交替した運転者等に対して行った法令の規定による通告について報告を求め、運転者に対しては酒気帯びの有無について確認を行わなければならない。

3. 同一事業者内の全国貨物自動車運送適正化事業実施機関が認定している安全性優良事業所（Gマーク営業所）間でIT点呼を実施した場合、点呼簿に記録する内容を、IT点呼を受ける運転者が所属する営業所で記録、保存すれば、IT点呼を行う営業所で記録、保存することは要しない。

4. 貨物自動車運送事業輸送安全規則第7条第4項（点呼等）に規定する「アルコール検知器を営業所ごとに備え」とは、営業所又は営業所の車庫に設置されているアルコール検知器をいい、携帯型アルコール検知器は、これにあたらない。

問5 次の自動車事故に関する記述のうち、一般貨物自動車運送事業者が自動車事故報告規則に基づき国土交通大臣への【報告を要するものを2つ】選びなさい。なお、解答にあたっては、各選択肢に記載されている事項以外は考慮しないものとする。

1. 事業用自動車の運転者がハンドル操作を誤り、当該事業用自動車が道路の側壁に衝突した。その衝撃により積載されていた消防法第2条第7項に規定する危険物である灯油の一部が道路に漏えいした。

2. 事業用自動車が右折の際、原動機付自転車と接触し、当該原動機付自転車が転倒した。この事故で、当該原動機付自転車の運転者に通院による30日間の医師の治療を要する傷害を生じさせた。

3. 事業用自動車が雨天時に緩い下り坂の道路を走行中、先頭を走行していた自動車が速度超過によりカーブを曲がりきれずにガードレールに衝突する事故を起こした。そこに当該事業用自動車を含む後続の自動車が止まりきれずに次々と衝突する事故となり、8台の自動車が衝突したが負傷者は生じなかった。

4. 高速自動車国道を走行中の事業用けん引自動車のけん引装置が故障し、事業用被けん引自動車と当該けん引自動車が分離した。

問6 一般貨物自動車運送事業者（以下「事業者」という。）の事業用自動車の運行等の記録に関する次の記述のうち、【誤っているものを1つ】選びなさい。なお、解答にあたっては、各選択肢に記載されている事項以外は考慮しないものとする。

1. 事業者は、法令の規定により運行指示書を作成した場合には、当該運行指示書及びその写しを、運行の終了の日から1年間保存しなければならない。

2. 事業用自動車の運転者の業務について、道路交通法に規定する交通事故若しくは自動車事故報告規則に規定する事故又は著しい運行の遅延その他の異常な事態が発生した場合にあっては、その概要及び原因を「業務の記録」に記録させ、かつ、その記録を1年間保存すること。

3. 事業者は、特別積合せ貨物運送に係る運行系統に配置する事業用自動車に係る運転者の業務について、運行記録計による記録を行わなければならない。

4. 事業者が、貨物自動車運送事業輸送安全規則に定める「事故の記録」として記録しなければならない事故とは、死者又は負傷者を生じさせたものと定められており、物損事故については、当該記録をしなければならないものに該当しない。

353

問7 一般貨物自動車運送事業者（以下「事業者」という。）の事業用自動車の運行の安全を確保するために、国土交通省告示に基づき運転者に対して行わなければならない指導・監督及び特定の運転者に対して行わなければならない特別な指導に関する次の記述のうち、【誤っているものを1つ】選びなさい。なお、解答にあたっては、各選択肢に記載されている事項以外は考慮しないものとする。

1. 事業者は、初任運転者に対する特別な指導について、当該事業者において初めて事業用自動車に乗務する前に実施すること。ただし、やむを得ない事情がある場合には、乗務を開始した後1ヵ月以内に実施すること。

2. 事業者が行う初任運転者に対する特別な指導は、法令に基づき運転者が遵守すべき事項、事業用自動車の運行の安全を確保するために必要な運転に関する事項などについて、6時間以上実施するとともに、安全運転の実技について、15時間以上実施すること。

3. 事業者は、事業用自動車の運行の安全を確保するために必要な運転の技術及び法令に基づき自動車の運転に関して遵守すべき事項等について、運転者に対する適切な指導及び監督をしなければならない。この場合においては、その日時、場所及び内容並びに指導及び監督を行った者及び受けた者を記録し、かつ、その記録を営業所において3年間保存すること。

4. 事業者は、法令に基づき事業用自動車の運転者として常時選任するために新たに雇い入れた場合には、当該運転者について、自動車安全運転センターが交付する無事故・無違反証明書又は運転記録証明書等により、雇い入れる前の事故歴を把握し、事故惹起運転者に該当するか否かを確認すること。

問8 一般貨物自動車運送事業者（以下「事業者」という。）の運行管理者の選任等に関する次の記述のうち、【誤っているものを1つ】選びなさい。なお、解答にあたっては、各選択肢に記載されている事項以外は考慮しないものとする。

1. 事業者は、事業用自動車（被けん引自動車を除く。）の運行を管理する営業所ごとに、当該営業所が運行を管理する事業用自動車の数を30で除して得た数（その数に1未満の端数があるときは、これを切り捨てるものとする。）に1を加算して得た数以上の運行管理者を選任しなければならない。

2. 国土交通大臣は、運行管理者資格者証の交付を受けている者が、貨物自動車運送事業法若しくはこの法律に基づく命令又はこれらに基づく処分に違反したときは、その運行管理者資格者証の返納を命ずることができる。また、運行管理者資格者証の返納を命ぜられ、その日から5年を経過しない者に対しては、運行管理者資格者証の交付を行わないことができる。

3. 事業者は、法令に規定する運行管理者資格者証を有する者又は国土交通大臣が告示で定める運行の管理に関する講習であって国土交通大臣の認定を受けたもの（基礎講習）を修了した者のうちから、運行管理者の業務を補助させるための者（補助者）を選任することができる。

4. 事業者は、新たに選任した運行管理者に、選任届出をした日の属する年度（やむを得ない理由がある場合にあっては、当該年度の翌年度）に基礎講習又は一般講習（基礎講習を受講していない当該運行管理者にあっては、基礎講習）を受講させなければならない。ただし、他の事業者において運行管理者として選任されていた者にあっては、この限りでない。

2. 道路運送車両法関係

問9 道路運送車両法の目的についての次の文中、A、B、C、Dに入るべき字句として【いずれか正しいものを1つ】選びなさい。

この法律は、道路運送車両に関し、所有権についての ☐ A ☐ 等を行い、並びに ☐ B ☐ 及び公害の防止その他の環境の保全並びに整備についての ☐ C ☐ を図り、併せて自動車の ☐ D ☐ の健全な発達に資することにより、公共の福祉を増進することを目的とする。

A ① 公証 ② 認証

B ① 耐久性の確保 ② 安全性の確保

C ① 知識の向上 ② 技術の向上

D ① 運送事業 ② 整備事業

問10 自動車の登録等についての次の記述のうち、【誤っているものを1つ】選びなさい。なお、解答にあたっては、各選択肢に記載されている事項以外は考慮しないものとする。

1．登録自動車は、自動車登録番号標を国土交通省令で定める位置に、かつ、被覆しないことその他当該自動車登録番号標に記載された自動車登録番号の識別に支障が生じないものとして国土交通省令で定める方法により表示しなければ、運行の用に供してはならない。

2．臨時運行の許可を受けた者は、臨時運行許可証の有効期間が満了したときは、その日から5日以内に、当該臨時運行許可証及び臨時運行許可番号標を当該行政庁に返納しなければならない。

3．登録自動車の使用者は、当該自動車が滅失し、解体し（整備又は改造のために解体する場合を除く。）、又は自動車の用途を廃止したときは、その事由があった日（使用済自動車の解体である場合には解体報告記録がなされたことを知った日）から15日以内に、当該自動車検査証を国土交通大臣に返納しなければならない。

4．登録自動車の所有者は、当該自動車の使用の本拠の位置に変更があったときは、道路運送車両法で定める場合を除き、その事由があった日から30日以内に、国土交通大臣の行う変更登録の申請をしなければならない。

問11 道路運送車両法に定める自動車の点検整備等に関する次の文中、A、B、C、Dに入るべき字句として【いずれか正しいもの】を選びなさい。

1. 自動車運送事業の用に供する自動車の使用者又は当該自動車を運行する者は、［　A　］、その運行の開始前において、国土交通省令で定める技術上の基準により、自動車を点検しなければならない。

2. 車両総重量8トン以上又は乗車定員30人以上の自動車の使用者は、スペアタイヤの取付状態等について、［　B　］ごとに国土交通省令で定める技術上の基準により自動車を点検しなければならない。

3. 自動車の使用者は、自動車の点検及び整備等に関する事項を処理させるため、車両総重量8トン以上の自動車その他の国土交通省令で定める自動車であって国土交通省令で定める台数以上のものの使用の本拠ごとに、自動車の点検及び整備に関する実務の経験その他について国土交通省令で定める一定の要件を備える者のうちから、［　C　］を選任しなければならない。

4. 地方運輸局長は、自動車の［　D　］が道路運送車両法第54条（整備命令等）の規定による命令又は指示に従わない場合において、当該自動車が道路運送車両の保安基準に適合しない状態にあるときは、当該自動車の使用を停止することができる。

A ① 1日1回　　　　　　　② 必要に応じて
B ① 3ヵ月　　　　　　　② 6ヵ月
C ① 安全統括管理者　　　② 整備管理者
D ① 所有者　　　　　　　② 使用者

道路運送車両の保安基準及びその細目を定める告示についての次の記述のうち、【誤っているものを1つ】選びなさい。なお、解答にあたっては、各選択肢に記載されている事項以外は考慮しないものとする。

1. 自動車の前面ガラス及び側面ガラス（告示で定める部分を除く。）は、フィルムが貼り付けられた場合、当該フィルムが貼り付けられた状態においても、透明であり、かつ、運転者が交通状況を確認するために必要な視野の範囲に係る部分における可視光線の透過率が70%以上であることが確保できるものでなければならない。

2. 貨物の運送の用に供する普通自動車であって、車両総重量が7トン以上のものの後面には、所定の後部反射器を備えるほか、反射光の色、明るさ等に関し告示で定める基準に適合する大型後部反射器を備えなければならない。

3. 自動車（法令に規定する自動車を除く。）の後面には、他の自動車が追突した場合に追突した自動車の車体前部が突入することを有効に防止することができるものとして、強度、形状等に関し告示で定める基準に適合する突入防止装置を備えなければならない。ただし、告示で定める構造の自動車にあっては、この限りでない。

4. 自動車は、告示で定める方法により測定した場合において、長さ（セミトレーラにあっては、連結装置中心から当該セミトレーラの後端までの水平距離）12メートル（セミトレーラのうち告示で定めるものにあっては、13メートル）、幅2.6メートル、高さ3.8メートルを超えてはならない。

3. 道路交通法関係

問13 道路交通法に定める車両の交通方法等についての次の記述のうち、【誤っている
ものを1つ】選びなさい。なお、解答にあたっては、各選択肢に記載されている
事項以外は考慮しないものとする。

1. 車両等は、交差点で右折する場合において、当該交差点において直進し、又
は左折しようとする車両等があるときは、当該車両等の進行妨害をしてはなら
ない。

2. 一般乗合旅客自動車運送事業者による路線定期運行の用に供する自動車（以
下「路線バス等」という。）の優先通行帯であることが道路標識等により表示さ
れている車両通行帯が設けられている道路においては、自動車（路線バス等を
除く。）は、路線バス等が後方から接近してきた場合に当該道路における交通の
混雑のため当該車両通行帯から出ることができないこととなるときであっても、
路線バス等が実際に接近してくるまでの間は、当該車両通行帯を通行すること
ができる。

3. 車両は、道路外の施設又は場所に出入するためやむを得ない場合において歩
道等を横断するとき、又は法令の規定により歩道等で停車し、若しくは駐車す
るため必要な限度において歩道等を通行するときは、歩道等に入る直前で一時
停止し、かつ、歩行者の通行を妨げないようにしなければならない。

4. 貨物自動車運送事業の用に供する車両総重量8,500キログラムの自動車は、
法令の規定によりその速度を減ずる場合及び危険を防止するためやむを得ない
場合を除き、道路標識等により自動車の最低速度が指定されていない区間の高
速自動車国道の本線車道（政令で定めるものを除く。）における最低速度は、時
速50キロメートルである。

問14 道路交通法に定める停車及び駐車等についての次の記述のうち、【誤っているものを1つ】選びなさい。なお、解答にあたっては、各選択肢に記載されている事項以外は考慮しないものとする。

1. 車両は、道路工事が行われている場合における当該工事区域の側端から5メートル以内の道路の部分においては、駐車してはならない。

2. 車両は、人の乗降、貨物の積卸し、駐車又は自動車の格納若しくは修理のため道路外に設けられた施設又は場所の道路に接する自動車用の出入口から3メートル以内の道路の部分においては、駐車してはならない。

3. 車両は、公安委員会が交通がひんぱんでないと認めて指定した区域を除き、法令の規定により駐車する場合に当該車両の右側の道路上に5メートル（道路標識等により距離が指定されているときは、その距離）以上の余地がないこととなる場所においては、駐車してはならない。

4. 車両は、踏切の前後の側端からそれぞれ前後に10メートル以内の道路の部分においては、法令の規定若しくは警察官の命令により、又は危険を防止するため一時停止する場合のほか、停車し、又は駐車してはならない。

問15 道路交通法に定める交通事故の場合の措置についての次の文中、A、B、Cに入るべき字句として【いずれか正しいものを1つ】選びなさい。

交通事故があったときは、当該交通事故に係る車両等の運転者その他の乗務員は、直ちに車両等の運転を停止して、[　A　]し、道路における危険を防止する等必要な措置を講じなければならない。この場合において、当該車両等の運転者（運転者が死亡し、又は負傷したためやむを得ないときは、その他の乗務員）は、警察官が現場にいるときは当該警察官に、警察官が現場にいないときは直ちに最寄りの警察署の警察官に当該交通事故が発生した日時及び場所、当該交通事故における[　B　]及び負傷者の負傷の程度並びに損壊した物及びその損壊の程度、当該交通事故に係る車両等の積載物並びに[　C　]を報告しなければならない。

A　① 事故状況を確認　　　　　　　② 負傷者を救護

B　① 死傷者の数　　　　　　　　　② 事故車両の数

C　① 当該交通事故について講じた措置　② 運転者の健康状態

問16 貨物自動車に係る道路交通法に定める乗車、積載及び過積載（車両に積載をする積載物の重量が法令による制限に係る重量を超える場合における当該積載。以下同じ。）等についての次の記述のうち、【誤っているものを1つ】選びなさい。なお、解答にあたっては、各選択肢に記載されている事項以外は考慮しないものとする。

1. 自動車の使用者は、その者の業務に関し、自動車の運転者に対し、道路交通法第57条（乗車又は積載の制限等）第1項の規定に違反して政令で定める積載物の重量、大きさ又は積載の方法の制限を超えて積載をして運転することを命じ、又は自動車の運転者がこれらの行為をすることを容認してはならない。

2. 車両（軽車両を除く。）の運転者は、当該車両について政令で定める乗車人員又は積載物の重量、大きさ若しくは積載の方法の制限を超えて乗車をさせ、又は積載をして車両を運転してはならない。ただし、当該車両の出発地を管轄する警察署長による許可を受けてもっぱら貨物を運搬する構造の自動車の荷台に乗車させる場合にあっては、当該制限を超える乗車をさせて運転することができる。

3. 警察署長は、荷主が自動車の運転者に対し、過積載をして自動車を運転することを要求するという違反行為を行った場合において、当該荷主が当該違反行為を反復して行うおそれがあると認めるときは、内閣府令で定めるところにより、当該自動車の運転者に対し、当該過積載による運転をしてはならない旨を命ずることができる。

4. 積載物の長さは、自動車（大型自動二輪車及び普通自動二輪車を除く。以下同じ。）の長さにその長さの10分の2の長さを加えたものを超えてはならない。

問 17 道路交通法に定める運転者の遵守事項等についての次の記述のうち、【誤っているものを1つ】選びなさい。なお、解答にあたっては、各選択肢に記載されている事項以外は考慮しないものとする。

1. 自動車を運転する場合においては、当該自動車が停止しているときを除き、携帯電話用装置（その全部又は一部を手で保持しなければ送信及び受信のいずれをも行うことができないものに限る。）を通話（傷病者の救護等のため当該自動車の走行中に緊急やむを得ずに行うものを除く。）のために使用してはならない。

2. 車両等の運転者は、高齢の歩行者でその通行に支障のあるものが通行しているときは、一時停止し、又は徐行して、その通行を妨げないようにしなければならない。

3. 車両等に積載している物が道路に転落し、又は飛散したときは、必ず道路管理者に通報するものとし、当該道路管理者からの指示があるまでは、転落し、又は飛散した物を除去してはならない。

4. 自動車の運転者は、故障その他の理由により高速自動車国道等の本線車道若しくはこれに接する加速車線、減速車線若しくは登坂車線又はこれらに接する路肩若しくは路側帯において当該自動車を運転することができなくなったときは、道路交通法施行令で定めるところにより、停止表示器材を後方から進行してくる自動車の運転者が見やすい位置に置いて、当該自動車が故障その他の理由により停止しているものであることを表示しなければならない。

4. 労働基準法関係

問 18 労働基準法（以下「法」という。）に定める労働契約についての次の記述のうち、【誤っているものを1つ】選びなさい。なお、解答にあたっては、各選択肢に記載されている事項以外は考慮しないものとする。

1. 法で定める基準に達しない労働条件を定める労働契約は、その部分については無効とする。この場合において、無効となった部分は、この法で定める基準による。

2. 労働者が、退職の場合において、使用期間、業務の種類、その事業における地位、賃金又は退職の事由（退職の事由が解雇の場合にあっては、その理由を含む。）について証明書を請求した場合においては、使用者は、遅滞なくこれを交付しなければならない。

3．使用者は、労働者を解雇しようとする場合においては、法第20条（解雇の予告）の規定に基づき、少くとも14日前にその予告をしなければならない。14日前に予告をしない使用者は、14日分以上の平均賃金を支払わなければならない。

4．法第20条の規定は、法に定める期間を超えない限りにおいて、「日日雇い入れられる者」、「2ヵ月以内の期間を定めて使用される者」、「季節的業務に4ヵ月以内の期間を定めて使用される者」又は「試の使用期間中の者」のいずれかに該当する労働者については適用しない。

問19 労働基準法（以下「法」という。）に定める労働時間及び休日等に関する次の記述のうち、【誤っているものを1つ】選びなさい。なお、解答にあたっては、各選択肢に記載されている事項以外は考慮しないものとする。

1．使用者は、当該事業場に、労働者の過半数で組織する労働組合がある場合においてはその労働組合、労働者の過半数で組織する労働組合がない場合においては労働者の過半数を代表する者との書面による協定をし、これを行政官庁に届け出た場合においては、法定労働時間又は法定休日に関する規定にかかわらず、その協定で定めるところによって労働時間を延長し、又は休日に労働させることができる。

2．使用者は、災害その他避けることのできない事由によって、臨時の必要がある場合においては、行政官庁の許可を受けて、その必要の限度において法に定める労働時間を延長し、又は休日に労働させることができる。ただし、事態急迫のために行政官庁の許可を受ける暇がない場合においては、事後に遅滞なく届け出なければならない。

3．使用者は、2週間を通じ4日以上の休日を与える場合を除き、労働者に対して、毎週少なくとも2回の休日を与えなければならない。

4．使用者が、法の規定により労働時間を延長し、又は休日に労働させた場合においては、その時間又はその日の労働については、通常の労働時間又は労働日の賃金の計算額の2割5分以上5割以下の範囲内でそれぞれ政令で定める率以上の率で計算した割増賃金を支払わなければならない。

問20 「自動車運転者の労働時間等の改善のための基準」（以下「改善基準告示」という。）に定める貨物自動車運送事業に従事する自動車運転者（以下「トラック運転者」という。）の拘束時間等についての次の文中、A、B、C、Dに入るべき字句として【いずれか正しいものを1つ】選びなさい。

1. ［　A　］についての限度時間を超えて労働させることができる時間を定めるに当たっては、事業場における通常予見することのできない業務量の大幅な増加等に伴い臨時的に当該限度時間を超えて労働させる必要がある場合であっても、［　B　］を超えない範囲内とされていること。

2. 使用者は、トラック運転者に休日に労働させる場合は、当該労働させる休日は［　C　］について［　D　］を超えないものとし、当該休日の労働によって改善基準告示第4条第一項に定める拘束時間及び最大拘束時間を超えないものとする。

A ① 1年　　　　　　　② 1ヵ月

B ① 960時間　　　　 ② 720時間

C ① 2週間　　　　　 ② 4週間

D ① 1回　　　　　　 ② 2回

問 21 「自動車運転者の労働時間等の改善のための基準」（以下「改善基準告示」という。）において定める貨物自動車運送事業に従事する自動車運転者（以下「トラック運転者」という。）の拘束時間等に関する次の記述のうち、【正しいものを2つ】選びなさい。ただし、1人乗務で、隔日勤務には就いていない場合とする。なお、解答にあたっては、各選択肢に記載されている事項以外は考慮しないものとする。

1．使用者は、業務の必要上、勤務の終了後継続9時間以上の休息期間を与えることが困難な場合、次に掲げる要件を満たすものに限り、当分の間、一定期間(1ヵ月程度を限度とする。)における全勤務回数の3分の2を限度に、休息期間を拘束時間の途中及び拘束時間の経過直後に分割して与えることができるものとする。

　　イ　分割された休息期間は、1回当たり継続3時間以上とし、2分割又は3分割とすること。

　　ロ　1日において、2分割の場合は合計10時間以上、3分割の場合は合計12時間以上の休息期間を与えなければならないこと。

　　ハ　休息期間を三分割とする日が連続しないよう努めるものとする。

2．使用者は、トラック運転者の休息期間については、当該トラック運転者の住所地における休息期間がそれ以外の場所における休息期間より長くなるように努めるものとする。

3．使用者は、トラック運転者に休日に労働させる場合は、当該労働させる休日は2週間について1回を超えないものとし、当該休日の労働によって改善基準告示第4条第一項に定める拘束時間及び最大拘束時間を超えないものとする。

4．使用者は、連続運転時間（1回がおおむね連続5分以上で、かつ、合計が30分以上の運転の中断をすることなく連続して運転する時間をいう。）は、4時間を超えないものとすること。

問 22 下図は、貨物自動車運送事業に従事する自動車運転者の 3 日間の勤務状況の例を示したものであるが、「自動車運転者の労働時間等の改善のための基準」（以下「改善基準告示」という。）に定める拘束時間及び連続運転時間に関する次の記述のうち、【正しいものを 2 つ】選びなさい。

前日：休日

1日目　始業時刻 6:30　　終業時刻 18:10

業務前点呼	運転	中断	運転	中断	運転	中断	運転	中断	運転	中断	運転	業務後点呼
20分	2時間	15分	30分	20分	1時間30分	1時間20分	2時間30分	10分	1時間	15分	1時間	30分
営業所												営業所

2日目　始業時刻 6:00　　終業時刻 18:05

業務前点呼	運転	中断	運転	中断	運転	中断	運転	中断	運転	中断	運転	業務後点呼
20分	1時間	20分	1時間	15分	1時間30分	20分	1時間	1時間30分	3時間	10分	1時間10分	30分
営業所												営業所

3日目　始業時刻 5:30　　終業時刻 16:50

業務前点呼	運転	中断	運転	中断	運転	中断	運転	中断	運転	中断	運転	業務後点呼
20分	2時間	35分	2時間	30分	1時間	1時間	1時間	20分	1時間	5分	1時間	30分
営業所												営業所

翌日：休日

1．各日の拘束時間は、1 日目は 11 時間 40 分、2 日目は 12 時間 5 分、3 日目は 11 時間 20 分である。

2．各日の拘束時間は、1 日目は 12 時間 10 分、2 日目は 12 時間 35 分、3 日目は 11 時間 20 分である。

3．連続運転時間が改善基準告示に違反している勤務日は、1 日目及び 3 日目であり、2 日目は違反していない。

4．連続運転時間が改善基準告示に違反している勤務日は、1 日目及び 2 日目であり、3 日目は違反していない。

問23 下表は、貨物自動車運送事業に従事する自動車運転者の１ヵ月の勤務状況の例を示したものであるが、「自動車運転者の労働時間等の改善のための基準」に定める拘束時間及び運転時間等に照らし、以下の選択肢の中から【違反している事項をすべて】選びなさい。なお、１人乗務とし、「１ヵ月についての拘束時間の延長に関する労使協定」があり、下表の１ヵ月は、当該協定により１ヵ月についての拘束時間を延長することができる月に該当するものとする。また、「時間外労働及び休日労働に関する労働協定」があるものとする。

（起算日）

第1週		1日	2日	3日	4日	5日	6日	7日	週の合計時間
	各日の運転時間	7	6	8	6	7	9	休日	43
	各日の拘束時間	12	10	12	10	12	13		69

第2週		8日	9日	10日	11日	12日	13日	14日	週の合計時間
	各日の運転時間	9	10	9	5	6	5	休日	44
	各日の拘束時間	13	15	12	9	11	9		69

第3週		15日	16日	17日	18日	19日	20日	21日	週の合計時間
	各日の運転時間	7	5	10	6	8	5	休日	41
	各日の拘束時間	12	9	15	10	13	9		68

第4週		22日	23日	24日	25日	26日	27日	28日	週の合計時間
	各日の運転時間	6	7	5	9	8	7	休日	42
	各日の拘束時間	10	10	9	15	13	12		69

第5週		29日	30日	31日	週の合計時間		1ヵ月（第1週～第5週）の合計時間	
	各日の運転時間	8	7	8	23		193	
	各日の拘束時間	12	11	12	35		310	

（注1）2週間の起算日は1日とする。
（注2）各労働日の始業時刻は午前8時とする。

1．１日についての最大拘束時間

2．当該５週間のすべての日を特定日とした２日を平均した１日当たりの運転時間

3．１日を起算日とし、２週間を平均した１週間当たりの運転時間

4．１ヵ月についての拘束時間

5. 実務上の知識及び能力

問 24 運行管理に関する次の記述のうち、【適切なものをすべて】選びなさい。なお、解答にあたっては、各選択肢に記載されている事項以外は考慮しないものとする。

1. 運行管理者は、自動車運送事業者の代理人として事業用自動車の輸送の安全確保に関する業務全般を行い、交通事故を防止する役割を担っている。したがって、事故が発生した場合には、自動車運送事業者に代わって責任を負うこととなる。

2. 運行管理者は、運行管理業務に精通し、確実に遂行しなければならない。そのためにも自動車輸送に関連する諸規制を理解し、実務知識を身につけると共に、日頃から運転者と積極的にコミュニケーションを図り、必要な場合にあっては運転者の声を自動車運送事業者に伝え、常に安全で明るい職場環境を築いていくことも重要な役割である。

3. 運行管理者は、業務開始及び業務終了後の運転者に対し、原則、対面、または対面による点呼と同等の効果を有するものとして国土交通大臣が定める方法による点呼を実施しなければならないが、遠隔地で業務が開始又は終了する場合、車庫と営業所が離れている場合、又は運転者の出庫・帰着が早朝・深夜であり、点呼を行う運行管理者が営業所に出勤していない場合等、運行上やむを得ず、対面、または対面による点呼と同等の効果を有するものとして国土交通大臣が定める方法による点呼が実施できないときには、電話、その他の方法で行う必要がある。

4. 運行管理者は、事業用自動車が運行しているときにおいては、運行管理業務に従事している必要がある。しかし、1人の運行管理者が毎日、24時間営業所に勤務することは不可能である。そのため自動車運送事業者は、複数の運行管理者を選任して交替制で行わせるか、又は、運行管理者の補助者を選任し、点呼の一部を実施させるなど、確実な運行管理業務を遂行させる必要がある

問 25 一般貨物自動車運送事業者が事業用自動車の運転者に対して行う指導・監督に関する次の記述のうち、【適切なものをすべて】選びなさい。なお、解答にあたっては、各選択肢に記載されている事項以外は考慮しないものとする。

1. 他の自動車に追従して走行するときは、常に「秒」の意識をもって自車の速度と制動距離（ブレーキが効きはじめてから止まるまでに走った距離）に留意し、前車への追突の危険が発生した場合でも安全に停止できるよう、制動距離と同程度の車間距離を保って運転するよう指導している。

2．運転者は貨物の積載を確実に行い、積載物の転落防止や、転落させたときに危険を防止するために必要な措置をとることが遵守事項として法令で定められている。出発前に、スペアタイヤや車両に備えられている工具箱等も含め、車両に積載されているものが転落のおそれがないことを確認しなければならないことを指導している。

3．運転者の目は、車の速度が速いほど、周辺の景色が視界から消え、物の形を正確に捉えることができなくなるため、周辺の危険要因の発見が遅れ、事故につながるおそれが高まることを理解させるよう指導している。

4．飲酒により体内に摂取されたアルコールを処理するために必要な時間の目安については、例えばビール 500 ミリリットル（アルコール 5 ％）の場合、概ね 4 時間とされている。事業者は、これを参考に個人差も考慮して、体質的にお酒に弱い運転者のみを対象として、飲酒が運転に及ぼす影響等について指導を行っている。

問 26 事業用自動車の運転者の健康管理に関する次の記述のうち、【適切なものをすべて】選びなさい。なお、解答にあたっては、各選択肢に記載されている事項以外は考慮しないものとする。

1．事業者は、運転者が医師の診察を受ける際は、自身が職業運転者で勤務時間が不規則であることを伝え、薬を処方されたときは、服薬のタイミングと運転に支障を及ぼす副作用の有無について確認するよう指導している。

2．事業者は、法令により定められた健康診断を実施することが義務づけられているが、運転者が自ら受けた健康診断（人間ドックなど）において、法令で必要な定期健康診断の項目を充足している場合であっても、法定健診として代用することができない。

3．事業者は、健康診断の結果、運転者に心疾患の前兆となる症状がみられたので、当該運転者に医師の診断を受けさせた。その結果、医師より「直ちに入院治療の必要はないが、より軽度な勤務において経過観察することが必要」との所見が出されたが、繁忙期であったことから、運行管理者の判断で短期間に限り従来と同様の乗務を続けさせた。

4．平成 29 年中のすべての事業用自動車の乗務員に起因する重大事故報告件数は約 2,000 件であり、このうち、運転者の健康状態に起因する事故件数は約 300 件となっている。病名別に見てみると、心筋梗塞等の心臓疾患と脳内出血等の脳疾患が多く発生している。

問 27 自動車の運転に関する次の記述のうち、【適切なものをすべて】選びなさい。なお、解答にあたっては、各選択肢に記載されている事項以外は考慮しないものとする。

1. 運転中の車外への脇見だけでなく、車内にあるカーナビ等の画像表示用装置を注視したり、スマートフォン等を使用することによって追突事故等の危険性が増加することについて、日頃から運転者に対して指導する必要がある。

2. 自動車がカーブを走行するとき、自動車の重量及びカーブの半径が同一の場合には、速度が2倍になると遠心力の大きさも2倍になることから、カーブを走行する場合の横転などの危険性について運転者に対し指導する必要がある。

3. 夜間等の運転において、①見えにくい時間帯に自車の存在を知らせるため早めの前照灯の点灯、②より広範囲を照射する走行用前照灯（ハイビーム）の積極的な活用、③他の道路利用者をげん惑させないよう適切なすれ違い用前照灯（ロービーム）への切替えの励行、を運転者に対し指導する必要がある。

4. 四輪車を運転する場合、二輪車との衝突事故を防止するための注意点として、①二輪車は死角に入りやすいため、その存在に気づきにくく、また、②二輪車は速度が実際より遅く感じたり、距離が実際より遠くに見えたりする特性がある。したがって、運転者に対してこのような点に注意するよう指導する必要がある。

問 28 交通事故防止対策に関する次の記述のうち、【適切なものをすべて】選びなさい。なお、解答にあたっては、各選択肢に記載されている事項以外は考慮しないものとする。

1. 大型トラックの原動機に備えなければならない「速度抑制装置」とは、当該トラックが時速 100 キロメートルを超えて走行しないよう燃料の供給を調整し、かつ、自動車の速度の制御を円滑に行うためのものである。したがって、運行管理者はこの速度を考慮して運行の計画を立てる必要があり、運転者に対しては、速度抑制装置の機能等を理解させるとともに、追突事故の防止等安全運転に努めさせる必要がある。

2. いわゆるヒヤリ・ハットとは、運転者が運転中に他の自動車等と衝突又は接触するおそれなどがあったと認識した状態をいい、1 件の重大な事故（死亡・重傷事故等）が発生する背景には多くのヒヤリ・ハットがあるとされており、このヒヤリ・ハットを調査し減少させていくことは、交通事故防止対策に有効な手段となっている。

3. 交通事故の防止対策を効率的かつ効果的に講じていくためには、事故情報を多角的に分析し、事故実態を把握したうえで、①計画の策定、②対策の実施、③効果の評価、④対策の見直し及び改善、という一連の交通安全対策の PDCAサイクルを繰り返すことが重要である。

4. デジタル式運行記録計は、自動車の運行中、交通事故や急ブレーキ、急ハンドルなどにより当該自動車が一定以上の衝撃を受けると、その前後数十秒の映像などを記録する装置、または、自動車の運行中常時記録する装置であり、事故防止対策の有効な手段の一つとして活用されている。

運行管理者は、荷主からの運送依頼を受けて、次のとおり運行の計画を立てた。この計画を立てた運行管理者の判断に関する次の1～3の記述のうち、【適切なものをすべて】選びなさい。なお、解答にあたっては、〈運行の計画〉及び各選択肢に記載されている事項以外は考慮しないものとする。

〈荷主の依頼事項〉

A地点から、重量が3,500キログラムの荷物を11時30分までにD地点に運び、その後戻りの便にて、E地点から3,250キログラムの荷物を18時40分までにA地点に運ぶ。

〈運行の計画〉

ア　乗車定員2名で最大積載量4,500キログラム、車両総重量7,950キログラムの中型貨物自動車を使用する。当該運行は、運転者1人乗務とする。

イ　当日の当該運転者の始業時刻は5時45分とし、業務前点呼後6時00分に営業所を出庫して荷主先のA地点に向かう。A地点にて荷積み後、30分の休憩をはさみ、A地点を出発し、一般道を走行した後、B料金所から高速自動車国道（法令による最低速度を定めない本線車道に該当しないもの。以下「高速道路」という。）に乗り、途中10分の休憩をはさみ、2時間40分運転した後、C料金所にて高速道路を降りる。（B料金所とC料金所の間の距離は250キロメートル）その後、一般道を経由し、D地点には11時00分に到着する。荷下ろし後、30分の休憩をはさみ、休憩施設に向かい、当該施設において12時10分から13時10分まで休憩をとる。

ウ　13時10分に休憩施設を出発してE地点に向かい、荷積み後、30分の休憩をはさみ、その後、14時20分にE地点を出発し、一般道を経由し往路と同じ高速道路を走行し、その後、一般道を経由し、荷主先のA地点に18時40分に到着する。荷下ろし後、20分の休憩をはさみ、営業所に19時40分に帰着する。営業所において業務後点呼を受け、19時50分に終業する。

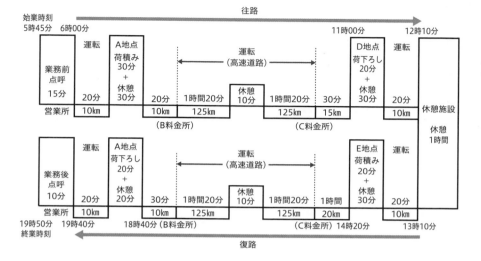

1. B料金所からC料金所までの間の高速道路の運転時間を、制限速度を考慮して2時間40分と設定したこと。

2. 当該運転者は前日の運転時間が9時間10分であり、また、当該運転者の翌日の運転時間を8時間50分とし、当日を特定の日とした場合の2日を平均して1日当たりの運転時間が改善基準告示に違反していないと判断したこと。

3. 当日の運行における連続運転時間の中断方法は改善基準告示に違反していないと判断したこと。

問30 運行管理者は下の図に示す運行計画を立てた。この運行に関する次の1～3の記述について、解答しなさい。なお、解答にあたっては、各選択肢に記載されている事項以外は考慮しないものとする。

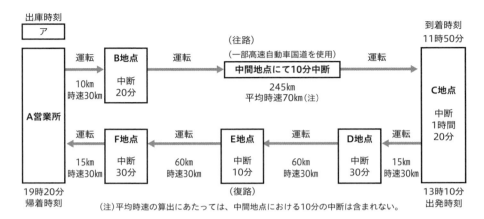

1. 当該運行においてC地点に11時50分に到着させるためにふさわしいA営業所の出庫時刻 ア について、次の①～③の中から【正しいものを1つ】選びなさい。

   ① 7時30分　　② 7時40分　　③ 7時50分

2. 当該運転者は前日の運転時間が9時間10分であり、また、翌日の運転時間を9時間20分とした場合、当日を特定の日とした場合の2日を平均して1日当たりの運転時間が自動車運転者の労働時間等の改善のための基準告示（以下「改善基準告示」という。）に違反しているか否かについて、【正しいものを1つ】選びなさい。

   ① 違反していない　　　　　　② 違反している

3. 当日の全運行において、連続運転時間は「改善基準告示」に、違反しているか否かについて、【正しいものを1つ】選びなさい。

   ① 違反していない　　　　　　② 違反している

第1回　予想模擬試験　解答用紙

1．貨物自動車運送事業法関係

問1	問2	問3	問4	問5	問6	問7	問8
		A:　　B: C:　　D:					

2．道路運送車両法関係

問9	問10	問11	問12
A:　　B: C:　　D:		A:　　B: C:　　D:	

3．道路交通法関係

問13	問14	問15	問16	問17
		A:　　B: C:		

4．労働基準法関係

問18	問19	問20	問21	問22	問23
		A:　　B: C:　　D:			

5．実務上の知識及び能力

問24	問25	問26	問27	問28	問29	問30
						1: 2: 3:

貨物自動車運送事業法関係	道路運送車両法関係	道路交通法関係	労働基準法関係	実務上の知識及び能力
／8	／4	／5	／6	／7

第2回予想模擬試験

1. 貨物自動車運送事業法関係

問1　貨物自動車運送事業法における定義についての次の記述のうち、【誤っているものを1つ】選びなさい。

1．一般貨物自動車運送事業とは、他人の需要に応じ、有償で、自動車（三輪以上の軽自動車及び二輪の自動車を除く。）を使用して貨物を運送する事業であって、特定貨物自動車運送事業以外のものをいう。

2．貨物自動車運送事業とは、一般貨物自動車運送事業、特定貨物自動車運送事業、貨物軽自動車運送事業及び貨物自動車利用運送事業をいう。

3．貨物自動車利用運送とは、一般貨物自動車運送事業又は特定貨物自動車運送事業を経営する者が他の一般貨物自動車運送事業又は特定貨物自動車運送事業を経営する者の行う運送（自動車を使用して行う貨物の運送に係るものに限る。）を利用してする貨物の運送をいう。

4．特別積合せ貨物運送とは、一般貨物自動車運送事業として行う運送のうち、営業所その他の事業場（以下「事業場」という。）において集貨された貨物の仕分を行い、集貨された貨物を積み合わせて他の事業場に運送し、当該他の事業場において運送された貨物の配達に必要な仕分を行うものであって、これらの事業場の間における当該積合せ貨物の運送を定期的に行うものをいう。

問2 次の記述のうち、一般貨物自動車運送事業の運行管理者の行わなければならない業務として、【誤っているものを1つ】選びなさい。なお、解答にあたっては、各選択肢に記載されている事項以外は考慮しないものとする。

1. 事業計画に従い業務を行うに必要な員数の事業用自動車の運転者又は特定自動運行保安員を常時選任しておくこと。

2. 運転者等に対し、業務を開始しようとするとき、法令に規定する業務の途中及び業務を終了したときは、法令の規定により、点呼を受け、報告をしなければならないことについて、指導及び監督を行うこと。

3. 法令の規定により、運転者として常時選任するために新たに雇い入れた者であって当該貨物自動車運送事業者において初めて事業用自動車に乗務する前3年間に初任診断(初任運転者のための適性診断として国土交通大臣が認定したもの)を受診したことがない者に対して、当該診断を受診させること。

4. 法令の規定により、運転者等に対して点呼を行い、報告を求め、確認を行い、及び指示を与え、並びに記録し、及びその記録を保存し、並びに運転者に対して使用するアルコール検知器を常時有効に保持すること。

問3 貨物自動車運送事業法に定める一般貨物自動車運送事業者(以下「事業者」という。)の輸送の安全等についての次の記述のうち、【誤っているものを1つ】選びなさい。なお、解答にあたっては、各選択肢に記載されている事項以外は考慮しないものとする。

1. 事業者は、過積載による運送の引受け、過積載による運送を前提とする事業用自動車の運行計画の作成及び事業用自動車の運転者その他の従業員に対する過積載による運送の指示をしてはならない。

2. 事業者は、事業用自動車の運転者が疾病により安全な運転ができないおそれがある状態で事業用自動車を運転することを防止するために、必要な医学的知見に基づく措置を講じなければならない。

3. 事業者は、運行管理者に対し、国土交通省令で定める業務を行うため必要な権限を与えなければならない。また、事業者及び事業用自動車の運転者その他の従業員は、運行管理者がその業務として行う助言又は指導があった場合は、これを尊重しなければならない。

4. 事業者は、運送条件が明確でない運送の引受け、運送の直前若しくは開始以降の運送条件の変更、荷主の都合による集貨地点等における待機又は運送契約によらない附帯業務の実施に起因する運転者の過労運転又は過積載による運送その他の輸送の安全を阻害する行為を防止するため、荷主と密接に連絡し、及び協力して、適正な取引の確保に努めなければならない。

問4 貨物自動車運送事業の事業用自動車の運転者等に対する点呼に関する次の記述のうち、【誤っているものを１つ】選びなさい。なお、解答にあたっては、各選択肢に記載されている事項以外は考慮しないものとする。

1．運行管理者の補助者は、運行管理者の指導及び監督のもと、事業用自動車の運転者等に対する点呼の一部（点呼を行うべき総回数の３分の２未満）を行うことができる。

2．業務前の点呼は、運転者等に対して対面により、又は対面による点呼と同等の効果を有するものとして国土交通大臣が定める方法（運行上やむを得ない場合は電話その他の方法。）により行わなければならない。

3．貨物自動車運送事業者は、運行上やむを得ない場合は、電話その他の方法により点呼を行うことができるが、営業所と当該営業所の車庫が離れている場合は、運行上やむを得ない場合に該当しないので、対面により、又は対面による点呼と同等の効果を有するものとして国土交通大臣が定める方法（運行上やむを得ない場合は電話その他の方法。）により点呼を行わなければならない。

4．２日間にわたる運行（１日目の業務が営業所以外の遠隔地で終了し、２日目の業務開始が１日目の業務を終了した地点となるもの。）については、１日目の業務後の点呼及び２日目の業務前の点呼のいずれも対面により、又は対面による点呼と同等の効果を有するものとして国土交通大臣が定める方法で行うことができないことから、２日目の業務については、業務前の点呼及び業務後の点呼（業務後の点呼は対面で行う。）のほかに、当該業務途中において少なくとも１回電話その他の方法により点呼（中間点呼）を行わなければならない。

問 5 次の自動車事故に関する記述のうち、一般貨物自動車運送事業者が自動車事故報告規則に基づき運輸支局長等に【速報を要するものを 2 つ】選びなさい。なお、解答にあたっては、各選択肢に記載されている事項以外は考慮しないものとする。

1. 事業用自動車が、交差点で信号待ちで停車していた乗用車の発見が遅れ、ブレーキをかける間もなく追突した。この事故で、当該事業用自動車の運転者が 30 日の医師の治療を要する傷害を負うとともに、追突された乗用車の運転者が病院に 15 日間入院する傷害を負い、同乗者が 1 名死亡した。

2. 事業用自動車が交差点において乗用車と出会い頭の衝突事故を起こした。双方の運転者は共に軽傷であったが、当該事業用自動車の運転者が事故を警察官に報告した際、その運転者が道路交通法に規定する酒気帯び運転をしていたことが発覚した。

3. 事業用自動車が走行中、鉄道施設である高架橋の下を通過しようとしたところ、積載していたコンテナの上部が橋桁に衝突した。この影響で、3 時間にわたり本線において鉄道車両の運転を休止させた。

4. 事業用自動車が片側 2 車線の道路を走行中、左側の車線から右側の車線に進路変更したところ、右後方から走行してきた乗用車と接触し、その反動で当該乗用車が対向車線に飛び出し対向車と衝突した。この事故で、乗用車に乗車していた 5 名が重傷（自動車事故報告規則で定めるもの。）を負った。

問6　一般貨物自動車運送事業者（以下「事業者」という。）の過労運転の防止等についての法令の定めに関する次の記述のうち、【誤っているものを1つ】選びなさい。なお、解答にあたっては、各選択肢に記載されている事項以外は考慮しないものとする。

1．事業者は、運転者、特定自動運行保安員及び事業用自動車の運行の業務の補助に従事する従業員（以下「乗務員等」という。）が有効に利用することができるように、休憩に必要な施設を整備し、乗務員等に睡眠を与える必要がある場合にあっては睡眠に必要な施設を整備しなければならない。ただし、寝具等必要な設備が整えられていない施設は、有効に利用することができる施設には該当しない。

2．事業者は、業務前及び業務後の点呼のいずれも対面により、又は対面による点呼と同等の効果を有するものとして国土交通大臣が定める方法で行うことができない業務を含む運行ごとに、所定の事項を記載した運行指示書を作成し、これにより運転者等に対し適切な指示を行い、及びこれを当該運転者等に携行させなければならない。

3．運転者が一の運行における最初の勤務を開始してから最後の勤務を終了するまでの時間（ただし、「自動車運転者の労働時間等の改善のための基準」の規定において厚生労働省労働基準局長が定めることとされている自動車運転者がフェリーに乗船する場合における休息期間を除く。）は、144時間を超えてはならない。

4．特別積合せ貨物運送を行う事業者は、当該特別積合せ貨物運送に係る運行系統であって起点から終点までの距離が150キロメートルを超えるものごとに、所定の事項について事業用自動車の運行の業務に関する基準を定め、かつ、当該基準の遵守について乗務員等に対する適切な指導及び監督を行わなければならない。

問7 一般貨物自動車運送事業者（以下「事業者」という。）の事業用自動車の運行の安全を確保するために、国土交通省告示等に基づき運転者に対して行わなければならない指導・監督及び特定の運転者に対して行わなければならない特別な指導に関する次の記述のうち、【誤っているものを1つ】選びなさい。なお、解答にあたっては、各選択肢に記載されている事項以外は考慮しないものとする。

1．事業者は、当該運送事業に係る主な道路の状況その他の事業用自動車の運行に関する状況、その状況の下において事業用自動車の運行の安全を確保するために必要な運転の技術及び法令に基づき自動車の運転に関して遵守すべき事項について、運転者に対する適切な指導及び監督をしなければならない。この場合においては、その日時、場所及び内容並びに指導及び監督を行った者及び受けた者を記録し、かつ、その記録を営業所において3年間保存しなければならない。

2．事業者は、高齢運転者に対する特別な指導については、国土交通大臣が認定した高齢運転者のための適性診断の結果を踏まえ、個々の運転者の加齢に伴う身体機能の変化の程度に応じた事業用自動車の安全な運転方法等について運転者が自ら考えるよう指導する。この指導は、当該適性診断の結果が判明した後1ヵ月以内に実施する。

3．事業者は、事業用自動車の運転者として常時選任するために新たに雇い入れた者であって、当該事業者において初めて事業用自動車に乗務する前3年間に他の事業者等によって運転者として常時選任されたことがない者には、初任運転者を対象とする特別な指導について、やむを得ない事情がある場合は、初めて事業用自動車に乗務を開始した後3ヵ月以内に実施する。

4．事業者は、適齢診断（高齢運転者のための適性診断として国土交通大臣が認定したもの。）を運転者が65才に達した日以後1年以内に1回受診させ、その後3年以内ごとに1回受診させなければならない。

問8 一般貨物自動車運送事業者（以下「事業者」という。）の運行管理者の選任等に関する次の記述のうち、【誤っているものを１つ】選びなさい。なお、解答にあたっては、各選択肢に記載されている事項以外は考慮しないものとする。

1．事業者は、事業用自動車（被けん引自動車を除く。）70両を管理する営業所においては、３人以上の運行管理者を選任しなければならない。

2．事業者は、法令に規定する運行管理者資格者証を有する者又は国土交通大臣の認定を受けた基礎講習を修了した者のうちから、運行管理者の業務を補助させるための者（補助者）を選任することができる。

3．運行管理者の補助者が行う補助業務は、運行管理者の指導及び監督のもと行われるものであり、補助者が行う点呼において、疾病、疲労、睡眠不足等により安全な運転をすることができないおそれがあることが確認された場合には、直ちに運行管理者に報告を行い、運行の可否の決定等について指示を仰ぎ、その結果に基づき運転者に対し指示を行わなければならない。

4．一の営業所において複数の運行管理者を選任する事業者は、それらの業務を統括する運行管理者（統括運行管理者）を選任することができる。

2. 道路運送車両法関係

問9 道路運送車両法の自動車の登録等についての次の記述のうち、【誤っているもの
を1つ】選びなさい。なお、解答にあたっては、各選択肢に記載されている事項
以外は考慮しないものとする。

1. 登録自動車の所有者の住所に変更があったときは、所有者は、その事由があっ
た日から15日以内に、国土交通大臣の行う変更登録の申請をしなければならな
い。

2. 自動車は、自動車登録番号標を国土交通省令で定める位置に、かつ、被覆し
ないことその他当該自動車登録番号標に記載された自動車登録番号の識別に支
障が生じないものとして国土交通省令で定める方法により表示しなければ、運
行の用に供してはならない。

3. 登録自動車の使用者は、当該自動車が滅失し、解体し（整備又は改造のため
に解体する場合を除く。）、又は自動車の用途を廃止したときは、速やかに、当
該自動車検査証を国土交通大臣に返納しなければならない。

4. 登録自動車の所有者は、当該自動車の自動車登録番号標の封印が滅失した場
合には、国土交通大臣又は封印取付受託者の行う封印の取付けを受けなければ
ならない。

問10 道路運送車両法第46条に定める「保安基準の原則」についての次の文中、A、B、
Cに入るべき字句として【いずれか正しいものを1つ】選びなさい。

自動車の構造及び自動車の装置等に関する保安上又は　A　その他の環境保全
上の技術基準（「保安基準」という。）は、道路運送車両の構造及び装置が
　B　に十分堪え、操縦その他の使用のための作業に安全であるとともに、通
行人その他に　C　を与えないことを確保するものでなければならず、かつ、
これにより製作者又は使用者に対し、自動車の製作又は使用について不当な制限
を課することとなるものであってはならない。

A　① 公害防止　　　　　② 事故防止
B　① 衝撃　　　　　　　② 運行
C　① 危害　　　　　　　② 影響

問 11 自動車の検査等に関する次の記述のうち、【誤っているものを1つ】選びなさい。

1．自動車は、自動車検査証を備え付け、かつ、法令で定めるところにより検査標章を表示しなければ、運行の用に供してはならない。

2．自動車の使用者は、自動車検査証の有効期間の満了後も当該自動車を使用しようとするときは、当該自動車を提示して、国土交通大臣の行なう継続検査を受けなければならない。

3．初めて自動車検査証の交付を受ける車両総重量7,990キログラムの貨物の運送の用に供する自動車については、当該自動車検査証の有効期間は1年である。

4．自動車検査証の有効期間の起算日は、当該自動車検査証を交付する日又は当該自動車検査証に有効期間を記入する日とする。ただし、自動車検査証の有効期間が満了する日の1ヵ月前から当該期間が満了する日までの間に継続検査を行い、当該自動車検査証に有効期間を記入する場合は、当該自動車検査証の有効期間が満了する日の翌日とする。

問 12 事業用自動車の日常点検基準についての次の記述のうち、走行距離、運行時の状態等から判断した【適切な時期に点検を行えばよいとされているものを2つ】選びなさい。

1．タイヤに亀裂及び損傷がないこと。

2．バッテリの液量が適当であること。

3．原動機のファン・ベルトの張り具合が適当であり、かつ、ファン・ベルトに損傷がないこと。

4．ブレーキ・ペダルの踏みしろが適当で、ブレーキの効きが十分であること。

3. 道路交通法関係

問13 道路交通法に照らし、次の記述のうち、【正しいものを1つ】選びなさい。なお、解答にあたっては、各選択肢に記載されている事項以外は考慮しないものとする。

1. 路側帯とは、歩行者及び自転車の通行の用に供するため、歩道の設けられていない道路又は道路の歩道の設けられていない側の路端寄りに設けられた帯状の道路の部分で、道路標示によって区画されたものをいう。

2. 車両は、道路の中央から左の部分の幅員が6メートルに満たない道路において、他の車両を追い越そうとするとき（道路の中央から右の部分を見とおすことができ、かつ、反対の方向からの交通を妨げるおそれがない場合に限るものとし、道路標識等により追越しのため道路の中央から右の部分にはみ出して通行することが禁止されている場合を除く。）は、道路の中央から右の部分にその全部又は一部をはみ出して通行することができる。

3. 自動車を運転する場合において、右下図の標識が表示されている自動車は、肢体不自由である者が運転していることを示しているので、危険防止のためやむを得ない場合を除き、進行している当該表示自動車の側方に幅寄せをしてはならない。

4. 駐車とは、車両等が客待ち、荷待ち、貨物の積卸し、故障その他の理由により継続的に停止すること（貨物の積卸しのための停止で10分を超えない時間内のもの及び人の乗降のための停止を除く。）、又は車両等が停止（特定自動運行中の停止を除く。）をし、かつ、当該車両等の運転をする者がその車両等を離れて直ちに運転することができない状態にあることをいう。

問14 道路交通法に定める追越し等についての次の記述のうち、【誤っているものを1つ】選びなさい。なお、解答にあたっては、各選択肢に記載されている事項以外は考慮しないものとする。

1. 車両は、他の車両を追い越そうとするときは、その追い越されようとする車両（以下「前車」という。）の右側を通行しなければならない。ただし、法令の規定により追越しを禁止されていない場所において、前車が法令の規定により右折をするため道路の中央又は右側端に寄って通行しているときは、その左側を通行しなければならない。

2. 車両等は、同一の進路を進行している他の車両等の直後を進行するときは、その直前の車両等が急に停止したときにおいてもこれに衝突するのを避けることができるため必要な距離を、これから保たなければならない。

3. 車両は、法令に規定する優先道路を通行している場合における当該優先道路にある交差点を除き、交差点の手前の側端から前に30メートル以内の部分においては、他の車両（特定小型原動機付自転車等を除く。）を追い越そうとするときは、速やかに進路を変更しなければならない。

4. 車両は、進路を変更した場合にその変更した後の進路と同一の進路を後方から進行してくる車両等の速度又は方向を急に変更させることとなるおそれがあるときは、進路を変更してはならない

問15 車両の交通方法等についての次の記述のうち、【誤っているものを1つ】選びなさい。なお、解答にあたっては、各選択肢に記載されている事項以外は考慮しないものとする。

1. 車両は、道路外の施設又は場所に出入するためやむを得ない場合において歩道等を横断するとき、又は法令の規定により歩道等で停車し、若しくは駐車するため必要な限度において歩道等を通行するときは、徐行しなければならない。

2. 車両は、歩道と車道の区別のない道路を通行する場合その他の場合において、歩行者の側方を通過するときは、これとの間に安全な間隔を保ち、又は徐行しなければならない。

3. 車両は、法令に規定する優先道路を通行している場合における当該優先道路にある交差点を除き、交差点の手前の側端から前に30メートル以内の部分においては、他の車両（特定小型原動機付自転車等を除く。）を追い越すため、進路を変更し、又は前車の側方を通過してはならない。

4. 追越しをしようとする車両（後車）は、その追い越されようとする車両（前車）が他の自動車を追い越そうとしているときは、追越しを始めてはならない。

問16 車両等の運転者が道路交通法に定める規定に違反した場合等の措置についての次の文中、A、B、C、Dに入るべき字句として【いずれか正しいものを1つ】選びなさい。

車両等の運転者が道路交通法若しくは同法に基づく命令の規定又は同法の規定に基づく ___A___ した場合において、当該違反が当該違反に係る車両等の ___B___ の業務に関してなされたものであると認めるときは、公安委員会は、内閣府令で定めるところにより、当該車両等の使用者が道路運送法の規定による自動車運送事業者、貨物利用運送事業法の規定による第二種貨物利用運送事業を経営する者であるときは当該事業者及び ___C___ に対し、当該車両等の使用者がこれらの事業者以外の者であるときは当該車両等の使用者に対し、当該 ___D___ を通知するものとする。

A ① 処分に違反　　　　　　　　② 条件に違反
B ① 所有者　　　　　　　　　　② 使用者
C ① 当該事業を監督する行政庁　② 当該事業所の運行管理者
D ① 違反の内容　　　　　　　　② 処分の理由

問17 道路交通法に定める運転者及び使用者の義務等についての次の記述のうち、【正しいものを2つ】選びなさい。なお、解答にあたっては、各選択肢に記載されている事項以外は考慮しないものとする。

1．車両等の運転者は、児童、幼児等の乗降のため、道路運送車両の保安基準に関する規定に定める非常点滅表示灯をつけて停車している通学通園バスの側方を通過するときは、徐行して安全を確認しなければならない。

2．車両等の運転者は、高齢の歩行者でその通行に支障のあるものが通行しているときは、一時停止し、又は徐行して、その通行を妨げないようにしなければならない。

3．車両等は、横断歩道等に接近する場合には、当該横断歩道等によりその進路の前方を横断し、又は横断しようとする歩行者等があるときは、当該歩行者等の直前で停止することができるような速度で進行し、かつ、その通行を妨げないようにしなければならない。

4．自動車の運転者は、故障その他の理由により高速自動車国道等の本線車道若しくはこれに接する加速車線、減速車線若しくは登坂車線（以下「本線車道等」という。）において当該自動車を運転することができなくなったときは、政令で定めるところにより、当該自動車が故障その他の理由により停止しているものであることを表示しなければならない。ただし、本線車道等に接する路肩若しくは路側帯においては、この限りでない。

4. 労働基準法関係

問 18 労働基準法（以下「法」という。）の定めに関する次の記述のうち、【誤っているものを1つ】選びなさい。なお、解答にあたっては、各選択肢に記載されている事項以外は考慮しないものとする。

1. 平均賃金とは、これを算定すべき事由の発生した日以前3ヵ月間にその労働者に対し支払われた賃金の総額を、その期間の総日数で除した金額をいう。

2. 使用者は、労働者名簿、賃金台帳及び雇入、解雇、災害補償、賃金その他労働関係に関する重要な書類を1年間保存しなければならない。

3. 労働者が、退職の場合において、使用期間、業務の種類、その事業における地位、賃金又は退職の事由（退職の事由が解雇の場合にあっては、その理由を含む。）について証明書を請求した場合においては、使用者は、遅滞なくこれを交付しなければならない。

4. 使用者は、労働者の国籍、信条又は社会的身分を理由として、賃金、労働時間その他の労働条件について、差別的取扱をしてはならない。

問 19 労働基準法及び労働安全衛生法の定める健康診断に関する次の記述のうち、【誤っているものを1つ】選びなさい。なお、解答にあたっては、各選択肢に記載されている事項以外は考慮しないものとする。

1. 事業者は、常時使用する労働者（労働安全衛生規則（以下「規則」という。）に定める深夜業を含む業務等に常時従事する労働者を除く。）に対し、1年以内ごとに1回、定期に、規則に定める項目について医師による健康診断を行わなければならない。また、この健康診断の結果に基づき、健康診断個人票を作成し、5年間保存しなければならない。

2. 事業者は、健康診断の結果（当該健康診断の項目に異常の所見があると診断された労働者に係るものに限る。）に基づき、当該労働者の健康を保持するために必要な措置について、規則で定めるところにより、医師又は歯科医師の意見を聴かなければならない。

3. 事業者は、事業者が行う健康診断を受けた労働者から請求があった場合に限り、当該労働者に対し、規則で定めるところにより、当該健康診断の結果を通知するものとする。

4. 事業者は、その労働時間の状況その他の事項が労働者の健康の保持を考慮して規則第52条の2で定める要件に該当する労働者からの申出があったときは、遅滞なく、当該労働者に対し、規則で定めるところにより、医師による面接指導を行わなければならない。

問20 「自動車運転者の労働時間等の改善のための基準」に定める目的等についての次の文中、A、B、C、Dに入るべき字句を【下の枠内の選択肢（1～8）から】選びなさい。

1. この基準は、自動車運転者（労働基準法（以下「法」という。）第9条に規定する労働者（同居の親族のみを使用する事業又は事務所に使用される者及び家事使用人を除く。）であって、　A　の運転の業務（厚生労働省労働基準局長が定めるものを除く。）に主として従事する者をいう。）の労働時間等の改善のための基準を定めることにより、自動車運転者の労働時間等の　B　を図ることを目的とする。

2. 労働関係の当事者は、この基準を理由として自動車運転者の労働条件を低下させてはならないことはもとより、その　C　に努めなければならない。

3. 労働時間の延長及び休日の労働は　D　にとどめられるべきであることその他の労働時間の延長及び休日の労働を適正なものとするために必要な事項については、労働基準法第三十六条第一項の協定で定める労働時間の延長及び休日の労働について留意すべき事項等に関する指針において定められていること。

1．二輪以上の自動車	2．四輪以上の自動車	3．労働条件の向上
4．労働契約の遵守	5．向上	6．維持
7．必要最小限	8．必要最大限	

問 21 「自動車運転者の労働時間等の改善のための基準」に定める貨物自動車運送事業に従事する自動車運転者（以下「トラック運転者」という。）の拘束時間等に関する次の記述のうち、【誤っているものを1つ】選びなさい。なお、解答にあたっては、各選択肢に記載されている事項以外は考慮しないものとする。

1．拘束時間とは、始業時刻から終業時刻までの時間で、労働時間と休憩時間（仮眠時間を含む。）の合計をいう。

2．連続運転時間（1回がおおむね連続 10 分以上で、かつ、合計が 30 分以上の運転の中断をすることなく連続して運転する時間をいう。）は、4 時間を超えないものとする。ただし、高速自動車国道等のサービスエリア又はパーキングエリア等に駐車又は停車できないため、やむを得ず連続運転時間が 4 時間を超える場合には、連続運転時間を 4 時間 30 分まで延長することができるものとする。

3．1 日についての拘束時間は、13 時間を超えないものとし、当該拘束時間を延長する場合であっても、最大拘束時間は 16 時間とすること。ただし、トラック運転手に係る一週間における運行が全て長距離貨物運送（一の運行（自動車運転者が所属する事業場を出発してから当該事業場に帰着するまでをいう。以下この項において同じ。）の走行距離が 450 キロメートル以上の貨物運送をいう。）であり、かつ、一の運行における休息期間が、当該自動車運転者の住所地以外の場所におけるものである場合においては、当該 1 週間について 2 回に限り最大拘束時間を 16 時間とすることができる。

4．使用者は、トラック運転者の運転時間は、2 日（始業時刻から起算して 48 時間をいう。）を平均し 1 日当たり 9 時間、2 週間を平均し 1 週間当たり 44 時間を超えないものとする。

問 22 下図は、貨物自動車運送事業に従事する、自動車運転者の1週間の勤務状況の例を示したものであるが、「自動車運転者の労働時間等の改善のための基準」（以下「改善基準」という。）に定める拘束時間等に関する次の記述のうち、【正しいものを2つ】選びなさい。なお、当該運行は、宿泊を伴う長距離貨物運送とし、翌月曜日の始業は6時予定とする。ただし、すべて1人乗務の場合とする。

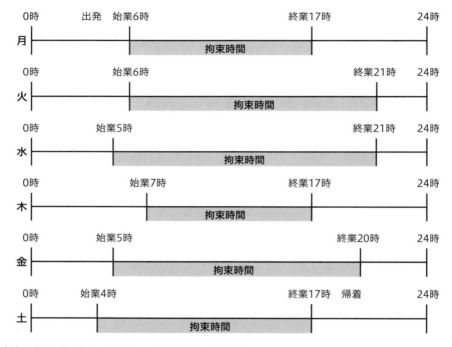

(注)日曜日は休日とし、翌月曜日の始業は6時予定とする。

1. 1日についての拘束時間が改善基準に定める最大拘束時間に違反する勤務はない。
2. 1日についての拘束時間が最大拘束時間を延長することができる1週間についての回数は、改善基準に違反していない。
3. 勤務終了後の休息期間は、改善基準に違反しているものはない。
4. 木曜日に始まる勤務の1日についての拘束時間は、この1週間の勤務の中で拘束時間が最も短い。

問 23 下表は、貨物自動車運送事業に従事する自動車運転者（隔日勤務に就く運転者以外のもの。）の１年間における各月の拘束時間の例を示したものであるが、このうち、「自動車運転者の労働時間等の改善のための基準」に【適合するものを１つ】選びなさい。ただし、「１ヵ月についての拘束時間の延長に関する労使協定」があるものとする。

1.

	4月	5月	6月	7月	8月	9月	10月	11月	12月	1月	2月	3月	1年間合計
拘束時間	279	280	280	275	293	285	280	269	320	295	250	293	3,399

2.

	4月	5月	6月	7月	8月	9月	10月	11月	12月	1月	2月	3月	1年間合計
拘束時間	293	281	291	294	293	270	280	290	310	270	245	293	3,410

3.

	4月	5月	6月	7月	8月	9月	10月	11月	12月	1月	2月	3月	1年間合計
拘束時間	310	240	310	240	310	250	310	310	310	310	245	250	3,395

4.

	4月	5月	6月	7月	8月	9月	10月	11月	12月	1月	2月	3月	1年間合計
拘束時間	270	265	270	295	310	280	284	269	310	294	240	290	3,377

5. 実務上の知識及び能力

問24 貨物自動車運送事業の事業用自動車の運転者等に対する点呼の実施等に関する次の記述のうち、【適切なものをすべて】選びなさい。なお、解答にあたっては、各選択肢に記載されている事項以外は考慮しないものとする。

1. 運行管理者は、業務開始及び業務終了後の運転者に対し、原則、対面により、又は対面による点呼と同等の効果を有するものとして国土交通大臣が定める方法により点呼を実施しなければならないが、遠隔地で業務が開始又は終了する場合、車庫と営業所が離れている場合、又は運転者の出庫・帰着が早朝・深夜であり、点呼を行う運行管理者が営業所に出勤していない場合等、運行上やむを得ず、対面により、又は対面による点呼と同等の効果を有するものとして国土交通大臣が定める方法により点呼が実施できないときには、電話、その他の方法で行っている。

2. 3日間にわたる事業用トラックの運行で、2日目は業務前及び業務後の点呼を対面により、又は対面による点呼と同等の効果を有するものとして国土交通大臣が定める方法で行うことができない業務のため、携帯電話による業務前及び業務後の点呼を実施するほか、携帯電話による中間点呼を1回実施した。

3. 定期健康診断の結果、すべて異常なしとされた運転者については、健康管理が適切に行われ健康に問題がないと判断され、また、健康に問題があるときは、事前に運行管理者等に申し出るよう指導している。このため、業務前の点呼における疾病、疲労等により安全な運転をすることができないおそれがあるか否かの確認は、本人から体調不良等の申し出があるときには行っている。

4. 業務前の点呼においてアルコール検知器を使用するのは、身体に保有している酒気帯びの有無を確認するためのものであり、道路交通法施行令で定める呼気中のアルコール濃度1リットル当たり0.15ミリグラム以上であるか否かを判定するためのものではない。

問25 一般貨物自動車運送事業者が事業用自動車の運転者に対して行う指導・監督に関する次の記述のうち、【適切なものをすべて】選びなさい。なお、解答にあたっては、各選択肢に記載されている事項以外は考慮しないものとする。

1. 自動車が追越しをするときは、前の自動車の走行速度に応じた追越し距離、追越し時間が必要になるため、前の自動車と追越しをする自動車の速度差が大きい場合には追越しに長い時間と距離が必要になることから、無理な追越しをしないよう指導した。

2. ある運転者が、昨年今年と連続で追突事故を起こしたので、運行管理者は、ドライブレコーダーの映像等をもとに事故の原因を究明するため、専門的な知識及び技術を有する外部機関に事故分析を依頼し、その結果に基づき指導した。

3. 1人ひとりの運転者が行う日常点検や運転行動、または固縛作業は、慣れとともに、各動作を漫然と行ってしまうことがある。その行動や作業を確実に実施させるために、「指差呼称」や「安全呼称」を習慣化することで事故防止に有効であるという意識を根付かせるよう指導した。

4. 平成30年中に発生した事業用トラックによる人身事故のうち、追突事故が最も多く全体の約5割を占めており、このうち昼間の時間での追突事故が多く発生している。追突事故を防止するために、適正な車間距離の確保や前方不注意の危険性等に関し指導した。

問 26 緊急事態等に関する次の記述のうち、運行管理者又は事業用自動車の運転者の措置として【適切なものをすべて】選びなさい。なお、解答にあたっては、各選択肢に記載されている事項以外は考慮しないものとする。

1. 大型トラックが荷物を積載して高速自動車国道を走行中、アクセルを踏んでも車速が上がらず徐々に減速してきて今にも停止しそうになったため、当該トラックの運転者は、やむを得ず当該トラックが停車することができる幅のある路側帯に停車させた。運転者は、昼間で視界も良好であるため非常点滅表示灯を点灯させることで十分と考え、停止表示器材の表示は行わなかった。

2. 運転者は、中型トラックで道幅の広い幹線道路を走行中、大地震が発生したのでトラックを左側の路肩に寄せ停車させ様子を見ていた。この地震により道路等が損壊し車両の通行が困難となったので、当該運転者はトラックを道路外に移動させてから避難しようとしたが、道路等の状況から当該トラックを適当な場所に移動させることが困難であったため、やむを得ず停車した場所にトラックを置いて避難した。避難の際、エンジンを止め、エンジンキーを付けたままにし、窓を閉め、ドアをロックしない状態で当該トラックから離れた。

3. 大型トラックに荷物を積載して運送中の運転者から、営業所の運行管理者に対し「現在走行している地域一帯に大雨注意報が発令されており、雨が強く降り続いて視界が悪くなってきたので一時運転を中断している。」との連絡があった。連絡を受けた運行管理者は、こちらでは何もできないと考え、運行する経路を運転者自ら判断し、また、運行することが困難な状況に至った場合は、適当な待避場所を見つけて運送の中断等を運転者自らの判断で行わせることとした。

4. 運転者が中型トラックを運転して踏切にさしかかりその直前で一旦停止した。踏切を渡った先の道路は混んでいるが、前の車両が前進すれば通過できると判断し踏切に進入したところ、車両の後方部分を踏切内に残し停車した。その後、踏切の警報機が鳴り、遮断機が下り始めたが、前方車両が動き出したため遮断機と接触することなく通過することができた。

問 27 運行管理の意義、運行管理者の役割等に関する次の記述のうち、【適切なものをすべて】選びなさい。なお、解答にあたっては、各選択肢に記載されている事項以外は考慮しないものとする。

1. 運行管理者は、仮に事故が発生していない場合でも、同業他社の事故防止の取組事例などを参考にしながら、現状の事故防止対策を分析・評価することなどにより、絶えず運行管理業務の改善に向けて努力していくことも重要な役割である。

2. 事業用自動車の点検及び整備に関する車両管理については、整備管理者の責務において行うこととされていることから、運転者が整備管理者に報告した場合にあっては、点呼において運行管理者は事業用自動車の日常点検の実施について確認する必要はない。

3. 運行管理者は、運転者の指導教育を実施していく際、運転者一人ひとりの個性に応じた助言・指導（カウンセリング）を行うことも重要である。そのためには、日頃から運転者の性格や能力、事故歴のほか、場合によっては個人的な事情についても把握し、そして、これらに基づいて助言・指導を積み重ねることによって事故防止を図ることも重要な役割である。

4. 事業者が、事業用自動車の定期点検を怠ったことが原因で重大事故を起こしたことにより、行政処分を受けることになった場合、当該重大事故を含む運行管理業務上に一切問題がなくても、運行管理者は事業者に代わって事業用自動車の運行管理を行っていることから、事業者が行政処分を受ける際に、運行管理者が運行管理者資格者証の返納を命じられる。

問 28 自動車運送事業者において最近普及の進んできたデジタル式運行記録計を活用した運転者指導の取組等に関する次の記述のうち、【適切なものをすべて】選びなさい。なお、解答にあたっては、各選択肢に記載されている事項以外は考慮しないものとする。

1. 運行管理者は、デジタル式運行記録計の記録図表（24時間記録図表や12分間記録図表）等を用いて、最高速度記録の▼マークなどを確認することにより最高速度超過はないか、また、急発進、急減速の有無についても確認し、その記録データを基に運転者に対し安全運転、経済運転の指導を行う。

2. 運行管理者は、大型トラックに装着された運行記録計により記録される「瞬間速度」、「運行距離」及び「運行時間」等により運行の実態を分析して安全運転等の指導を図る資料として活用しており、この運行記録計の記録を6ヵ月間保存している。

3. デジタル式運行記録計は、自動車の運行中、交通事故や急ブレーキ、急ハンドルなどにより当該自動車が一定以上の衝撃を受けると、衝突前と衝突後の前後10数秒間の映像などを記録する装置であり、事故防止対策の有効な手段の一つとして活用されている。

4. 衝突被害軽減ブレーキは、いかなる走行条件においても前方の車両等に衝突する危険性が生じた場合に確実にレーダー等で検知したうえで自動的にブレーキが作動し、衝突を確実に回避できるものである。当該ブレーキが備えられている自動車に乗務する運転者に対しては、当該ブレーキ装置の故障を検知し表示による警告があった場合の対応を指導する必要がある。

問 29 運行管理者は、次のとおり運行の計画を立てた。この計画を立てた運行管理者の判断に関する次の1～3の記述のうち、【適切なものをすべて】選びなさい。なお、解答にあたっては、〈運行の計画〉に記載されている事項以外は考慮しないものとする。

〈運行の計画〉

ア．乗車定員2名で最大積載量3,500キログラム、車両総重量7,370キログラムの準中型貨物自動車を使用する。当該運行は、運転者1人乗務とする。

イ．当日の当該運転者の始業時刻は4時とし、業務前点呼後4時30分に営業所を出庫する。A地点で30分の休憩をとり、B地点に向かい、途中15分の休憩をはさみ、B地点には9時35分に到着する。30分の休憩後、C地点に向かい、10時45分から11時45分まで休憩をとる。

ウ．11 時 45 分に C 地点を出発して D 地点を経由し、30 分の休憩をとる。その後、12 時 25 分に D 地点を出発し、一般道を 20 分走行した後、E 料金所から高速自動車国道（法令による最低速度を定めない本線車道に該当しないもの。）に乗り、途中 15 分の休憩をはさみ、3 時間 30 分運転した後 F 料金所にて高速自動車国道を降りる。（E 料金所と F 料金所の間の距離は 250 キロメートル）その後、一般道を 20 分走行し、A 地点に 16 時 50 分に到着する。30 分の休憩後、20 分運転して営業所に 17 時 40 分に帰着する。営業所において業務後点呼を受け、18 時 10 分に終業する。

（往路）

始業時刻
4:00　4:30　　　　　　　　　　　　9:35　　　10:45

業務前点呼	運転	休憩	運転	休憩	運転	休憩	運転	C地点
30分	20分	30分	3時間	15分	1時間	30分	40分	
営業所	10km		120km		30km		20km	

A地点　　　　　　　　　　　　　　　　　B地点

業務後点呼	運転	休憩	運転	運転（高速自動車国道）	休憩	運転（高速自動車国道）	運転	休憩	運転	休憩
30分	20分	30分	20分	1時間45分	15分	1時間45分	20分	30分	10分	
営業所	10km		10km	125km		125km	10km		5km	

A地点　　（F料金所）　　　　（E料金所）　D地点

終業時刻
18:10　17:40　　　16:50　　　　　　　　12:25　　　11:45

（復路）

1．E 料金所から F 料金所までの間の高速自動車国道の運転時間を、制限速度を考慮して 3 時間 30 分と設定したこと。
2．当該運転者は前日の終業時刻は 19 時 00 分であり、また、当該運転者の翌日の始業時刻を 3 時 30 分としても、前日及び当日の各々の勤務終了後の休息期間は「自動車運転者の労働時間等の改善のための基準」（以下「改善基準」という。）に違反していないと判断したこと。
3．当日の運行における連続運転時間の中断方法は改善基準に違反していないと判断したこと。

問30 運行管理者は複数の荷主からの運送依頼を受けて、下のとおり5日にわたる宿泊を伴う長距離貨物運送による運行計画を立てた。次の1〜3の運行管理者の判断について、【正しいものをすべて】選びなさい。

〈5日にわたる運行計画〉

前日：この運行を担当する運転者は、休日とする。

1日目
始業時刻 6時00分／出庫時刻 6時30分／到着時刻 20時00分／終業時刻 20時15分

業務前点呼（営業所）｜運転 1時間｜荷積み 30分｜休憩 30分｜運転 3時間｜休憩 1時間｜運転 2時間｜休憩 30分｜運転 3時間｜荷下ろし 30分｜休憩 30分｜運転 1時間｜業務後点呼等｜宿泊所

2日目
始業時刻 5時00分／出庫時刻 5時15分／到着時刻 18時45分／終業時刻 19時00分

業務前点呼等｜運転 1時間｜荷積み 30分｜休憩 30分｜運転 2時間｜休憩 15分｜運転 1時間｜休憩 15分｜運転 2時間｜中・間休憩点呼 1時間30分｜運転 2時間｜荷下ろし 1時間｜休憩 30分｜運転 1時間｜業務後点呼等｜宿泊所

3日目
始業時刻 6時00分／出庫時刻 6時15分／到着時刻 19時30分／終業時刻 19時45分

業務前点呼等｜運転 1時間15分｜荷積み 30分｜休憩 30分｜運転 3時間｜中・間休憩点呼 1時間｜運転 2時間｜休憩 30分｜運転 2時間｜荷下ろし 1時間｜休憩 30分｜運転 1時間｜業務後点呼等｜宿泊所

4日目
始業時刻 4時00分／出庫時刻 4時15分／到着時刻 15時35分／終業時刻 15時50分

業務前点呼等｜運転 1時間｜荷積み 30分｜休憩 30分｜運転 2時間｜中・間休憩点呼 1時間｜運転 2時間｜休憩 20分｜運転 2時間｜荷下ろし 1時間｜休憩 30分｜運転 30分｜業務後点呼等｜宿泊所

5日目
始業時刻 4時00分／出庫時刻 4時15分／到着時刻 14時45分／終業時刻 16時15分

業務前点呼等｜運転 1時間｜荷積み 30分｜休憩 30分｜運転 1時間｜休憩 10分｜運転 1時間30分｜休憩 10分｜運転 1時間30分｜休憩 10分｜運転 2時間｜荷下ろし 1時間｜休憩 30分｜運転 30分｜業務後点呼（営業所）

当該運行の翌日、翌々日は、この運行を担当する運転者は、休日とし、休日明けの始業時刻は6時予定とする

1．1日についての最大拘束時間が違反していないと判断したこと。

2．すべての日を特定の日とした場合の2日を平均して1日当たりの運転時間が違反していないと判断したこと。

3．勤務終了後の休息期間及び休日の取り扱いにかかる休息期間について違反していないと判断したこと。

第2回　予想模擬試験　解答用紙

1. 貨物自動車運送事業法関係

問1	問2	問3	問4	問5	問6	問7	問8

2. 道路運送車両法関係

問9	問10	問11	問12
	A：　　B： C：		

3. 道路交通法関係

問13	問14	問15	問16	問17
			A：　　B： C：　　D：	

4. 労働基準法関係

問18	問19	問20	問21	問22	問23
		A：　　B： C：　　D：			

5. 実務上の知識及び能力

問24	問25	問26	問27	問28	問29	問30

解答用紙ダウンロードのご案内　　URL：https://www.kadokawa.co.jp/product/322312000840/

予想模擬試験の解答用紙を右上の URL にて、
ダウンロード提供しています。解答の際にご活用ください。
※本サービスは予告なく変更または終了することがあります。あらかじめご了承ください。

貨物自動車運送事業法関係	道路運送車両法関係	道路交通法関係	労働基準法関係	実務上の知識及び能力
／8	／4	／5	／6	／7

第1回予想模擬試験 解答＆解説

解答

1. 貨物自動車運送事業法関係

問1	問2	問3	問4	問5	問6	問7	問8
4	4	A：② B：② C：② D：①	1、2	1、4	4	2	4

2. 道路運送車両法関係

問9	問10	問11	問12
A：① B：② C：② D：②	4	A：① B：① C：② D：②	4

3. 道路交通法関係

問13	問14	問15	問16	問17
2	3	A：② B：① C：①	3	3

4. 労働基準法関係

問18	問19	問20	問21	問22	問23
3	3	A：① B：① C：① D：①	2、3	2、4	2

5. 実務上の知識及び能力

問24	問25	問26	問27	問28	問29	問30
2、4	2、3	1、4	1、3、4	2、3	1、2	1：① 2：① 3：①

解説

1．貨物自動車運送事業法関係

問 1 正解　4

1　誤り。「認可」ではなく、<u>許可</u>を受けなければならない。

2　誤り。「貨物軽自動車運送事業」は含まれない。

3　誤り。「特定の者の需要に応じる」ものではない。

4　正しい。国土交通大臣が公示している<u>標準運送約款</u>を使用する場合は、<u>認可を受けたものとみなされる</u>。

問 2 正解　4

1　正しい。<u>点呼</u>を行い、その記録を<u>1 年間</u>保存することは、運行管理者の業務である。

2　正しい。<u>事故</u>が発生した場合には、「事故の発生場所」等の所定の事項を記録し、その記録を<u>3 年間</u>保存することは、運行管理者の業務である。

3　正しい。<u>非常信号用具及び消火器の取扱い</u>について適切な<u>指導</u>を行うことは、運行管理者の業務である。

4　誤り。「運転者の勤務時間及び乗務時間を定め」ることは、<u>事業者</u>の業務である。その事業者が定めた「運転者の勤務時間及び乗務時間」に基づいて<u>乗務割</u>を作成することが、運行管理者の業務となる。

問 3 正解　A：②　　B：②　　C：②　　D：①

　設問には、過労運転の防止のために、事業者がしなければならない主なことが述べられている。すべて重要なので、しっかりインプットしておこう。

1　選任する運転者等は、「日々雇い入れられる者」「<u>2 ヵ月</u>以内の期間を定めて使用される者」「試みの使用期間中の者（14 日を超えて引き続き使用されるに至った者を除く。）」であってはならない。

2　事業者は、<u>休憩・睡眠に必要な施設を整備</u>し、並びにこれらの施設を、<u>適切に管理・保守</u>しなければならない。

3　事業者は、乗務員等の<u>健康状態</u>の把握に努め、疾病、疲労、睡眠不足その他の理由により安全な運転、又はその補助をすることができないおそれがある乗務員等を、事業用自動車の運行の業務に従事させてはならない。

4　運転者が長距離運転又は夜間の運転に従事する場合に、<u>疲労等</u>により安全な運転を継続することができないおそれがあるときは、あらかじめ、<u>当該運転者と交替するための運転者を配置</u>しておかなければならない。

問4 正解　1、2

1　正しい。**業務前の点呼**においては、主に次のことを行う必要がある。
　・運転者に対しては、酒気帯びの有無の確認、疾病、疲労、睡眠不足その他の理由により安全な運転をすることができないおそれの有無の確認
　・日常点検の実施、又はその確認について報告を求め、及びその確認の実施
　・事業用自動車の運行の安全を確保するために**必要な指示**

2　正しい。**業務後の点呼**においては、主に次のことを行う必要がある。
　・**事業用自動車の状態、道路、及び運行の状況、並びに他の運転者等と交替した場合は、交替した運転者等に対して行った法令の規定による通告**について報告を求める
　・運転者に対しては、**酒気帯びの有無**の確認

3　誤り。「点呼記録」はいかなるケースにおいても**保存しなければならない。**

4　誤り。携帯型アルコール検知器であっても、**常時有効**に保持し、**営業所に備えられている**ものであれば、設問中の「営業所又は営業所の車庫に設置されている」ものに該当する。

問5 正解　1、4

1　要する。自動車に積載された**危険物**の一部が、**飛散**し、または**漏えい**した場合は報告を要する。

2　要しない。**14日以上病院に入院**することを要する傷害、または**1日以上病院に入院**することを要する傷害で、かつ医師の治療を要する期間が**30日以上**のものの場合は、報告を要する。設問は「通院」なので要しない。

3　要しない。**10台以上**の自動車の衝突または接触を生じたものの場合は、報告を要する。設問は「8台」なので要しない。

4　要する。けん引装置が**故障**し、被けん引自動車の**分離**が生じた場合は報告を要する。

問6 正解　4

1　正しい。運行指示書及びその写しを、**運行の終了の日から1年間**保存しなければならない。

2　正しい。事故又は**著しい運行の遅延**その他の**異常な事態**が発生した場合、その概要及び原因を**業務の記録**に記録させ、かつ、その記録を**1年間**保存しなければならない。

3　正しい。**特別積合せ貨物運送**に係る運行系統に配置する事業用自動車の業務について、**運行記録計**による記録を行わなければならない。

4　誤り。死者又は負傷者を生じさせたものだけでなく、**物損事故**についても「事故の記録」として記録しなければならない。

正解　2

1　正しい。**初任運転者**に対する**特別な指導**は、当該事業者において初めて事業用自動車に**乗務する前**に実施する。ただし、やむを得ない事情がある場合には、乗務開始後**1ヵ月以内**に実施してもよい。

2　誤り。初任運転者に対する特別な指導では、事業用自動車の運行の安全を確保するために必要な運転に関する事項などについて、**15時間以上**実施するとともに、安全運転の実技について、**20時間以上**実施することになっている。

3　正しい。運転者に対する適切な**指導及び監督**をした場合においては、その日時、場所、内容、指導・監督を行った者、指導を受けた者を記録し、かつその記録を営業所において**3年間**保存しなければならない。

4　正しい。事業用自動車の運転者として常時選任するために**新たに雇い入れた**場合には、当該運転者について、自動車安全運転センターが交付する**無事故・無違反証明書**、又は**運転記録証明書**等により、雇い入れる前の**事故歴**を把握、**事故惹起運転者**に該当するか否かを**確認**する必要がある。

問8　正解　4

1　正しい。運行管理者の選任人数は、事業用自動車の数を**30**で除して得た数（その数に1未満の端数があるときは、これを切り捨てる）に**1**を加算して得た数以上。

2　正しい。法令等に違反、または法令に基づく処分に違反した場合、資格者証の保有者個人に対して、国土交通大臣が資格者証の**返納**を命じることができる。また、返納が命じられた日から**5年**を経過しない者に対しては、運行管理者資格者証の**交付**を行わないことができる。

3　正しい。**運行管理者資格者証を有する者**、又は**基礎講習**を修了した者のうちから、運行管理者の**補助者**を選任することができる。

4　誤り。他の事業者において運行管理者として選任されていた者であっても、**基礎講習又は一般講習**を受講させなければならない。

2．道路運送車両法関係

問9　正解　A：①　　B：②　　C：②　　D：②

この問題は、道路運送車両法・第一条（下記参照）の穴埋め問題。正答に至るには、この条文をしっかり覚えていることが必須。

道路運送車両法・第一条

「この法律は、道路運送車両に関し、所有権についての**公証**等を行い、並びに**安全性の確保**及び公害の防止その他の環境の保全並びに整備についての**技術の向上**を図り、併せて自動車の**整備事業**の健全な発達に資することにより、公共の福祉を増進することを目的とする。」

問10	正解　4

1　正しい。自動車を運行の用に供するには、**自動車登録番号標**を、国土交通省令で定める位置に、かつ被覆（覆い被さること）しないことその他当該自動車登録番号標に記載された自動車登録番号の識別に支障が生じないものとして国土交通省令で定める方法により**表示**しなければならない。

2　正しい。臨時運行許可証の有効期間が満了したときは、その日から**5日**以内に臨時運行許可証、及び臨時運行許可番号標を返納しなければならない。

3　正しい。自動車が「滅失」「解体」「自動車の用途を廃止」した場合には、その事由があった日から**15日**以内に自動車検査証を**返納**しなければならない。

4　誤り。当該自動車の使用の本拠の位置に変更があった場合に、変更登録の申請を行うのは、その事由があった日から「30日以内」ではなく、**15日以内**。

問11	正解　　A：① 　B：① 　C：② 　D：②

1　使用者、又は当該自動車を運行する者は、**1日1回**、運行開始前に、国土交通省令で定める技術上の基準により、自動車を点検しなければならない（日常点検）。

2　使用者は、国土交通省令で定める技術上の基準により、当該事業用自動車を**3ヵ月ごと**に点検しなければならない（定期点検）。

3　使用者は、自動車の点検及び整備に関する実務の経験その他について国土交通省令で定める一定の要件を備える者のうちから、**整備管理者**を選任しなければならない。

4　地方運輸局長は、自動車の**使用者**が整備命令、又は指示に従わない場合で、当該自動車が保安基準に適合しない状態にあるときは、当該自動車を**使用停止**にさせることができる。

問12	正解　4

1　正しい。自動車の前面及び側面ガラスは、フィルムが貼り付けられた状態において、透明、かつ運転者の視野の範囲における可視光線の透過率が**70％**以上確保できるものでなければならない。

2　正しい。車両総重量が**7トン**以上のものの後面には、基準に適合する**大型後部反射器**を備えなければならない。

3　正しい。自動車（法令に規定する自動車を除く）の後面には、基準に適合する**突入防止装置**を備えなければならない。

4　誤り。自動車の長さ・幅・高さの保安基準について、幅は「2.6メートル」ではなく、**2.5メートル**である。

問13 正解　2

1　正しい。交差点で右折する場合は、**対向車が優先**である。

2　誤り。車両通行帯から出ることができないこととなる場合、その車両通行帯を**通行**してはならず、また車両通行帯を通行している場合で、後方から路線バスが接近してきたときは、その**正常な運行に支障を及ぼさないように**、すみやかに**車両通行帯の外**に出なければならない。

3　正しい。道路外の施設又は場所に出入するために、やむを得ず歩道等を横断する場合、又は歩道等で停車、若しくは駐車するため必要な限度において歩道等を通行する場合、歩道等に入る直前で**一時停止**し、かつ、**歩行者の通行を妨げない**ようにしなければならない。

4　正しい。道路標識等によって、最低速度が指定されていない高速自動車国道での、自動車の**最低速度**は、**時速50キロメートル**である。

問14 正解　3

1　正しい。道路工事が行われている場合、当該工事区域の側端から**5メートル**以内の部分は、駐車禁止である。

2　正しい。人の乗降、貨物の積卸し、駐車、自動車の格納若しくは修理のため、道路外に設けられた施設又は場所の道路に接する自動車用の出入口から**3メートル**以内の部分は、駐車禁止である。

3　誤り。どれくらい**余地がない**道路が駐車禁止なのかというと、「5メートル」ではなく、**3.5メートル**である。

4　正しい。踏切の前後の側端からそれぞれ前後に**10メートル**以内の部分は、駐停車禁止である。

問15 正解　A：②　B：①　C：①

交通事故があったときは、直ちに車両等の運転を停止して、**負傷者を救護**し、道路における危険を防止するなどの必要な措置を講じなければならない。

この場合において、当該車両等の運転者（運転者が死亡し、又は負傷したためやむを得ないときは、その他の乗務員）は、警察官が現場にいるときは当該警察官に、警察官が現場にいないときは直ちに最寄りの警察署の警察官に、①当該交通事故が発生した日時、②場所、③当該交通事故における**死傷者の数**、④負傷者の負傷の程度、⑤損壊した物、⑥その損壊の程度、⑦当該交通事故に係る車両等の積載物、⑧**当該交通事故について講じた措置**を報告しなければならない。

問 16 | 正解　3

1　正しい。<u>使用者</u>は<u>運転者</u>に対して積載制限に違反することを命令することも、違反を容認することもしてはならない。

2　正しい。車両の出発地を管轄する<u>警察署長</u>が道路または交通の状況により支障がないと認めて、人員を限って<u>許可</u>をしたときは、許可に係る人員の範囲内で当該貨物自動車の荷台に乗車させて貨物自動車を運転することができる。

3　誤り。設問のケースでは、<u>警察署長</u>が、当該過積載による運転をしてはならない旨を命ずるのは、「当該自動車の運転者」ではなく、<u>荷主</u>である。

4　正しい。積載物の長さは、自動車の長さにその長さの<u>10 分の 2</u> の長さを加えたものを超えないこととなっている。

問 17 | 正解　3

1　正しい。運転中の携帯電話用装置（携帯電話）や無線装置での<u>通話</u>、カーナビなどの画面の<u>注視</u>は禁じられている。

2　正しい。高齢の歩行者、身体の障害のある歩行者、その他の歩行者でその<u>通行に支障のあるもの</u>が通行している場合、車両等の運転者は、<u>一時停止</u>、又は<u>徐行</u>して、その通行を妨げないようにしなければならない。

3　誤り。車両等に積載している物が道路に転落、又は飛散した場合には、速やかにそれらの物を<u>除去</u>しなければならない。

4　正しい。故障その他の理由により、本線車道等や、これらに接する路肩若しくは路側帯において、自動車を運転することができなくなった場合には、<u>停止表示器材</u>を<u>表示</u>しなければならない。

4．労働基準法関係

問 18 | 正解　3

1　正しい。労働基準法・第十三条の条文がほぼそのまま出題。条文をしっかり暗記しよう。とくに次の部分が<u>重要</u>。「この法律で定める基準に達しない労働条件を定める労働契約は、その部分については<u>無効</u>とする」。

2　正しい。設問は、労働基準法・第二十二条の条文。これもしっかり暗記すること。労働者が証明書を請求した場合において、使用者は<u>退職の事由など</u>の証明書を遅滞なく<u>交付</u>しなければならない。

3　誤り。労働基準法・第二十条では、「14 日」ではなく <u>30 日</u>と定めている。「少なくとも <u>30 日</u>前にその予告をしなければならない。<u>30 日</u>前に予告をしない使用者は、<u>30 日</u>分以上の平均賃金を支払わなければならない」。この条文も暗記しておこう。

4　正しい。「日日雇い入れられる者」「<u>2 ヵ月</u>以内の期間を定めて使用される者」「季節的業務に <u>4 ヵ月</u>以内の期間を定めて使用される者」「<u>試の使用期間中</u>の労働者」に対して、労働基準法・第二十条の「解雇の予告」の規定は適用されない。

問19 正解　3

1　正しい。**労使協定**を締結し、これを行政官庁に届け出た場合、法定労働時間又は法定休日に関する規定に関係なく、その協定で定めるところによって労働時間を**延長**し、又は**休日**に労働させることができる。

2　正しい。事態急迫のために行政官庁の許可を受ける暇がない場合においては、**事後に遅滞なく**届け出なければならない。

3　誤り。**4週間を通じ4日以上**の休日を与える場合を除き、労働者に対して、毎週少なくとも**1回**の休日を与えなければならない。

4　正しい。時間外労働に対して、**2割5分以上5割以下**の範囲内で割増賃金を支払わなければならない。

問20 正解　A：①　B：①　C：①　D：①

1　時間外労働協定を締結する場合、**1年間**の時間外労働の上限は、年**960時間**を超えない範囲内とされていなければならない。

2　法定休日に労働させる場合は、**2週間**について**1回**を超えないものとし、拘束時間および最大拘束時間の限度を超えないものとする。

問21 正解　2、3

1　誤り。「全勤務回数の3分の2」ではなく、**全勤務回数の2分の1**である。

2　正しい。休息期間の長さについては、「当該トラック運転者の**住所地**における休息期間」＞「**それ以外の場所**における休息期間」となるように努める。

3　正しい。法定休日に労働させる場合は、**2週間について1回**を超えないものとし、拘束時間及び最大拘束時間の限度を超えないものとする。

4　誤り。「トラック運転者の連続運転時間」の定義について、「1回がおおむね連続5分以上」ではなく、**1回がおおむね連続10分以上**である。

間違えた問題はテキストに
戻るなどして、必ず復習しよう

<u>問 22</u>　正解　　2、4

1 & 2　≪解答のヒント≫　各日の「拘束時間」を計算する

・1 日目の拘束時間：

終業 18 時 10 分 － 始業 6 時 30 分 ＝ 11 時間 40 分（①）

翌日との重複時間：1 日目の始業 6 時 30 分 － 2 日目の始業 6 時

＝ 30 分（②）

① 11 時間 40 分 ＋ ② 30 分 ＝ <u>**12 時間 10 分**</u>

・2 日目の拘束時間：

終業 18 時 5 分－始業 6 時 ＝ 12 時間 5 分（①）

翌日との重複時間：2 日目の始業 6 時－3 日目の始業 5 時 30 分＝ 30 分（②）

① 12 時間 5 分＋② 30 分 ＝ <u>**12 時間 35 分**</u>

・3 日目の拘束時間：

終業 16 時 50 分 － 始業 5 時 30 分 ＝ <u>**11 時間 20 分**</u>

以上より、「2」が正しい。

3 & 4　連続運転時間のルールは、①「<u>**4 時間を超えないもの**</u>とする」、②「1 回が<u>**お
おむね連続 10 分以上**</u>、かつ合計 <u>**30 分以上**</u>の中断」である。

・1 日目：「4 回目の中断：10 分 ＋ 5 回目の中断：15 分 ＝ 25 分」に対して、
運転時間は 4 時間を超えているため（2 時間 30 分 ＋ 1 時間 ＋ 1 時間 ＝
4 時間 30 分）、<u>**違反している**</u>。

・2 日目：「5 回目の中断 10 分」に対して、運転時間は 4 時間を超えているた
め（3 時間 ＋ 1 時間 10 分 ＝ 4 時間 10 分）、<u>**違反している**</u>。

・3 日目は、<u>**違反なし**</u>。

以上より、「4」が正しい。

<u>問 23</u>　正解　　2

1　違反なし。最大拘束時間 <u>**15 時間**</u>を超える日はないため、<u>**違反はない**</u>。

2　違反あり。「9 日」を特定日とした場合……

（8 日の運転時間：9 時間 ＋ 9 日の運転時間：10 時間）÷ 2 日 ＝ 9.5 時間

（9 日の運転時間：10 時間 ＋ 10 日の運転時間：9 時間）÷ 2 日 ＝ 9.5 時間

となり、どちらも <u>**9 時間**</u>を超えているため、<u>**違反している**</u>。

3　違反なし。

（1 週目の合計時間：43 ＋ 2 週目の合計時間：44）÷ 2 週 ＝ 43.5 時間

（3 週目の合計時間：41 ＋ 4 週目の合計時間：42）÷ 2 週 ＝ 41.5 時間

となり、2 週間を平均し、1 週間当たりの運転時間が <u>**44 時間**</u>を超えていないため、
<u>**違反はない**</u>。

4　違反なし。労使協定により 1 年について 6 ヵ月までは、1 ヵ月について 310 時間ま
で延長することができるため、<u>**違反はない**</u>。

5．実務上の知識及び能力

問24 正解　2、4

1　誤り。運行管理者が自動車運送事業者に代わって**責任を負うことはない**。

2　正しい。設問の内容は、**運行管理者の役割**として適切。

3　誤り。「点呼」において、運行上やむを得ない場合（遠隔地で業務が開始又は終了する場合）には、「電話、その他の方法」で行うことが認められているが、設問にある「車庫と営業所が離れている場合」「運転者の出庫・帰着が早朝・深夜であり、点呼を行う運行管理者が営業所に出勤していない場合」などは、それには**該当しない**。

4　正しい。設問にある「複数の運行管理者を選任して**交替制**で行わせる」「運行管理者の補助者を選任し、**点呼の一部**を実施させる」などは、確実な運行管理業務を遂行させる取組みとして適切である。

問25 正解　2、3

1　誤り。設問において「制動距離と同程度」ではなく、正しくは、**停止距離と同程度**である。

2　正しい。設問の内容は、**転落防止の措置**として適切である。

3　正しい。設問の内容は、**人間の視覚と視野**の内容として適切である。

4　誤り。飲酒が運転に及ぼす影響等についての指導は、「お酒に弱い運転者のみ」ではなく、**運転者（全員）**が対象である。

問26 正解　1、4

1　正しい。設問の内容は、**医師の診察**について適切である。

2　誤り。運転者が自ら受けた健康診断（人間ドックなど）であっても、法令で必要な定期健康診断の項目を充足している場合は、法定健診として**代用**することができる。

3　誤り。設問のケースでは、従来と同様の乗務を続けさせず、より**軽度な勤務**に従事させなければならない。

4　正しい。健康起因事故を起こした運転者の疾病としては、**心臓疾患**、次に**脳血管疾患**が多い。

問27 正解　1、3、4

1　正しい。設問の内容は、**追突事故等防止**について適切である。

2　誤り。カーブでの走行では、「遠心力の大きさも2倍になる」ではなく、**遠心力の大きさは、速度の2乗に比例し、4倍になる**。

3　正しい。設問の内容は、**夜間等の運転**について適切である。

4　正しい。設問の内容は、**二輪車との衝突事故の防止**について適切である。

問 28 正解 2、3

1 誤り。「速度抑制装置」について、「時速 100 キロメートル」ではなく**時速 90 キロメートル**である。

2 正しい。**ヒヤリ・ハット**の説明として設問の内容は適切である。

3 正しい。**交通事故防止対策**の説明としての設問の内容は適切である。

4 誤り。設問の説明は、「デジタル式運行記録計」ではなく、**映像記録型ドライブレコーダー**のものである。

問 29 正解 1、2

1 正しい。〈運行の計画〉によると、最大積載量 4,500 キログラム、車両総重量 7,950 キログラムの中型貨物自動車を使用している。中型貨物自動車の場合、高速道路における最高速度は、**時速 100 キロメートル**である。

B料金所からC料金所までの距離は 250 キロメートルであるから、その間の運転時間を計算すると、「距離 250km ÷ 時速 100km ＝ 2 時間 30 分」となる。

そのため、2 時間 40 分と設定したことは適切である。

2 正しい。前日の運転時間が 9 時間 10 分、当日の運転時間が 9 時間 00 分、翌日の運転時間は 8 時間 50 分である。

当日を特定日とした場合……

　①（前日の運転時間 9 時間 10 分 ＋ 当日の運転時間 9 時間 00 分）÷ 2 日

　　＝ 9 時間 5 分

　②（当日の運転時間 9 時間 00 分 ＋ 翌日の運転時間 8 時間 50 分）÷ 2 日

　　＝ 8 時間 55 分

となり、**9 時間**を超えているのは①のみで、「どちらも **9 時間**を超えている」ではないので、違反していない。

そのため、2 日を平均して、1 日当たりの運転時間が改善基準告示に違反していないと判断したことは適切である。

3 誤り。復路において、4 時間 10 分の運転時間（E 地点→ A 地点）に対し、10 分の休憩による中断しかなされていないため、連続運転時間の中断方法は改善基準告示に**違反**している。

計算が必要な問題は
ケアレスミスに注意しよう

1　**A営業所の出庫時刻は……**
- ・B地点～C地点の運転時間
　距離245km ÷ 時速70km ＝ **3.5時間（＝3時間30分）**
- ・B地点～C地点の所要時間
　運転時間3時間30分 ＋ 10分中断 ＝ **3時間40分**
- ・B地点の出発時刻
　C地点到着時刻11時50分 － 所要時間3時間40分 ＝ **8時10分**
- ・B地点の到着時刻
　B地点出発時刻8時10分 － B地点荷積み20分 ＝ **7時50分**
- ・A営業所～B地点の運転時間
　距離10km ÷ 時速30km ＝ **0.33333時間（＝20分）**
- ・A営業所出庫時刻
　B地点到着時刻7時50分 － 運転時間20分 ＝ **7時30分**

2　・**当日の運転時間**：8時間50分
　　A営業所からB地点までの運転時間：20分
　　B地点からC地点までの運転時間：3時間30分
　　C地点からD地点までの運転時間：30分
　　（距離15km ÷ 時速30km ＝ 0.5時間 ＝ 30分）
　　D地点からE地点までの運転時間：2時間（距離60km ÷ 時速30km ＝ 2時間）
　　E地点からF地点までの運転時間：2時間（距離60km ÷ 時速30km ＝ 2時間）
　　F地点からA営業所までの運転時間：30分
　　（距離15km ÷ 時速30km ＝ 0.5時間 ＝ 30分）
　　→ （20分 ＋ 3時間30分 ＋ 30分 ＋ 2時間 ＋ 2時間 ＋ 30分）
　　　　＝ 8時間50分

・**前日の運転時間**：9時間10分
・**翌日の運転時間**：9時間20分
当日を特定日とした場合の2日を平均した1日あたりの運転時間は……
・（前日の運転時間9時間10分 ＋ 当日の運転時間8時間50分）÷ 2日
　＝ **9時間**
・（当日の運転時間8時間50分 ＋ 翌日の運転時間9時間20分）÷ 2日
　＝ **9時間5分**
となり、9時間を超えているのは一方のみなので（両方、超えているわけではない
ので）、**違反していない**。

3　往路については、運転時間が3時間50分に対し、B地点で20分、中間地点で10
分の中断がなされているため、**違反していない**。
　復路については、D地点で30分の中断がなされ、D地点からF地点までの運転時
間4時間に対し、F地点で30分の中断がなされているため、**違反していない**。

第2回予想模擬試験 解答&解説

解答

1. 貨物自動車運送事業法関係

問1	問2	問3	問4	問5	問6	問7	問8
2	1	3	4	2、4	4	3	4

2. 道路運送車両法関係

問9	問10	問11	問12
3	A：①　B：② C：①	3	2、3

3. 道路交通法関係

問13	問14	問15	問16	問17
2	3	1	A：①　B：② C：①　D：①	1、2

4. 労働基準法関係

問18	問19	問20	問21	問22	問23
2	3	A：2　B：3 C：5　D：7	3	1、3	4

5. 実務上の知識及び能力

問24	問25	問26	問27	問28	問29	問30
2、4	2、3、4	2	1、3	1	1、2	1、3

解説

1. 貨物自動車運送事業法関係

問1 正解 2

1 正しい。設問の内容は<u>一般貨物自動車運送事業</u>の定義として適切。

2 誤り。貨物自動車運送事業に、<u>貨物自動車利用運送事業</u>は含まれない。

3 正しい。設問の内容は<u>貨物自動車利用運送</u>の定義として適切。

4 正しい。設問の内容は<u>特別積合せ貨物運送</u>の定義として適切。

問2 正解 1

1 誤り。事業計画に従って業務を行うために必要な員数の事業用自動車の運転者または特定自動運行保安員を常時選任しておくことは、<u>事業者</u>の業務。

2 正しい。運転者等に対し、業務の開始時・途中・終了時に<u>点呼</u>を受け、<u>報告</u>をしなければならないことについて、<u>指導及び監督</u>を行うことは、運行管理者の業務。

3 正しい。運転者に、<u>初任診断</u>を含む<u>適性診断</u>を受けさせることは、運行管理者の業務。

4 正しい。運転者等に対して①点呼を行い、②報告を求め、③確認を行い、④指示を与え、⑤記録し、⑥その記録を<u>1年間</u>保存し、⑦アルコール検知器を常時有効に保持することは、運行管理者の業務。

問3 正解 3

1 正しい。設問の内容は、輸送の安全の確保のための<u>事業者の禁止事項</u>として適切。

2 正しい。設問の内容は、輸送の安全の確保のための<u>事業者の遵守事項</u>として適切。

3 誤り。事業用自動車の運転者その他の従業員は、「運行管理者がその業務として行う助言又は指導があった場合は、これを尊重しなければならない」のではなく、<u>運行管理者がその業務として行う指導に従わなければならない</u>。

4 正しい。事業者には、輸送の安全の確保等のため、荷主と密接に連絡し、及び協力して、<u>適正な取引の確保</u>に努めることが求められている。

問4 正解 4

1 正しい。設問は<u>補助者の行う点呼</u>に関する記述だが、一方、<u>運行管理者が行う点呼</u>については、補助者に点呼の一部を行わせる場合でも、点呼総回数の<u>3分の1以上</u>でなければならないと定められている。

2 正しい。原則として業務前の点呼は、<u>対面</u>により、または<u>対面による点呼と同等の効果を有するものとして国土交通大臣が定める方法</u>（運行上やむを得ない場合は電話その他の方法）により行われなければならない。

3 正しい。設問にある「運行上やむを得ない場合」とは、<u>遠隔地</u>で運行が開始又は終了するため、営業所において<u>対面で点呼ができない</u>場合などをいう。

4　誤り。設問のケースでは、1日目の業務前点呼と、2日目の業務後点呼を<u>対面</u>により行っていることから、中間点呼を行う必要はない。

問5　正解　2、4

1　要しない。<u>2名</u>以上の死者を生じた事故の場合は速報を要する。

2　要する。<u>酒気帯び運転</u>によるものは速報を要する。

3　要しない。鉄道車両の運転を<u>休止</u>させた場合は速報を要しない。

4　要する。<u>5名以上の重傷者</u>を生じた事故の場合は速報を要する。

問6　正解　4

1　正しい。寝具等必要な設備が整えられていない施設は、設問で述べられている通り、<u>有効に利用することができる施設</u>には該当しない。

2　正しい。<u>運行指示書</u>は、業務前・業務後の点呼をいずれも対面により、または対面による点呼と同等の効果を有するものとして国土交通大臣が定める方法で行うことができない業務を行う場合に作成し、これにより運転者等に対し、<u>適切な指示</u>を行い、<u>携行</u>させなければならない。

3　正しい。設問で述べられている通り、運転者が一の運行における最初の勤務を開始してから最後の勤務を終了するまでの時間（ただし、勤務中にフェリーに乗船する場合における休息期間を除く）は、<u>144時間</u>を超えてはならない。

4　誤り。起点から終点までの距離は、「150キロメートル」ではなく、<u>100キロメートル</u>である。

問7　正解　3

1　正しい。運転者に対する適切な<u>指導及び監督</u>をした場合においては、その日時・場所・内容・指導及び監督を行った者と受けた者を記録し、かつその記録を営業所において<u>3年間保存</u>しなければならない。

2　正しい。高齢運転者に対する特別な指導は、適性診断結果により加齢に伴う身体機能の変化の程度に応じた安全な運転方法等について、運転者が<u>自ら考える</u>よう指導することである。この指導は、当該適性診断の結果が判明した後<u>1ヵ月</u>以内に実施しなければならない。

3　誤り。設問のケースでは、「乗務を開始した後3ヵ月以内」ではなく<u>乗務を開始した後1ヵ月以内</u>に実施しなければならない。

4　正しい。適齢診断は、設問で述べられている通り、<u>65才</u>に達した日以後<u>1年以内</u>に1回受診させ、その後<u>3年以内</u>ごとに1回受診させなければならない。

1　正しい。選任しなければならない運行管理者の数の求め方は、事業用自動車（被けん引自動車を除く。）の運行を管理する営業所ごとに、当該営業所が運行を管理する事業用自動車の数を、<u>30</u> で除して得た数（その数に 1 未満の端数があるときは切り捨て）に、<u>1</u> を加算して得た数以上である。設問のケースでは、70 両÷ 30 ＋ 1 ＝ 3 人となる。

2　正しい。運行管理者資格者証を有する者又は基礎講習を修了した者のうちから、運行管理者の<u>補助者</u>を選任することができる。

3　正しい。設問にあるような事態が生じた場合、補助者は、設問にある通り「直ちに運行管理者に<u>報告</u>を行い、運行の可否の決定等について<u>指示を仰ぎ</u>、その結果に基づき各運転者に対し<u>指示</u>を行わなければならない」。

4　誤り。事業者は、統括運行管理者を、「選任することができる」ではなく、<u>選任しなくてはならない</u>。

2．道路運送車両法関係

問 9　正解　　3

1　正しい。自動車の<u>所有者</u>は、登録されている型式、車台番号、原動機の型式、所有者の氏名もしくは名称、所有者の住所、または使用の本拠の位置に変更があったときは、その事由があった日から <u>15 日</u>以内に、国土交通大臣の行う<u>変更登録</u>の申請をしなければならない。

2　正しい。<u>自動車登録番号標</u>の表示については、設問にある通り、国土交通省令で定める位置に、かつ、被覆しないことその他当該自動車登録番号標に記載された自動車登録番号の識別に支障が生じないものとして国土交通省令で定める方法により<u>表示</u>するのがルールである。

3　誤り。設問のケースの場合、「速やかに」ではなく、<u>15 日以内に</u>返納しなければならない。

4　正しい。設問の「封印が<u>滅失</u>した場合」のほか、<u>毀損</u>したときも、国土交通大臣又は封印取付受託者の行う封印の取付けを受けなければならない。

問 10　正解　　A：①、B：②、C：①

これは、道路運送車両法・第四十六条（保安基準の原則）の穴埋め問題。A〜Cに入る<u>公害防止</u>、<u>運行</u>、<u>危害</u>の言葉は、確実に覚えておこう。

| 問11 | 正解　3 |

1　正しい。ただし、例外として指定自動車整備事業者が交付した有効な<u>保安基準適合標章</u>を表示すれば、自動車検査証の備え付けや自動車検査標章の表示を行わなくても運行の用に供することができる。

2　正しい。設問の通り、自動車検査証の有効期間の満了後も当該自動車を使用しようとする場合、<u>継続検査</u>を受ける必要があり、当該自動車の使用者は、当該自動車検査証を国土交通大臣に提出しなければならない。

3　誤り。設問のケースでは、自動車検査証の有効期間は、「1年」ではなく<u>2年</u>である。

4　正しい。設問の内容は、自動車検査証などの<u>有効期間の起算日</u>の説明として適切である。

| 問12 | 正解　2、3 |

1　誤り。<u>タイヤに亀裂及び損傷がないこと</u>は、1日1回、その運行の開始前において、<u>日常的</u>に点検すべき事項である。

2　正しい。<u>バッテリの液量が適当であること</u>は、走行距離、運行時の状態等から判断した<u>適切な時期</u>に点検を行えばよいとされている。

3　正しい。<u>原動機のファン・ベルトの張り具合が適当であり、かつ、ファン・ベルトに損傷がないこと</u>は、走行距離、運行時の状態等から判断した<u>適切な時期</u>に点検を行えばよいとされている。

4　誤り。<u>ブレーキ・ペダルの踏みしろが適当で、ブレーキの効きが十分であること</u>は、1日1回、その運行の開始前において、<u>日常的</u>に点検すべき事項である。

3．道路交通法関係

| 問13 | 正解　2 |

1　誤り。路側帯とは、「歩行者及び自転車の通行の用に供するため」ではなく、<u>歩行者の通行の用に供するため</u>に設けられたものである。

2　正しい。設問の通り、道路の左側部分の幅員が<u>6メートル</u>に満たない道路において他の車両を追い越そうとする場合、車両は、道路の中央から<u>右</u>の部分に、その全部、又は一部をはみ出して通行することができる。

3　誤り。設問の標識は、「身体障害者」に関するものではなく、<u>聴覚障害者</u>に関する標識である。

4　誤り。設問では、「駐車」の定義が述べられているが、「10分を超えない」ではなく、「<u>5分を超えない</u>」である。

問14 正解　3

1　正しい。設問の内容は、<u>追越しの方法</u>の説明として適切である。

2　正しい。設問の内容は、<u>車間距離の保持</u>の説明として適切である。

3　誤り。交差点の手前の側端から前に30メートル以内の部分において、ほかの車両（特定小型原動機付自転車等を除く）を追い越そうとするときは、「速やかに進路を変更しなければならない」ではなく、<u>進路を変更してはならない</u>。

4　正しい。設問の内容は、<u>進路の変更の禁止</u>として適切である。

問15 正解　1

1　誤り。設問のケースでは、「徐行」ではなく、<u>歩道等に入る直前で一時停止し、かつ歩行者の通行を妨げないようにしなければならない</u>。

2　正しい。設問のケースで歩行者の側方を通過するときは、これとの間に<u>安全な間隔</u>を保ち、又は<u>徐行</u>しなければならない。

3　正しい。設問にあるような「交差点」以外にも、踏切、横断歩道、自転車横断帯、及びこれらの手前の側端から前に<u>30メートル</u>以内の部分において、他の車両（<u>特定小型原動機付自転車等を除く</u>）を追い越すため、進路を変更し、又は前車の側方を通過してはならない。

4　正しい。この場合、追い越す対象の前車には、設問にある「他の自動車」のほかに、<u>トロリーバス</u>も含まれる。

問16 正解　A：①　　B：②　　C：①　　D：①

これは、道路交通法・第百八条の三十四（使用者に対する通知）の穴埋め問題である。A～Dに入る<u>処分に違反</u>、<u>使用者</u>、<u>当該事業を監督する行政庁</u>、<u>違反の内容</u>の言葉は、確実に覚えておこう。

問17 正解　1、2

1　正しい。「児童、幼児等の乗降のため、停車している<u>通学通園バス</u>の側方を通過するとき」、運転者は、「<u>徐行して安全を確認する</u>」を遵守しなければならない。

2　正しい。高齢の歩行者、身体の障害のある歩行者その他の歩行者でその<u>通行に支障のあるもの</u>が通行しているとき、運転者は、<u>一時停止</u>し、又は<u>徐行</u>して、その通行を妨げないようにするということを、遵守しなければならない。

3　誤り。設問のケースでは、「歩行者等の直前で停止」ではなく、<u>横断歩道の手前で停止</u>が正しい。

4　誤り。設問のケースでは、本線車道等に接する<u>路肩</u>若しくは<u>路側帯</u>においても、当該自動車が故障その他の理由により<u>停止</u>しているものであることを<u>表示</u>しなければならない。

4．労働基準法関係

問18 正解　2

1　正しい。設問の内容は、<u>平均賃金</u>の定義として適切である。

2　誤り。使用者が労働関係に関する重要な書類を保存する期間は、1年間ではなく<u>5年間</u>（ただし、経過措置により当分の間は3年間）である。

3　正しい。労働者が退職に際して、設問にあるような証明書を請求した場合、使用者は、遅滞なく<u>証明書</u>を<u>交付</u>しなければならない。

4　正しい。設問の内容は、<u>均等待遇</u>の説明として適切である。

問19 正解　3

1　正しい。設問の内容は、<u>健康診断</u>の説明として適切である。<u>1年以内ごとに1回、5年間保存</u>の数字はしっかり押さえておこう。

2　正しい。設問の内容は、<u>健康診断の結果についての医師などからの意見聴取</u>についての説明として適切である。

3　誤り。健康診断の結果の通知は、「請求があった場合に限り」ではなく、<u>健康診断を受けた労働者（全員）</u>に対して行わなければならない。

4　正しい。設問のケースの場合、事業者は、労働者から<u>申出</u>があったときは、遅滞なく、<u>面接指導</u>を行わなければならない。

問20 正解　A：2　　B：3　　C：5　　D：7

これは、自動車運転者の労働時間等の改善のための基準・第一条（目的等）の穴埋め問題である。A〜Dに入る<u>四輪以上の自動車</u>、<u>労働条件の向上</u>、<u>向上</u>、<u>必要最小限</u>の言葉は、確実に覚えておこう。

問21 正解　3

1　正しい。設問の内容は、<u>拘束時間</u>の定義として適切である。

2　正しい。これは、自動車運転者の労働時間等の改善のための基準・第四条・1項七（貨物自動車運送事業に従事する自動車運転者の拘束時間等）の内容である。「<u>1回がおおむね連続10分以上</u>」「合計が<u>30分</u>以上の運転の中断」「<u>4時間</u>を超えない」の数字はしっかり押さえておこう。

3　誤り。1日についての拘束時間は13時間を超えないものとし、当該拘束時間を延長する場合であっても、最大拘束時間は<u>15時間</u>としなければならない。

4　正しい。これは、自動車運転者の労働時間等の改善のための基準・第四条・1項六の条文である。「1日当たり<u>9時間</u>」「<u>2週間</u>を平均し1週間当たり<u>44時間</u>」の数字は確実に覚えよう。

問 22 正解　1、3

1　正しい。1日についての拘束時間が、<u>最大 16 時間</u>を超える日はないため、違反する勤務はない。

2　誤り。1日についての拘束時間を 16 時間とすることができる1週間についての回数は<u>2 回</u>まで。設問のケースでは、火曜日・水曜日・金曜日の3回が 16 時間となっているため、改善基準に違反している。

3　正しい。宿泊を伴う長距離運行のため、勤務終了後の休息期間は、①1週間について2回に限り、休息期間を<u>継続 8 時間</u>にできる、②休息期間のいずれかが9時間を下回る場合に、一の運行（自動車運転者が所属する事業場を<u>出発</u>し、当該事業場へ<u>帰着</u>まで）終了後に継続 <u>12 時間以上</u>の休息期間を与える、③休日の取り扱い＝ 12 時間＋ 24 時間以上、である。すべて満たし、違反はない。

4　誤り。設問の「1週間の勤務の中で拘束時間が最も短い」のは、木曜日（12 時間）ではなく<u>月曜日</u>（11 時間）である。

≪解答のヒント≫
◆拘束時間◆
・月曜日の拘束時間：終業 17 時 － 始業6時 ＝ 11 時間
・火曜日の拘束時間：① 15 時間 ＋ ②1時間 ＝ 16 時間
　　終業 21 時 － 始業6時 ＝ 15 時間（①）
　　翌日との重複時間：火曜日の始業6時 － 水曜日の始業5時 ＝ 1 時間（②）
・水曜日の拘束時間：終業 21 時 － 始業5時 ＝ 16 時間
・木曜日の拘束時間：① 10 時間 ＋ ②2時間 ＝ 12 時間
　　終業 17 時 － 始業7時 ＝ 10 時間（①）
　　翌日との重複時間：木曜日の始業7時 － 金曜日の始業5時 ＝ 2 時間（②）
・金曜日の拘束時間：① 15 時間 ＋ ②1時間 ＝ 16 時間
　　終業 20 時 － 始業5時 ＝ 15 時間（①）
　　翌日との重複時間：金曜日の始業5時 － 土曜日の始業4時 ＝ 1 時間（②）
・土曜日の拘束時間：終業 17 時 － 始業4時 ＝ 13 時間

◆休息期間◆
・月曜日～火曜日の休息期間：13 時間
・火曜日～水曜日の休息期間：8 時間
・水曜日～木曜日の休息期間：10 時間
・木曜日～金曜日の休息期間：12 時間
・金曜日～土曜日の休息期間：8 時間
・土曜日～月曜日の休息期間および休日：37 時間

問 23 正解　4

1　誤り。12 月の拘束時間が 320 時間となっており、**310 時間を超えている**ため適合していない。

2　誤り。1 年間の拘束時間が 3,410 時間となっており、**3,400 時間を超えている**ため、適合していない。

3　誤り。「1 ヵ月についての拘束時間について 284 時間を超え、310 時間まで延長できる月」は 4 月、6 月、8 月、10 月、11 月、12 月、1 月の 7 ヵ月となっており、**1 年のうち 6 ヵ月**を超えている。また、1 ヵ月についての拘束時間が 284 時間を超える月が 10 月から 1 月までの期間で 4 ヵ月連続しており、「284 時間を超える月が 3 ヵ月を超えて連続しないものとする」ことに反している。そのため、適合していない。

4　正しい。「1 ヵ月についての拘束時間について 284 時間を超え、310 時間まで延長できる月」は 7 月、8 月、12 月、1 月、3 月の 5 ヵ月となっており、**1 年のうち 6 ヵ月**を超えていない。また、1 ヵ月についての拘束時間が **310 時間**を超える月もない。1 年間についての拘束時間も **3,400 時間**を超えていない。そして、284 時間を超える月が 3 ヵ月を超えて連続していない。以上のことから、適合している。

5．実務上の知識及び能力

問 24 正解　2、4

1　誤り。設問にある「運行上やむを得ない場合」に、「車庫と営業所が離れている場合」や、「運転者の出庫・帰着が早朝・深夜であり、点呼を行う運行管理者が営業所に出勤していない場合」は、**該当しない**。

2　正しい。業務前又は業務後の点呼のいずれも対面により、又は対面による点呼と同等の効果を有するものとして国土交通大臣が定める方法で行うことができない業務を行う運転者等に対しては、業務前及び業務後の点呼の他に、当該業務途中において少なくとも **1 回**、**電話等により点呼**（**中間点呼**）を行わなければならない。

3　誤り。業務前の点呼での、疾病、疲労等により安全な運転をすることができないおそれがあるか否かの確認は、「本人から体調不良等の申し出があるときに」ではなく、「**必ず**行わなければならない」のがルールである。

4　正しい。点呼時の酒気帯びの有無で確認するのは、「**0.0** ミリグラム」であるか、ないかである。

解説の重要ポイント（赤字部分）は赤シートで隠しながら覚えよう！

正解　2、3、4

1　誤り。追越しに長い時間と距離が必要になるのは、「自動車の速度差が大きい場合」ではなく、「<u>自動車の速度差が小さい場合</u>」である。

2　正しい。設問の内容は、<u>再発防止策</u>の説明として適切である。

3　正しい。設問の記述は、<u>ヒューマンエラー</u>をなくすための有効な手段である。

4　正しい。設問に書かれている通り、<u>追突</u>が事故の約半数を占め、日中に追突事故が<u>多く発生</u>していることは、例年同様の特徴である。

問 26　正解　2

1　誤り。設問のケースにおいて運転者は、停止表示器材を、昼夜問わず、後方から進行してくる自動車の運転者が見やすい位置に置いて<u>表示しなければならない</u>。

2　正しい。設問で述べられている運転者の措置は適切である。設問中の避難の際、<u>エンジンを止め</u>、<u>エンジンキーを付けたままにし</u>、<u>窓を閉め</u>、<u>ドアをロックしない状態で</u>というのがポイント。しっかり覚えよう。

3　誤り。運行する経路、運送の中断等を運転者自らの判断で行わせるのではなく、<u>運行管理者</u>が適切な指示を与えなければならない。

4　誤り。車両等が踏切を通過しようとするときは、踏切の直前で停止し、かつ<u>安全であることを確認</u>した後でなければ進行してはならない。

問 27　正解　1、3

1　正しい。交通事故の防止対策を効率的かつ効果的に講じていくためには、運行管理者は、事故情報を多角的に<u>分析</u>し、事故実態を<u>把握</u>したうえで、<u>PDCA サイクル</u>を繰り返すことが必要となる。

2　誤り。設問のケースにおいても、運行管理者は、日常点検の実施状況について<u>報告</u>を求め、その実施について<u>確認</u>しなければならない。

3　正しい。設問の内容は、<u>事故防止のための指導教育</u>の説明として適切である。

4　誤り。設問のケースにおいて、運行管理業務上に一切問題ない場合は、運行管理者に対して、運行管理者資格者証の<u>返納を命じられることはない</u>。

問 28　正解　1

1　正しい。設問の内容は、<u>デジタル式運行記録計</u>を活用した指導の方法として適切である。

2　誤り。運行記録計の記録の保存期間は、「6 ヵ月」ではなく<u>1 年間</u>である。

3　誤り。設問の記述は、「デジタル式運行記録計」ではなく、<u>映像記録型ドライブレコーダー</u>の説明である。

4　誤り。衝突被害軽減ブレーキは、「衝突を確実に回避できるもの」ではなく、<u>衝突時の速度を低く抑える装置</u>である。

問29 正解　1、2

1　正しい。「制限速度」がどれくらいかは、使用する車両からわかる。

今回使用するのは、最大積載量 3,500 キログラム、車両総重量 7,370 キログラムの準中型貨物自動車なので、この場合、高速自動車国道における最高速度は**時速 100 キロメートル**。これが制限速度になる。

そして、E 料金所から F 料金所までの距離は 250 キロメートル。

時間を求める計算式は、**時間＝距離÷時速**なので、この場合、「距離 250km ÷ 時速 100km ＝ 2 時間 30 分」となり、設問の「3 時間 30 分と設定したこと」は適切である。

2　正しい。前日の終業時刻は 19 時 00 分、当日の始業時刻は 4 時であることから、休息期間は **9 時間**を確保。

勤務終了後の休息期間のルールは「**継続 11 時間以上**の休息期間を与えるように努めることを基本とし、継続 **9 時間**を下回らない」なので、前日〜当日の休息期間について**違反はない**。

次に、当日の終業時刻は 18 時 10 分、翌日の始業時刻は 3 時 30 分であることから、当日〜翌日では、**9 時間 20 分**の休息期間が確保できているため、**違反はない**。

以上のことから、前日及び当日の各々の勤務終了後の休息期間は「自動車運転者の労働時間等の改善のための基準」に違反していないと判断したことは適切。

3　誤り。復路において、D 地点での休憩以後から A 地点での休憩までの 4 時間 10 分（20 分＋ 1 時間 45 分＋ 1 時間 45 分＋ 20 分）の運転時間に対して、**15 分しか中断がなされていない**ため違反している。

そのため、当日の運行における連続運転時間の中断方法は改善基準に違反していない、と判断したことは適切でない。

> 図のある問題は、図に書かれていることから解答に必要なことを適切に抜き出すことが大事です

問 30 正解　1、3

1　正しい。1日の最大拘束時間が **16 時間** を超える日はなく、違反していない。

2　誤り。2日目を特定日とした場合

（1日目の運転時間：10 時間 ＋ 2日目の運転時間：9 時間）÷ 2日

＝ **9 時間 30 分**

（2日目の運転時間：9 時間 ＋ 3日目の運転時間：9 時間 15 分）÷ 2日

＝ **9 時間 7.5 分**

いずれも9時間を超えているため、改善基準に違反している。

3　正しい。宿泊を伴う長距離貨物運送の場合、当該1週間について **2回** に限り、休息期間を継続 **8 時間** とすることができるため、違反はない。また、この場合、一の運行終了後、継続 12 時間以上の休息期間を与える必要があるが、これも与えられている。そして、休日の取り扱いは、一の運行終了後の 12 時間以上の休息期間＋休日 24 時間＋休日 24 時間（連休の場合は 24 時間）＝ 60 時間以上が必要となるが、これも確保できているため、いずれも違反はない。

≪解答のヒント≫

◆拘束時間◆

・1日目の拘束時間：① 14 時間 15 分 ＋ ② 1 時間 ＝ 15 時間 15 分

　　終業 20 時 15 分 － 始業 6 時 ＝ 14 時間 15 分（①）

　　翌日との重複時間：（1日目始業 6 時 – 2日目始業 5 時）＝ 1 時間（②）

・2日目の拘束時間：終業 19 時 00 分 － 始業 5 時 ＝ 14 時間

・3日目の拘束時間：① 13 時間 45 分 ＋ ② 2 時間 ＝ 15 時間 45 分

　　終業 19 時 45 分 － 始業 6 時 ＝ 13 時間 45 分（①）

　　翌日との重複時間：（3日目始業 6 時 － 4日目始業 4 時）＝ 2 時間（②）

・4日目の拘束時間：終業 15 時 50 分 － 始業 4 時 ＝ 11 時間 50 分

・5日目の拘束時間：終業 16 時 15 分 － 始業 4 時 ＝ 12 時間 15 分

※2日目、4日目、5日目については翌日との重複はなし。

◆休息期間◆

・1日目～2日目：8 時間 45 分　　・2日目～3日目：11 時間

・3日目～4日目：8 時間 15 分　　・4日目～5日目：12 時間 10 分

・5日目から休日明け（休息期間及び休日）：61 時間 45 分

◆運転時間◆

・1日目：10 時間　　　・2日目：9 時間　　　・3日目：9 時間 15 分

・4日目：7 時間 30 分　・5日目：7 時間 30 分

索引

ルネスタよしお

大手物流会社に勤務し、運行管理者試験の受験者への講義や合格後の実務講習などを行い、合格率は9割を誇る。これまでに、運行管理者（貨物・旅客）、第二種大型自動車免許、乙種第四類危険物取扱者、第一種衛生管理者、衛生工学衛生管理者、産業心理カウンセラー、ISO45001（労働安全衛生）審査員、ISO9001（品質）審査員、ISO14001（環境）審査員、ISO39001（道路交通安全）内部監査員、安全管理者選任時研修講師、第一種講師などの資格を取得。その経験をもとに運行管理者の試験対策動画をYouTubeチャンネル「ルネスタよしお【運輸安全講師】」で公開。登録者数は2.2万人超。運行管理者の関連動画だけで総再生回数が約270万回に達し、「動画だけで一発合格できた」などと受講者から好評を得ている。

YouTubeチャンネル
（YouTube上で「ルネスタよしお」で検索！）
https://www.youtube.com/@unkokanri

改訂版 この1冊で合格！
教育系YouTuberルネスタよしおの運行管理者 貨物
テキスト&問題集
2024年4月26日　初版発行
2024年9月20日　再版発行

著者／ルネスタよしお

発行者／山下 直久

発行／株式会社KADOKAWA
〒102-8177　東京都千代田区富士見2-13-3
電話 0570-002-301（ナビダイヤル）

印刷所／株式会社加藤文明社印刷所
製本所／株式会社加藤文明社印刷所

●お問い合わせ
https://www.kadokawa.co.jp/（「お問い合わせ」へお進みください）
※内容によっては、お答えできない場合があります。
※サポートは日本国内のみとさせていただきます。
※Japanese text only

定価はカバーに表示してあります。

©Yoshio Runesuta 2024　Printed in Japan
ISBN 978-4-04-606813-2　C3065